Stefan von Kempis

Weißer Rauch und falsche Mönche

Stefan von Kempis

Weißer Rauch und falsche Mönche

Eine andere Geschichte der Papstwahl

HERDER

FREIBURG · BASEL · WIEN

Bei Fragen zur Produktsicherheit wenden
Sie sich an produktsicherheit@herder.de

Satz: Zero Soft, Timişoara
Herstellung: GGP Media GmbH, Pößneck

Printed in Germany

ISBN Print 978-3-451-39704-2
ISBN E-Book (PDF) 978-3-451-83909-2
ISBN E-Book (EPUB) 978-3-451-83627-5

Inhalt

1
Habemus papam

Paukenschlag am Rosenmontag – Der Papst in der Hölle – Wahl oder „Ernennung"? – Ritueller Rauswurf – Psychischer Ausnahmezustand – Wie am Karfreitag – Eine Opernkulisse

Der 11. Februar 2013 war ein Rosenmontag; durch das Rheinland wälzten sich unter ständigem Alaaf die Karnevalszüge. Darum glaubten in Deutschland viele zunächst an einen Scherz, als auf einmal die Nachricht aufkam, der deutsche Papst habe gerade in Rom seinen Rücktritt angekündigt. Aber es war kein Scherz. Benedikt XVI. hatte tatsächlich in einer lateinischen Rede bei einer Routinekardinalsversammlung im Apostolischen Palast wissen lassen, er wolle sich angesichts der für ihn immer schwerer zu tragenden Bürde des Amtes, die er seit nunmehr acht Jahren schulterte, zum Monatsende aus dem Petrusdienst zurückziehen, und innerhalb der festgesetzten Frist solle dann das Konklave zusammentreten, um einen Nachfolger zu bestimmen.[1]

Ein Paukenschlag. Auch wenn das bayerische Pontifikat zuletzt von einer Reihe von Skandalen heimgesucht worden war, hatte doch niemand mit dem Rücktritt des 85-Jährigen gerechnet. Allein schon deswegen, weil in der Neuzeit noch nie ein Petrusnachfolger aus freien Stücken aus dem Amt geschieden war, im Gegenteil, der Pole Johannes Paul II. (1978–2005), Benedikts unmittelbarer Vorgänger, hatte vorexerziert, dass ein *Pontifex Maximus* sich auch von Parkinson und körperlichem Verfall nicht ausbremsen lässt, bis zum Tod. Ein Papst, der in Rente geht? Unvorstellbar. Zuletzt hatte 1294 der Abruzzeneremit Coelestin V. aus freien Stücken abgedankt und war nach Lesart einiger Forscher wegen dieses „gran rifiuto" von Dante in die Hölle verbannt worden. Doch so einschneidend, ja für viele schockierend der Rücktritt Benedikts war – der Krakauer Kardinal Dziwisz, früherer Sekretär Johannes Pauls, wurde mit der scharfen Bemerkung zitiert, Jesus sei doch damals auch nicht vom Kreuz herabgestiegen –, so setzte sich doch gleich, unter beruhigendem Knirschen, ein Mechanismus in Bewegung, der seit Jahrhunderten dafür sorgt, dass der Platz an der Spitze der katholischen Weltkirche nicht verwaist, auch unter den herausforderndsten Umständen nicht. Das Konklave.

Konklave: „mit dem Schlüssel". Passend zum Papsttum, das seit Menschengedenken zwei Schlüssel im Wappen führt. Die Wähler eines Papstes werden seit dem Mittelalter eingeschlossen, um sie von äußeren Einflüssen möglichst fernzuhalten; Konklave, das ist ein genau festgelegtes Ineinander von Riten und Prozeduren, eine archaische Papstmaschine, die rumpelt und dampft, am Schluss aber zuverlässig einen neuen Amtsinhaber ausspuckt. Zuletzt hatte Johannes Paul II. 1996 mit dem Grundlagentext *Universi Dominici Gregis* die Regeln des Konklave behutsam aktualisiert, Regeln, die aus ganz unterschiedlichen Epochen stammten, deren gemeinsamer Nenner aber darin besteht, dass die Elektoren in ihrer Entscheidung frei sein sollen von jeglichem Druck.[2]

Ende Februar 2013 ging die Amtszeit Benedikts XVI. offiziell zu Ende, der nunmehrige *papa emeritus* zog sich in die Albaner Berge außerhalb Roms zurück – und schon trafen aus allen Teilen des Planeten Kardinäle in der Ewigen Stadt ein, um sich auf den Wahlprozess vorzubereiten. Gerüchte begannen durch die Stadt zu mäandern, welche Geheimgespräche diese oder jene *Eminenza* geführt habe; die Zeitungen verlegten sich darauf, die Biografien aussichtsreicher Papstkandidaten zu analysieren, und an einigen Plakatwänden in der Stadt tauchten sogar Fake-Wahlplakate auf, die für einen afrikanischen Kurienkardinal warben. Ab dem 4. März traten dann wahl- wie nicht wahlberechtigte Kardinäle im Vatikan zu sogenannten Generalkongregationen zusammen, um über die Herausforderungen der Kirche und das Profil eines künftigen Petrusnachfolgers zu debattieren, und diese Beratungen fanden zwar hinter verschlossenen Türen statt, doch wurden die Kardinäle beim Betreten und Verlassen des Vatikans von wartenden Journalisten gefilmt, fotografiert, mit Fragen bestürmt, und wunderbarerweise stand alles, was bei den Generalkongregationen im Geheimen besprochen worden war, am nächsten Morgen lang und breit in den Tageszeitungen. Als heißester Tipp für das Papstamt wurde ein Italiener gehandelt, Kardinal Scola von Mailand, Protegé des Zurückgetretenen; doch der aus Mainz angereiste Kardinal Lehmann meinte in einem Radio-Vatikan-Interview kryptisch, das Interessante sei doch, dass von den „eigentlichen Kandidaten" derzeit öffentlich gar nicht so sehr die Rede sei … Womit sich diese Vor-Konklave-Zeit wieder mal als großer Moment des Verwirrspiels und der falschen Pisten erwies. Kein Wunder, dass sich auch Romanautoren wie Robert Harris oder, nun ja, Dan Brown des Themas angenommen haben und dass *Konklave* 2024 mit Ralph Fiennes in der Rolle von Kardinaldekan Lawrence Kinosäle gefüllt hat. „Wer als Papst ins Konklave einzieht", so behauptet ein italienisches Sprichwort, „der kommt als Kardinal wieder heraus."

Warum aber gibt es überhaupt ein Konklave? Lässt sich der Bischof von Rom denn nicht auch auf eine andere, vielleicht weniger geheimnisvolle Weise bestimmen, ganz ohne Eingeschlossen-Werden und Rauchzeichen? Johannes Paul II. schrieb in *Universi Dominici Gregis*, er wisse durchaus „um die Bewertung durch Theologen und Kanonisten aller Zeiten, die einmütig diese Institution", also das Konklave, „für die gültige Wahl des Papstes von ihrer Natur her für nicht notwendig erachten". Das Konklave – nicht notwendig? Das war bemerkenswert abgebrüht, erst recht aus der Feder dieses polnischen Papstes, der später, 2003, in einem Gedicht namens *Römisches Triptychon* über die Wahl seines Nachfolgers in der Sixtinischen Kapelle nachsinnen sollte.[3] Doch in *Universi Dominici Gregis* führte Johannes Paul in aller Ruhe aus, er habe sich bewusst dafür entschieden, das Konklave beizubehalten, und zwar nicht nur, weil es eine „altehrwürdige Institution" sei – ein typisch vatikanisches Argument –, sondern auch wegen seiner „Zweckmäßigkeit" und seiner „beständigen Nützlichkeit (...) insbesondere in Augenblicken der Spannung und Unruhe". Also, es blieb beim Konklave. Wobei der Papst aber *en passant* klargemacht hatte, dass er der Herr des Verfahrens war und sich auch für einen anderen Modus hätte entscheiden können. „In der Tat scheint das Prinzip unangefochten zu sein, wonach es den Päpsten zusteht, (...) die Art und Weise zu bestimmen, wie die Ernennung der Person vonstattengehen soll, die bestellt wird, die Nachfolge des heiligen Petrus auf dem Bischöflichen Stuhl in Rom anzutreten." Man beachte hier das Wort „Ernennung".

Beibehalten wurde in *Universi Dominici Gregis* auch Rom als Ort der Papstwahl; das war es schon in den ersten Jahrhunderten der christlichen Zeitrechnung gewesen. Und bekräftigt wurde die alte Tradition, dass nur Kardinäle den Papst wählen dürfen, also Angehörige des päpstlichen Senats, den eine US-Nachrichtenagentur einmal als „exklusivsten Männerclub der Welt" bezeichnet hat. Relativ neu war allerdings, dass Kardinäle mit der Vollendung des 80. Lebensjahres automatisch aus dem Kreis der Papstwähler ausscheiden mussten, eine Altersgrenze, die Paul VI. (1963–1978) eingeführt hatte. Kurzum, am Nachmittag des 12. März 2013 zogen in einer langen Schlange 115 Purpurträger unter dem Gesang der Allerheiligenlitanei in die Sixtinische Kapelle im Apostolischen Palast, unter ihnen fünf Deutsche, lasen eine lateinische Eidformel vor und nahmen dann ihre Plätze unter Michelangelos Fresko *Das Jüngste Gericht* ein. „Extra omnes", dekretierte der vatikanische Zeremonienmeister Marini, „alle hinaus!", womit die hinauskomplimentiert wurden, die kein Recht hatten, an der Wahl des Papstes teilzunehmen. Die hohen Türen der Kapelle schlossen sich mit einem Quietschen, dann waren die Papstwähler allein mit sich und ihrem Gewissen.

Einen Tag zuvor hatte ich zusammen mit einer kleinen Gruppe von am Vatikanischen Pressesaal akkreditierten Journalisten einen Blick in die Sixtina werfen können, die jetzt zum 25. Mal in ihrer Geschichte Schauplatz eines Konklave sein sollte. In der Ecke gleich links vom Eingang hatte die vatikanische „Floreria" einen gusseisernen Ofen aufgebaut, ein ziemlich hässliches Ungetüm, dessen Rohr beeindruckend lang zum Kapellendach hochführte; hier sollten durch das Verbrennen von Stimmzetteln die Rauchzeichen entstehen, durch die die Kardinäle der Außenwelt mitteilen wollten, wie der jeweils letzte Wahlgang verlaufen war. Schwarzer Rauch: Es gibt noch keine Zweidrittelmehrheit. Weißer Rauch: Ein Papst ist gewählt. Dazu hatte man außen auf das Dach der Kapelle, vom Petersplatz aus gut sichtbar, einen kupfernen Schornstein aufgesetzt. An den Längsseiten der Kapelle waren in jeweils zwei Reihen links und rechts die Sitze der Wähler vorbereitet worden: mit Tüchern bedeckte Tische, 115 Stühle aus Kirschholz, alles ziemlich eng beieinander, an jedem Platz eine kardinalsrote Schreibunterlage mit einem blauen Kuli, der Konklaveordnung und dem grünen Ritenbüchlein *Ordo rituum Conclavis*.[4] Hier würden sie also sitzen, beten, auf die Fresken starren, mit dem Nachbarn tuscheln und bei jedem Wahlgang nach vorn schreiten, um ihren Stimmzettel auf einen Teller zu legen und von dort in eine Urne rutschen zu lassen. So lange, bis in geheimer Wahl die Zweidrittelmehrheit für einen neuen Papst erreicht war; andere Modelle wie etwa die Wahl per Akklamation hatte Johannes Paul mit einem Federstrich abgeschafft, weil sie für sein Empfinden nicht mehr in die Zeit passten.

Der Blick auf die Sitzplätze der Elektoren gab mir zu denken. Kein Computer, kein Handy, keine Tageszeitung, noch nicht einmal der *L'Osservatore Romano* – stattdessen das liturgische Buch zur Papstwahl. Ich hatte bisher noch gar nicht bedacht, dass die römische Bischofswahl eine Liturgie ist, ein Gottesdienst. Und wahrscheinlich ein quälend langer Gottesdienst für diese älteren Herren, die sich, wenn sie bisher nicht gerade an der römischen Kurie gearbeitet haben, untereinander kaum kennen. Und die von ihrer Verantwortung im Konklave und von den strengen Blicken aus dem *Jüngsten Gericht* fast erdrückt werden. Welch ein Wirrwarr der Emotionen das sein muss: dieses Bewusstsein, Mitwirkender in einem historischen Spektakel zu sein, und andererseits die Angst, womöglich den Falschen zu wählen (was ist denn, wenn in ein paar Wochen herauskommen sollte, dass der neue Papst in seiner Zeit als Diözesanbischof irgendwo draußen in der Welt Missbrauchsfälle vertuscht hat?), und das alles verschärft von der strengen Pflicht zur Geheimhaltung, die Johannes Paul in seiner Konklaveordnung noch einmal herausgemeißelt hatte. Ein Kardinal wird es nicht auf die leichte Schulter nehmen, dass ihm beim Verrat von Geheimnissen aus dem Konklave die Exkommunikation droht. Wirklich, in der Sixtina muss während eines Konklave ein geistlich-psychischer Ausnahmezustand herrschen. Ich glaube gar nicht, dass hier Intrigen und Wahlabsprachen die Hauptrolle spielen; mein Gefühl sagt mir eher, dass die meisten Kardinäle geduckt dasitzen, den Rosenkranz durch die Finger gleiten lassen, ihre Müdigkeit niederkämpfen und beim lauten Verlesen der Namen auf den Stimmzetteln nach jedem Wahlgang fieberhaft überlegen, in welche Richtung der Trend gehen könnte und ob sie nicht auf einen der Namen einschwenken sollten, die offenbar einigen Konsens auf sich ziehen – selbst wenn sie den Betreffenden gar nicht oder nur flüchtig kennen. Konklave, das ist eine Dynamik, die von Isolation, Langeweile, Aufregung, Gebet, Schlaf- und Bewegungsmangel in Gang gehalten wird. Immerhin sind diese Tage für die Wähler physisch leichter durchzustehen, seit sie nicht mehr in Behelfsquartieren in unmittelbarer Nähe der Sixtinischen Kapelle untergebracht werden, sondern – *Universi Dominici Gregis* machte es möglich – im Vatikanhotel Santa Marta. Während man auf dem Weg zur Sixtina um die Apsis des Petersdoms herumläuft, klären sich womöglich die Gedanken; aus den Vatikanischen Gärten hört man die Vögel herüberzwitschern; nur Vatikanangestellten sollte man unterwegs lieber nicht begegnen, denn „allen (…) ist es absolut verboten, wenn sie zufällig einem der wahlberechtigten Kardinäle begegnen, unter welcher Form, mit welchem Mittel oder aus welchem Grund auch immer, mit den Kardinälen ins Gespräch zu kommen". Also besser noch nicht mal ein *Buongiorno* murmeln.

Der Einzug der Papstwähler ins Konklave wurde an diesem 12. März zum ersten Mal in der Geschichte live in Radio und Fernsehen übertragen, eine einzigartige Gelegenheit, die Kardinäle noch einmal zu mustern, bevor sich die Türen der Kapelle schlossen. Ich

sollte für Radio Vatikan und angeschlossene deutschsprachige TV-
und Radiosender den Livekommentar dazu sprechen – aus einem
mit Bildschirm und Mikro ausgestatteten Kabuff gleich hinter der
Fassade des Petersdoms, über dem Glockentor. Aber anders als bei
sonstigen Übertragungen durfte ich diesmal auf dem Weg zur Ka-
bine nicht den Palazzo Apostolico durchqueren, denn der war in
weiten Teilen schon zur Konklavesperrzone erklärt worden. Stattdessen brachte mich ein Lastenaufzug zusammen mit ein paar weiteren Übertragern auf das Dach der Bernini-Kolonnaden am Petersplatz, und von dort ging's über ein Eisentreppchen durch eine
Seitentür in den ersten Stock des Doms über der Vorhalle. Vor den
geschlossenen Holztüren zur Benediktionsaula, von der aus man auf
die berühmte mittlere Loggia von St. Peter kommt, saß ein Vatikan-
angestellter mit verschränkten Armen auf einem Stuhl und hütete
feixend die Unversehrtheit der Konklavezone. Die Sixtinische Kapelle war von hier nur zwei Räume entfernt – und doch ganz und
gar unerreichbar.

Bedrückt. So wirkten die Kardinäle auf mich, je länger die
schließlich gut einstündige Liveübertragung dauerte. Bedrückt und
irgendwie fremdbestimmt, wie Marionetten in einem System, in
dem jeder Schritt und jedes Wort vorab festgelegt waren. Auch der
Leiter des Konklave, Kurienkardinal Re, machte einen unsicheren
Eindruck; nirgendwo sah man ein Lächeln oder eine freundliche
Geste, alles war wie erstarrt unter der Würde des in lateinischer
Sprache abgespulten Zeremoniells. Besonders mürrisch blickte Kardinal Bergoglio drein, der Erzbischof von Buenos Aires, der sich bei
seiner Eidesformel kurz verhaspelte. Ich kann mich täuschen, aber
die Nichtkardinäle, die durch das „Extra omnes" aus der Kapelle
herausgeworfen wurden (unter ihnen zwei Ordensfrauen, Benedikts
Sekretär Gänswein und, in tiefroter Uniform, der Kommandant der
Schweizergarde), schienen richtig erleichtert, dass sie der sixtinischen Steifhüftigkeit entkamen.

„Extra omnes" – jetzt aber raus hier! Man vergleicht das Konklave gern mit Weihnachten, mit dem Warten auf die Bescherung, und
sicher verweist die Formel, mit der die Wahl eines neuen Papstes

verkündet wird, dieses lateinische „Ich verkünde euch eine große Freude", auf die gleichlautenden Worte der Engel, die vor zweitausend Jahren auf den Feldern von Betlehem die Geburt Jesu hinausposaunten. Aber das Netz biblischer Bezüge ist ja in Wirklichkeit noch dichter. Wie sich die Türen der Wahlkapelle unter den aufmerksamen Blicken der Schweizergarde schließen, das lässt auch an die Wachen vor dem Grab Jesu nach seinem Kreuzestod denken, das gemahnt an den dicken Stein, der vor das Grab gerollt wurde, und die ernsten Mienen der Kardinäle, die in der Sixtina eingeschlossen werden, verstärken diese Assoziation noch. Drei Tage war Jona im Bauch des Fisches, drei Tage lag Jesus bis zu seiner Auferweckung tot im Grab – wie lange werden die Kardinäle brauchen, bis der Stein weggerollt, bis die Türen der Sixtina wieder geöffnet werden, weil die Kirche wieder einen Papst hat? Konklave, das ist in spiritueller Optik auch die bange Zeitspanne zwischen Karfreitag und Ostern. In der Osternacht des Petersdoms singt ein Diakon jedes Jahr „Ich verkünde euch eine große Freude", bevor er das Evangelium von der Auferstehung Jesu verliest.

Doch nichts bekommt man vom Konklave mit, egal ob man nur zwei Räume von der Sixtina entfernt in einer Übertragungskabine vor einem Bildschirm hockt oder auf dem Petersplatz herumsteht, um auf Rauchzeichen zu warten. Gar nichts. Das Drama, das sich in diesen Stunden in der verbotenen Stadt der Papstwahl abspielt, kann man nur erahnen, wissen kann man nichts, ja selbst was später einmal im Rückblick über dieses Konklave bekannt werden wird, lässt sich nicht verifizieren. Setzt sich mal eine Möwe auf den Sixtina-Schornstein, greift unter den Wartenden sofort Unruhe um sich, vielleicht spürt das Tier ja Wärme von unten, das würde heißen, dass wieder ein Wahlgang vorbei ist und sich die Kardinäle gerade am Ofen zu schaffen machen. Stille und Geheimnis, die die Papstwahl umgeben, tragen sicher viel zu der Faszination bei, die sie auf Menschen heute ausübt. Wir sind daran gewöhnt, auf Schritt und Tritt über alles informiert zu werden, und gerade bei Wahlen stürzen Umfrage-, Hochrechnungs- und Auszählungsergebnisse in Echtzeit auf uns ein, Prozentzahlen, die sich flugs in Balkendiagramme übersetzen. Doch beim Konklave nichts dergleichen. Die Abschottung ist total.

Am Abend des 12. März setzt leichter Regen ein in Rom; ein paar tausend Menschen beobachten von der Piazza San Pietro aus, wie zwei Stunden nach dem „Extra omnes" zum ersten Mal schwarzer Rauch aus dem Sixtina-Schornstein quillt. Im ersten Wahlgang hat also, wenig überraschend, noch kein Papstkandidat die nötigen 77 Stimmen auf sich vereinigen können. Die Szene wiederholt sich am Mittwoch, 13. März, kurz vor Mittag. Zunächst ist der Qualm von eher unbestimmter Färbung, aber dann wird er eindeutig schwarz und zeigt damit an, dass zwei weitere Wahlgänge an diesem Morgen ergebnislos verlaufen sind. Schon ist im Internet unter Berufung auf gut unterrichtete Kreise – aber wer soll das bei dieser Abschottung eigentlich sein? – von einer „Pattsituation" im Konklave die Rede, die sich frühestens am Donnerstag auflösen werde, da gibt der berühmteste Schornstein der Welt abends kurz nach 19 Uhr von Neuem Rauchzeichen. Auf dem Platz stehen die Menschen dicht gedrängt unter Regenschirmen, starren auf das Dach der Sixtina, das von einem Scheinwerfer angestrahlt wird, und fangen auf einmal an zu rufen: „È bianca, è bianca!", und tatsächlich: Der Rauch ist weiß, und nach kurzer Zeit fangen auch die Glocken der Basilika an zu läuten, um jeden Zweifel auszuräumen. Ein neuer Papst ist gewählt, im fünften Wahlgang insgesamt.

Eine Stunde vergeht, in der immer mehr Menschen – darunter auch meine Frau und ich – auf den Platz drängen und auf den Stufen des Petersdoms Einheiten der Schweizergarde und der italienischen Armee aufziehen. Marschmusik ertönt, die Szenerie erinnert an eine Opernkulisse, stimmungsvoll ausgeleuchtet. Eine Stunde nach dem weißen Rauch bewegt sich dann der Vorhang hinter der mittleren Loggia des Petersdoms, und Kardinal Jean-Louis Tauran, ein Franzose, der an der Kurie für den Dialog mit anderen Religionen zuständig ist, betritt den Balkon, um mit der vorgeschriebenen lateinischen Formel den Namen des neuen Papstes zu verkünden; als ranghöchstem Kardinaldiakon fällt unter allen Papstwählern ihm diese Aufgabe zu. „Annuntio vobis gaudium magnum: Habemus papam!" *Ich verkünde euch eine große Freude, wir haben einen Papst.* Tauran ist an Parkinson erkrankt, normalerweise weiß er das Zittern des Kopfes zu unterdrücken, doch jetzt, da er die Augen fast der ganzen Welt auf sich gerichtet weiß, wackelt sein Kopf auf und ab, als er den Namen des Gewählten ausspricht, Jorge Mario Bergoglio. Und den Papstnamen, den Bergoglio angenommen hat: Franziskus.

Ein paar Minuten später kommt der Neue dann auf den Balkon und hält eine kurze Rede, in der er, kurz bevor er seinen ersten Segen „Urbi et Orbi" erteilt, mit gesenktem Kopf um den Segen des gläubigen Volkes für sich selbst bittet. Wann immer Beifall losbricht unten auf der Piazza, steht er einfach da, blickt freundlich durch seine Brillengläser hinunter und wirkt unfassbar ruhig. Der Platz hingegen tobt; wer dort war, wird diese aufgewühlte Stimmung sein Lebtag nicht vergessen. Es gab sie also doch noch, die Akklamation, die Johannes Paul II. aus der Sixtina verbannt hatte; hier auf dem abendlichen Petersplatz fand sie nun statt, ein letztes Residuum der Volksbeteiligung, die in den ersten Jahrhunderten zur Wahl römischer Bischöfe gehörte. Die Emotion auf dem Platz war wohl das genaue Gegenteil dessen, was sich in den letzten Stunden hinter den verschlossenen Türen der Sixtina abgespielt hatte: Hier wurde in allen Sprachen geschrien und gesungen, Fahnen wurden geschwenkt, im Konklave hingegen hatten sich ältere Herren wie in Zeitlupe durch die Kapelle bewegt, ihre gefalteten Stimmzettel in der Hand, lateinische Eidformeln murmelnd.

Jorge Mario Bergoglio war der erste Lateinamerikaner auf dem Stuhl Petri. Der erste Nichteuropäer seit über 1200 Jahren. Der erste Jesuit. Und der erste Papst, der sich Franziskus nannte. Das Konklave hatte all seiner archaischen Anmutung zum Trotz erwiesen, dass es auch für die Postmoderne taugte. Da stand nun der neue Papst reglos auf dem Balkon – nur manchmal winkte er kurz – und sah hinab auf die nächtliche Piazza.

2

Am Anfang war der Fels

Bekenntnis und Leugnung – Lauter Beinahepäpste – Ein Name oder ein Amt – Unpassende Miene – Knochensplitter – „Unmögliche Macht" – Das narrative Charisma

Hinab also, tief und tiefer hinab. Wer die Papstwahl verstehen will, der muss hinabsteigen zu den Ursprüngen, so spärlich und vieldeutig die Quellenlage hier auch sein mag. Als erster Papst gilt, von heute aus gesehen, der heilige Petrus, aber wenn eines sicher ist, dann dies, dass der Fischer Petrus vom See Gennesaret zu seiner Zeit nicht der unangefochtene Führer des entstehenden Christentums gewesen ist. Dennoch, die Päpste sehen sich bis in unsere Tage als Nachfolger des Petrus und leiten von ihm ihren Machtanspruch her – vielleicht ohne immer zu bedenken, dass ihrem Amtscharisma damit etwas von der Sprunghaftigkeit und Wankelmütigkeit anhaftet, die nach Auskunft der Evangelien kennzeichnend für Petrus war.

Petrus, eigentlich Simon oder Simeon, Sohn des Jona. Petrus (aramäisch: Kephas) ist der Beiname, den Jesus ihm verleiht: „Du bist Petrus, der Fels, und auf diesen Felsen werde ich meine Kirche bauen." Wer in der Petersbasilika von Rom über dem mutmaßlichen Grab des Apostels den Blick zur Kuppel des Michelangelo hebt, der entdeckt diese Worte aus Matthäus 16 in riesenhafter Mosaikschrift auf Goldgrund, in Griechisch und Latein, und kann von dieser prächtigen, doch starren Szenerie gedanklich nur mühsam den Bogen schlagen zu dem ärmlichen Haufen, der vor über 2000 Jahren mit Jesus durch die Weiler Galiläas zog. Simon gehörte zusammen mit seinem Bruder Andreas wohl zu den ersten Jüngern, die Jesus berief, und tritt in vielen biblischen Episoden als eine Art Sprecher der Zwölf auf. Er ist es, der stellvertretend für die Übrigen Jesus als „Messias", als „Sohn des lebendigen Gottes" anspricht; zugleich aber scheint aus den Berichten der Evangelisten immer wieder deutlich seine Unzulänglichkeit auf. Er läuft über den See auf Jesus zu, beginnt aber zu zweifeln und unterzugehen, worauf ihn der Herr an der Hand aus den Fluten herausreißen muss; er redet Jesus auf dem Weg nach Jerusalem heftig zu, sich doch der dort drohenden Gefangennahme nach Möglichkeit zu entziehen, worauf er sich ein barsches „Tritt hinter mich, Satan!" einfängt; und er leugnet nach der Festnahme Jesu dreimal, diesen auch nur zu kennen, um nicht selbst inhaftiert zu werden – ein schmählicher Verrat. Noch nach Ostern, in der grundlegenden Auseinandersetzung über Juden- und Heidenchristen, versucht Petrus es mit Heuchelei, woraufhin er von Paulus wütend angegangen wird. Aus Bekenntnis und Leugnung, aus Glauben und Zweifel ist das Bild des Petrus zusammengerührt, ohne dass sich die Farben nachträglich wieder trennen ließen, und man mag ins Grübeln geraten, was es bedeutet, dass am Anfang der Ahnenreihe des Päpstlichen ausgerechnet dieser unzuverlässige Geselle steht.

Hätten sich die Päpste nicht stattdessen auf Paulus berufen können? Auch der Völkerapostel ist schließlich, wie Petrus, in Rom den Märtyrertod gestorben – die letzten Zeilen der von Lukas verfassten Apostelgeschichte deuten es an –, und sicher hätte er gleichfalls einen würdigen Vorfahren in Verkündigung und Machtausübung der Päpste abgegeben. Paulus beteuert in seinen Briefen, die zum ältesten Schriftbestand des Neuen Testaments gehören, direkt von Jesus berufen worden zu sein; mit seiner Wandlung vom Saulus zum Paulus lässt er glaubwürdig seine Vergangenheit als Verfolger der ersten Christen hinter sich; er zählt sich zu den Aposteln und reist unermüdlich herum, um die Frohbotschaft zu verbreiten und neue Gemeinden zu gründen. Bis heute beeindruckt es, wie er brieflich mit den verschiedenen Christenzentren Kontakt hält und sie im Glauben unterrichtet. Neben dem Corpus der Paulusepisteln machen die Petrusbriefe, die ohnehin von unsicherer Autorschaft und eher nicht vom Apostel Petrus verfasst worden sind, wenig her. Tatsächlich haben sich schon in den ersten Jahrhunderten römische Bischöfe und in der Neuzeit dann Papst Paul VI. (1963–1978) ausdrücklich als Nachfolger nicht nur des Petrus, sondern auch des Paulus betrachtet; trotzdem, am Anfang der gedachten Papstgenealogie steht Petrus und nicht Paulus.

Hätte es keine anderen Anwärter auf einen Primat im frühen Christentum gegeben? Doch, durchaus. Da wäre vor allem Jakobus zu nennen, der „Herrenbruder". Dieser enge Verwandte Jesu stand, seitdem Petrus und andere Jesusjünger vor Verfolgung aus der Stadt geflohen waren, offenbar an der Spitze der Jerusalemer Urgemeinde, und in der Schilderung, die die Apostelgeschichte vom ersten, dem sogenannten Apostelkonzil gibt, ist er es und nicht etwa Petrus, der das entscheidende Machtwort spricht. Ein apokryphes Thomasevangelium, das im 20. Jahrhundert im ägyptischen Nag Hammadi gefunden wurde, weist ohne Umschweife dem Jakobus die Vorherrschaft in der frühen christlichen Gemeinschaft zu. Jakobus, der Papst der Judenchristen – mit Sitz in der Stadt, in der der Herr gestorben und auferstanden war. Ein von der engen Verwandtschaft Jesu geleitetes Christentum wäre, so darf man spekulieren, im jüdischen Orbit geblieben, eine Art jüdischer Sekte, und hätte sich daraus eine pontifikale Herrscherlinie entwickelt, dann würde ein solcher Papst heute wohl in Jerusalem residieren und nicht in Rom. Eine interessante Vorstellung. Doch die Geschichte ist anders verlaufen: In Jerusalem wurde der Verfolgungsdruck auf die Urgemeinde zu hoch, Jakobus selbst starb als Märtyrer; wenn er „eine Art Primat" (Ratzinger) innegehabt hat, so ist dieser mit seinem Tod erloschen.[1] Durchgesetzt hat sich hingegen das Christentum, das unter Paulus' Führung entschlossen die damalige Globalisierung genutzt hat.

Lauter mögliche erste Päpste. (Wobei der Titel „Papst" erst nach Jahrhunderten einigermaßen exklusiv den Nachfolgern des Petrus beigelegt wurde; als Erster, der sich Papst nennen ließ, firmierte im 3. Jahrhundert der Bischof von Karthago.)[2] Auch aus Kreisen, die sich auf den „Lieblingsjünger" Jesu, den Autor des Johannesevangeliums, beriefen, hätte sich in frühen christlichen Zeiten ein Führungsanspruch entwickeln können. Nicht nur, dass das zeitlich am spätesten verfasste Evangelium daranging, seine synoptischen Vorgänger in einer Reihe von Punkten zu korrigieren – es kratzte auch am Bild des Petrus. Besonders deutlich wird das in einem Anhang, der wohl dem fertigen Evangelium nachträglich hinzugefügt wurde (ähnlich war es schon dem ältesten kanonischen Evangelium, nämlich Markus, ergangen, doch muss das nicht bedeuten, dass dieser Johannesanhang keinen alten Traditionsbestand böte) und der das Verhältnis Jesu zu Petrus und Johannes besonders scharf beleuchtet. Da ist es Johannes, der zu Petrus sagt: „Es ist der Herr", als die Jünger im Boot auf den Ratschlag eines am Ufer stehenden Mannes hin, den sie zunächst nicht erkennen, einen wunderbaren Fischfang tun. Und als dann Jesus – denn der Unbekannte am Ufer ist tatsächlich der Auferstandene – dem Petrus am flackernden Kohlenfeuer den Auftrag gibt: „Weide meine Lämmer, weide meine Schafe", da kommt es gleich zu einer Auseinandersetzung über das dem Lieblingsjünger zugedachte Schicksal; Jesus herrscht Petrus an: „Wenn ich will, dass er bleibt, bis ich komme, was geht das dich an?", und damit übernimmt auch der vierte Evangelist das irritierende Wechselspiel von Verheißung und gleichzeitiger Zurechtweisung, das schon die übrigen kanonischen Evangelien im Verhältnis des Meisters zu Petrus beschreiben.[3]

Es gibt einen Moment, in dem sich alle vier möglichen Päpste in Jerusalem treffen, nämlich um das Jahr 48 beim sogenannten Apostelkonzil, das über die heikle Frage der Heidenmission beratschlagt. Hier legt Paulus, wie er in seinem Brief an die Galater erzählt, „den Angesehenen das Evangelium vor, das ich unter den Völkern verkünde",[4] und „Jakobus, Kephas und Johannes, die als die Säulen Ansehen genießen", reichen ihm daraufhin die Hand „zum Zeichen der Gemeinschaft". Auf den ersten Blick spricht dieses Schriftzeugnis für eine Art Dreierprimat der christlichen Anfänge; Paulus selbst ordnet sich dem Jerusalemer Dreigestirn in dieser Szene deutlich unter, auch wenn er andernorts im Galaterbrief eifersüchtig seine direkt durch Christus erfolgte Berufung zum Apostel ins Feld führt.

Petrus allerdings wirkt nur als eine Säule von mehreren, und es kommt noch hinzu, dass Paulus im weiteren Verlauf des Schreibens mit Petrus hart ins Gericht geht: Geheuchelt habe dieser in Antiochien, aus Angst vor den Judenchristen, darum habe er, Paulus, dem Petrus „ins Angesicht widerstanden". Doch bei näherem Hinsehen zeigt sich, dass auch der Völkerapostel eine besonders herausgehobene Stellung des Petrus keinesfalls in Abrede stellt, schließlich erklärt er im Kapitel zuvor, dass er nach seinem Damaskuserlebnis, das ihn vom Verfolger zum Verkünder der christlichen Botschaft umgestülpt hat, eigens nach Jerusalem gereist sei, „um Kephas kennenzulernen".[5] Und dass er dabei auch dem Jakobus begegnete, notiert er nur am Rande, weil es eben um das „videre Petrum" ging. „Es bleibt bestehen, dass alle Verkündigung des Evangeliums an der Verkündigung des Petrus Maß nehmen muss (…), auch dann, wenn der Erstapostel in seinem persönlichen Verhalten hinter seinem Auftrag zurückbleibt." (Ratzinger)

Petrus also. Es ist Jesus selbst, der dem Simon eine gewisse Vorrangstellung innerhalb des Apostelgremiums zuspricht, darin sind sich alle kanonischen Evangelien einig, auch wenn sie unterschiedliche Investituren skizzieren: Weide meine Lämmer; stärke deine Brüder;[6] du bist der Fels, auf den ich meine Kirche baue. Am feierlichsten, aber ökumenisch am unverdaulichsten ist Matthäus 16: Jesus und die Jünger bewegen sich in einer Szenerie (Caesarea Philippi), die schon auf heidenchristliche Zeiten, auf das Ausgreifen des Glaubens vom jüdischen Zirkel ins Universelle vorausdeutet. Hier benennt Jesus den Simon in „Petrus" um, und das Interessante daran ist zunächst einmal das Ungebräuchliche dieses Vornamens. Ist das wirklich ein Name – Petrus, also Fels –, oder ist das nicht auch oder eher ein Amt? Will die Perikope damit bedeuten, dass es in der Gemeinde der Jesusjünger immer so einen Felsen geben muss, jemanden, der an die Grundlagen des Glaubens erinnert, der den nötigen Zusammenhalt beschwört? Die Namensänderung von Simon zu Petrus geschieht jedenfalls, wie auch immer man sie als Folie auf die frühe Kirchengeschichte legt, nicht im luftleeren Raum; der so Ausgezeichnete hat unmittelbar zuvor ein markantes Christusbekenntnis abgelegt (und wird unmittelbar danach von Jesus schroff zurechtgewiesen, siehe oben). 154-mal wird Petrus im Neuen Testament genannt, häufiger als jeder andere mit Ausnahme Jesu selbst; häufiger sogar als Maria. War dieses „Du bist Petrus" von Caesarea Philippi das erste Konklave, hat Jesus selbst also die Nummer eins in der bis ins Heute reichenden Papstliste bestimmt?[7]

Es überrascht kaum, dass sich die Exegeten je nach konfessioneller Provenienz über die Auslegung von Matthäus 16 uneins sind; dass ein Papst es zu seiner Legitimation heranzieht, geschieht offenbar erstmals zur Mitte des dritten Jahrhunderts.[8] Einig sind sich die Forscher immerhin in der Einschätzung, dass Petrus in der Urgemeinde eine herausragende, wenn auch nicht immer leicht fassbare Rolle spielt. Seine Vorrangstellung wird biblisch nicht nur durch die angesprochenen Jesusworte deutlich, sondern allein schon dadurch, dass er in entscheidenden Momenten als Sprecher der Zwölf auftritt. Und dass er vor allem den Glauben an Jesus als den Gottgesandten mehrmals deutlich in Worte fasst. Damit steht er in den kanonischen Evangelien so gut wie allein. Eine Liste, die Paulus im ersten Korintherbrief zitiert[9] und die womöglich einen der ältesten Texte des Christentums darstellt, führt Petrus denn auch als den Ersten auf, dem der auferstandene Herr erscheint. Das „Du bist Petrus" bei Matthäus ist vor-, das „Weide meine Schafe" bei Johannes hingegen nachösterlich, wird vom Redakteur des vierten Evangeliums also mit Bedacht dem Auferstandenen in den Mund gelegt; der Auftrag, wie man ihn auch verstehen und deuten möchte, ergeht damit aus dem Mund Jesu, obwohl ihn Petrus wenige Tage zuvor, in der Nacht der Verhaftung des Herrn, so schmählich verleugnet hat.

Petrus, ein Mensch aus Fleisch und Blut. Aufbrausend ist er, naiv und wankelmütig. Geradlinig will seine Biografie auch nach Ostern nicht geraten. Er entweicht aus Jerusalem, womöglich um Streitigkeiten der Urgemeinde auszuweichen, und überlässt dem „Herrenbruder" Jakobus das Feld. Er hält sich in Antiochien auf, dort kommt es zu der erwähnten Konfrontation mit Paulus. Und schließlich zieht er weiter nach Rom, wo es längst eine christliche Gemeinde gibt (von der heute keiner mehr weiß, wer sie gegründet

haben mag), und die schriftliche Überlieferung lässt den Eindruck
zu, dass er dort keineswegs die unumstrittene Leitungspersönlich-
keit gewesen ist. Petrus, der erste Bischof von Rom? Nun ja. Das
eine Bischofsamt an der Spitze einer städtischen Christengemeinde
hat sich womöglich erst später herausgebildet, und der „Fels" war
eventuell, um es mit einem heutigen Terminus zu bezeichnen, nur
eines unter mehreren Mitgliedern des Seelsorgeteams im Pfarrver-
band *Roma Centro*. Als Paulus an die Römer schreibt, wendet er sich
an die dortige christliche *community*, Petrus aber wird – obwohl er
sich in diesem Moment wohl in der „Urbs" aufhält – nicht einmal
erwähnt.

Noch in seinen letzten Stunden gibt der Chefapostel ein seltsames Bild ab, als er der Überlieferung nach während einer Chris-
tenverfolgung unter Nero im Jahr 64 oder 67 mit dem Kopf nach
unten gekreuzigt wird. Kopfstand des Osterzeugen – ist das nicht irgendwie typisch für Petrus? In der Paulinischen Kapelle des Apostolischen Palastes im Vatikan hat Michelangelo die Szene gemalt: Der
schon angenagelte Apostel dreht, während sein Kreuz aufgerichtet
wird, den Kopf mit ärgerlichem Gesichtsausdruck nach hinten. Das
ist keine würdevolle, das ist eine spontane Miene, unpassend für
die Tragweite dieses Augenblicks ... und vielleicht gerade deshalb
kennzeichnend für diesen Apostel.

Nun sind die Zeugnisse für den Romaufenthalt des Petrus und
für sein dortiges Martyrium zwar nicht üppig; doch in der Forschung wird kaum noch bestritten, dass sie den historischen Fakten
entsprechen.[10] Der Schluss des Johannesevangeliums deutet für ihn
einen Sklaventod an: Jemand werde ihn führen, wohin er nicht wolle. Der römische Bischof Clemens (ein Petrusnachfolger?) erwähnt
noch vor dem Ende des ersten Jahrhunderts das Martyrium des Petrus in Rom, und ein gewisser Gaius gibt rund um das Jahr 200
an, über dem Ort des Sterbens Petri sei ein „Siegesmal" errichtet
worden, das er jedem Interessierten zeigen könne. Tatsächlich haben seit 1940 Ausgrabungen unter der Petersbasilika einen antiken
Friedhof zutage gefördert, in dem sich neben zahlreichen paganen
Mausoleen auch frühchristliche Gräber befinden; ihr Bildschmuck

bedient sich oft heidnischer Motive, die nichtchristlichen Betrachtern damals vertraut vorgekommen sein werden, die aber anschlussfähig sind für christliches Gedankengut – etwa ein Apoll, der sich als Anspielung auf Christus deuten lässt. Mitten in dieser Nekropole nun befindet sich ein Grab (eigentlich mehr ein Schacht), das einer prominenten christlichen Persönlichkeit gehört haben muss, weil sich zahlreiche christliche Gräber eng drum herum gruppieren und weil die späteren Bauherren der ersten, konstantinischen Petersbasilika enorme Anstrengungen unternommen haben, um diesen Ort nicht anzutasten. Es ist schlüssig, hier die letzte Ruhestätte des Petrus zu vermuten. Übrigens lassen sich die sogenannten „scavi" (Ausgrabungen) der vatikanischen Basilika nach Voranmeldung besuchen, und es kann einen nachdenklich stimmen, dass sich unter diesem gewaltigen marmornen Bau, genau unter dem Papstaltar, ein Loch befindet, in dessen unmittelbarer Nähe man einige Knochensplitter entdeckt hat, die vielleicht dem Fischer vom See Gennesaret zuzuordnen sind.

Absolute Sicherheit für die Authentizität des Petrusgrabs in Rom gibt es gleichwohl nicht, sie wird sich auch kaum erreichen lassen, aber so verhält es sich ja überhaupt mit den Gründungszeugnissen des Christlichen. In vielem sind wir auf Weitergegebenes, auf vermutete oder behauptete Kontinuitäten angewiesen; wir können schlechthin die biblischen Zeugnisse, die ja schon Reaktionen auf das Ostergeschehen und nachträgliche Deutungsmuster sind, nicht überspringen, um einen „historischen" Jesus vor aller Traditionsbildung zu erreichen. Die Bemühungen, aus den Evangelien durch das Zugrundelegen strenger Kriterien einen gewissermaßen reinen, vorösterlichen Jesus herauszuschälen, laufen ins Leere; hinter den „Jesus des Glaubens" kommen wir nicht zurück in eine imaginäre jesuanische Urzeit. Und analog dazu lässt sich auch kein Petrusbild ohne Übermalungen mehr herstellen, freigekratzt von späteren Hinzufügungen. Petrus, wie er wirklich war.

Schnüren wir also noch einmal die dürren Fakten zusammen. Simon, ein Fischer aus Betsaida am See Gennesaret, gehört zu den ersten Jüngern Jesu, erhält von ihm eine wie auch immer geartete

Beauftragung, gilt als der erste Zeuge der Auferstehung des Herrn, stirbt in Rom den Märtyrertod und erfährt in der frühen Christenheit eine besondere Verehrung. Nun kann es nicht das Ziel unserer Studie sein, ein Psychogramm des Apostelfürsten zu erstellen, doch will es uns für unsere Zwecke relevant scheinen festzuhalten, dass am Startpunkt der Papstlisten ausgerechnet ein Mann steht, der für die Grundlegung einer solchen Traditionskette nicht tauglich erscheint – und der gerade dadurch dem Pontifikalen einen theologischen (oder teleologischen) Sinn unterschieben könnte, über den sich das Nachdenken lohnt. Wie kommt denn eigentlich das katholische Christentum dazu, in seiner Führungslinie gerade den wankelmütigen, impulsiven Petrus zum Ausgangspunkt zu machen? Und was bedeutet das für das Papsttum heute?

Giancarlo Zizola nennt den Einfluss des Petrus auf die Geschicke des frühen Christentums ein „potere impossibile", eine „unmögliche Macht"; dass der Inhaber der Schlüsselgewalt ein Versagertyp war, präge auch die Institution des Papsttums, das sich auf ihn beruft. Das „Defizitäre" an Petrus sei keine rein persönliche Angelegenheit, sondern werde im Papsttum „institutionell" – ein ungewöhnlicher Gedanke.[11] In neuerer Zeit haben Päpste gerade die Unzulänglichkeit dieses ersten Zeugen und, den Faden weiterspinnend, die Unwürdigkeit vieler seiner Nachfolger als eine Art Garantie dafür gedeutet, dass das Petrusamt im Lauf der Jahrtausende nicht zum Selbstzweck mutiere, sondern weiter über den jeweiligen Amtsinhaber hinaus auf Jesus verweise. Ratzinger, der spätere deutsche Papst Benedikt XVI., fand es signifikativ, dass Jesus in Matthäus 16 gerade dem Petrus mit der Schlüsselgewalt die Vollmacht der Sündenvergebung zugesprochen habe; denn auf Vergebung gründe die Kirche, und gerade dafür stehe keiner so überzeugend wie der so häufig gestrauchelte Petrus.

Nun hat es zwar etwas Verlockendes, die vielen mittelmäßigen Pontifexgestalten, die die Kirchengeschichte aufweist, mit einem intrinsischen Defizitcharisma ihres Amtes zu erklären, doch darum geht es hier nicht. Unser Buch dreht sich um Macht, um Führung, um Auswahl, und da ist die Feststellung von Belang, dass das kirchliche *e pluribus unum* nicht auf den erwiesenermaßen Besten zielt, sondern vielmehr darauf, ein Grundrauschen der Kontinuität fortzuzeichnen, das Einheit im Christusbekenntnis und Rückbindung an die Ursprünge garantieren soll, aber eben nicht Perfektion. Gerade angesichts des Dogmas päpstlicher Unfehlbarkeit in Glaubens- und Sittenangelegenheiten, das das Erste Vatikanische Konzil im 19. Jahrhundert definiert hat, lohnt es sich, auf dieses spezielle Gründungscharisma des Papsttums zu blicken. Und es ernst zu nehmen.

Sagen wir es klar heraus: Petrus war nicht der Schlauste. Auch nicht der charakterlich Herausragendste. Doch gerade deshalb waren seine Christusbekenntnisse besonders glaubwürdig. Ein Papsttum, das sich an dieses Bekenntnis hängt, muss auch die übrigen, nicht so berauschenden Elemente des petrinischen Charismas mit in Kauf nehmen.

Unter den apokryphen Evangelien, die es nicht in den neutestamentlichen Kanon geschafft haben, ist übrigens auch ein „Evangelium des Petrus", entstanden um das Jahr 75 nach Christus, erhalten leider nur in Bruchstücken, die die Passion Jesu schildern. Für den heutigen Leser ist es anrührend, dass Petrus hier zweimal in erster Person spricht: „Ich aber, Petrus, und die anderen waren wie verwundet und versteckten uns ... Doch ich, Simon Petrus, und mein Bruder Andreas, nahmen unsere Netze und gingen ans Meer."[12] Hier lässt sich erahnen, dass es die persönliche, unmittelbare Zeugenschaft des Petrus war, welche seine Zuhörer beeindruckte. Sein Charisma war ein narratives, nicht eines der Leitung. Eine universale Amtsgewalt über die Kirche der Anfänge hat Petrus auch in Rom nicht besessen, er war ja noch nicht einmal die unangefochtene Nummer eins der Hauptstadtgemeinde; stattdessen bescheinigte ihm die frühe Christenheit eine hohe Glaubwürdigkeit, weil er seinen Glauben nicht in Theoremen und Lehrkonstruktionen vortrug, sondern in Geschichten, die auch seine Unzulänglichkeiten nicht aussparten.

Am Ursprung des Papsttums steht das *story-telling* – und Petrus gewann die „Sklaven und Underdogs" (Klaus Berger) für sich, indem er den neuen Weg des Christlichen nicht als gnostische Geheimlehre für einige Auserwählte darstellte, sondern als Weg der Erkenntnis, den er selbst unter vielen Rückschlägen und Missverständnissen gegangen war.

3
Die Liste des Irenäus

Lauter alte weiße Männer – Streitschrift gegen die Gnostiker – Clemens' un-erbetene Intervention in Korinth – „Vorsitz in der Liebe" oder „Stolperstein"? – Jerusalem wandert nach Rom – Die heiße Kartoffel der Ökumene

Nicht viele Rompilger oder Touristen finden nach Oriolo Romano; dabei birgt dieses verschnarchte Städtchen an der Bahnlinie nach Viterbo, nicht weit vom Bracciander See, ein papstgeschichtliches Kuriosum. Im Palazzo Altieri hat Clemens X., Papst im 17. Jahrhundert, eine 70-Quadratmeter-Galerie mit den Porträts seiner Vorgänger anlegen lassen, die in dieser Vollständigkeit die älteste ihrer Art ist. Allerdings gibt es eine solche Bildergalerie auch in der Basilika Sankt Paul vor den Mauern an der römischen Via Ostiense, und zwar als Kette von Rundmosaiken gleich über den Säulen des Langhauses, und sie ist ungleich bekannter, doch im 19. Jahrhundert ist die Basilika über dem Paulusgrab abgebrannt, wodurch auch die Päpstemedaillons verloren gingen, und beim Wiederaufbau orientierte man sich, was diese Darstellungen anbelangt, an – Sie haben es wohl schon geahnt – der Bildergalerie von Oriolo. Bemerkenswert übrigens und einer Erklärung bedürftig, dass sich gerade am *haut lieu* des Völkerapostels diese Papstmosaiken aneinanderreihen … als ginge die urchristliche Konkurrenz der beiden römischen Stadtpatrone (denn das sind Petrus und Paulus) immer noch weiter.

Durch die Galerie von Oriolo zu flanieren, ist eine interessante Erfahrung. Die Bilder sind in einem Seitentrakt untergebracht, einer Sackgasse; will man sie alle auf sich wirken lassen, muss man auf einem endlosen roten Teppich bis in den letzten, neunten Saal laufen und dann denselben Weg wieder zurück. Die an den Wänden dicht über- und untereinanderhängenden Papstporträts sind kunstlos und schematisch: alle einheitlich auf schwarzem Grund, alle mit lateinischen Erläuterungen und viele auch mit einem Wappen versehen, 266 alte weiße Männer, um es im gendersensiblen Jargon unserer Tage zu sagen. Ein Raffael oder Velázquez hat an diesen Porträts nicht mitgewirkt, auch kein Bacon oder Triegel, und das sieht man ihnen an: Viele, etwa das *Ritratto* Benedikts XVI. (denn die Galerie wird auch in unseren Tagen fortgesetzt), sind von einer beklemmenden Hässlichkeit. Und viele ähneln sich; schnell stellt sich angesichts dieser immergleichen Gesichter Langeweile ein.

Aber man kommt auch ins Grübeln in dieser *Galleria dei Papi*. Da ist Petrus, oben rechts neben dem Eingang, nur das erste Glied der Kette; es folgen Linus, Anakletus, Clemens, Evaristus ... Doch woher weiß man das alles eigentlich so genau? Sind diese frühen Päpste wirklich historische Figuren, oder sitzen wir hier einer Fiktion auf? Wie kommt es überhaupt, dass sich, von Petrus ausgehend, etwas in Bewegung gesetzt hat, das wir heute als die Institution des Papsttums kennen? Und was können wir heute verlässlich darüber wissen?

Eine erste Antwort darauf gibt uns eine Postille aus dem Jahr 180 nach Christus, ungefähr: *Adversus haereses* (Gegen die Häresien), Verfasser ist Bischof Irenäus von Lyon. Sie spricht hinein in eine Zeit, in der das Urchristentum von heftigen dogmatischen Auseinandersetzungen zerrissen wird; in der einige Autoren behaupten, über christliches Geheimwissen zu verfügen; und in der die Frage akut wird, woran man sich denn halten könne im neuen Glauben, nachdem die Generation derer, die noch die Apostel gekannt haben, ausgestorben ist – eine Situation, die von ferne an unsere Tage erinnert, in denen die letzten Zeitzeugen der Shoah aussterben und das Erinnern in neue Formen gegossen werden muss. Er wolle, so schreibt Irenäus, doch einmal am Beispiel der „größten, ältesten und allbekannten", nämlich der römischen Kirche darlegen, worauf man bauen könne. „Denn mit dieser Kirche muss notwendigerweise ihres gewichtigen Ursprungs wegen jede andere Kirche übereinstimmen, das heißt, die Gläubigen an allen Orten; in ihr ist allezeit (…) die von den Aposteln stammende Überlieferung aufbewahrt worden." Ein klarer Verweis auf die Romtradition rund um Petrus und Paulus.[1]

Entscheidend ist nun, wie es weitergeht in Irenäus' Text. „Nachdem die seligen Apostel also die Kirche gegründet und erbaut hatten, übertrugen sie dem Linus das Amt des Bischofs zur Leitung der Kirche. Diesen Linus erwähnt Paulus in seinen Briefen an Timotheus. Ihm folgte Anakletus. Nach ihm erhielt Clemens, von den Aposteln aus gezählt an dritter Stelle, das Bischofsamt. Er hatte noch die seligen Apostel gesehen und Kontakt zu ihnen gehabt; die Predigt der Apostel hatte er noch in den Ohren und die Überlieferung vor Augen (…). Zur Zeit des Clemens kam es nun zu einem schweren Konflikt unter den Brüdern in Korinth. Da schrieb die Kirche in Rom den Korinthern einen sehr nachdrücklichen Brief, um sie in Frieden zusammenzuführen, ihren Glauben zu erneuern (…). Auf diesen Clemens folgte Evaristus, auf Evaristus Alexander; dann wurde als sechster seit den Aposteln Sixtus eingesetzt."

Es folgen weitere Namen – bis hin zur Nummer zwölf in der römischen Bischofsliste seit den Aposteln, einem gewissen Eleutherus. Dann resümiert Irenäus: „Das ist die Ordnung und das die Sukzession, in der die Überlieferung in der Kirche, die von den Aposteln stammt, und die Verkündigung der Wahrheit auf uns gekommen sind. Und das ist der beste Beweis dafür, dass es ein und derselbe lebenspendende Glaube ist, der in der Kirche seit den Aposteln bis heute aufbewahrt und in Wahrheit überliefert worden ist."

Dieses Dokument lohnt ein genaueres Hinschauen, denn es gibt uns wie kein anderes einen Einblick in die Entstehung eines Petrusdienstes in der Kirche des Westens. Als Erstes fällt auf, dass es für Irenäus beide Rom-Apostel, also Petrus und Paulus, sind, die einen Nachfolger bestimmen – auf welche Weise genau, wird allerdings nicht ausgeführt. (Tertullian allerdings wird etwa zwanzig Jahre später behaupten, noch Clemens – die Nummer vier in der Liste – sei „von Petrus geweiht" worden; die Sache wird dadurch nicht besser, dass das *Liber Pontificalis*, eine Päpstekompilation ab dem 6. Jahrhundert, auch für Linus und Anakletus eine Bischofsweihe durch Petrus behauptet.)[2] Auch im weiteren Verlauf wird nicht klar, auf welche Weise genau der römische Staffelstab, also eine leitende Funktion in der Tibergemeinde, verbunden mit einer Art Lehrauftrag, weitergereicht wird. Von Sixtus, der Nummer sieben, wird vermerkt, er sei „eingesetzt" worden. Rückschlüsse darauf, wie genau der pontifikale Zug ins Rollen gekommen ist, lassen diese dürren Angaben nicht zu. Wurden die römischen Bischöfe jeweils von ihrem unmittelbaren Vorgänger designiert, vielleicht per Handauflegung? Oder hatte auch die Gemeinde, die uns in schriftlichen Zeugnissen als durchaus selbstbewusst entgegentritt, ein Mitspracherecht?[3]

Überhaupt: Bischöfe. Einige Forscher machen heute, wie wir schon erwähnt haben, darauf aufmerksam, dass sich das Profil des einen Bischofs, der einer Ortskirche vorsteht, erst allmählich herausgebildet habe, dass man dieses Modell also für das Rom der frühen Jahre nicht unbedingt in Betracht ziehen dürfe. Sie fragen auch kritisch nach der Quellenlage, auf die sich Irenäus bei seiner Liste gestützt haben mag, und wittern hinter dem Begriff der apostolischen Sukzession, also einer lückenlos auf die Zeit der Zeugen zurückführbaren Abfolge, ein Konstrukt, mit dem damals eben den gnostischen Autoren und ihrem Geraune von einem direkt von den Aposteln auf sie gekommenen Geheimwissen Paroli geboten werden sollte. Sicher, die christlichen Anfänge waren chaotisch, vieles war im Werden, und gleichzeitig wurde überall heftig gestritten, die Schriften der Kirchenväter legen davon ein beredtes Zeugnis ab. Doch verfehlte die Betonung einer apostolischen Sukzession nicht ihre Wirkung auf die Zeitgenossen. „Sollen sich doch die Häretiker etwas Ähnliches ausdenken!", höhnte Tertullian zu Beginn des 3. Jahrhunderts. Uns Heutige beeindruckt die Liste des Irenäus mit ihrer sturen Aneinanderreihung von Namen, und die Frage ist wirklich, ob man das so einfach beiseitewischen kann. Formal erinnert die Liste des Irenäus an einen der frühesten Texte der Christenheit, nämlich die Bekenntnisformel, wem Christus nach seiner Auferstehung erschienen sei; Paulus baut sie in seinen ersten Korintherbrief ein,[4] hier wird Kephas, also Petrus, als der erste Zeuge der Auferweckung des Herrn aus dem Grab aufgeführt. Dass Irenäus diese Listenform wählt, zeigt, wie ernst ihm die Sache ist. Statt wolkig Kontinuität zu beschwören, nennt er Namen.

Einer dieser Namen ist uns auch unabhängig von Irenäus bekannt: Clemens. Sein Schreiben an die Korinther ist uns überliefert, es zählte bei einigen christlichen Ortskirchen der Frühe sogar zum Kanon des Neuen Testaments. Gut sechzig Jahre nach Jesu Tod und Auferstehung hält sich dieser prominente Kopf der römischen Gemeinde für ermächtigt, ungefragt in Angelegenheiten der immerhin von Paulus begründeten Gemeinde von Korinth einzugreifen, und natürlich kann man an diesem Impuls eine gewisse Vorrangstellung Roms ablesen, jedenfalls sind uns aus Korinth keine Widerworte bekannt, die sich die Einmischung vom Tiber verbeten hätten, und der römische Brief hat es in der frühen Christenheit schnell zu großer Bekanntheit und Wertschätzung gebracht. Lange vor Irenäus spricht Clemens schon von den Aposteln und ihrer „hierarchisch geordneten Sendung".[5]

Dass ein römischer Vorrang im Urchristentum nicht bloße Anmaßung und Selbstermächtigung war, könnte ein Brief belegen, den Ignatius von Antiochien um 110 an die römische Gemeinde schrieb. In seiner blumigen Einleitung würdigt er die Kirche Roms als „gotteswürdig, ehrwürdig, preiswürdig, lobwürdig, würdig der Reinheit (des Glaubens), die den Vorsitz in der Liebe führt". Hier stoßen wir auf eine zentrale Formel, die auch das heutige Papsttum gern ins Feld führt: Vorsitz in der Liebe. Papst Franziskus hat sie unmittelbar nach seiner Wahl im März 2013, in seiner ersten Stegreifrede auf der Loggia von St. Peter, ausdrücklich aufgerufen.[6] Es ist wohl ihre Harmlosigkeit und mutmaßliche ökumenische Verträglichkeit, die sie heute so beliebt macht; unterschlagen wird dabei, dass Ignatius unmittelbar zuvor die römische Ortskirche adressiert als „die den Vorsitz führt im Raum des Gebietes der Römer" … was sich deutlich weniger universal anhört.

Wie auch immer: Ganz abgesehen von Irenäus' Bekräftigung einer apostolischen Sukzession können wir feststellen, dass es faktisch schon in frühester Zeit eine gewisse Vorrangstellung der römischen Gemeinde innerhalb der Christenheit gegeben hat, parallel zu der herausgehobenen Position, die Petrus nach dem Zeugnis des Neuen Testaments im Kreis der Zwölf innehatte. Fragen wir nach den Gründen für einen solchen Primat Roms, dann stoßen wir zunächst auf die simple Tatsache, dass von allen Kirchen des Westens (wozu damals auch Nordafrika zählte) nur die Ewige Stadt sich zweier herausragender Apostel, ihrer Gräber und der entsprechenden apostolischen Traditionen rühmen konnte. Das machte sie zwangsläufig zu einem wichtigen Orientierungspunkt – für alle Ortskirchen, wie sich aus unserem Irenäus-Text ergibt, nicht nur für die westlichen. Auch wenn es hier und da Widerspruch gegen römische Positionen gab; „Roma locuta, causa finita" (Rom hat gesprochen, die Sache ist beendet – der Spruch geht teilweise auf eine Predigt des hl. Augustinus zurück) klappte schon damals nicht so ganz. Auffallend ist jedoch, dass in diesem Zusammenhang bis weit ins dritte Jahrhundert hinein noch keine Rede von einer Nachfolge des Petrus ist; erst im Jahr 256 beruft sich erstmals ein römischer Bischof auf Jesu „Tu es Petrus" aus Matthäus 16. Frühe christliche Autoren stellen die römische Gemeinde vielmehr als eine dar, die apostolische Traditionen authentisch bewahrt hat, ohne Irrlehren zu verfallen, und verorten darin ihre Anziehungskraft. Hinzu kommt, dass Rom wohl eine entscheidende Rolle bei der Endredaktion des Neuen Testaments gespielt hat. Und dass sich viele der römischen Positionen in innerchristlichen Auseinandersetzungen als konsensfähig erwiesen und darum durchsetzten – obwohl Rom anders als etwa Karthago oder Alexandria kein Umschlagplatz großer theologischer Ideen und Entwürfe war. Ob es vielleicht gerade das simple Aufrufen der grundlegenden Glaubenslinien durch Rom war, das in der damals oft aufgeheizten Stimmung unter den Christen wohltuend wirkte? Jedenfalls scheint in diesen ersten Jahrhunderten Rom eher von außen in Streitfragen um seinen Entscheid angerufen als von sich aus initiativ geworden zu sein. Ein Schiedsrichter also. Eine Instanz, von der man die ruhige Bekräftigung der ursprünglichen Lehre, aber keine aufregenden Neuerungen erwartete.

Nun könnte es scheinen, als hätten wir die Herausbildung eines Papsttums allein evolutiv, also mit der Macht des Faktischen, begründet: Es ist eben so gelaufen, wie will man das rückwirkend ändern? Doch das würde dem Ernst des Ringens der frühen Christenheit um Strukturen, Authentizität, Verlässlichkeit nicht gerecht. Wenn die Institution des Papsttums uns auch heute etwas zu sagen haben und nicht einfach ein „Stolperstein" (eine bittere Formulierung von Paul VI.) sein will, braucht sie auch eine überzeugende theologische Begründung. Gibt es sie denn, die Zwangsläufigkeit, die vom galiläischen Fischer Petrus über die Jahrtausende bis zu den heutigen, weiß gewandeten Amtsträgern auf dem Petersplatz reicht? Joseph Ratzinger hat in dem oben schon herangezogenen Aufsatz versucht, darauf zu antworten. Sein Argument: „Der römische Primat beziehungsweise die Anerkennung Roms als Kriterium des rechten apostolischen Glaubens ist älter als der Kanon des Neuen Testaments" – man könne also nicht Ja zur Schrift sagen, aber Nein zum Vorrang der römischen Gemeinde, die ja offenbar bei der Kanonbildung eine entscheidende Rolle gespielt hat. Außerdem sei „der Gedanke der Nachfolge gar nicht zu umgehen, wenn man das überlieferte Wort überhaupt als einen auf die Zukunft hin offenen Raum betrachtet", und die Pastoralbriefe sowie die Apostelgeschichte des Lukas, also schon neutestamentliche Schriften, machten deutlich, dass sich schon früh Strukturen herausbildeten, in denen Nachfolge als Zeugenschaft für das überlieferte Wort zur Form geronnen sei.

Dadurch, dass Petrus in Rom das Martyrium erlitt, sei die Stadt nun zu dem Ort geworden, „wo seine Funktion weitergeht", Jerusalem habe sich sozusagen in der Person des Petrus nach Rom verlagert. Der erste Clemensbrief („erster" deswegen, weil es noch einen weiteren gibt, allerdings von dubioser Authentizität) lasse spüren, dass man das schon im ersten christlichen Jahrhundert so gesehen habe, so der bayerische Theologe, der von 2005 bis 2013 selbst zum Nachfolger des Petrus wurde, als Nr. 265 auf der offiziellen, von Irenäus bis in die Jetztzeit weitergeführten Liste, und dessen Rücktritt wir ganz zu Beginn geschildert haben.

Es hilft nichts: Wir stochern im Nebel, wenn wir nach den Anfängen des römischen Petrusdienstes suchen, und sicher ist nur, dass es zum Papstamt mit seinen weitgehenden Vollmachten von heute und seinem Jurisdiktionsprimat über alle Ortskirchen ein weiter Weg war. Ein römischer Vorrang war, wie wir gesehen haben, von vornherein da, doch wie genau sich Bischofsamt und Sukzession in der römischen Gemeinde entwickelt haben, was genau evolutiv von Beginn an angelegt war oder was vielmehr etwaigen römischen Machtansprüchen geschuldet ist, darüber werden die Forscher sicher weiterhin debattieren, zumal die Implikationen für die Ökumene beachtlich sind. Am entschlossensten hat in neuerer Zeit Johannes Paul II. diese heiße Kartoffel angefasst: In seiner Enzyklika *Ut unum sint* (Alle mögen eins sein) von 1995 deutete der Pole das Papstamt unter Verweis auf das schwierige Persönlichkeitsprofil des Petrus als einen „Dienst der Barmherzigkeit", warnte aber, dass es „illusorisch" wäre zu glauben, ein solches Amt komme ohne „Vollmacht und Autorität" aus. Darüber, wie das Petrusamt heute als wirklicher Dienst an der Einheit der Christen ausgeübt werden könnte, lud er die anderen christlichen Kirchen und Gemeinschaften zu einem „brüderlichen, geduldigen Dialog (…) jenseits fruchtloser Polemiken" ein und skizzierte auch gleich, was ihm dabei vorschwebte. Petrus spreche doch im ersten Teil der Apostelgeschichte (im zweiten ist er, nach dem Apostelkonzil, auf einmal verschwunden, aber das erwähnte Johannes Paul nicht) „im Namen der Apostelgruppe" und diene damit „der Einheit der Gemeinschaft": „Ist es nicht vielleicht ein Dienstamt dieser Art, über dessen Notwendigkeit sich heute viele von denen äußern, die sich im Ökumenismus engagieren? Den Vorsitz in der Wahrheit und in der Liebe führen, damit das Boot (…) nicht von den Stürmen zum Kentern gebracht wird."[7]

Vielleicht liegt ja tatsächlich im Hereinragen dieses römischen „Felsens" in unsere Zeit eine Chance, die wir Christen noch nicht recht begriffen haben. Man könnte doch das römische Charisma des Zusammenhalts der Glaubenden stärker gewichten und von der Person, mit der es sich nun gerade auf dem Stuhl des Petrus verbindet, etwas stärker absehen – so wichtig dieses personale Einstehen eines Zeugen auch bleibt. Dann könnte vielleicht auch der Zwist um die Zuverlässigkeit der apostolischen Sukzession an Schärfe verlieren und der Übergang des römischen Charismas von einem „Papst" auf den anderen weniger theokratisch-politisch und mehr spirituell gewertet werden.

Wir haben uns weit auf die offene See der Debatten ums Papsttum hinausgewagt, nun rudern wir wieder zurück, schließlich ist es ja gar nicht unsere Aufgabe, das Wesen des Papsttums zu ergründen, sondern die Geschichte und Entwicklung der Papstwahl darzustellen, wozu allerdings ein Blick auf die Knäuel der Frühzeit schon nötig war. Für unsere eigentliche Fragestellung nun ist der Befund bisher dürftig: Der erste Papstwähler war tatsächlich Jesus Christus, als er dem Brausekopf Simon eine herausgehobene Stellung im Apostelgremium zusprach, verbunden mit einer Namensänderung, wie sie Päpste auch heutzutage im Moment ihrer Wahl vornehmen. Doch dann bringt erst wieder ein Dokument vom Ende des 2. Jahrhunderts Licht ins Dunkel, das die Namen von herausragenden Führungspersönlichkeiten der römischen Gemeinde (die Vorsicht gebietet es uns, hier nicht unbedingt von Bischöfen zu reden) auflistet, angefangen bei Petrus. Ohne allerdings die Art der jeweiligen Auswahl eines Nachfolgers (Designation? Losentscheid? Wahl innerhalb des Leitungsgremiums der Gemeinde, vielleicht gar unter Beteiligung des gläubigen Volkes?) und den Modus der Amtsweitergabe (Weihe? Handauflegung?) genauer zu bezeichnen. Dass irgendjemand von außerhalb der römischen Christengemeinde, etwa aus Kleinasien oder Nordafrika, sich in den Entscheidungsprozess der – nennen wir sie mal so – Papstwahl am Tiber eingemischt hätte, lässt sich nicht erkennen, und das ist durchaus von Belang: nicht nur wegen der universalen Ausstrahlung des Glaubens *alla romana*. Sondern auch, weil sich das später drastisch ändern sollte. Sogar bis ins 20. Jahrhundert hinein.[8]

4

Wenn Laien wählen

Verstohlene Blicke in der Basilika – Presbyter sollen nur dabeistehen – Die ersten Gegenpäpste – Zwangsarbeit in Sardinien – Überpapst Konstantin – Der doppelte Leo

Wirklich, das sind aufwühlende Tage gewesen: der Tod des Bischofs, seine Beisetzung hier am Vatikanhügel (und nicht, wie man das noch vor hundert Jahren gehalten hat, in den Calixtus-Katakomben an der Via Appia), die Debatten auf Griechisch oder Latein darüber, wer in die Fußstapfen des Verstorbenen treten sollte; die Vermutungen auch, welcher Kandidat aus Sicht des Kaisers oder der großen Familien opportun sein könnte oder gerade nicht. An diesem Frühjahrsmorgen nun strömen Menschen in den Innenhof der Basilika, die Konstantin vor nicht allzu langer Zeit über dem Grab des hl. Petrus hochgezogen hat, waschen sich kurz am Reinigungsbrunnen, sprechen ein Gebet und hasten dann weiter ins Innere des Baus, um noch einen Platz zu bekommen.

Drinnen in der Basilika herrscht eine penible Sitzordnung. Die vorderen Plätze sind dem höheren Klerus vorbehalten, und zwar hierarchisch genau abgestuft, von den Bischöfen der umliegenden Bistümer über die Presbyter bis hinab zu den Diakonen. Subdiakone, Akolythen und Frauen sind in diesem Teil der Basilika nicht zu sehen. Dann folgen nach einer Absperrung und einem breiten, freigehaltenen Gang wichtige Persönlichkeiten der römischen Gesellschaft, und schließlich gibt es weiter hinten im Kirchenschiff auch ein Kontingent an Stehplätzen für die Laien, die christlichen Bürger der Ewigen Stadt. Das Warten zieht sich, hat man erst einmal einen

Platz erobert, in die Länge, doch kann man, bis es losgeht, die Augen über das Apsismosaik schweifen lassen, das Christus zwischen Petrus und Paulus und von Palmen umgeben darstellt. Darunter haben die Mosaikkünstler zwölf Lämmer abgebildet, die für die zwölf Apostel stehen, und zwei stilisierte Stadtansichten, nämlich Betlehem und Jerusalem. Man kann in der Wartezeit aber auch die Gesichter der anderen Personen in der Basilika studieren – vor allem des kaiserlichen Beauftragten, der gut sichtbar in der Mitte sitzt, ganz nah am Petrusgrab. (Der Imperator selbst weilt natürlich weit entfernt in der neuen Hauptstadt.) Oder man kann die Sicherheitskräfte beobachten, die an neuralgischen Punkten des Baus Posten bezogen haben und die den höheren Klerus vom Volk trennen. Sie sollen verhindern, dass es wieder zu bürgerkriegsähnlichen Wirren kommt wie nach der Wahl von 366.

Bald werden die Pforten von St. Peter geschlossen, dann beginnt der Prozess der Wahl eines neuen *episcopus*. Einige der Wartenden haben heimlich Proviant mitgebracht, weil sie von den letzten Malen her wissen, dass sich die Sache in die Länge ziehen kann. Schon weil ja erst einmal eine Liturgie gefeiert und für den zu wählenden Bischof gebetet wird. Und dann, weil über die Kandidatenvorschläge aus dem Volk sowohl die Vertreter des Adels und der Elite als auch der höhere Klerus zunächst konfabulieren und sich abstimmen wollen. Die Vornehmen der Stadt werden sich anhören, was die Laien in der Basilika zu sagen haben, und dann weiter vorn mit den Klerikern die Köpfe zusammenstecken, und erst wenn schon mehr oder weniger Einigkeit über einen Kandidaten erzielt worden ist, folgt der eigentliche Wahlvorgang. Von dem allerdings die meisten Menschen in der Basilika nichts mitbekommen werden, denn das machen die Kleriker unter sich aus; damit sie ungestört sind, ziehen sie sich dazu in die Apsis zurück. Wählbar sind nur römische Kleriker, so hat es Bischof Markus im Jahr 336 verfügt, und darum werden die Presbyter und Diakone am Schluss das entscheidende Wort sprechen. Einer von ihnen verkündet schließlich den Wartenden im Kirchenschiff den Namen des Auserkorenen; und dann muss der Repräsentant des Kaisers feierlich nicken, dazu hat er sich ja extra hierherbemüht, und das anwesende Volk ist gehalten, zu jubeln und auf jede erdenkliche Weise seine Zustimmung auszudrücken, denn allen liegt daran, dass das Prozedere dem Ideal der „unanimitas", der Einmütigkeit, gerecht wird; in dieser Einmütigkeit nämlich drückt sich nach allgemeiner Überzeugung der göttliche Wille aus. Einheit ist göttlich, während Meinungsverschiedenheiten das Werk des Teufels, des großen Durcheinanderwerfers, sind.

Auch mit erfolgter Wahl wird aber noch nicht alles vorüber sein, denn der Neugewählte, ein Priester oder Diakon, muss ja noch die Bischofsweihe erhalten. Dazu werden ihm die Bischöfe aus dem römischen Umland die Hände auflegen, eine Geste, die schon die Apostelgeschichte erwähnt, und er wird auf der Kathedra Platz nehmen und den Segen erteilen; dann wird eine Urkunde aufgesetzt, und dadurch erst kommt das ganze Prozedere an sein Ende, und der „Apostolische Stuhl" (dieser Ausdruck *sedes apostolica* ist erst seit kurzer Zeit üblich geworden) ist wieder mit einem legitimen Platzhalter bestückt.[1]

Hat sich eine Papstwahl gegen Ende des 4. Jahrhunderts so ähnlich abgespielt, wie hier skizziert? Die ehrliche Antwort muss lauten: Wir wissen es nicht. Fest steht allerdings, dass von Anfang an das Bemühen um Einmütigkeit da war; noch Gregor der Große wird das mit den Worten „Gott ist nicht im Streit der Geister" auf den Punkt bringen. Fest steht außerdem, dass Wahl- und Weiheorte nicht strikt festgelegt waren, der Vatikan und der Lateran aber häufig eine Rolle spielten.[2] Vor allem steht fest, dass in den ersten Jahrhunderten des Christentums Laien an der Wahl des römischen Bischofs beteiligt waren – und das ist eine aufregende Erkenntnis. Von Kardinälen, also den *Elektoren* unserer Tage, noch keine Spur, jedenfalls beim ersten Hinsehen nicht. Stattdessen das gläubige Volk, zusammen mit dem höheren Klerus. Was sich heutzutage viele engagierte Laien in der katholischen Kirche wünschen, nämlich bei der Wahl von Bischöfen mitreden zu dürfen, das hat es in den Anfängen des Christentums schon einmal gegeben.

Und zwar nicht nur in Rom. Vielmehr scheint es in der frühen Kirche weithin üblich zu sein, dass Laien an der Bischofswahl beteiligt sind, sodass es im Umkehrschluss seltsam wäre anzunehmen, dass sich das gerade in Rom anders verhalten müsste.[3] Schon zu Beginn des 2. Jahrhunderts – also in einem Moment, in dem wir noch gar nicht sicher davon ausgehen können, dass sich das Modell des *einen* Bischofs *(Monepiskopat)* für eine Gemeinschaft beziehungsweise Diözese, vom Osten des Römischen Reiches herkommend, auch schon in Rom durchgesetzt hätte –, schon zu Beginn des 2. Jahrhunderts also gelangt Alexander I. den Angaben einer späteren Quelle zufolge erst nach einer Befragung der ganzen römischen Gemeinde in sein Amt. Die Römer haben keine Angst vor breiten Konsultationen. Das erweist sich auch im Pontifikat von Viktor, dem ersten afrikanischen Papst, der von 189 bis 199 regiert haben soll und jedenfalls ein Zeitgenosse des hl. Irenäus war, mit dessen Liste wir im Kapitel zuvor Bekanntschaft geschlossen haben. Viktor nämlich verhakelt sich mit den Gemeinden aus Kleinasien in eine Meinungsverschiedenheit über das Osterdatum (welche die Christenheit in der einen oder anderen Form bis heute begleitet), und in diesem Zusammenhang lässt er in vielen Teilen der universalen Kirche Synoden zum Ostertermin durchführen. Eine Umfrage, wenn wir so wollen.

Vom Beginn des 3. Jahrhunderts hat sich eine kurze Schrift namens *Traditio Apostolica* erhalten, die wohl in Rom oder im Umfeld der römischen Gemeinde entstanden ist; als ihr Autor galt lange Hippolyt, ein in seinen biografischen Details schwer fassbarer Theologe, der vielleicht ein Schüler des Irenäus war. Diese *Traditio Apostolica* nun stellt eine Art Gemeindeordnung dar, in der sich schon der erste Abschnitt ausführlich mit der Bischofswahl beschäftigt und von der aus sich auch der *Modus Operandi* in Rom imaginieren lässt. „Zum Bischof soll eingesetzt werden, wer vom ganzen Volk gewählt wurde *(electus ab omni populo)* und wer untadelig ist. Sobald er vorgeschlagen ist und alle zugestimmt haben, soll sich das Volk am Sonntag mit dem Presbyterium und den (in Rom) anwesenden Bischöfen versammeln. Unter Zustimmung aller sollen diese dem Kandidaten die Hände auflegen." Die Presbyter werden – ein interessantes Detail – dazu angehalten, „still dabeizustehen", ohne etwas zu tun; das ist eine etwas demütigende Bemerkung. Alle sollen schweigend im Gebet die Herabkunft des Heiligen Geistes erflehen,

und einem der anwesenden Bischöfe kommt es dann zu, dem Neugewählten die Bischofsweihe zu spenden; sogar das Weihegebet ist
überliefert, unsere Quelle ist in liturgischer Hinsicht nicht nur an
dieser Stelle sehr ergiebig. Nach der erteilten Weihe ist schließlich
der Augenblick für alle gekommen, den neuen Amtsinhaber „zu
grüßen und ihm den Friedenskuss zu geben". Die Laien mitten-
drin.[4] Und die Auswahl des römischen Bischofs nicht nur als „de-
mokratisches Verfahren", sondern vor allem als „liturgischer Akt".[5]

So friedlich-liturgisch und einmütig allerdings, wie die Bischofswahl in der *Traditio* ausgemalt wird, ist sie sicher nicht immer abgelaufen; schon ihr vermeintlicher Autor Hippolyt gilt einigen ja
als Gegenpapst. Im Jahr 251 bricht womöglich zum ersten Mal in
der Geschichte ein Streit um die Legitimität einer Papstwahl auf:
Der Presbyter Novatianus will Cornelius, obzwar dieser ordnungsgemäß unter Beteiligung zahlreicher Bischöfe auf den Stuhl Petri
gehoben worden ist, nicht anerkennen und lässt sich gleichfalls zum
römischen Bischof konsekrieren, eine in Rom noch nie dagewesene
Situation, die allerdings auf viele künftige Schismen vorausweist.
Der Krieg der zwei Päpste bricht in einem Moment aus, der für
Christen wegen Verfolgungen und der Pest ohnehin schon schwie-
rig ist. In diesem Krisenmoment unterstützt Bischof Cyprian von
Karthago Cornelius aus der Ferne mit dem Argument, dieser sei
doch – eine Formel, in der einiges von den Kriterien der Bischofs-
und Papstwahlen dieser Jahre aufblitzt – „aufgrund des Urteils Gottes *(iudicium Dei)* (…), aufgrund des Zeugnisses *(testimonium)* fast
aller Kleriker, aufgrund der Abstimmung *(suffragium)* des damals
anwesenden Volkes und der Zustimmung altbewährter Bischöfe
und wackerer Männer" gültig zum Bischof „erhoben" worden.[6] Die
Formulierungen lassen antikes römisches Recht durchschimmern
und belegen jedenfalls das aktive Mitmachen der römischen Christengemeinde. Sicherheitshalber lässt Cornelius sich seine Legitimität aber von einer eigens dazu in Rom zusammentretenden Synode
bestätigen; die Papstwahl hat ihre Unschuld verloren.

Das war ohnehin unvermeidlich. Denn wie soll eine Bischofskür unter Beteiligung des ganzen gläubigen Volkes funktionieren,

wenn die Zahl der Christen in der Ewigen Stadt immer weiter in die Höhe klettert? Innerhalb der Gemeinde verschieben sich bei der Papstwahl die Gewichte; die höheren Kleriker spielen eine stärkere Rolle, die Vornehmen der Stadt werfen sich zum Sprachrohr der Gläubigen auf, und diese selbst haben, einfach weil sie zu viele sind und sich gewissermaßen selbst im Weg stehen, kaum noch etwas zu vermelden. Wir kennen solche Dynamiken, bei denen eine breite Beteiligung der Menschen anfangs gewünscht ist, dann aber als Störfaktor wahrgenommen wird, auch heute noch von Vereins- oder Parteigründungen.

Bei genauem Hinsehen ist das Papstwahlmodell der frühen Jahre, sosehr man sich über die Laienbeteiligung freuen mag, doch anfällig für Manipulationen und Verunsicherung. Was passiert denn, wenn ein römischer Bischof sein Amt nicht mehr vor Ort ausüben kann, etwa weil er wie Pontianus in den Dreißigerjahren des 3. Jahrhunderts zur Zwangsarbeit auf die Insel Sardinien verbannt wird? Dieses Dilemma lösen die Römer pragmatisch, indem sie 235 zu einer neuen Papstwahl zusammentreten und mit Anterus einen neuen Bischof auf den Schild heben, obwohl sein Vorgänger noch am Leben ist; und ähnlich flexibel soll ja schon zum Ende des 1. Jahrhunderts Clemens gehandelt haben, der, als er ins Exil nach Cherson in der heutigen Ukraine geschickt wurde, den Evaristus zu seinem „Vize-Papst" (Zizola) bestimmte. Natürlich ist es bemerkenswert, wie die frühe Christengemeinde in Rom bei ihrem Bischof dergestalt zwischen Person und Amt zu trennen weiß; kann jemand die Funktion nicht mehr ausüben, wird eben ein anderer gewählt. Doch wird solche Flexibilität nicht gefährlich, wenn externe Akteure wie der Kaiser anfangen, sich in die Angelegenheiten der Kirche einzumischen?

Im Jahr 309 ist das ein erstes Mal der Fall. Kaiser Maxentius will einen christeninternen Konflikt befrieden, bei dem es um Gläubige geht, die abtrünnig geworden sind, jetzt aber in die Gemeinschaft zurückkehren wollen; die Christen diskutieren hitzig darüber, ob man den Reuigen entgegenkommen oder ihnen besser mit Strenge begegnen sollte, und überhaupt kann man sich im Rückblick nur wundern, wie leidenschaftlich in der frühen Kirche gestritten und polemisiert wird. Nun greift also Maxentius ein. Doch das Ergebnis seiner Intervention ist katastrophal, denn auf einmal hat Rom zwei legitim gewählte Bischöfe, und beide sitzen im Exil; erst nach zwei Jahren klärt sich die verfahrene Lage durch eine neue Wahl in Rom. Der Fall führt allen vor Augen, wie verheerend es sich auswirken kann, wenn die Bischofswahl zum Spielball der großen Politik wird. Laienbeteiligung, ja bitte – aber dieser Laie, der Kaiser, ist einfach zu mächtig.

Man hat in der römischen Gemeinde nicht viel Zeit, sich von dem Konflikt zu erholen, denn schon im Oktober 312 steigt Konstantin mit seinem Sieg über Maxentius an der Milvischen Brücke zum Alleinherrscher im Westen des Römischen Reiches auf, und das Christliche, dem Konstantin seinen Sieg zu verdanken erklärt, wird hinfort nicht nur offiziell geduldet und juridisch anerkannt, sondern wird von ihm entschlossen mit dem Staat verklammert. Der Kaiser sorgt dafür, dass die Strukturen dieser aus den Katakomben hervorkletternden Religion mit der Ordnung seines Staates kompatibel sind, ja in eins fließen, und obwohl er gar nicht christlich getauft ist (dazu wird er angeblich erst auf dem Sterbebett Zeit finden), beruft er 325 nach Nizäa ein allgemeines Konzil ein, das er auch selbst leitet. Hier ist dem römischen Bischof auf seinem ureigenen Feld Konkurrenz erwachsen: Der Über- und Nebenpapst Konstantin, ein *episcopus episcoporum* („Bischof der Bischöfe"), der nahezu als Repräsentant Gottes auf Erden auftritt, der bindet und löst, ohne viel nach Matthäus Kapitel 16 zu fragen.[7] Es liegt auf der Hand, dass Bischofswahlen in Rom unter solchen Umständen nicht länger im Elfenbeinturm des Glaubens stattfinden können, sondern von nun an dem rauen Wind der politischen Interessen ausgesetzt sind.

Trotzdem bleibt es auch im 4. Jahrhundert bei der Beteiligung des Volkes. Nur dass jetzt eine neue Schicht von Notablen, etwa kaiserliche oder kommunale Beamte, Anspruch darauf erhebt, bei der Bischofskür ihr Gewicht in die Waagschale zu legen. Und dass der Kaiser nicht lange fackelt, wenn er den Eindruck hat, die Wahl sei in die falsche Richtung gelaufen oder ein Papst liefere nicht das

Gewünschte. Kaiser Constantius II. schickt Papst Liberius, dessen Haltung gegenüber den Arianern ihm nicht passt, kurzerhand ins Exil und setzt einen ihm genehmeren Kandidaten namens Felix auf den römischen Bischofsstuhl, doch darf Liberius später zurückkehren und soll nun eben die Kirche zusammen mit Felix regieren; das römische Volk will allerdings dieses Doppelpapsttum nicht hinnehmen und zwingt Felix zum Aufgeben. Doch als Liberius stirbt, kommt es zu einem neuerlichen Schisma: hier Damasus, dort der von Felix-Anhängern gewählte Ursinus. Erst nach Jahren teilweise blutiger Auseinandersetzungen auf den Straßen Roms kann sich Damasus durchsetzen, und in der Kirchengeschichte hinterlässt er tiefe Fußstapfen, denn er ist es, der dem hl. Hieronymus den Auftrag zu einer Übersetzung der Heiligen Schrift ins Lateinische gibt *(Vulgata)*, die dann jahrhundertelang *der* kanonische Bibeltext schlechthin ist. Doch nicht davon wollen wir hier reden, sondern vom Problem des Janus-, des Zweierpapsttums, und da bietet sich uns zu Beginn des 5. Jahrhunderts dasselbe Bild wie im *Incipit* des Damasus: zwei Päpste, am selben Tag zum Bischof geweiht, und der eine von beiden nimmt mithilfe des römischen Präfekten den Lateran in Besitz, die Residenz, die Kaiser Konstantin dem römischen Bischof zugewiesen hat. Damit sich solches Durcheinander nicht wiederholt, ordnet Kaiser Honorius von Ravenna aus an, dass, wenn zwei Bischöfe um das Amt rivalisieren, keiner von beiden als der legitime angesehen werden solle, sondern dass vielmehr zur Wahl eines neuen Papstes zu schreiten sei, und zwar „auf der Basis eines einmütigen Konsenses", und es ist beachtlich, wie man auch in Zeiten der Umbrüche von diesem Ideal der Bischofskür nicht lassen mag. Selbst wenn die Tendenz längst dahin geht, dass die Laien bei einer solchen Wahl nur noch konsultiert werden, die entscheidende Namensliste, auf deren Grundlage der höhere Klerus zur Wahl schreitet, aber von den Honoratioren erstellt wird. Sieht man genau hin, so erkennt man, dass die Laien hauptsächlich beteiligt werden, um den Eindruck der Einmütigkeit, der breiten Akzeptanz des neuen Bischofs hervorzurufen; zum Wählen braucht man sie nicht wirklich. Natürlich gibt es Ausnahmen: Ambrosius, Stadtpräfekt in Mailand, will nach Darstellung seiner Biografen nur bei der Wahl des nächsten Bischofs nach dem Rechten sehen, als ein Kind in der Basilika „Bischof Ambrosius" ruft und das Christenvolk ihn daraufhin einmütig zum neuen *episcopus* bestellt.[8]

Überragende Papstgestalt im 5. Jahrhundert, ja der hervorstechendste Petrusnachfolger bis hierhin ist Leo I. (440–461). Er steht rhetorisch ganz hinter dem Prinzip der Volksbeteiligung an der Bischofswahl, denn wer „allen vorstehen" solle, so bemerkt er in einem Brief, der müsse auch „von allen gewählt werden". Berühmte, oft zitierte Worte. „In Frieden und Ruhe sollen die künftigen Bischöfe gewählt werden, es soll die Unterschrift der Kleriker, das Zeugnis der Angesehenen, die Übereinstimmung des Klerus und des Volkes im Auge behalten werden."[9] Vor allem aber weiß Leo, dem schon bald der Beiname „der Große" zugesprochen wird, sich und seinem Amt in seiner weithin von Glaubenskämpfen zerrissenen Zeit Respekt zu verschaffen; in seinen Briefen und Predigten tritt deutlich wie nie zuvor der römische Anspruch eines Primats über alle Teile der Kirche in West und sogar Ost zutage. In einer entscheidenden Scharnierzeit – es sind die letzten Jahre des Weströmischen Reichs – bedient er sich geschickt der „Denk- und Rechtsfiguren antiker Prägung", um „das gedankliche Fundament für eine neue, tragfähige Institution" zu legen (Klaus Herber).[10] Für Leo steht immer noch Petrus am Ruder des Kirchenschiffs und handelt durch ihn, den Nachfolger und Stellvertreter; spricht er von Petrus und Paulus, so kann man unvermittelt an Romulus und Remus denken, und vor dem geistigen Auge entsteht gewissermaßen ein neues Rom. Lehr- und Mahnbriefe schwirren vom Apostolischen Stuhl aus in alle Richtungen; er bietet dem Patriarchen der neuen Hauptstadt Konstantinopel die Stirn, der die Nähe zur kaiserlichen Macht nutzt, um sich zur Nummer eins der Kirchen im Osten aufzuschwingen. Angesichts einer erbitterten christologischen Kontroverse, die große Teile der Weltkirche zerreißt, verfasst Leo einen Traktat über die göttliche und menschliche Natur Christi, der, als er auf dem Konzil von Chalkedon verlesen wird, die anwesenden Bischöfe nach Angaben einer Quelle zu Begeisterungsstürmen hinreißt: Dies sei der Glaube der Väter und der Apostel, „durch Leo hat Petrus gesprochen".

Das bekannteste Porträt Leos des Großen entstand über tausend Jahre später, und mit ihm hat es in Hinsicht auf Papstwahl und Konklave eine interessante Bewandtnis. Raffael und seine Schüler statteten im Auftrag von Julius II. die *Stanzen*, eine Flucht repräsentativer Räume im Apostolischen Palast des Vatikans, mit Fresken aus, und eines davon sollte an der Wand eines Audienzzimmers die Szene verewigen, wie Leo im Jahr 452 die Hunnen vor den Toren Roms zur Umkehr und zum Verschonen der Stadt bewegt. Der Meister aus Urbino hatte bereits einen Großteil des Freskos, auf dem Petrus und Paulus aus dem Himmel über dem Papst die Waffen gegen Attilas Mannen zücken, fertiggestellt, und einer der beiden Kardinäle, die dem Papst hoch zu Ross folgten, trug gut erkennbar die Züge des Florentiners Giovanni Medici. Auf einmal – wir schreiben den Februar 1513 – stirbt Julius; das Konklave tritt zusammen, und zum Papst wird ebenjener Medici gewählt. Er nimmt den Namen Leo X. an, und damit bekommt das Leo-Fresko, an dem Raffael gerade in den *Stanzen* gearbeitet hat, einen nahezu prophetischen Charakter. Was tut nun Raffael? Er gibt, vielleicht gar auf Anweisung des Neugewählten, dem auf einem Schimmel reitenden Papst, der eigentlich die Züge Julius' II. tragen sollte, das Aussehen des neuen Papstes: Leo X. wird zu Leo dem Großen. Und wer das Fresko heute aufmerksam betrachtet, der stellt fest, dass der Papst und einer der zwei hinter ihm reitenden Kardinäle genau dasselbe runde Gesicht haben.[11]

Es ist ein verwirrendes, aber auch faszinierendes Ineinander der Identitäten. Leo der Große unterschied einst kaum zwischen seiner Person und Petrus; in diesem Fresko leiht ihm nun ein etwas dicklicher Medici das Gesicht, sodass hinter Leo X. der erste Leo, ja der Apostelfürst selbst durchscheint. Und zugleich sehen wir in dieser dramatischen Szenerie ein und dieselbe Person einmal als Kardinal, am Bildrand, und einmal als Papst. Viele Fragen rund um die Wahl eines Menschen zum Nachfolger Petri kann man sich vor diesem Fresko stellen ... und erhält eine rätselhafte Antwort.

5
Spielball der Mächte

Festus lässt noch mal wählen – Kronprinzen – Warten auf das Ja aus Konstantinopel – Gott der Diebe – Das Ziegelsteinbuch – Schauprozess für eine Leiche – Marozia und die Päpstin Johanna

Wie hältst du's mit Konstantinopel? Das wird über Jahrhunderte die Gretchenfrage an das Papsttum. Konstantins Verlegung der Hauptstadt gen Osten hat den westlichen Reichsteil massiv geschwächt; andererseits erlaubt das Vakuum dem römischen Bischof Entfaltungsmöglichkeiten, die er in der Nähe der Macht wohl nicht gehabt hätte, und vom Bosporus aus lässt man die Römer lange gewähren. Am 22. November 498 aber wird die Frage, wie man's denn mit Konstantinopel halten solle, zur entscheidenden, als das römische Volk, seine Wortführer und der höhere Klerus einen Nachfolger für Anastasius II. bestimmen sollen. Der verstorbene Papst ist den Byzantinern gegenüber versöhnlich aufgetreten, und ebendies wünscht sich der Senator Festus, Beauftragter des oströmischen Kaisers, auch vom Nachfolger. Doch der Ostgotenkönig Theoderich wirbt von Ravenna aus für einen selbstbewussten Kurs gegenüber Konstantinopel und setzt sich damit auch durch: Die Wähler heben den Diakon Symmachus, der keiner Sympathien mit Ostrom verdächtig ist, auf den Petrusstuhl. Festus aber will diese Wahl nicht akzeptieren, und darum lässt er am selben Tag einfach noch einmal wählen, wobei er auf Freunde im Adel und im Senat zählen kann und einige Stimmen womöglich auch gekauft hat; das Ergebnis fällt jedenfalls aus wie gewünscht, der Erzpriester Laurentius wird ebenfalls Bischof von

Rom. Die Parteigänger des Symmachus weihen diesen in der Peterskirche zum Bischof, Laurentius hingegen erhält seine Weihe in
der etwa ein Jahrhundert zuvor errichteten Basilika Santa Maria
Maggiore. Wieder einmal hat die Ewige Stadt somit zwei Päpste;
der eine, nämlich Symmachus, residiert am Vatikan, der andere,
also Laurentius, am Lateran, und das Papstamt ist, in diesem Fall
und überhaupt, eine Geisel der politischen Differenzen zwischen
den zwei Roms, dem westlichen und dem östlichen. Zwei Roms –
und zwei Päpste.

Welcher der beiden ist nun der rechte? Das ist eine Frage, die
sich im Lauf der Kirchengeschichte noch häufig stellen wird. Theoderich tendiert, wenig überraschend, zu Symmachus und bringt dafür ein neuartiges Argument vor: Legitimer römischer Bischof sei
doch derjenige, der als Erster gewählt worden sei und die meisten
Stimmen auf sich vereinigt habe. Das bedeutet eine Abkehr vom
hehren Prinzip der „unanimitas“. Dennoch hat der Ostgote kein
Problem damit, einige Jahre lang die Existenz eines Gegenpapstes
Laurentius zu tolerieren, bis ihm das auf einmal nicht mehr in den
Kram seiner Byzanzpolitik passt.

Symmachus ist daran gelegen, seine heikle Stellung zu klären.
Darum beruft er 499 eine Synode ein, und die etwa siebzig teilnehmenden Bischöfe beschließen tatsächlich auf der Linie des Theoderich, zum Bischof von Rom sei derjenige zu weihen, der einhellig
„durch die gesamte Geistlichkeit“ bestimmt werde. „Wenn man
sich aber, wie es zu geschehen pflegt, für verschiedene Kandidaten
ereifert, sollen die Stimmen der Mehrheit siegen.“ Damit gewinnt
hier – eine Konzession an die Realität – ein gewisses Mehrheitsprinzip gegenüber dem Ideal der Einmütigkeit die Oberhand. Allerdings hört sich die Entscheidung so an, als sollten Laien künftig bei
Bischofswahlen überhaupt keine Rolle mehr spielen. Die Synodalen
treffen noch weitere Beschlüsse, die die Wahl betreffen: So wird zum
ersten Mal verboten, hinter dem Rücken eines regierenden Papstes Absprachen über Nachfolger zu treffen, und Kleriker, die sich
auf solche Ränke einlassen und dabei erwischt werden, müssen mit
ihrer Absetzung rechnen.[1]

Hellhörig an den Beschlüssen der Symmachus-Synode macht ein Detail, das eher beiläufig auftaucht. Die Verfügungen zur Wahl gelten nämlich vor allem für den Fall, dass ein Papst zu Lebzeiten nicht dazu gekommen ist, seinen Nachfolger zu designieren – und dies erweckt nun den Eindruck, als sei ein solches Designieren nachgerade üblich geworden. In einer Gemeinde und Kirche, die sich bislang der „unanimitas" verschrieben hatte, kann das nicht wirklich überraschen, und dennoch, die Quellen haben es bis zu diesem Punkt nicht explizit gemacht. Von nun an werden wir in den Annalen eine Reihe von Beispielen für solche Kronprinzenregelungen finden, Beispiele, die allerdings davon zeugen, dass solche Vorsorgemodelle nicht unbedingt glücken. 530 deutet Felix auf dem Sterbebett auf den Erzdiakon Bonifatius als seinen Wunschnachfolger, doch Roms höherer Klerus wählt nach dem Tod des Felix lieber einen konstantinopeltreuen Diakon und folgt der Empfehlung des Verstorbenen erst, als ebenjener Diakon nach wenigen Wochen im Papstamt plötzlich verstirbt. Kaum kommt Bonifatius solchermaßen an die Reihe, designiert er den Vigilius als seinen Wunscherben, doch wieder kommt's anders; auf Druck aus Ravenna hin steigt vielmehr Silverius, Sohn von Papst Hormisdas, zum Nachfolger Petri auf (nein, eine Zölibatsverpflichtung gibt es in diesem Moment für Priester der westlichen Kirche noch nicht). Nur dass Silverius am Hof von Ravenna schon nach wenigen Monaten in Ungnade fällt und als angeblicher Hochverräter auf die Insel Ponza deportiert wird, wo er stirbt. Derweil ergattert Vigilius tatsächlich den römischen Bischofsstuhl, kann sich aber seiner neuen Würde nicht lange freuen, denn Konstantinopel macht ihn zum Gefangenen; acht Jahre lang lebt der Papst als Marionette des oströmischen Kaisers am Bosporus, und als er auf der Rückfahrt gen Rom stirbt, hat ihn eine Synode afrikanischer Bischöfe längst als Häretiker für exkommuniziert erklärt. Verwirrend, das alles? Ja – schon für die Zeitgenossen.[2]

Wie hältst du's also mit Konstantinopel? Und wie mit Ravenna, wo bis 552 die Ostgoten herrschen und später dann die Langobarden? In dieses Koordinaten-, in dieses Spinnennetz ist das römische Bischofswesen des 6. Jahrhunderts eingespannt. Die Ostgoten nehmen für sich das Recht in Anspruch, eine erfolgte Papstwahl als gültig zu bestätigen oder auch nicht, und genauso verfährt dann der Oströmer Justinian, als er von Konstantinopel aus die Erbmasse des zerfallenen Weströmischen Reichs zusammen mit der alten, heruntergekommenen Kapitale Rom erobert. Justinian ist der Bauherr der Hagia Sophia und ein brillanter Gesetzgeber, der die überkommenen *Codices* des römischen Rechts zu einem einheitlichen *Corpus* verschmilzt; er führt das Institut der kaiserlichen Bestätigung von Papstwahlen ein. Was unmittelbar zur Folge hat, dass sich die zum Bischof von Rom Gewählten in einem Limbo wiederfinden, denn bis sie das Plazet aus Konstantinopel haben, gehen Monate ins Land, und so lange können sie ihr Amt nicht antreten. Einige wenige Päpste ignorieren die Vorschrift und lassen sich ohne politische Bestätigung zum Bischof weihen, doch die meisten respektieren die Vorgabe, etwa Severin, der im Jahr 640 rekordverdächtige acht Monate auf das byzantinische Ja wartet und dann nur 66 Tage regiert, bis er plötzlich stirbt.

Ein Papsttum in den Fängen der Machtpolitik, auf peinliche Weise abhängig vom ostwestlichen Hin und Her. Dennoch gelingt es ihm im 6. Jahrhundert, sein Profil zu schärfen. Die Neugewählten beginnen, sich einen neuen Namen für ihr Pontifikat zuzulegen; der Erste ist 533 der Priester der römischen Kirche San Clemente zwischen Lateran und Kolosseum, Mercurius, der wohl als Papst nicht wie der antike Gott der Boten, Diebe und Händler heißen will und sich deshalb ab dem Moment seiner Bischofsweihe Johannes II. nennt. Noch heute fragt dementsprechend im Konklave der Kardinaldekan beziehungsweise „der ranghöchste und älteste Kardinal", der die Abstimmungen in der Sixtina leitet, den zum Papst Gekürten, sobald er sich versichert hat, dass dieser die Wahl auch annimmt, sogleich: „Wie willst du dich nennen?". (Johannes Pauls Konklaveordnung schreibt tatsächlich das „Du" vor.)[3] Nebenbei bemerkt war es aber in der Renaissance für Päpste auf einmal kein Problem mehr, Namen mit heidnischem Klang zu tragen; der Humanist und *Bonvivant* Enea Silvio Piccolomini verfiel bei seiner

Wahl zum Papst 1458 wohl deshalb auf den Namen Pius, weil Vergil einst den aus Troja geflohenen Stammvater der Römer als „pius Aeneas", als „frommen Aeneas", etikettiert hatte. Auf hintergründige Weise verwies Piccolomini als Papst also weiterhin auf seinen paganen Vornamen Enea.

Aber das ist eine andere Geschichte. Wir stehen ja noch an der Schwelle vom 6. zum 7. Jahrhundert: Das ist die Zeit des Kirchenlehrers Gregor des Großen (590–604), eines Römers aus bester Familie, der zunächst eine politische Karriere hinlegt, dann auf einmal Mönch wird (vielleicht nach der Regel des hl. Benedikt von Nursia, den er als Kind noch erlebt haben könnte und dessen Biografie er verfasst), der aber noch auf seinem Grabstein als „Konsul Gottes" bezeichnet wird. Er ist der erste Mönch auf dem Stuhl des Petrus und einer, der in bewusst einfacher Sprache die ideelle Grundlage des Papstamts ganz neu formuliert.[4] Nicht mehr um Machtansprüche geht es da, nicht mehr um Leos Petrus-Symbiose, sondern um das Dienen; der Papst soll sich vor allem um die Ärmsten kümmern und wirklich *servus servorum Dei* sein, „Diener der Diener Gottes", ein Titel, den der römische Bischof heute noch führt. Im Päpstlichen Jahrbuch, einem ziegelsteindicken Wegweiser, der jedes Jahr neu auf über tausend Seiten Bibelpapier durch das Wirrwarr von Vatikan und Weltkirche führt, wird das *servus servorum Dei* noch heute aufgelistet, als letzter allerdings einer Reihe „historischer Titel" des *Vescovo di Roma*. Am Anfang steht „Stellvertreter Jesu Christi". Und am Schluss, als siebte der Ehrenbezeichnungen, Gregors „Diener der Diener Gottes".[5]

Trotz Gregors geistiger Höhenflüge – man erkennt ihn auf Fresken und Gemälden daran, dass ihm der Heilige Geist in Form einer Taube auf Ohrhöhe etwas in die Feder diktiert – sind Päpste des 7. Jahrhunderts weniger Diener anderer Gottesdiener als vielmehr Diener Konstantinopels, den byzantinischen Machtspielen ausgeliefert. Martin I. (649–655), der Ostrom herausfordert, indem er das alte Klerus- und Volkswahlrecht in Rom zu restaurieren versucht und die kaiserliche Wahlbestätigung durch eine Lateransynode zerreißen lässt, wird von Konstans II. in Ketten nach Konstantinopel geschleift, dort gedemütigt, aller Insignien beraubt und schließlich ins Exil auf die Krim deportiert; derweil hat das je nach Blickwinkel pragmatische, opportunistische oder einfach machtlose Rom längst einen neuen, konstantinopelkompatiblen Bischof auserkoren. Zugleich aber wird Byzanz häufig von inneren und äußeren Krisen geschüttelt, die seine Kräfte binden, sodass Päpste „verstärkt in die Rolle des politischen Führers der Stadt und des römischen Dukates gedrängt" werden.[6]

Es sind dunkle Jahrhunderte: Zeiten der Umbrüche, des Übergangs. Papst wird, wer politischen Rückhalt genießt, wer Milizen hinter sich hat, die ihm auf den Straßen Roms Respekt verschaffen, oder wer über genügend Geld verfügt, um sich Stimmen zusammenzukaufen; zum Wahlergebnis von 757 notiert das *Liber Pontificalis* trocken, durchgesetzt habe sich die „stärkere und mächtigere" Partei. Ein Papstbiograf gibt uns einen Einblick, wie im Jahr 768 eine Wahl und Amtsübernahme abläuft: Der Termin wird auf einen Sonntag gelegt und die erfolgte Wahl durch den Spruch „Philippum papam sanctus Petrus elegit" verkündet, *der heilige Petrus hat den Philippus erwählt*, das ist die älteste uns bekannte „Habemus papam"-Formel. Der Auserkorene, ein römischer Kleriker, wird zur Lateranbasilika gebracht und erfährt auf dem Weg dorthin die Akklamation der römischen Bevölkerung; in der Basilika angekommen, werden schließlich Gebete gesprochen, und der neue Papst setzt sich auf die Kathedra, den Bischofsstuhl, und nimmt dort wohl Huldigungen entgegen. Dann spendet er den Segen – und gibt ein Festmahl.[7] Zur Bischofsweihe kommt es im Fall des Philippus allerdings nicht mehr, denn der von den Langobarden Gestützte vermag seinen Anspruch nicht durchzusetzen, tritt freiwillig zurück und gilt heute als Gegenpapst.

Viele Pontifikate dauern im 8. und 9. Jahrhundert nur ein paar Monate, nur ein paar Wochen. 769 führt Stephan III. im Lateran eine Synode durch, die die Rolle der Laien bei der Papstwahl auf null herunterfährt und dekretiert, dass künftig die Vertreter der großen römischen Familien nur noch an der Akklamation des Neuen nach seiner Wahl teilnehmen sollen. Wenn ein Papst zu Lebzeiten keinen Nachfolger designiert habe, dann falle es ausschließlich dem höheren römischen Klerus zu, den nächsten Pontifex zu wählen, und wählbar sei nur ein Diakon oder Priester aus der Stadt. Das wäre der Todesstoß für die historische Beteiligung des römischen Volkes an der Päpstekür, doch bleibt Stephans Regel nicht lange bestehen. Deutlich wird aus den Synodenbeschlüssen, dass seit Menschengedenken kein Laie zum Papst gewählt worden ist und somit das, was andernorts durchaus vorkommt, in der Ewigen Stadt als nicht akzeptabel, „als eine unerträgliche Neuheit" gilt.[8] An der Synode im Lateran nehmen dreizehn Bischöfe aus dem Frankenreich teil, die Karlmann und Karl, später „der Große", nach Rom geschickt haben: Eine neue Macht betritt hier das Spielfeld, und dem Papst ist sie hochwillkommen, weil er Verbündete gegen die Langobarden braucht und gegen Byzanz.

Von der einen Abhängigkeit vermag das Papsttum sich zu lösen, doch nur, indem es sich in eine neue Abhängigkeit begibt, jene vom entstehenden Heiligen Römischen Reich Deutscher Nation. Nicht mehr nach Byzanz und Ravenna schickt die Kurie eines neuen Papstes Wahlanzeigen, sondern nach Aachen. Ein Recht auf Bestätigung der Wahl haben die Karolinger zunächst nicht. Doch ein knappes Vierteljahrhundert nachdem Leo III. am Weihnachtstag des Jahres 800 einem angeblich überraschten und widerstrebenden Karl – jedenfalls musste dieser das gegenüber Konstantinopel so darstellen – in St. Peter eine Krone aufs Haupt gedrückt hat (und die rote Porphyrscheibe, auf der die Krönung geschah, ist noch immer am Eingang in den heutigen Petersdom zu sehen), ein Vierteljahrhundert danach also legen Papst Eugen II. und Lothar, der Sohn des mittlerweile verstorbenen Karl, eine neue Papstwahlordnung fest. Künftig sollen bei der Bischofsweihe des neuen Papstes Botschafter des fränkischen Königs anwesend sein, weil der Akt sonst nicht gültig wäre, und außerdem soll der Neugewählte dem Frankenkönig einen Treueeid schwören. Von einer Abhängigkeit zur anderen also – nur dass die Franken Neubekehrte sind, die dem römischen Petrus naive Ehrfurcht entgegenbringen und nicht mit der byzantinischen Arroganz eines neuen Rom auftreten.

Schräg gegenüber der römischen Lateranbasilika sieht man noch heute an der Außenseite des Gebäudes, in dem die *Scala Santa* (Heilige Stiege) zur früheren Privatkapelle der Päpste, der *Sancta Sanctorum*, aufsteigt, ein Mosaik, das zwar mehrfach stark restauriert worden ist, in seinen Grundzügen jedoch aus der Zeit Leos III. und Karls des Großen stammen könnte. Es gehört zur Apsis eines Festsaals von Papst Leo, der aber längst abgerissen worden ist. Das Mosaik, unter dem heute der römische Verkehr vorbeirauscht, zeigt den Papst und den Kaiser, sie knien zu Füßen des hl. Petrus, der Leo ein Pallium überreicht – das ist das Schulterband der Metropolitan-Erzbischöfe –, dem Frankenkaiser hingegen eine Standarte. Beide Machthaber knien exakt auf gleicher Höhe, keiner scheint dem anderen über- oder untergeordnet. Links von dieser Darstellung auf Goldgrund haben spätere Restauratoren an korrespondierender Stelle ein Mosaik hinzufantasiert, das inhaltlich tatsächlich passt, nämlich Christus, der dem links vor ihm knienden Papst Silvester die Schlüssel überreicht, dem rechts knienden Kaiser Konstantin hingegen das Siegesbanner seiner Schlacht an der Milvischen Brücke. Karl der Große, das ist der Wiedergänger Konstantins, der Erneuerer des weströmischen Imperiums unter fränkischen Vorzeichen. Wie im Falle Konstantins aber zerstreiten sich auch die Erben Karls, und neben die germanischen treten die Karolinger des Westens, die Franzosen.

Trotz seiner neuen Verbündeten von jenseits der Alpen ist das Papsttum (das mittlerweile Münzen mit dem Namen des herrschenden Amtsinhabers prägt) weiter heftigsten Verwerfungen ausgesetzt, ganz gleich, wie die Wahlvorschriften ausfallen, die sich häufig ändern. Der eine römische Bischof versucht den Kaiser und seine Emissäre ganz aus der Wahl herauszuhalten, der andere schreibt vor, dass die Bischofsweihe eines neuen Papstes nur in Anwesenheit kaiserlicher Vertreter gültig sei, und zwar um die „Freiheit" des Aktes sicherzustellen. Von Freiheit und Sicherheit ist in diesem wohl dunkelsten Moment des Papsttums allerdings gar nichts zu spüren. Es sind, abgesehen von den üblichen Verdächtigen aus dem Ausland, vor allem die tonangebenden römischen Familien, die um den Petrusstuhl kämpfen; Simonie, also der Kauf kirchlicher Ämter und auch des Papstamtes, wird zur Regel, Giftmischer und Kriminelle prägen das Geschehen rund um den Lateranpalast, und dass Päpste (oder ihre Gegner) eines unnatürlichen Todes sterben, wird zum Normalfall.[9] Am schaurigsten wirkt auf uns Heutige die „Leichensynode" von 897: Da wird der Leichnam von Papst Formosus, der im April 896 wohl an Gift verstorben und am Vatikan beigesetzt worden ist, einige Monate später exhumiert, mit päpstlichen Gewändern bekleidet und vor Gericht gestellt, und kein Geringerer als sein Nachnachfolger Stefan VI. fungiert bei der makabren Inszenierung als treibende Kraft hinter der Anklage. Römische Kleriker und Bischöfe aus dem Umland fällen schließlich das Urteil, dass Formosus des Papstamtes von vornherein unwürdig gewesen, darum nunmehr abgesetzt sei und alle während seines Pontifikats gefällten Entscheidungen als ungültig zu betrachten seien; der Kadaver wird daraufhin seiner Amtsgewänder bis aufs letzte Hemd entkleidet und in Laientracht gehüllt, seine Schwurhand wird verstümmelt, er wird vom Bischofsstuhl gestoßen und in einem Fremdengrab verscharrt, später auf Geheiß des Papstes ein weiteres Mal exhumiert und in den Tiber geworfen. Noch im selben Jahr bringt ein Erdbeben die Lateranbasilika zum Einsturz, was viele Römer als Zeichen für eine himmlische Missbilligung des Vorgefallenen ansehen. Wenige Jahre darauf erklärt ein neuer Papst die Beschlüsse der „Leichensynode" für ungültig und setzt den Leichnam des Formosus, der von Anhängern in Ostia aus dem Tiber geborgen worden sein soll, von Neuem am Vatikan bei.

Der Schauprozess von 897 lohnt trotz seiner grausigen Details einen zweiten Blick, weil er uns etwas über die Papstwahlen dieser Jahrhunderte verrät. Vorgeworfen wird dem verstorbenen Formosus nämlich vor allem, dass er im Moment seiner Wahl zum römischen Bischof 891 ja schon woanders, nämlich in Porto (rund um das heutige Fiumicino in der Hauptstadtregion Latium), Bischof gewesen sei; daher hätte er die Wahl gar nicht annehmen dürfen, schließlich habe das Konzil von Nizäa im 4. Jahrhundert den Wechsel eines Klerikers von einem Bistum in ein anderes kategorisch verboten und mit der Strafe der Exkommunikation belegt. Tatsächlich war diese Konzilsanordnung bei Papstwahlen über Jahrhunderte berücksichtigt worden; bis weit ins 9. Jahrhundert hinein konnten also nur römische Priester und Diakone Papst werden, dann begannen Kleriker, die Vorgabe als lästig zu empfinden, weil sie ihren Aufstieg bremsen konnte, und ab dem 11. Jahrhundert – aber das ist im Moment der „Leichensynode" noch Zukunftsmusik – wird die Nizäa-Klausel immer häufiger ignoriert, wird die Wahl ortsfremder Bischöfe zum Papst beinahe zur Regel. Auf Laien bezog sich die nizäanische Anweisung übrigens nicht, sodass Papstwähler sich theoretisch im Lauf der Jahrhunderte auch für einen Nichtkleriker von inner- wie außerhalb der Ewigen Stadt hätten entscheiden können.

Weshalb nun diese Erbitterung gegen den verstorbenen Papst Formosus? Ist es nicht gleichgültig, ob er sein Amt rechtmäßig angetreten hat oder nicht, schließlich ist er ja längst tot? Und richtet sich dieselbe Regel von Nizäa nicht auch gegen den Ankläger der Leichensynode, also Stephan VI.? Dieser ist doch 891 – von Formosus! – zum Bischof von Anagni ernannt worden und hätte deswegen seine Wahl zum römischen Bischof gleichfalls nicht annehmen dürfen, da sie ja einen Wechsel des Bistums bedeutete … Aber genau hier liegt auch der Grund für Stephans Wüten gegen den Vorgänger: Seine eigene Wahl zum Papst kann jederzeit als illegitim angefochten werden, es sei denn, es würde ihm gelingen, seine frühere Ernennung zum Bischof von Anagni rückgängig zu machen. Das aber lässt sich nur bewerkstelligen, wenn diese Entscheidung des Papstes Formosus nachträglich für null und nichtig erklärt wird. Stephan liegt viel an einem gültigen Verfahren; nach germanischem Recht muss der Beklagte bei einem Prozess anwesend sein, und darum diese grausige Farce von einer Leiche, die posthum wieder ins Amt eingesetzt wird, um ihr nach allen Regeln der Kunst den Prozess zu machen. Wenn alle Akte des Formosus ungültig waren, dann ist auch Stephan nie wirklich Bischof eines anderen Bistums gewesen, und dann sitzt er ganz legal auf dem Apostolischen Stuhl. Ein Papst, der, um seine Macht zu zementieren, buchstäblich über eine Leiche geht. Geholfen hat es ihm nicht; schon bald nach dem makabren

Prozess gegen seinen Vorgänger wird Stephan bei Wirren in Rom gefangen genommen und erwürgt.[10]

Jahrhunderte des Horrors: Sie werden es der Reformation später leicht machen, die Päpste mit der „Hure Babylon" der Apokalypse zu identifizieren oder sogar mit dem Antichrist. Es fällt schwer, die Ereignisse dieser dunklen Jahrhunderte geordnet darzustellen, denn genau dieser Ordnung ermangeln sie aufs Dramatischste. Wirrsal, wohin man auch blickt. Da gibt es Päpste, die gleich mehrmals hintereinander regieren, etwa Sergius III.; er ist ein Parteigänger von Stephan VI., hat aktiv an der „Leichensynode" mitgewirkt und wird kurz nach seiner Wahl von Formosus-Anhängern abgesetzt und ins Exil geschickt, vermag jedoch sieben Jahre später auf den päpstlichen Thron zurückzukehren und an seinen Gegnern furchtbare Rache zu nehmen. Er taucht nur einmal in der offiziellen Papstliste auf, und zwar mit dem Datum seines zweiten Amtsantritts, doch anders verhält sich das im 11. Jahrhundert mit Benedikt IX., der in der offiziellen Liste dreimal gezählt wird – er ist in einer Person der 145., 147. und 150. Bischof von Rom. Das erste Mal wird Benedikt durch einen Aufstand in Rom gestürzt und zieht sich in die Albaner Berge zurück, das zweite Mal dankt er ab (vielleicht, um heiraten zu können) und verkauft das Papstamt an seinen Patenonkel, der aber bald darauf vom Reformkaiser Heinrich III. auf einem Konzil in Sutri abgesetzt wird. Benedikt ist gar nicht erst nach Sutri angereist und bereut wohl schon, die Zügel des Papsttums aus der Hand gegeben zu haben; er nutzt im Jahr darauf die Abwesenheit des Kaisers aus, um auf den Stuhl Petri zurückzukehren, wird aber von Heinrich bald darauf zur Flucht gezwungen. Ein Dreimalpapst, so etwas hat es in der turbulenten Kirchengeschichte weder vorher noch nachher gegeben.

War Benedikt IX. noch ein Jugendlicher oder sogar ein Kind, als er im Jahr 1032 zum ersten Mal den römischen Bischofsstuhl erkletterte? Einige Chroniken erwecken diesen Eindruck, doch sind diese Angaben kaum zum Nennwert zu nehmen. Dasselbe gilt für die Berichte über eine Frau im höchsten Amt, die Päpstin Johanna, die als Mann getarnt die Papstwürde ergattert haben soll; Romane und

Spielfilme haben sich in neuerer Zeit mit ihr beschäftigt, ein dankbarer Stoff in Zeiten, in denen Frauen in der katholischen Kirche nachdrücklich auf mehr Rechte pochen. Während einer Prozession im Jahr 858 soll der vermeintliche Papst unvermittelt vom Pferd gestürzt sein und ein Kind geboren haben, woraufhin er, das heißt sie, von einem aufgebrachten Mob an Ort und Stelle gesteinigt wurde. Eine aufregende, aber nicht sehr glaubwürdige Legende, weil sie erst Jahrhunderte später zum ersten Mal auftaucht.[11] Dennoch gibt es im frühen zehnten Jahrhundert durchaus eine Frau, die de facto über die römische Kirche herrscht: Marozia. Angeblich eine Analphabetin, angeblich auch eine Konkubine ihres Vetters Sergius III. (der uns oben schon als zweimaliger Papst begegnet ist), gerissen jedenfalls und ambitioniert; ihr Wirken und Weben könnten zum Entstehen der Päpstin-Johanna-Legende beigetragen haben. Marozia heiratet dreimal, und sie bringt, nachdem sie Johannes X. abgesetzt und angeblich in der Haft mit einem Kissen erstickt hat, mehrere Päpste ins Amt, darunter 931 ihren ältesten Sohn, dessen Vater angeblich Papst Sergius war und den sie wie eine Marionette zu manipulieren weiß. Bevor sie jedoch ihren Papstsohn dazu gebracht hat, ihren Mann zum Kaiser zu krönen, macht ihr Zweitgeborener Albericus ihrem Spiel ein Ende: Er lässt die Mutter verhaften, und danach haben wir keine Nachrichten mehr von ihr, sondern wissen lediglich, dass sie nach ihrem Tod in einem Kloster an der römischen Via Lata begraben wird. Nun ist es Albericus, der als starker Mann der Stadt die nächsten Päpste bestimmt, und sein Einfluss reicht sogar über das Grab hinaus, denn ein Jahr nach seinem Tod steigt sein Sohn, der junge Senator Octavianus, unter dem Namen Johannes XII. zum römischen Bischof auf.[12]

Das Durcheinander in Rom weckt die Aufmerksamkeit der Ottonen, der neuen, sächsischen Dynastie an der Spitze des ostfränkischen Reichs. Otto I. hat zahlreiche Aufstände niedergeschlagen und auf dem Lechfeld die Ungarn zurückgeworfen; nun erobert er Italien und lässt sich 962 von Johannes XII. in Rom die Krone aufsetzen. Der neue Kaiser ist durchdrungen vom Bewusstsein, Nachfolger Karls des Großen zu sein und Protektor der Christen-

heit; er verlangt nicht nur von Roms Adel und Klerus den Treueeid, sondern setzt den Papst, der ihn gekrönt hat, ab und sorgt an
dessen Stelle für die Wahl seines eigenen Sekretärs, der noch nicht
einmal Kleriker ist, zum Petrusnachfolger. Von nun an ist der römische Bischof ein Vasall von Kaisers Gnaden. Der Sachse Clemens
II. versucht 1047 sogar festzusetzen, dass die Wahl eines Papstes
künftig in Gegenwart des Kaisers stattzufinden habe, nicht in Rom
also, sondern dort, wo sich der Herrscher gerade aufzuhalten ge-
ruht; doch der höhere Klerus von Rom respektiert nach Clemens'
Tod dessen Anweisung nicht, sondern schickt Boten an den Hof
(mittlerweile regiert der Salier Heinrich III.) mit der Bitte, einen
Papst zu designieren. Generell gilt: Wenn es nicht gerade zwei adeligen Familien aus dem römischen Umland, nämlich den Sabiner
und den Albaner Bergen, mit Geld und Gewalt gelingt, einen der
Ihren zum Papst zu machen, ist es der Kaiser, der seinen Kandidaten durchdrückt. Einer dieser Kaiser, der eher glücklose Otto II.,
der 983 in der Ewigen Stadt stirbt, ist sogar in den Vatikanischen
Grotten unter dem Petersdom beigesetzt, als einziger Imperator
unter lauter Päpsten.

Die römische Kirche ist – wieder mal, immer noch – eine Geisel
politischer Interessen. Wie andere Mächte vor ihnen haben die Kaiser sich schriftlich das Recht gesichert, bei der Papstwahl das entscheidende Wort zu sprechen. Einst designierten die Päpste selbst
ihre Nachfolger, aber das ist lange her: Jetzt ist es der Imperator, der
den Bischof von Rom bestimmt.

Immerhin tausend Jahre Papsthistorie haben wir bis hierher
durchschritten, doch was können wir nun daraus lernen? Können
wir überhaupt etwas lernen? Es ist ja nicht gesagt, dass die Geschichte uns etwas lehren will, vielleicht will sie gar nichts von uns,
sondern einfach nur dastehen in all ihrer Fremdheit. Hätten wir,
Kinder eines moralisierenden Zeitalters, all diese korrupten, ver-
brecherischen, verweltlichten oder unfähigen Päpste ertragen, ohne
uns aufzulehnen oder im nächsten Standesamt aus der Kirche aus-
zutreten? Allein, die Frage ist schon falsch gestellt, wir denken nun
mal nicht wie Menschen des 5., des 7., des 9. Jahrhunderts, die

zwar ebenfalls über die römische Verderbnis stöhnten, aber die Obödienz gegenüber Rom zu ihrem Seelenheil für unerlässlich hielten; die Macht eines Kaisers wie eines Papstes war etwas Vorgegebenes, göttlich Legitimiertes, nichts, das man kritisch hinterfragte oder gar demokratisch zu kontrollieren versuchte. Karl der Große war kein Bundeskanzler, und Papst Leo war nicht der Generalsekretär des Genfer Weltrats der Kirchen.

Nun hat es aber in den letzten Jahrzehnten unserer Zeit eine Art Sakralisierung des Papsttums gegeben: Von den sechs letzten Päpsten, also von Johannes XXIII. bis Franziskus, wurden drei heiliggesprochen und einer selig. Da mag ein Blick auf die Ahnengalerie der Päpste helfen zu verstehen, dass wir uns vor einer Überhöhung des Päpstlichen hüten und das Charisma der Wankelmütigkeit, das dem Papstamt seit Petrus anhaftet, ernst nehmen sollten. Die Päpste von heute sind eben nicht nur Nachfolger des Apostelfürsten Petrus, Leos oder Gregors des Großen: Sie sind auch Nachfolger einer langen Reihe völlig unzulänglicher, ja krimineller Gestalten. Auch wenn uns das in unserer auf Perfektion getrimmten Epoche seltsam vorkommen mag, so gehören doch Schwäche und Versagen konstitutiv zum Papsttum dazu. Auch heute noch. Man spricht zu viel von der Unfehlbarkeit des Papstes, die – unter bestimmten, genau eingegrenzten Bedingungen – auf dem Ersten Vatikanischen Konzil im 19. Jahrhundert definiert wurde. Und nicht genug vom defizitären Charakter, der dem Papsttum von Anfang an zu eigen ist.

Für den deutschen Kardinal Müller ist es geradezu wesentlich für das Papsttum, dass es im Lauf der Geschichte von konkreten Menschen in all ihrer Beschränktheit verkörpert wird: Es sei ja „keine sachhafte und unpersönliche Institution, sondern eine Folge von Personen", und diese erfüllten eine Mission, die ihnen der Auferstandene „individuell aufträgt", was „den bleibenden Auftrag des Petrus und seine Sendung anschaulich und lebensnah" macht. So lässt sich denn, frei nach des Paulus Narrenrede, ein scheinbares Manko zur Stärke umwerten – gerade im Defizitären, im allzu Menschlichen würde persönliches Verbürgen einer Botschaft sichtbar, die nicht unpersönlich-anonym daherkommen möchte „wie die Gerechtigkeit in Kafkas ‚Schloss'" (Müller).[13]

Noch ein Blick auf die Papstwahlen des ersten Jahrtausends, die ja unser eigentliches Thema sind. Auf der Plusseite darf man vermerken, dass die Kirche ein Verfahren zur Legitimierung von Autorität und Macht entwickelt hat, das unter anderem allen Versuchen, auf dem Papstsessel eine Familiendynastie zu etablieren, einen Riegel vorschiebt. Dass das Prinzip der „unanimitas" so hochgehalten wurde, hat sowohl dem Wahlakt wie dem Petrusamt selbst eine „transzendente Dignität" verschafft.[14] Natürlich hat die Beteiligung des römischen Volkes an der Wahl seines Bischofs aus heutiger Sicht großen Charme; so etwas wünschen sich ja mittlerweile viele Katholikinnen und Katholiken, wenn es um die Bestellung ihres Diözesanbischofs geht. Zugleich müssen wir aber auch feststellen, dass die Papstwahlen dieser frühen Jahrhunderte zahlreichen Manipulationen und politischen Einflussnahmen ausgesetzt waren, und eines der Einfallstore für diese üblen Praktiken war gerade die Partizipation von Laien. Nicht nur von Herrschern aus Byzanz, Ravenna oder Aachen, die ihre Interessen verfolgten, nein auch von Laien aus dem Innern des römischen Bistums. Von Notablen. Von Angehörigen der Elite. Ein funktionierendes Rezept, wie die Wahl eines Papstes ordnungsgemäß und frei von äußerem Druck vonstattengehen sollte, hat das erste Jahrtausend nicht gefunden.

Der Augustiner Onofrio Panvinio, der sich im 16. Jahrhundert als erster Gelehrter ausführlich mit dem Thema Papstwahl auseinandersetzt, wird rückblickend nicht weniger als achtzehn verschiedene Arten und Weisen auflisten, in denen bis in seine Epoche hinein Päpste ins Amt geraten sind. Fast alle dieser achtzehn Wahlmodi hat schon das erste Jahrtausend ausprobiert.[15]

6

Die Kardinäle betreten die Bühne

*Der Gegenspieler der drei Musketiere – Türangeln – Bruno läuft zu Fuß nach
Rom – Nikolaus verärgert den König – Der falsche Mönch – Machtkampf zwischen Sonne und Mond*

Sie tragen Rot. Es gibt nicht viele von ihnen, und von manchen
weiß man gar nicht, dass sie welche sind *(in pectore)*. Man spricht
sie mit „Eminenz" an. Sie werden nicht geweiht, sondern „kreiert",
also „erschaffen" (!). Offiziell heiliggesprochen wurden nur ungefähr zwanzig, und einer aus ihrem Kreis namens Richelieu, der es
sicher nie bis zur Heiligsprechung schaffen wird, war der Hauptgegenspieler der drei Musketiere. Seit fast tausend Jahren sind sie
die Einzigen, die einen Papst wählen dürfen: Ja, wir sprechen von
den Kardinälen.

„Das Recht, den Römischen Papst zu wählen, steht einzig und
allein den Kardinälen der Heiligen Römischen Kirche zu", bekräftigt Johannes Paul II. in seiner Konklaveordnung aus dem Jahr
1996, von der im ersten Kapitel schon ausführlich die Rede war.
S.R.E. Cardinalis, das ist die gängige lateinische Abkürzung für Kardinäle, die Großbuchstaben stehen für „Sanctae Romanae Ecclesiae", die vom Papst aufgerufene Heilige Römische Kirche. „Die
Höchstzahl der wahlberechtigten Kardinäle darf nicht mehr als 120
betragen"; zwar gibt es in der Regel mehr als 200 von ihnen, doch
viele davon sind schon über achtzig und dürfen deshalb nicht miteinziehen ins Konklave, also kommt das mit den 120 schon hin.
„Unbedingt ausgeschlossen ist das aktive Wahlrecht eines anderen
kirchlichen Würdenträgers oder die Einmischung einer weltlichen

Macht, gleich welchen Ranges und welcher Ordnung sie sein mag." Auch die Kaiser Konstantin, Karl oder Otto stünden also heute vor verschlossener Sixtina-Tür, nur Kardinäle dürfen hinein. Ein erstaunliches Monopol, wenn man bedenkt, wie bunt die Schar der Papstwähler in den Anfängen des Christentums ausgesehen hat.

Wo kommen sie eigentlich her, die Kardinäle? Eine Internetseite der Florida International University behauptet, die Biografien aller Kardinäle seit dem Jahr 494 bis in unsere Zeit aufzuführen;[1] hat es sie, ich meine die Kardinäle, also fast immer schon gegeben? Die Antwort lautet Ja, und wir sind ihnen in diesem Buch auch schon begegnet, ziemlich zu Beginn der christlichen Ära. Und zwar im höheren Klerus von Rom.

Dieser höhere Klerus nämlich und niemand sonst ist der Vorläufer des heutigen Kollegiums der Kardinäle: die Priester und Diakone des Bistums Rom, und dazu die Bischöfe der „suburbikarischen", also der rund um die Ewige Stadt liegenden Bistümer. Noch heute gibt es unter den Kardinälen diese drei Ränge, Bischof, Priester und Diakon, und noch heute teilt der Papst jedem Kardinal beim „Konsistorium", also der Feier ihrer Erhebung in den Kardinalsstand, eine Kirche aus Rom oder aus dem Umland der Stadt als „titulus", als Titelkirche, zu – das alles lässt den historischen Ursprung der Gruppe heute noch durchschimmern.[2]

Das lateinische Wort „cardo" bedeutet „Türangel", „Scharnier", und tatsächlich drehte sich in der römischen Kirche von Anfang an viel um diese Kleriker. Sie hatten nicht nur, wie wir gesehen haben, eine prominente Rolle bei der Wahl von Päpsten, auf sie stützte sich der römische Bischof auch in seinen Amtsgeschäften, von ihnen ließ er sich beraten und gelegentlich auch vertreten. Noch heute „stehen die Kardinäle dem Papst zur Seite", wie das Kirchenrecht dekretiert, und zwar bei der „Behandlung wichtigerer Fragen" oder aber „in der täglichen Sorge für die Gesamtkirche", zum Beispiel als Führungskräfte an der römischen Kurie.[3] Wer heute fordert, Frauen ins Kardinalskollegium aufzunehmen, kann darauf verweisen, dass im Lauf der Kirchengeschichte, wie wir sehen werden, durchaus auch Laien mit dem Purpur ausgezeichnet wurden; allerdings verlangt das derzeit gültige Kirchenrecht, Kardinäle sollten „wenigstens die Priesterweihe empfangen haben", man müsste also entweder die Priesterweihe von Frauen erlauben (was Johannes Paul II. 1994 vehement ausgeschlossen hat)[4] oder aber, was weniger aufwendig wäre, das Kirchenrecht in diesem Punkt ändern, um die Frau Kardinalin Wirklichkeit werden zu lassen. „Extra omnes" … aber kommen Sie doch bitte herein, Signora, Sie dürfen mitwählen.

Der Aufstieg der Kardinäle im 11. Jahrhundert hat mit mehreren Faktoren zu tun. Zum einen erreicht die Reformbewegung, die vom burgundischen Kloster Cluny ausstrahlt, in diesen Jahren Rom, und Papst Gregor VII. nutzt die Gelegenheit, die Kirche nach seinen Vorstellungen zu erneuern und gegen weltliche Interferenzen abzusichern. Zum anderen kommt es 1054 nach einem jahrhundertelangen Prozess der Entfremdung zum endgültigen Bruch zwischen West- und Ostkirche, zwischen Rom und Byzanz, und das setzt bei den Lateinern gedanklich neue Kräfte frei, um die theologische Grundlage der Papstkirche neu zu zimmern. Mit einem kühnen Schwung setzt sich Rom als *caput ecclesiae*, Haupt der Kirche, über das Ganze der westlichen Christenheit. Dass es einmal fünf traditionelle Patriarchensitze gegeben hat, alle von Aposteln begründet, und Rom nur einer dieser fünf war? Schnee von gestern. Sie rückt ideell mit ein ins Vakuum, die Gruppe der Kardinäle, eine Stufe unter dem Papst allerdings, als Mitarbeiter des Petrus. Fast als wären sie ein neues Apostelgremium – dabei sind nach katholischer Überzeugung nicht die Kardinäle, sondern die Bischöfe Nachfolger der Apostel.

Was die Ankunft der Reformideen in Rom betrifft, bringt ein Mann namens Bruno von Egisheim-Dagsburg den Stein ins Rollen. Er ist Bischof von Toul und, nicht ganz nebensächlich, Vetter zweiten Grades von Kaiser Heinrich III. Bruno tritt für eine Reform der Kirche ein, und zu seinen Einflüsterern gehört der „Mönch Hildebrand", der zwar womöglich – da sind die Quellen nicht sehr klar – gar kein Mönch ist, sondern Diakon, der aber die Zeitgenossen durch seinen nüchternen Lebensstil und seine Strenge beeindruckt. 1048 stirbt in Rom der Papst nach sehr kurzem Pontifikat;

es war ein Bayer gewesen, den der Kaiser über die Köpfe der römischen Kleriker hinweg designiert hatte. Jetzt verfällt Heinrich, als die römische Delegation bei ihm in Worms eintrifft, darauf, Bruno als nächsten Papst zu nominieren. Doch dieser sperrt sich: Er wolle das Amt nur annehmen, wenn Roms höherer Klerus und die Bevölkerung ihn auch aus freien Stücken wählten. Viele Historiker vermuten den Einfluss des Mönches Hildebrand hinter dieser Bedingung. Aus ihr spricht jedenfalls ein neues Selbstbewusstsein, ein Gefühl für die Autonomie der kirchlichen gegenüber der weltlichen Sphäre; die hergebrachte Wahl durch Klerus und Volk wird höher gewertet als die Designation durch einen Außenstehenden, mag er auch ein frommer Kaiser sein. Das passt in die Zeit, die randschärfer zwischen Betenden, Kämpfenden und Arbeitenden zu unterscheiden beginnt.[5]

Der Petrusnachfolger *in spe* lässt sich Zeit. Erst feiert er Weihnachten in seinem Bistum, dann zieht er zu Fuß und von Hildebrand begleitet als Pilger gen Rom. Dort angekommen, versichert er den Menschen im Bistum, er werde gerne wieder umdrehen und nach Hause zurücklaufen, wenn er nicht den „einmütigen Konsens" der Papstwähler erreiche. Die Wette geht auf, er wird gewählt. Leo IX. nennt sich der neue Papst, Leo im Anklang an Leo den Großen, der einst als einer der Ersten den römischen Primat durchbuchstabierte, und mit Hildebrand an seiner Seite verhängt er auf mehreren Synoden Maßnahmen gegen Ämterkauf, kämpft gegen Verlotterung im Klerus, drängt weltlichen Einfluss auf den Lateran zurück, modernisiert die Strukturen, begnügt sich nicht damit, „Bischof des ersten Sitzes" zu sein, sondern verhält sich so, als ob die ganze Welt sein Bistum wäre. Ein neuer Geist hält Einzug in der Ewigen Stadt und nicht nur dort, denn der Reformpapst reist viel, auch auf die andere Seite der Alpen, und macht dadurch – ein ferner Vorläufer des „Eiligen Vaters" Johannes Paul II. (1978–2005) mit seinen etwa hundert Auslandsreisen – das Papsttum ganz anders präsent.[6] Ein Konzil in Reims dankt es ihm, indem es dem Bischof von Rom den Titel „Haupt und Beauftragter der universalen Kirche" zuspricht. Dieser Titel schafft es jedoch nicht bis ins Päpstliche Jahrbuch unserer Tage.

1054 stirbt Leo. Bei den darauffolgenden Papstwahlen mischt der Kaiser zwar mit, als wäre nichts gewesen, doch hat sich in Leos nur fünfjährigem Pontifikat der Wind gedreht. Die Vision eines eigenständigen Papsttums ist in der Welt, Einflussversuche aus Deutschland oder auch dem römischen Adel auf die Wahl geraten unter Rechtfertigungsdruck. Zugleich gewinnt Hildebrand wachsende Kontrolle darüber, wer kandidieren darf; ihm geht es um eine Fortsetzung der Reformbestrebungen, und er sorgt für eine ordnungsgemäße Wahl durch den höheren römischen Klerus mit Beteiligung des Volkes. Der Einfluss des „Mönches" ist übermächtig; dass 1058 für kurze Zeit ein Gegenpapst in Rom ans Ruder kommt, ist nur möglich, weil Hildebrand gerade auf Reisen ist, und kaum kehrt der Gestrenge in die Nähe Roms zurück, nimmt der Spuk schnell ein Ende, und unter etwas turbulenten Umständen – Schauplatz der Papstwahl ist diesmal Siena – kommt Nikolaus II. ins höchste Amt. Turbulente Umstände, wie gesagt; aber immerhin keine Einmischungen von der anderen Seite der Alpen mehr.

Papst Nikolaus tut nun im Jahr darauf, sicher auch um die Schiefheit seiner Machtübernahme vergessen zu lassen, einen entscheidenden Schritt in Sachen Papstwahl, der seinen Schatten bis in unsere Zeit werfen wird. Er verliest nämlich auf einer Synode im Lateran, die sich mit einer Reihe von Reformthemen beschäftigt und an der keine Bischöfe von jenseits der Alpen teilnehmen, das Dekret *In nomine Domini*, welches die Wahl des römischen Bischofs den Kardinälen vorbehält. Ausschließlich. Eine aktive, tatsächliche Beteiligung des römischen Volkes ist damit Geschichte, sie sollen nur noch nach erfolgter Wahl ihre Zustimmung ausdrücken. Zwar vermutet man auch hinter diesem Dekret wie überhaupt hinter allem, was in jenen Jahren in Rom geschieht, den Strippenzieher Hildebrand, doch deutlich wird in dem Text, der in voneinander abweichenden, ja einander widersprechenden Fassungen in Umlauf kommt, vor allem das Misstrauen des Nikolaus, der glaubt, keine Alternative zu haben: Will man störende Einflüsse auf die Wahl verhindern, muss man den Kreis der Elektoren so eng wie möglich ziehen.[7]

Eng und immer enger. Nach dem Willen des Nikolaus (der, soweit wir wissen, als erster Papst die Tiara getragen hat) sollen die Kardinalbischöfe, die exklusivste Gruppe im Kardinalsstand, die Wahl weitgehend unter sich ausmachen. Erst wenn diese Bischöfe aus dem römischen Umland intensiv beraten haben, dürfen auch die Kardinäle niedrigeren Ranges, der höhere Klerus Roms also, ein Wörtchen mitreden. Und erst nach der erfolgten Wahl des Kirchenoberhaupts durch die Kardinäle werden die übrigen Kleriker der Stadt, das römische Volk und auch der Kaiser noch *pro forma* um ihr Ja gebeten, das allerdings keinerlei Wirkung mehr hat, denn der Gewählte ist, sobald die Kardinäle ihn bestimmt haben, mit sofortiger Wirkung Papst. Nicht erst nach seiner Bestätigung durch irgendjemand anderen und auch nicht erst nach seiner gegebenenfalls noch vorzunehmenden Bischofsweihe. Zu den weiteren Bestimmungen von *In nomine Domini* gehört, dass Kandidaten für den Petrussitz nicht unbedingt aus dem Bistum Rom stammen müssen (das war ca. 150 Jahre zuvor noch das Motiv für die schaurige „Leichensynode" gewesen), ja dass die Wahl selbst, wenn die Gegebenheiten nicht günstig sind, auch außerhalb Roms stattfinden kann; wir erinnern uns, dass Nikolaus selbst in Siena gekürt worden ist, hiermit legitimiert er also seinen eigenen Anspruch nachträglich.

In nomine Domini ist von Anfang an heftig umkämpft, und zwar schon unter den Kardinälen selbst. Diejenigen von ihnen, die den Rang von Kardinalpriestern und -diakonen haben, also aus Rom kommen, wenden sich gegen die starke Stellung der Kardinalbischöfe von „auswärts" und dagegen, dass jetzt die Tür für die Papstwahl von Nichtrömern weit offensteht. Der Konflikt dauert Jahrzehnte, und bei den nächsten Papstwahlen werden die Bestimmungen des Dekrets denn auch ignoriert. Sie schaffen es aber knappe hundert Jahre nach Nikolaus' Lateransynode ins kirchliche Gesetzbuch, und damit werden sie zu einem wesentlichen Baustein dessen, was heute noch in der Sixtinischen Kapelle abläuft, wenn ein Konklave zusammentritt.

Auch der deutsche König will nicht hinnehmen, dass *In nomine Domini* ihm sein Papstdesignationsrecht einfach so aus der Hand schlägt. Seit 1056 führt der Salier Heinrich IV. das Zepter, er ernennt ungehindert Äbte und Bischöfe, warum also nicht auch den Bischof von Rom? Gegen den im Jahr 1061 gewählten Alexander II. – wieder ein Reformer – setzt er einen Gegenpapst aufs Schachbrett, den ersten in einer Reihe von fünfen, die von nun an Jahrzehnte eines unnachgiebigen Machtkampfs zwischen Rom und dem Reich begleiten werden. Als „Investiturstreit" wird er in die Geschichtsbücher eingehen, und als Gegner stehen sich Heinrich IV. und der Mönch Hildebrand gegenüber …, der allerdings ab 1073 gar nicht mehr der Mönch Hildebrand ist, sondern der Papst Gregor VII.

Ausgerechnet der Reformer Hildebrand gelangt auf dubiose Weise, die den erst wenige Jahre alten Regeln von Nikolaus II. hohnspricht, ins Amt des Bischofs von Rom. Während der Beisetzungsprozession für den verstorbenen Alexander II. kommt unter den anwesenden Volksmassen der Ruf auf „Hildebrand soll Papst werden"; ob spontan oder orchestriert, das ist die Frage. Der Akklamierte wird daraufhin in die nahe gelegene Kirche San Pietro in Vincoli geführt und dort von den anwesenden Kardinälen in sein Amt eingesetzt. „Wie Verrückte" hätten sich alle auf ihn gestürzt, klagt der neue Papst, doch muss man ihm die Überraschung nicht unbedingt abnehmen; man kann es auch so sehen, dass die Karriere dieses Mannes schon lange folgerichtig auf den Stuhl Petri zugeführt hat. Jetzt ist der, der seit geraumer Zeit im Hintergrund die Fäden gezogen hat, selbst der Papst. Seine zwölf Jahre Pontifikat stehen im Zeichen des Kampfes für die Ideen der kirchlichen Reform, und dazu gehört der Einsatz gegen Ämterkauf und gegen die Ernennung von Bischöfen und Äbten durch weltliche Herrscher.[8] Für seinen Sprung ins Papstamt holt Gregor gar nicht erst eine nachträgliche Erlaubnis von König Heinrich IV. ein: Das Duell kann losgehen. Es geht auch sofort los, wobei Gregor anfangs in einer Position relativer Stärke ist, denn Heinrich hat innenpolitische Schwierigkeiten und muss mit Rom um die Bedingungen für seine Krönung zum Kaiser verhandeln. Das Wechselglück in diesem Kräftemessen, in dem es um viel mehr geht als um das Recht zu Bischofsernennungen, nämlich letztlich um die Frage der Weltherrschaft, braucht hier nicht nachgezeichnet zu werden; Heinrichs Gang nach Canossa von 1077 ist ja sogar sprichwörtlich geworden. Doch lässt sich, wenn man die einzelnen Schritte dieses Dramas betrachtet, nachvollziehen, wie verstörend das alles auf die Zeitgenossen gewirkt haben muss.

1074: Heinrich schwört dem Papst von Nürnberg aus Gehorsam. 1075: Gregor verbietet streng die Investitur von Klerikern durch Laien, doch der König besetzt mehrere Bischofsstühle, darunter den von Mailand, mit seinen Kandidaten. 1076: Ein von Heinrich in Worms zusammengerufenes Konzil erklärt den Papst, der als „falscher Mönch" *(falso monacho)* tituliert wird, für abgesetzt. Daraufhin exkommuniziert Gregor den König und entbindet dessen Untertanen von ihrem Treueeid, was diese in schwere Gewissensnöte stürzt und Heinrichs Stellung ins Wanken bringt. 1077: Heinrich erreicht in Canossa die Rücknahme seiner Exkommunikation (wie sehr er dabei den Büßer gemimt hat, lässt sich den Quellen kaum entnehmen), erzielt aber in der Frage der Investitur keine Einigung mit Gregor. 1080: Gregor stellt sich auf die Seite des Gegenkönigs Rudolf von Schwaben und spricht ein zweites Mal die Exkommunikation über Heinrich aus. Nur hat diese nicht mehr dieselbe Wirkung wie beim ersten Mal, der König erklärt den Papst für abgesetzt und erhebt den Erzbischof von Ravenna zum Gegenpapst. 1083: Heinrich belagert und erobert Rom, der Papst flieht vor ihm in die Engelsburg. 1084: Ein Konzil in der römischen Peterskirche erklärt Gregor – der sich weiter in der Engelsburg verschanzt – für exkommuniziert und abgesetzt, der Gegenpapst wird zu Gregors Nachfolger gewählt und krönt Heinrich zum Kaiser. Gregor ruft daraufhin die süditalienischen Normannen (die erst seit Kurzem Vasallen des Apostolischen Stuhls sind) zu Hilfe, die die Ewige Stadt nach kurzer Belagerung einnehmen und gründlich plündern. Der Papst ist wieder frei, doch die Römer machen ihn für die Zerstörungen verantwortlich, darum muss er nach Salerno ins Exil gehen, wo er 1085 stirbt …, nicht ohne zuvor Heinrich IV. und den Gegenpapst Clemens III. einmal mehr für exkommuniziert erklärt zu haben.

Ein bitteres Ende für den „Mönch" Hildebrand, der 1075 in einem Text namens *Dictatus Papae* in 27 durchnummerierten Thesen den absoluten Vorrang des Papstes vor dem Kaiser proklamiert hatte. Der römische Bischof erhalte seine Autorität direkt von Gott, während der Kaiser seine Macht vom Papst übertragen bekomme, der sie ihm auch wieder entziehen könne, hieß es darin. Anders gesagt: Der Papst ist die Sonne, der Kaiser nur der Mond. Da verstand sich von selbst, dass der Kaiser sich aus der Wahl von Päpsten herauszuhalten hatte, ja dass ihm auch kein nachträgliches Recht der Wahlbestätigung zukam. Die Textgattung des *Dictatus Papae* ist nicht ganz klar, vielleicht war er lediglich das Inhaltsverzeichnis für ein geplantes, aber dann doch nicht geschriebenes Werk; umso deutlicher ist allerdings seine Stoßrichtung. Mehr Macht für die römische Zentrale. Päpste als Monarchen. Die Kirche als straff von Rom aus geführter Gottesstaat.[9]

Aber zunächst einmal geht der Krieg weiter zwischen Papsttum und Reich, zwischen „sacerdotium" und „regnum". 1086: Anhänger des verstorbenen Gregor VII. wählen den Abt der Benediktinerabtei Montecassino zum Papst, doch muss dieser schon wenige Tage danach aus Rom zurückfliehen in sein Kloster, wo er versucht, auf die Papstwürde zu verzichten, was die Gregor-Partei aber nicht zulässt. 1087: Der Versuch, Papst Viktor III. im Petersdom zu inthronisieren, führt zu heftigen Kämpfen in Rom; die Stadt wird vom Gegenpapst Clemens gehalten, der Bereich um die Peterskirche gehört mal der einen, mal der anderen Fraktion. Und so immer weiter, mit heftigen Verwerfungen und schwankendem Kriegsglück – bis zum Wormser Konkordat von 1122, das den Konflikt fürs Erste beilegt, und zwar mit einem Kompromiss. Der König überlässt der Kirche „alle Investitur mit Ring und Stab" und konzediert „in allen Kirchen kanonische Wahlen und freie Weihe", der Papst wiederum erlaubt seinem Widerpart, „dass die Wahlen der Bischöfe und Äbte des deutschen Königreiches in deiner Gegenwart geschehen". Eine Vereinbarung, die mehrere Jahrzehnte hält.[10] Allerdings zieht sich das Papsttum mit dem Wormser Konkordat in der Hand nicht in die klar umrissene geistliche Sphäre zurück, sondern findet immer mehr Geschmack an weltlicher Herrschaft. Eine angebliche „Konstantinische Schenkung", die schon damals bei vielen für hochgezogene Augenbrauen sorgte und heute zweifelsfrei als Fälschung erwiesen ist, wird herangezogen, um eine „kaiserliche Gewalt" des römischen Bischofs zu behaupten, ja ihn als eigentlichen Kaiser darzustellen; den Nukleus eines Kirchenstaats gibt es schon seit der Mitte des 8. Jahrhunderts. Zugleich kommt das Papsttum im Übergang vom 11. zum 12. Jahrhundert den Menschen in den christlichen Bistümern und Pfarreien näher denn je; päpstliche Gesandte schwärmen in alle Himmelsrichtungen aus, das Urkundenwesen an der Kurie blüht auf, Metropolitan-Erzbischöfe müssen sich in Rom persönlich das Pallium, das Zeichen ihrer Würde, abholen, und die Päpste erwarten, dass Diözesanbischöfe bei ihnen in regelmäßigen Abständen zum Rapport antreten *(Ad-limina-Besuche)*.[11]

Wer sich heute in Rom auf die Spuren Gregors VII. macht, wird wenig finden. Eine ihm gewidmete Kirche in der Nähe des Vatikans, San Gregorio Settimo, wurde in neuerer Zeit errichtet und gehört, man verzeihe mir dieses Urteil, zu den hässlichsten Sakralbauten der Stadt, jedenfalls findet sich in ihr schlechthin nichts aus dem 11. Jahrhundert. Die Markgräfin Mathilde von Tuszien, die auf ihrer Burg in Canossa zwischen Kaiser und Papst vermittelt hat, ist als eine von nur vier Frauen überhaupt im heutigen Petersdom begraben, doch ihre Gebeine wurden erst im 17. Jahrhundert dorthin überführt, und ihre überlebensgroße Statue, die eine Papstkrone im Arm hält, stammt aus der Werkstatt des Bernini. Immerhin besitzt die Basilika Sankt Paul vor den Mauern, die das Grab des Völkerapostels an der Via Ostiense hütet, eine byzantinische Bronzetür, die der Mönch Hildebrand im Jahr 1070 in Konstantinopel hat gießen lassen und die auf 54 vergoldeten Bronzeplatten Personen und Szenen der Bibel zeigt, darunter die Martyrien von Petrus und Paulus.

Das ist nicht ganz frei von Ironie: Ausgerechnet der Mann, der sich so heftig gegen das Ausgreifen auswärtiger Mächte auf den Bischofssitz am Tiber wehrt, vergibt den Auftrag für diese Tür nach Byzanz, von wo jahrhundertelang die stärkste Bedrohung der päpstlichen Autorität ausgegangen ist ...

7

Eingesperrt

Im Versteck auf dem Palatin – Ein geplünderter Leichnam – Das „Staunen der Welt" – Tod im Konklave – Dramatische Monate in Viterbo – Das abgedeckte Dach

Das 12. Jahrhundert bedeutet für Europa eine Zeit der Blüte: Städte entstehen, der Handel floriert, die Bevölkerung wächst, Dome recken sich. Mit den Kreuzzügen einhergehend und all ihrer Brutalität zum Trotz blickt der Kontinent über sich selbst hinaus und öffnet sich für neue Eindrücke. Das Papsttum nimmt in diesem Jahrhundert einen beispiellosen Aufschwung und vermag endlich den Modus der Papstwahl auf eine Art und Weise zu regeln, die *grosso modo* bis in unsere Tage Bestand hat. Zum einen nämlich wird festgelegt, dass ein Papstkandidat für eine erfolgreiche Wahl eine Zweidrittelmehrheit auf sich vereinen muss, und zum anderen wird im 12. Jahrhundert das „Konklave" erfunden, also das Wählen hinter verrammelter Tür.

Beides geht aber nicht störungsfrei vor sich – im Gegenteil. Unter Friedrich Barbarossa ist die Dauerfehde von Kaiser und Reich wieder hochgekocht; nach fast zwanzig Jahren der Schismen und Unruhen einigen sich beide Seiten schließlich darauf, dass ein Konzil die Dinge klären soll, und so tritt 1179 das Dritte Laterankonzil zusammen, etwa dreihundert Konzilsväter unter dem Vorsitz von Alexander III.; dieser ist, seit Gegenpapst Calixt vor einem Jahr das Handtuch geworfen hat, zwei Jahrzehnte nach seiner Wahl endlich unangefochtener Bischof von Rom. Unter Alexanders Regie nun geht erstmals von einem allgemeinen Konzil[1] ein Dekret zur Papstwahl aus, und es trägt seine Absicht schon im Titel: *Licet de vitanda discordia*, also „um Zwietracht zu verhindern". „Wir bestimmen also wie folgt", so heißt es in dem Text: „Angenommen, ein feindlicher Mensch streut Unkraut aus, und unter den Kardinälen kann bezüglich der Papstnachfolge keine volle Einmütigkeit *(concordia plena)* erzielt werden, und angenommen, ein Drittel will sich der erreichten Zweidrittelmehrheit nicht anschließen oder versucht, einen anderen ins Amt zu bringen, dann gilt jener als römischer Bischof, der von zwei Dritteln gewählt und angenommen ist."

Hier ist sie also, die Zweidrittelregel, die auch heute noch in der Sixtinischen Kapelle greift, wenn die Konklavevoten in den Kelch rutschen. In der Formel „concordia plena" spukt zwar noch das alte Ideal der Einmütigkeit durch den Text, doch verankert das Papsttum nun das Mehrheitsprinzip in seinem Wahlrecht, und zwar lange bevor die italienischen Kommunen oder die deutschen Könige dies tun. Auch wenn das Dekret diese Bestimmung gleich wieder verwässert, indem es betont, bei kirchlichen Wahlen müsse „der größere und gesündere Teil" *(maior et sanior pars)* entscheiden – ein Rückgriff auf ein Prinzip des römischen Rechts, doch etwas schwammig, denn nach welchen Kriterien will man denn die Wählerstimmen qualitativ gewichten, und wer bestimmt eigentlich, was der „gesündere Teil" der Wähler sein könnte? Vielleicht wirft Alexander III. dem Mehrheitsprinzip dieses alte römische Rechtsmäntelchen um, damit die Neuerung akzeptabler erscheint. Das Laterankonzil legt außerdem fest, dass niemand außer den Kardinälen das Recht hat, den Papst zu küren, und dabei stehen mittlerweile alle Mitglieder des Kollegiums auf demselben Niveau; der Vorrang, den Nikolaus II. einst den Kardinalbischöfen eingeräumt hatte, ist längst dahin, und dafür hat ausgerechnet der Gegenpapst Clemens III. gesorgt, den wir im vorigen Kapitel kennengelernt haben.[2]

Auch die Geburtsstunde des „Konklave" schlägt, wie wir schon erwähnt haben, im 12. Jahrhundert – wobei der Begriff dann erst im 13. Jahrhundert geprägt werden wird. Als das erste Konklave der Geschichte kann 1118 die Wahl von Gelasius II. gelten, die in einen Moment fällt, in dem der Investiturstreit noch tobt und der Kompromiss des Wormser Konkordats noch nicht erreicht ist. Weil sich auf den Straßen der „Urbs" papst- und königstreue Gruppen blutige Kämpfe liefern, beschließen die Kardinäle, die Wahl in einem abgelegenen, aber befestigten Kloster auf dem Palatin vorzunehmen; der Ort soll geheim bleiben, und somit wird das Ganze zu einer Wahl hinter verschlossenen Türen, an die heute eine Marmortafel in der Mauer des Kirchleins San Sebastiano al Palatino erinnert. Noch in unseren Tagen ist diese Kirche, obwohl sie mitten in Rom liegt, schwer auffindbar, und nur wenige Touristen verirren sich in diese Sackgasse auf dem Hügel, auf dem in der Antike Roms Kaiser residierten. Die Geheimnistuerei lässt sich 1118 allerdings nicht durchhalten, denn der neue Papst wird gleich nach seiner Wahl von den königstreuen Frangipani aufgespürt und gefangen gesetzt. Ein Aufstand der Römer befreit ihn und erzwingt seine Inthronisierung, doch kurz darauf muss der Unglückliche dennoch aus Rom fliehen, und schon im Januar des Folgejahres stirbt er in Cluny. Es ist sein Nachfolger, der in dieser burgundischen Reformabtei zum Petrusnachfolger gewählte Calixtus II., der dann einige Jahre später im Wormser Konkordat die Formel für einen Ausgleich mit dem Reich findet.

Das Modell des Konklave ist damit jedenfalls in der Welt und wird von nun an häufiger den Modus der Papstwahl bilden. 1145 zunächst. Wieder haben sich die Kardinäle auf dem Palatin versteckt, in San Cesario, diesmal aus Angst vor den Römern, denn die Stadtväter auf dem Kapitol beanspruchen jetzt das einst dem Kaiser zukommende Recht, die Wahl eines neuen Bischofs zu bestätigen. Davon wollen die Kardinäle und der neu gewählte Eugen III. nichts wissen, und darum findet die Bischofsweihe des Zisterziensers nicht in Rom statt, sondern in der weit vor den Toren gelegenen Benediktinerabtei Farfa. 1198 dann ein neuerliches Konklave *avant la lettre*, jetzt zu Füßen des Palatin; was einmal das Zentrum des römischen Weltreichs war, ist im Mittelalter zu einer wilden Gegend verkommen, in der Säulenstümpfe aus dem Gestrüpp lugen und Schafe Gras rupfen. 24 Kardinäle treffen sich in der Ruine eines Gebäudes aus der Zeit des Septimus Severus oder einer nahe gelegenen Kirche, jedenfalls wieder abgeschnitten von aller Öffentlichkeit; sie suchen, wie die amtliche Wahlanzeige formulieren wird, „einen abgeschiedenen Ort, um dort umso freier und sicherer über die Einsetzung eines neuen Oberhirten zu beraten".[3] Schon im zweiten Wahlgang setzt sich Kardinal Lothar von Segni durch, ein brillanter Jurist, der in Paris und Bologna studiert hat und der erst 37 Jahre alt ist. Der aber weiß, was er will. Innozenz III. ist der erste Papst, der sich ein eigenes Wappen gibt und der sich Stellvertreter Christi nennt: *Vicarius Christi*. Ein schwindelerregender Anspruch schimmert da durch, der noch heute unter den historischen Titeln eines römischen Bischofs im Päpstlichen Jahrbuch aufgeführt wird, zusammen mit dem „Diener der Diener Gottes" von Gregor dem Großen und in einer gewissen Spannung dazu.

Stellvertreter nicht nur des Petrus, sondern Christi selbst: So also sieht sich Innozenz. Keine Macht über sich mit Ausnahme der göttlichen, und auch die fällt ihm ja nicht in den Arm. Keinem Richter unterworfen, allen weltlichen Herrschern übergeordnet in unbeschränkter Machtfülle *(plenitudo potestatis)*.[4] Die Historiker zeichnen ihn heute als Machtmenschen, der Könige kürt, wieder fallen lässt und gegeneinander ausspielt, der das von ihm kontrollierte Territorium, das „Patrimonium Petri", zu einem Kirchenstaat formt und Rom an alte *Caput mundi*-Zeiten wiederanknüpfen lässt. Der aus politischem Kalkül heraus Kreuzzüge ausruft und sich damit abfindet, dass Kreuzfahrer Konstantinopel brandschatzen und plündern. Der zeitweise Lehensherr über England und Sizilien ist, über Portugal, Dänemark, Polen und weitere Gebilde. Der die Kardinäle zu Nachfolgern des levitischen Priestertums aus dem Alten Testament erklärt und ihnen damit eine biblische Legitimation unterschiebt. Es ist eine Ironie der Geschichte, dass gerade dieser machtbewusste Papst mit christlichen Armutsbewegungen konfrontiert wird – den Katharern, den Albigensern. Und es bleibt bemerkenswert, dass gerade er, der den Albigensern einen Vernichtungskreuzzug auf den Hals schickt, gleichzeitig das Gespür aufbringt, die Bettelbrüder rund um die Heiligen Franz von Assisi und Dominikus in die Kirche zu integrieren, anstatt sie zu verdammen. Auf einem Fresko des Giotto in der Oberkirche von San Francesco in Assisi sehen wir den dritten Innozenz, wie er von dem seltsamen umbrischen Armutsprediger träumt, und stellen dabei fest, dass dieser Papst sogar im Bett die Krone und die Pontifikalgewänder, ja sogar weiße Handschuhe trägt. 1216 aber, nach seinem Tod im von Assisi keine zwanzig Kilometer entfernten Perugia, wird man seinen aufgebahrten Leichnam plündern. Den Fischerring abstreifen. Die Kleidung vom verwesenden Leib reißen. Der Überlebensgrößepapst, der mit aller Gewalt gegen Armutsfanatiker gekämpft und erst ein Jahr zuvor beim vierten Laterankonzil den Zenit seiner Glorie erlebt hat, liegt, bevor man ihn im Dom der Stadt beisetzt, arm da und ungeschützt.[5]

Es ist die Zeit des Innozenz, in der wir erstmals eingehendere kirchenrechtliche Gedankenspiele über das Thema Konklave aufspüren. Ausgangspunkt ist die Frage, was man denn machen soll, wenn sich bei einer Papstwahl nach den Vorgaben Alexanders III. zwei gegnerische Faktionen einfach nicht einigen wollen und die Zweidrittelmehrheit mithin nicht zustande kommt. Ein Engländer namens Alanus gibt darauf in seinem Rechtskommentar um 1210 eine Antwort: „Dann muss man auf den Arm der weltlichen Macht zurückgreifen. Dann müssen die Römer kommen, die Kardinäle in ein Konklave einschließen und sie zu einer Einigung zwingen" *(includant cardinales in conclavi et compellant eos consentire)*. „Die Römer" werden aufgerufen, weil sich die letzten beiden Papstwahlen in der Ewigen Stadt abgespielt haben. Inspiriert haben den Alanus zu diesem robusten Vorschlag wohl Modelle aus norditalienischen Kommunen wie Piacenza oder Bologna oder auch Wahlvarianten in einigen Ordensgemeinschaften.[6]

Und wieder ein Konklave, das noch nicht so heißt: 1216 in Perugia. Die 24 Kardinäle werden, damit sie schnell zu einer Entscheidung kommen, im dortigen Papstpalast eingeschlossen – ob auf ihren Wunsch oder gegen ihren Willen, in diesem delikaten Punkt ist die Quellenlage nicht klar. Der Modus der Abgeschiedenheit scheint sich zu bewähren, denn binnen kurzer Zeit ist ein Pontifex bestimmt, und dabei hat vielleicht geholfen, dass die Kardinäle zwei aus ihren Reihen mit einer Vorauswahl betraut und diese beiden sich ohne viel Federlesens auf einen Kandidaten geeinigt haben. Viel komplizierter lässt sich jedoch die Wahl im Jahr 1241 an, denn sie erfolgt mitten in einer schweren Auseinandersetzung der Kirchenführung mit dem Stauferkaiser Friedrich II., dessen Truppen vor den Toren der Ewigen Stadt stehen. Die Kardinäle sind sich uneins über die politische Linie, die das neue Pontifikat haben sollte, und zögern deshalb den Beginn der Wahl wochenlang hinaus. Schließlich sorgt der römische Senator Matteo Rosso Orsini dafür, dass die Papstwähler in demselben Gebäude, in dem 43 Jahre zuvor Innozenz III. gewählt worden ist, eingesperrt werden – Sie erinnern sich bestimmt, die Ruine aus der Zeit des römischen Kaisers Septimus Severus zu Füßen des Palatin. Diesmal ist keine Rede davon, dass die Kardinäle von sich aus die Abgeschiedenheit gesucht hätten, nein; im Tumult werden sie vom Mob an Händen und Füßen zum Wahlort gezerrt. Bei Lichte besehen, sind sie in Haft. Eigentlich das Gegenteil von „Extra omnes": Hier kommt keiner heraus, bis die Wahl vorbei ist.[7]

Diese Wahl fällt besonders schwer, weil sich das Papsttum wieder mal auf Auseinandersetzungen mit dem Kaiser eingelassen hat, und nicht mit irgendeinem Kaiser: Es ist der geniale, ostwestlich gebildete Friedrich, einst das Mündel von Innozenz III., jetzt Zentralgestirn eines Hofs von christlichen, jüdischen und muslimischen Gelehrten, das „Staunen der Welt". Auf Sizilien aufgewachsen, mit vier Jahren schon Vollwaise, unter abenteuerlichen Umständen 1212 auf den Thron des deutschen Königs gelangt, acht Jahre später unter der Bedingung, dass er bald einen Kreuzzug ins Heilige Land ausrüsten werde, in Rom zum Kaiser gekrönt. Die Bedingung hält er nicht fristgerecht ein, und das führt prompt zu seiner Exkommunikation durch Papst Gregor IX., doch Friedrich bricht trotzdem ins Heilige Land auf, als erster exkommunizierter Kaiser, und erreicht in Verhandlungen mit dem Sultan womöglich mehr, als militärisch drin gewesen wäre. Sein Verhältnis zum Papst aber – wir müssen diese turbulente Geschichte im Erzählen etwas glätten – bleibt ein ständiges Auf und Ab, auf eine Versöhnung folgt eine politisch motivierte, nur mühsam geistlich bemäntelte zweite Exkommunikation. Diese ist noch in Kraft, als das Konklave, das noch nicht so heißt, am Palatin zusammentritt. Nur elf Kardinäle können wählen, denn zwei weitere von ihnen hat Friedrich gefangen setzen lassen. Ihr Vergehen: Sie waren unterwegs zu einem vom Papst einberufenen Konzil, auf dem Friedrich für abgesetzt erklärt werden sollte.

Die Wahl von 1241 ist für die Kardinäle am Palatin die Hölle: Sie leiden in den über fünfzig Tagen der Isolation unter der Hitze, der rudimentären Unterbringung, den prekären hygienischen Bedingungen. Fast alle haben gesundheitliche Schwierigkeiten, ein englischer Kardinal stirbt sogar; der Franziskaner Nikolaus von Calvi, Assistent eines der Wähler, notiert hinterher, das alles habe sich angefühlt wie eine „Freiheitsstrafe".[8] „Oberhalb der Räume des Konklave hausten die bewaffneten Wächter", heißt es in einem späteren Brief mehrerer Kardinäle. „Durch die Ritzen der Decke (…) tropften ihre Exkremente, zum Teil mit Regenwasser vermischt, als eine stinkende Jauche …"[9] Schlussendlich entscheiden sich die Wähler für einen Kompromisskandidaten, einen schon älteren Mitbruder aus Mailand, doch auch dieser ist von den Strapazen dieser anderthalb Monate so geschwächt, dass er schon sechzehn Tage nach seiner Wahl stirbt. Was folgt, ist eine Sedisvakanz von anderthalb Jahren; das Kollegium der Kardinäle spaltet sich, ein Teil von ihnen flüchtet aus Rom nach Anagni. Nicht nur, um dem Druck Friedrichs zu entkommen, dessen Truppen weiterhin Rom bedrohen. Sondern auch, weil keiner von ihnen noch einmal so ein Konklave erleben will.

Sie ahnen ja nicht, dass dies das Modell der Zukunft ist.

Und damit sind wir bei Viterbo angelangt. Genauer gesagt, beim Konklave, das von 1268 bis 1271 in diesem Städtchen siebzig Kilometer nordwestlich von Rom an der Via Cassia stattfindet und das die wohl spektakulärste Papstwahl der ganzen Kirchengeschichte darstellt. Aber warum ausgerechnet Viterbo? Viterbo deshalb, weil schon seit geraumer Zeit in der Stadt, in der ein Papst stirbt, auch der neue gewählt wird. *Ubi Papa ibi Roma*: Wo der Papst ist, da ist Rom, so die bündige Formel eines damaligen Kirchenrechtlers. Und darum kann im Jahr 1268 Rom auch mal Viterbo sein, als dort der Franzose Clemens IV. das Zeitliche segnet.[10]

Trotzdem – gerade Viterbo? Wer heute in anderthalb Stunden per Bahn von Roma San Pietro nach Viterbo Porta Fiorentina ruckelt, der entdeckt einen Provinzhauptort mit einer hübschen, teilweise noch von einem Mauerring umgebenen Altstadt, ordentlichen Restaurants und gut erhaltenen Kirchen aus dem Mittelalter; alles scheint aus demselben graubraunen Stein zusammengebacken. Neben dem Dom (barocke Fassade, romanischer Campanile) liegt der Papstpalast hingebreitet: lang gezogene Fassade, dahinter vor allem ein hoher, gelb gestrichener Raum mit vielen Fenstern links und rechts, von dem aus man seitlich auf eine ausladende Loggia hinaustreten kann. Meistens ist der Besucher ganz allein in diesem Palazzo; blickt man im Sommer von der Loggia aus über die Piazza, sieht man höchstens ein paar Katzen, die nach einem Schattenplätzchen suchen. Der internationale Bustourismus hat Viterbo noch nicht erreicht.

Dieses heute so bieder-verpuppte Städtchen ist im 13. Jahrhundert der Ort, an dem die Päpste außerhalb Roms am häufigsten residieren, noch vor Anagni und Orvieto.[11] Vier Päpste sterben hier, fünf werden gewählt und gekrönt, und vor allem ab dem Jahr 1268 ist Viterbo für etwa tausend Tage der Nabel Europas. 1005 Tage, so lange insgesamt dauert die Wahl, es ist die längste Papstwahl der Historie. Eine unmögliche Wahl. Die zwanzig Kardinäle (von denen einer jedoch nicht nach Mittelitalien anreisen kann) sind sich untereinander spinnefeind, aus familiären Gründen und aus politischen. Da ist zum einen der Gegensatz zwischen der französischen und der italienischen Faktion im Heiligen Kollegium und zum anderen die Tatsache, dass ganz Italien zu dieser Zeit in eine Ghibellinen- und eine Guelfenpartei gespalten ist und diese Spaltung sich auch unter den Kardinälen bemerkbar macht. Die Ghibellinen halten zum Heiligen Römischen Reich, die Guelfen bekämpfen es, könnte man vereinfachend sagen, doch in Wirklichkeit sind die Freund-Feind-Linien viel wirrer; der Dichter Dante zum Beispiel wird etwa dreißig Jahre später auf Lebenszeit aus Florenz verbannt werden, weil er zwar Guelfe ist, aber trotzdem kaisertreu.

Die Päpste haben in letzter Zeit unter dem Eindruck ihrer schlech-
ten Erfahrungen mit Friedrich II. auf die Franzosen gesetzt, speziell
auf Karl von Anjou, dem sie 1265 Sizilien als Lehen zugesprochen
haben, doch schnell hat sich herausgestellt, dass sich der Bruder
des frommen französischen Königs Ludwig nicht vom Papsttum an
die Kandare nehmen lässt. Den Druck durch die Staufer sind die
Päpste vorerst losgeworden, doch um den Preis einer erneuten Abhängigkeit; Karls Truppen stehen in Rom, darum ist Clemens IV.,
obgleich selbst Franzose, doch lieber in Viterbo geblieben. Und dort
auch gestorben, Ende November 1268. Nur einen Monat vor dem
Tod des Papstes hat Karl von Anjou dem letzten Staufer, dem erst
sechzehnjährigen Konradin, auf dem Markt zu Neapel den Kopf
abschlagen lassen, und auch unter dem Eindruck dieser Gewalttat
stehen die Kardinäle wie ganz Europa an dem Tag, an dem der Papst
stirbt. Wie also wählen, woran sich halten?

So ziehen sie denn ab Mitte Dezember jeden Tag feierlich in den
Papstpalast von Viterbo ein, die Kardinäle. Wählen, ohne dass sich
irgendwann mal eine Mehrheit herausschälen würde. Und kehren
dann jeden Tag zurück in ihre Residenzen. Wo sie es sich gut gehen
lassen, schließlich können sie während einer Sedisvakanz auf die
Einkünfte des Kirchenstaats, den Friedrich II. 1213 in aller Form
anerkannt hat, zugreifen. Über ein Jahr lang zieht sich das so hin:
Sie wählen und wählen. Nur dass keiner gewählt wird. Eine Papstwahl in der Dauerschleife. Doch, das hat es auch andere Male in der
Kirchengeschichte gegeben, vorher und nachher – in solchen Fällen
kommen dann nach einer Weile gern Außenseiter zum Zug, ältere
Männer oder heiligmäßige. Auch in Viterbo versucht man einer
Quelle zufolge diesen Ausweg, doch der Auserkorene, ein Ordens-
mann, der nicht dem Kardinalskollegium angehört, verweigert sich
angeblich. Dann eben niemand! Sie könnten ewig so weiterwählen,
die Kardinäle. Zugleich sind Gesandte der verschiedenen Mächte
in der Stadt, die Einfluss auszuüben versuchen, und dabei ist noch
die Frage, ob ihre Herren überhaupt ein Interesse daran haben, dass
ein neuer Bischof von Rom antritt. Oder ob ihnen nicht eine ewige
Sedisvakanz viel eher zupasskommt.

Allerdings haben sie da die Rechnung ohne Bonaventura von Bagnoregio gemacht. Der Theologe, ein Freund des Thomas von Aquin, ist Generalminister des Franziskanerordens, also gewissermaßen der Nachfolger des hl. Franz von Assisi, und er ist empört über die Hinhaltetaktik der Papstwähler. In seinen Predigten ruft er sie dazu auf, sich einen Ruck zu geben und gegebenenfalls einen Kandidaten, der nicht dem Kardinalskollegium angehört, auf den Stuhl Petri zu berufen. Der Appell fruchtet zwar nicht, doch macht Bonaventura Eindruck auf die ungefähr 15 000 Einwohner von Viterbo, und vielleicht ist es diesem Eindruck zuzuschreiben, dass die Stadtväter um den 1. Juni 1270 herum überraschend die Stadttore schließen. Kein Kardinal soll die Stadt verlassen können, und kein Diplomat soll mehr Zutritt haben: „extra omnes". Doch das ist nur die erste Maßnahme. Die zweite besteht darin, dass die Wähler mitsamt ihren Assistenten in den Papstpalast gebracht und dort eingeschlossen werden; man sagt ihnen, dass man sie erst freisetzen werde, wenn sie ein neues Kirchenoberhaupt gewählt hätten. „Unde, permotus populus urbis Viterbii", schreibt ein Chronist, „donec papam elegissent, inclusos tenuit cardinales." – „Das aufgebrachte Volk von Viterbo hielt die Kardinäle hinter Schloss und Riegel, bis sie einen Papst wählen würden."

Doch sie sind bockig, die Kardinäle; auch in Gefangenschaft finden sie nicht zu einem Konsens. Rund um den Papstpalast sind Wachen aufgezogen, die aufpassen, dass die Isolation der Wähler aufrechterhalten bleibt. „Decken wir doch das Dach ab", scherzt ein Kardinal mutwillig, „sonst kann der Heilige Geist nicht landen", und tatsächlich werden die Einwohner von Viterbo später, als immer noch kein Papst gewählt ist, einen Teil des Daches abdecken, um die Wähler den Launen der Witterung auszusetzen, und auch die Essensrationen kürzen. Von den neunzehn Männern, die mit der Papstwahl in Viterbo begonnen haben, sind zwei gestorben, sodass nur noch siebzehn im Papstpalast eingeschlossen dasitzen, doch obwohl die Sonne hineinknallt oder Regen herunterklatscht und obwohl bald nur noch Wasser und Brot durchgelassen werden, will es ihnen einfach nicht gelingen, ihre Differenzen zu überwinden. Sie bauen sich kleine Holzverschläge, um dem Wetter nicht schutzlos ausgeliefert zu sein, oder darf man dieser und anderen Angaben der zeitgenössischen und späteren Chroniken gar nicht blindlings trauen? Es ist gut vorstellbar, dass die Einwohner von Viterbo nach einer Weile die strikte Abschottung etwas gelockert haben.[12]

In einem Brief vom 6. Juni 1270, also aus den ersten Tagen der Gefangenschaft, beschweren sich die Eingeschlossenen bitter über ihre Abschottung, beklagen namentlich das völlige Fehlen sanitärer Einrichtungen im Palazzo und weisen darauf hin, dass man sie belästige und beleidige, wenn sie versuchten, hinauszugehen und ihre Notdurft zu verrichten. Sie überziehen die Stadt mit Exkommunikationen und Interdikt; und dennoch können die Elektoren und ihre Helfer Besucher empfangen und Korrespondenzen pflegen. Die Berichte über die Ereignisse von Viterbo, die auf uns gekommen sind, widersprechen sich in manchen Details, doch deutlich wird, welche aufgewühlte Stimmung sowohl in der Stadt wie unter den Kardinälen geherrscht haben muss. Die Annalen sprechen auch von einem Mord, der angeblich im Beisein der Kardinäle und Karls von Anjou geschieht, das Opfer ist ein Neffe des englischen Königs – und man wird bei diesen Schilderungen den Eindruck nicht los, dass in diesen Monaten der ewig langen Papstwahl auch die Kardinäle manchmal um ihr Leben bangen.

Schließlich die Wende im September 1271. Vielleicht ist es wieder Bonaventura, der die rettende Idee hat, jedenfalls delegieren die Kardinäle ihre Wahlentscheidung an sechs Mitglieder ihres Kollegiums, und tatsächlich – schon nach wenigen Stunden ist ein Nichtkardinal zum Papst gewählt, und die dreijährige Hängepartie kommt endlich an ein Ende. Nur ein kleines Hindernis ist noch zu überwinden, denn der gewählte Tedaldo Visconti, ein Freund des Bonaventura aus gemeinsamen Studienzeiten in Paris, hält sich gerade im Heiligen Land auf, und man muss ihn erst über seine neue Würde in Kenntnis setzen. Es dauert darum noch bis zum Februar 1272, bis der Neue in Viterbo anlangt, um sich dort zum Priester weihen zu lassen.

Von den siebzehn Kardinälen, die dieses Drama von Viterbo bis zum Schluss durchgestanden haben, werden vier bei späteren Gelegenheiten zum Bischof von Rom gewählt. Fast ein Viertel der im Papstpalast Eingemauerten sind somit künftige Päpste.

8
Avignon

Fensterln verboten – Papstwähler auf Diät – Ein König als Kustos – Der fromme Coelestin – Eine Ohrfeige – Der schöne Philipp feixt – Umzug in die Provinz – Wahl aus Versehen – Eine Kapitulation

Eigentlich geht es jetzt erst richtig los. Jetzt erst, mit dem Gewürge von Viterbo, hat die Geburtsstunde des Konklave offiziell geschlagen, alles andere war Vorspiel, Tohu und Bohu. Der neue Papst Gregor X. setzt im Sommer 1274 auf einem Konzil in Lyon gegen den Widerstand der Kardinäle, die sich noch schaudernd an das abgedeckte Dach des Papstpalastes vor drei Jahren erinnern, eine Wahlordnung durch, die in ihren Grundzügen heute noch gilt. Sie macht das Konklave, also das Einschließen der Kardinäle „cum clave" (mit einem Schlüssel), von diesem Moment an zum verpflichtenden Modus.

Ubi periculum lautet der Titel der sogenannten Apostolischen Konstitution, „wo man eine große Gefahr erkennt", und mit diesem Einstieg packt der Papst, obwohl er die drei Jahre von Viterbo gar nicht selbst miterlebt hat, den Stier gleich bei den Hörnern. Sein Regelwerk soll verhindern, dass sich Papstwahlen ewig in die Länge ziehen und dass auf die Wähler Druck von außen ausgeübt wird. Es bestimmt daher, dass nach dem Tod des Papstes nur zehn Tage auf auswärtige Kardinäle gewartet werden soll; dann kann das Konklave beginnen, und zwar im selben Palast, in dem der Papst gestorben ist, ob in Rom oder anderswo. In diesem Palast nun (offenbar wird vorausgesetzt, dass Päpste nur in einem Palazzo leben und sterben können) „bewohnen alle" – gemeint sind die Wähler – „gemeinsam ein einziges Gemach (Konklave) ohne Zwischenwand oder sonstige Abtrennung"; und jeder Kardinal darf nur von einem Assistenten begleitet sein, der jedoch nicht unbedingt Kleriker sein muss. „Unter Wahrung des freien Zugangs zur Toilette wird das Gemach von allen Seiten so verschlossen, dass es niemand betreten oder verlassen kann. Niemand erhält Zugang zu den Kardinälen oder Gelegenheit, mit ihnen Geheimgespräche zu führen." Auch Briefe ins Konklave hinein sind verboten, und wer dennoch eine Kontaktaufnahme versucht, zieht sich automatisch die Exkommunikation zu. Ein Fenster darf dieser Wohn- und Wahlraum zwar haben, aber nur um „das Lebensnotwendige" durchzureichen, „ohne dass es jemandem den Zutritt zu ihnen ermöglicht". Fensterln ist also strengstens untersagt. Apropos Essen: Ist binnen drei Tagen noch kein Papst gewählt, müssen sich die Kardinäle und ihre miteingeschlossenen Assistenten in den darauffolgenden fünf Tagen mittags und abends nur mit jeweils einem einzigen Gericht begnügen, und ist auch diese Frist ergebnislos verstrichen, „wird ihnen von da an nur noch Brot, Wein und Wasser gereicht" – und zwar so lange, bis sie endlich einen neuen „Stellvertreter Christi" gekürt haben. Auch finanziell werden die Wähler während der Sedisvakanz knappgehalten, eine Lehre aus den üppigen Gelagen in den Kardinalsresidenzen von Viterbo.[1]

Gregors Wahlordnung nimmt durchaus Anregungen aus norditalienischen Kommunen auf, in denen schon seit einiger Zeit Führungspersönlichkeiten von Wahlleuten hinter verschlossenen Türen bestimmt werden. Besonders ausgeklügelt ist das System, das in Venedig den Dogen bestimmt und dessen definitive Fassung gerade ins Viterbojahr 1268 fällt: eine Mischung aus Losziehungen und Wahlgängen, die Betrug ausschließen soll, allerdings auch dafür sorgt, dass der Wahlprozess sich über Wochen hinziehen kann. Hier sieht man aber die Unterschiede zum päpstlichen System, denn diese umständliche Langsamkeit ist genau das, was der Papst nicht will; darum fällt sein Konklavesystem viel unkomplizierter aus als das venezianische Modell, Hauptsache, schnell. Auch die Verantwortlichen der Stadt, in der die Wahl stattfindet, werden von *Ubi periculum* in die Pflicht genommen, denn sie müssen schwören, dass sie die Konklaveordnung genau einhalten werden, „ohne jedoch die Kardinäle über die erlassenen Bestimmungen hinaus einzuengen", eine Anweisung, die künftig Exzesse des Volkszorns, wie sie rund um das Konklave von Viterbo vorkamen, eindämmen soll.

Mit *Ubi periculum* sind die drei entscheidenden Pfeiler der Papstwahlordnung, wie wir sie heute noch kennen, errichtet: Der Kreis der Wähler wird auf die Kardinäle eingeengt, wie von Nikolaus II. 1059 angeordnet; erforderlich ist die Zweidrittelmehrheit, wie Alexander III. das 1179 bestimmt hat; und die Wählenden werden – das ist Gregors Neuerung – von der Außenwelt abgeschottet. Die zulässigen Wahlarten hatte 1215 schon das Vierte Laterankonzil skizziert: Wahl „gleichsam durch göttliche Eingebung" *(quasi per inspirationem divinam)*, Wahl durch Kompromiss (also durch ein Gremium einer überschaubaren Zahl von Wahlmännern, die bei einem Leerlauf des Prozesses anstelle ihrer Kollegen entscheiden) und Wahl durch Abstimmung, welche heute die einzig erlaubte ist.[2] Aber das war nur eine Skizze der Wahlmodi; wie genau in diesen Jahrzehnten gewählt wird, lässt sich den Quellen nur schwer entnehmen. In der Regel herrscht wohl im ganzen 13. Jahrhundert die Kompromisswahl vor, während die Inspirationswahl ein Ausnahmefall bleibt, auch weil ihre Regeln nur schwer festzulegen sind; im 14. Jahrhundert dann, als sich das Konklavemodell durchgesetzt hat, wird die Wahl durch Abstimmung, das *scrutinium*, zum Normalfall.

Dass *Ubi periculum* sich umgehend als wirksam herausstellt, ist schwer zu leugnen: Das nächste Konklave in Arezzo, bei dem die neuen Verordnungen angewandt werden, braucht 1276 nur einen einzigen Wahlgang. Doch sind natürlich mit diesem Papier nicht alle Probleme rund um die Papstwahlen auf einen Schlag gelöst. Nehmen wir die politische Einflussnahme auf das Wahlkollegium – sie hört nicht von einem Tag auf den anderen auf. Karl von Anjou ergattert beim zweiten Konklave des Jahres 1276, das im römischen Lateran stattfindet, das Amt eines „Konklavekustos", und man könnte viele weitere Beispiele dieser Art nennen. Auch die Wutbürger von Viterbo werden leider weiterhin gebraucht; beim dritten Konklave dieses Jahres 1276 müssen sie nochmals handgreiflich dafür sorgen, dass die Regeln eingehalten und die Wähler im Papstpalast eingeschlossen werden. Ein weiterer Stolperstein sind außerdem die Kardinäle selbst, denn immer noch stecken ihnen die Erfahrungen aus dem längsten Konklave der Geschichte in den Knochen, und darum üben sie regelmäßig Druck auf einen neu gewählten Papst aus, auf dass er die Regeln von *Ubi periculum* suspendiere. Johannes XXI., der dies 1276 kurz nach seiner Wahl tut, wird dafür auf gruselige Weise bestraft, denn das Dach des Papstpalastes von Viterbo, in dem der einzige portugiesische Papst der Geschichte sich eingerichtet hat; das Dach, das einige Jahre zuvor zumindest teilweise abgedeckt wurde, um die Kardinäle den Launen des Wetters auszusetzen; dieses Dach also stürzt 1277 ein und begräbt ihn unter sich.

Auch Seuchen haben mehrmals einen fatalen Auftritt bei der Papstwahl. Von sechzehn Kardinälen rafft die Malaria im römischen Hitzesommer 1287 sechs dahin, weswegen die Wahl monatelang unterbrochen wird, und fünf Jahre später ist es wohl die Pest, die einen der zwölf Elektoren tötet. Dass diese Wahl 27 Monate dauert, kann man allerdings nicht der Pest zuschreiben, daran sind die Kardinäle schon selber schuld: Gespalten in Anhänger und Gegner der Familie Colonna, die zwei Mitglieder im Kardinalskollegium stellen, können sie sich noch nicht einmal über den Austragungsort der Wahl einigen und verfallen erst nach langem Gezerre auf einen Kompromiss namens Perugia. Hinzu kommt, dass in diesem Moment die strengen Konklaveregeln von *Ubi periculum* wieder einmal ausgesetzt sind und dass man die Wähler daher nicht „cum clave" dazu zwingen kann, bald zu einem Ergebnis zu kommen. Die ganze westliche Christenheit stöhnt über die Länge der Sedisvakanz, viele sehen angesichts der Papstlosigkeit gar das Ende der Welt heraufziehen. Karl II. von Anjou (neuer König von Neapel und Sohn des gleichnamigen, vor Kurzem verstorbenen Herrschers) taucht unangemeldet in Perugia auf, um den Kardinälen Vorhaltungen zu machen, und ein frommer Einsiedler aus den Abruzzen verheißt der Kirche schwere Unbill, wenn sie den leeren Platz an ihrer Spitze nicht sofort wieder besetze. Diese Prophezeiung erreicht die Wähler in Umbrien, und mit einem Mal scheint sich ihnen ein Ausweg aus der verfahrenen Lage zu bieten. Warum nicht den Papstornat einem heiligen Mann überstreifen, der nichts zu tun hat mit ihren Ränken und Intrigen? Einem Mann, der sich womöglich in seiner Unbedarftheit prächtig lenken lässt? Und kann man mit der Wahl eines struppigen Gottesmannes nicht auch die Kritik an der langen Sedisvakanz und an den Winkelzügen der Kardinäle auf elegante Weise zum Verstummen bringen?[3]

Sie wählen also den Einsiedler, sogar einstimmig; es könnte die „erste sichere Inspirationswahl der Papstgeschichte" sein (Bernhard Schimmelpfennig). Der gordische Knoten scheint zerschlagen. Drei Kardinäle quälen sich im Juli 1294 hinauf ins Gebirge, um Pietro da Morrone in seiner Klause aufzusuchen und über seine Wahl zum Kirchenoberhaupt zu unterrichten. Dieser bricht in Tränen aus … und nimmt an. Auf einem Esel zieht er zu seiner Krönung in L'Aquila ein, ein rührendes, ein kitschiges Bild, mit religiöser Symbolik aufgeladen bis zum Platzen; so ist schließlich auch Jesus wenige Tage vor seinem Leiden in Jerusalem eingezogen, und dieselbe Menschenmenge, die dem Erlöser dabei „Hosanna" zurief, schrie nur wenige Tage später, als der Wind sich gedreht hatte, ihr „Kreuzige ihn". Auch dem Einsiedlerpapst Coelestin V. wird solch bitterer Umschwung nicht erspart bleiben, von den aufgerührten Hoffnungen vieler Menschen zur jähen Enttäuschung – er stellt sich, so fromm er auch sein mag, schnell als überfordert heraus. Nehmen wir nur die Naivität, mit der er sich politisch ganz in die Hände Karls II. von Anjou begibt. Dieser lockt den neuen Papst an seinen Hof in Neapel, wo Coelestin in einem kleinen Zimmer lebt wie einst in seiner Einsiedelei, ein Faustpfand des Königs. Dann seine Schwierigkeit, dem Latein der Kardinäle zu folgen, und das allgemeine Chaos, das an der Kurie einzieht.[4] Schon bald beginnt der Papst über einen Rücktritt nachzudenken, und etwa vier Monate nach seiner Krönung vollzieht er diesen Schritt; er wird – und vielleicht hat er das geahnt, aber ohne dass es ihn in seinem Entschluss irregemacht hätte – nicht mehr in seine Einsiedelei am Monte Morrone zurückkehren, sondern in Gefangenschaft sterben. Eine außergewöhnliche und tragische Figur, die aus der Reihe der Päpste heraussticht. Der aber – das ist bemerkenswert – in der Kürze seines Pontifikats mehrere Entscheidungen von erheblicher Tragweite getroffen hat. Die eine ist sein freiwilliger Rücktritt selbst, denn wie wir im ersten Kapitel gesehen haben, wird erst wieder im 21. Jahrhundert ein Papst, nämlich der Deutsche Benedikt XVI., dazu den Mut finden. Eine andere ist seine Verfügung, die suspendierte Konklaveordnung *Ubi periculum* wieder in Kraft zu setzen.

Seit diesem Moment laufen alle Papstwahlen bis heute (mit einer Ausnahme in napoleonischer Zeit, auf die wir noch ausführlich eingehen werden) nach dem Konklaveschema ab; Coelestins Wahl im Jahr 1294 war womöglich die letzte, bei der die grundlegenden Normen von *Ubi periculum* nicht mehr oder weniger streng zur Anwendung gekommen sind. Tatsächlich vergehen nach dem Rückzieher des Einsiedlerpapstes keine zwei Wochen, bis das Konklave in Neapel schon einen Nachfolger bestimmt hat, die Normen funktionieren also. Benedikt Caetani alias Bonifaz VIII. ist der Gewählte – die Nemesis des Coelestin. Der Mann, der dem überforderten Pietro da Morrone geholfen hat, die Papstkrone niederzulegen, ja der diesen Rücktritt womöglich aktiv betrieben und gefördert hat, um selbst Zugriff zu bekommen aufs höchste Amt. Und der nun zum Kerkermeister seines Vorgängers werden wird, damit der *pastor angelicus* nicht von oppositionellen Kräften gegen ihn, den Neuen, in Stellung gebracht werden kann. Bonifaz ist es, der die Konklaveregeln im Kirchenrecht verankert und dadurch sicherstellt, dass das Modell Viterbo auch bei Papstwahlen des fernen 21. Jahrhunderts noch gelten wird.

Es ist kein Kunststück, diese beiden Päpste Coelestin und Bonifaz gegeneinander auszuspielen, sie also mit ein paar kräftigen Strichen als Gegensatzpaar zu zeichnen, und nicht wenige Kirchenhistoriker sind dieser Versuchung erlegen: hier der Dulder und Büßer, dort der Machtmensch, der sich durch eine Ohrfeige, die ihm ein Mitglied der Familie Colonna verpasst, aufs Tödliche beleidigt fühlt. Hier der Tränen vergießende Zauderer, dort der Choleriker, der in der Bulle *Unam sanctam* von der Weltregierung träumt. Doch vielleicht ist es ergiebiger, beide Päpste zusammen zu sehen, denn jeder von ihnen steht für einen Irrweg, eine Sackgasse des Petrusdienstes. Beide haben einen Aspekt dieses Amtes übermäßig auf die Spitze getrieben, auf der einen Seite den „Diener der Diener Gottes", auf der anderen Seite den „Stellvertreter Christi". Beide geben, und in ihrer direkten Abfolge umso mehr, der hochmittelalterlichen Krise des Papsttums ein Gesicht, es lässt sich weder als spirituelle Instanz noch als „L'église, c'est moi" allein justieren. Und könnte es nicht überdies sein, dass sich beide Päpste allen Unterschieden zum Trotz in ihrem Denken ähnlicher sind, als wir uns das vorstellen? Nur ein paar Indizien für diese Ahnung: Beide können als Erfinder des Heiligen Jahres gelten. Beide sehen das Papsttum als von Gott eingesetzt und keiner menschlichen Gewalt unterworfen, ja man kann etwas zugespitzt sagen, dass beide auf ihre Art am hohen Anspruch des Amtes zerbrechen. Und gibt nicht auch die Widersprüchlichkeit zu denken, mit der Bonifaz, der Kerkermeister seines Vorgängers, öffentlich um Coelestin trauert, als dieser 1296 stirbt, und den Weg freimacht für die Heiligsprechung? Der Eremit und der Theokrat – ein seltsames Papstpaar. In der immerhin fast zehn Jahre (von Anfang 2013 bis Ende 2022) währenden Gleichzeitigkeit des zurückgetretenen Benedikt XVI. und seines Nachfolgers Franziskus konnten wir Heutigen ein fernes, wenngleich unähnliches Nachbild der damaligen Konstellation erleben.[5]

Krise des Papsttums, haben wir gesagt. Sie geht zu Beginn des 14. Jahrhunderts, als sowohl Coelestin als auch Bonifaz auf je eigene Weise gescheitert sind, erst richtig los; doch bevor wir uns mit der Epoche der Avignon-Päpste beschäftigen, die jetzt anhebt, stellen wir doch den Zoom einmal nicht auf einen Pontifex dieser Jahre scharf, sondern auf einen Kardinal – und zwar auf einen, der in seiner Lebensspanne viel miterlebt hat und der uns dadurch vor Augen führt, dass sich zahlreiche Umwälzungen, die wir auf diesen Seiten ausgebreitet, innerhalb nur einer Generation vollzogen haben. Matteo Rosso Orsini, geboren um 1230, gestorben 1305. Dieser Abkömmling einer römischen Adelsfamilie mit klangvollem Namen hat nicht weniger als dreizehn Konklave mitgemacht und in seiner Eigenschaft als Kardinal-Protodiakon mehrere Päpste eigenhändig gekrönt. Leider besitzen wir kein Bildnis von ihm, es sei denn, er wäre eine der zwei Personen, die in Giottos berühmtem Lateranfresko vom ersten Heiligen Jahr 1300 hinter Bonifaz zu sehen sind. Wir haben auch keine autobiografischen Schriften von ihm, und selbst von seinen theologischen Traktaten hat sich jede Spur verloren.

Sein Großvater väterlicherseits, nach dem er offenbar benannt wurde, ist Matteo Rosso, der römische Senator, dem wir bereits begegnet sind; er hat 1241 die Kardinäle am Palatin eingeschlossen und damit gewissermaßen das Konklave erfunden. Der Enkel, eines von sieben Kindern, schlägt die kirchliche Karriere ein, wird von einem Onkel, der Kardinal ist, darin gefördert, studiert in Paris und wahrscheinlich auch in Bologna, wird 1262 selbst zum Kardinal erhoben (womit es zwei Orsini im Heiligen Kollegium gibt) und führt im Auftrag des Papstes einige heikle diplomatische Missionen durch, zum Beispiel zur Krönung Karls von Anjou zum König von Sizilien. Dieser Matteo Rosso Orsini nun gehört zu den Papstwählern, die im Dramakonklave von Viterbo im Papstpalast des Städtchens eingeschlossen werden, die Erfindung des Großvaters fällt dem Enkel auf die Füße. Es gibt mithin so etwas wie ausgleichende Gerechtigkeit.

Auch am Konzil von Lyon, auf dem die Wahlordnung *Ubi periculum* durchgesetzt wird, nimmt er teil, wie wir eher zufällig aus der Notiz eines Chronisten aus Pisa erfahren, wo Orsini auf dem Weg an die Rhone durchreist. Danach finden wir ihn regelmäßig in den Listen der Papstwähler der Siebzigerjahre des 13. Jahrhunderts. Beim 1277er-Konklave in Viterbo, nach dem Tod des portugiesischen Papstes Johannes XXI. (Sie erinnern sich: das eingestürzte Dach), ist er ebenfalls anwesend; bei dieser Gelegenheit erlangt der Kardinalsonkel die Petruswürde, und das bedeutet auch für Matteo Rosso den Aufstieg an die Spitze, er wird einer der engsten Mitarbeiter von Nikolaus III., der ihn zum Erzpriester der Peterskirche ernennt. Mit Nikolaus' Tod jedoch wendet sich das Glück des Nepoten, und während des Konklave von 1281 halten ihn Einwohner von Viterbo zwanzig Tage lang gefangen, sodass er die Wahl des neuen Papstes verpasst.

Aus den darauffolgenden Jahren haben wir nur wenige sichere Nachrichten über Matteo Rosso Orsini, wodurch deutlich wird, wie sehr sein Stern gesunken ist; immerhin erfahren wir von einer Friedensmission nach Umbrien, die er zusammen mit Kardinal Caetani, dem späteren Papst Bonifaz, durchführt. 1294 kommt es dann, nach langer Sedisvakanz, zur Wahl des Eremitenpapstes, und hier legen die Quellen den Eindruck nahe, dass Orsini dieser Entscheidung ausgesprochen skeptisch gegenüberstand und sich bald darauf, als Coelestin V. erste Anzeichen von Amtsmüdigkeit zeigt, erfolgreich gegen den Plan wehrt, die Führung der päpstlichen Amtsgeschäfte an ein Gremium von Kardinälen zu delegieren. Im Konklave nach Coelestins Rücktritt erhält er, wie eine Quelle behauptet, das nötige Quorum fürs Papstamt, lehnt die Wahl aber ab; ob diese Angabe stimmt, lässt sich heute nicht mehr sicher eruieren. Manche Forscher wollen heute wissen, dass sich der „gran rifiuto", den Dante in seiner *Göttlichen Komödie* anspricht, in Wirklichkeit auf Orsini bezieht und nicht auf Coelestin, doch das Werk des Florentiners ist in dieser Hinsicht nicht sehr explizit. Jedenfalls gehört Orsini dann zu den treuesten Paladinen des schließlich gewählten Caetani-Bonifaz und kommt diesem im Herbst 1303 nach der Ohrfeige von Anagni mit einigen Bewaffneten zu Hilfe. 1304/05 dann das letzte Konklave in diesem bewegten Kardinalsleben, im Dom von Perugia. Dabei lehnt sich ausgerechnet sein Vetter, ein neuer Orsini-Kardinal mit dem Vornamen Napoleon, gegen ihn auf und setzt die Wahl eines profranzösischen Kandidaten durch. Matteo Rosso weigert sich, die Wahlurkunde zu unterschreiben, und das ist das Letzte, was wir von ihm erfahren. Im Herbst 1305 stirbt er in Rom und wird in St. Peter begraben. Ein Kardinalsleben voller Höhen und Tiefen, das Stoff für eine TV-Serie abgeben würde. Die Geschichtsschreibung konzentriert sich gern auf die Päpste, und das ja auch zu Recht, denn *sie* sind die Steuermänner des Schiffleins Petri; doch oft finden wir die wirklich beeindruckenden und komplexen Persönlichkeiten in der zweiten Reihe, unter den Senatoren der Kirche, und das ist auch zu unseren Zeiten noch so, wenn wir an Gestalten wie Martini (Mailand) oder Lustiger (Paris) denken.

Das letzte der dreizehn Konklave, die unser Orsini-Gewährsmann miterlebt hat, erweist sich im Rückblick als eines der folgenschwersten der Geschichte. Denn der französische Bischof, der gegen den Widerstand unseres Kardinals in Abwesenheit in Perugia gewählt wird, beschließt, gar nicht erst die Reise nach Rom anzutreten, sondern sich in Lyon krönen zu lassen. Dazu muss wohl oder übel der päpstliche Hofstaat aus Rom anreisen, und er sieht bei der Zeremonie in der Rhone-Metropole, in der über tausend Jahre zuvor der hl. Irenäus die erste Papstliste zu Papier brachte, König Philipp den Schönen dabeisitzen – feixend, so können wir uns das vorstellen. Der französische Monarch, der einer der zähesten Gegner Bonifaz' VIII. gewesen ist, hat auf ganzer Linie gewonnen, denn der neue Papst Clemens V. ist sein Mann; falls daran noch Zweifel bestanden hätten, räumt Clemens sie gleich aus, indem er neun Franzosen ins Kardinalskollegium aufnimmt. Nicht das Heilige Römische Reich, wie man hätte denken können, hat das Papsttum gekapert, sondern ausgerechnet der noch junge, erst im Entstehen begriffene französische Nationalstaat. Clemens macht Avignon zu seinem Sitz, und auch wenn er immer wieder vage seine Abreise gen Rom in Aussicht stellt, rührt er sich doch nicht fort aus der Provence. Das „babylonische Exil" des Papsttums beginnt. Interessant daran: Die Sache ist sehr schnell vor sich gegangen, kaum jemand hat sie kommen sehen. Was mag sich der greise Kardinal Matteo Rosso Orsini gedacht haben, als er kurz vor seinem Tod hören musste, dass der neue Bischof von Rom gar nicht daran dachte, Frankreich zu verlassen?

Und noch etwas muss man feststellen: Die offizielle Einführung des Konklave gut dreißig Jahre zuvor hat den Katastrophenfall nicht verhindert. Etwas anderes aber leistet das Konklave seit Bonifaz VIII. durchaus, es sorgt nämlich von dem Moment an, in dem die Normen von *Ubi periculum* angewandt werden, für eine schnelle Papstwahl, und damit geht die wesentliche Wette dieser Konklaveordnung auf. Die Ausnahmen lassen sich an zwei Fingern abzählen: Bis zur Wahl Clemens' V., die wir gerade behandelt haben, geht ungefähr ein Jahr ins Land, bei der Kür seines Nachfolgers Johannes XXII. werden es mehr als zwei Jahre sein; beide Male liegt es an politischen Hemmnissen. Doch ansonsten brauchen alle Konklave von Bonifaz bis in die Zeit der Reformation keine zwei Wochen, dann ist der neue Papst gewählt.

Vom Anfang des 14. Jahrhunderts ist ein Konklavezeremoniell auf uns gekommen, das womöglich den Wahlmännern nach ihrer Einschließung vorgelesen wurde und das uns zum ersten Mal eine genauere Vorstellung vom Ablauf einer Papstwahl gibt. Es lässt interessanterweise die Inspirationswahl außer Acht – ein Indiz dafür, dass dieser Wahlmodus sehr selten angewandt worden ist. Stattdessen geht es um die Kompromiss- und die Skrutinalwahl. Wollen die Kardinäle eine Wahl *per compromissum*, müssen sie das von vornherein einhellig beschließen; dann benennt jeder der drei Kardinalsränge (also Bischof, Priester, Diakon) ebenfalls einhellig einen der Seinen, und die drei Auserkorenen benennen schließlich so schnell wie möglich (laut Vorgabe innerhalb der Zeit, in der eine Fackel oder Kerze herunterbrennt) den künftigen Inhaber des Papstamts. Überflüssig zu sagen, dass auch dieses Dreiergremium *concorditer*, also einmütig, entscheiden soll. Obwohl eine Kompromisswahl ja gerade nicht für „unanimitas" spricht, sondern für die Unmöglichkeit einer einigen Beschlussfassung, wird in den einzelnen Phasen der Wahl dennoch das Prinzip der Einmütigkeit hochgehalten.

Reichlich kompliziert wird unsere Quelle dort, wo sie den Ablauf einer Wahl *per viam scrutinii* schildert. Da werden nicht einfach Namen auf Zettel geschrieben und dann laut vorgelesen; stattdessen bestimmen die Wähler zunächst einmal zwei Gremien aus jeweils drei Kardinälen, die jeweils einem der drei gerade genannten Ränge angehören. Gremium eins befragt dann die Amtsbrüder von Gremium zwei, wer nach ihrem Dafürhalten würdig wäre, den Stuhl Petri einzunehmen; anschließend sammelt Gremium zwei die Voten der übrigen Kardinäle, die dazu einzeln, mündlich und vertraulich befragt werden. Dabei wird wieder streng auf Rang und Dauer der Mitgliedschaft im Heiligen Kollegium geachtet, sodass also der zuletzt ins Kollegium berufene Kardinaldiakon erst ganz am Schluss drankommt. Zu guter Letzt wird das Ergebnis dieser Umfrage laut vorgelesen – und auch, wer wem seine Stimme gegeben hat. Dabei kann es passieren, dass mehr als ein Kandidat die Zweidrittelmehrheit für sich erreicht, weil es den Wählern nicht verboten ist, gleichzeitig für mehrere Kandidaten zu stimmen.

Tritt nun der Fall ein, dass mehr als einer über die Zweidrittelhürde gesprungen ist, geht die Wahl noch einmal von vorne los. Erreicht hingegen ein Kandidat die einfache Mehrheit, kann ein sogenannter *accessus* durchgeführt werden, ein unmittelbar angehängter Wahlgang; dabei können Kardinäle ihre gerade abgegebene Stimme umwidmen, also einigermaßen spontan zum Kandidaten mit den meisten Stimmen umschwenken. Ein Verfahren, das dabei helfen soll, der immer wieder beschworenen Einmütigkeit möglichst nahe zu kommen. Mit diesem „Akzess" werden wir uns im übernächsten Kapitel noch beschäftigen; hier sei nur der Eindruck wiedergegeben, dass das Skrutinal-, das Prüfverfahren (*scrutinium* bedeutet wörtlich Durchsuchung, Durchforschung) in diesen Jahrzehnten doch einigermaßen umständlich daherkommt. Sein innerer Widerspruch ist nicht zu übersehen: So erfolgt die Stimmabgabe unter strenger Beachtung von Rang und Würde der Kardinäle, womit dem im vorigen Kapitel angesprochenen Ideal des „sanior pars" gehuldigt wird, doch im Moment der Verlesung der Voten gilt dann doch letztlich das Mehrheitsprinzip.[6] Auch wenn es auf die Wähler durchaus Einfluss genommen haben wird zu wissen, dass Kardinäle von Gewicht für diesen oder jenen gestimmt haben – die Bestimmungen passen nicht so ganz zusammen.

Schauen wir uns nun die ersten Konklave der Avignon-Ära an. 1314, nach dem Tod Clemens V.', versuchen die italienischen Kardinäle mit allen Kräften, das Papsttum aus Südfrankreich zurück nach Rom zu holen; ein ganzes Jahr lang blockieren sie die Wahl, die in Carpentras angefangen hat, mit der Forderung, das Konklave nach Italien zu verlegen. Erst als der französische König 1316 die Geduld verliert und die Papstwähler in ein Kloster in Lyon einschließen lässt, geben die Italiener klein bei, und gewählt wird –

nach der zweitlängsten Sedisvakanz des päpstlichen Stuhls in der Geschichte – der aus der Gascogne stammende Johannes XXII. Ganz anders läuft das folgende Konklave von 1334 ab, obwohl sich auch diesmal wieder italienische und französische Kardinäle gegenüberstehen; schon beim ersten Wahlgang erreicht Jacques Fournier das zur gültigen Wahl nötige Quorum, und zwar, wie es scheint, aus Versehen. Denn schon damals ist es offenbar üblich, dass Kardinäle im ersten Wahlgang jemandem die Stimme geben, der keine wirklichen Aussichten auf das Petrusamt hat, um Zeit zu gewinnen für ein erstes Stimmungsbild. Dabei sind diesmal offenbar die meisten der 24 Wähler, ohne sich untereinander abgesprochen zu haben, auf den Zisterzienser Fournier verfallen – und wider Erwarten hat der vermeintlich Chancenlose damit die Zweidrittelhürde auf Anhieb übersprungen.

Geschichte, so heißt es, wiederholt sich als Farce, und tatsächlich bieten diese Jahre des Papsttums in Avignon (wo heute der gotische Papstpalast zum UNESCO-Weltkulturerbe zählt) Gelegenheit für einige bizarre *Déjà-vus*.[7] Der posthume Prozess gegen Bonifaz VIII. zum Beispiel, den Clemens auf Betreiben des Königs eröffnet und der von fern an die gruselige Leichensynode von 897 gemahnt ..., wobei allerdings das Grab des Angeklagten nicht angerührt wird, denn das befindet sich ja außer Reichweite in Rom. Oder der neuerliche Zwist zwischen dem Papst und dem Heiligen Römischen Reich. Johannes XXII. exkommuniziert Ludwig den Bayern, wie dies einst Gregor VII. mit Heinrich IV. getan hatte; Ludwig lässt sich dennoch in Rom ohne Papst zum Kaiser krönen (und es ist ausgerechnet der Colonna, welcher Bonifaz VIII. geohrfeigt hatte, der nun dem Bayern die Krone aufs Haupt drückt) und erklärt den französischen Papst für abgesetzt und so weiter. Eine Spirale, die sich immer weiterdreht. Seit Jahrhunderten derselbe fatale Mechanismus.

Es wird allmählich zur Routine, dass die Avignon-Päpste beteuern, nach Rom zurückkehren zu wollen, dann aber doch keine Anstalten dazu treffen. Nicht nur, weil ihnen die Unsicherheit und das Chaos in Italien einen Vorwand bieten, sondern auch, weil die französische Faktion innerhalb des Kardinalskollegiums zu stark geworden ist. Außerdem, es lässt sich doch wunderbar leben in dem Palast, den der 1334 in einem Blitzkonklave gewählte Franzose (was sonst) Benedikt XII. hat erbauen lassen und der von seinen Nachfolgern zu einem festungsartigen Komplex erweitert wird. Was die Finanzen betrifft, können die Franzosenpäpste ebenfalls nicht klagen, denn obwohl der Kirchenschatz in Rom geblieben ist, haben sie sich neue Einnahmequellen erschlossen und die bisherigen systematisiert; das dicht geknüpfte Netz aus Peterspfennig, Urkunden- und Ernennungssteuern, Abgaben aus Lehen, Pfründen und vakanten Benefizien leistet allerdings dem Eindruck Vorschub, dass es der Kurie weniger ums Seelenheil der Gläubigen als ums Geld geht. Viele stöhnen unter der Abgabenlast (auch der Kirchenstaat rund um Rom muss weiter Steuern zahlen), zusätzlich erregt der Nepotismus am Hof von Avignon Anstoß, und die Zeitgenossen sind aufgebracht, dass die Päpste der Politik des französischen Monarchen folgen (was unter anderem das Aus für den Templerorden bedeutet) und das ehrwürdige Rom sich selbst überlassen. Heilige wie Katharina von Siena und Brigitte von Schweden beschwören die Nachfolger Petri in Briefen und Aufrufen, sich ein Herz zu fassen und in ihre Bischofsstadt zurückzukehren. Das Ansehen des Papsttums in der westlichen Christenheit nimmt in diesen Jahrzehnten schweren Schaden, die Rufe nach einer „Reform an Haupt und Gliedern" werden insistent; vielleicht hätte es ohne Avignon keinen Martin Luther gegeben.

Auch das Renommee des Kardinalskollegiums ist in diesen Jahrzehnten von Avignon stark angekratzt; die Herren leben zu ungeniert. Kein Wunder, dass bei mehreren Konklaven dieser Epoche Kandidaten in den Petrusdienst gelangen, die nicht den roten Hut tragen. Ein herausragender Kopf im Kollegium, der in viele Papstwahlprozesse involviert ist, heißt Hélie de Talleyrand und ist ein direkter Vorfahre von Charles-Maurice de Talleyrand, dem zynischen Politiker aus der Zeit der Französischen Revolution und Napoleons, und man kann sich nur wünschen, dass der Ahnherr weniger opportunistisch gewesen ist als sein ferner Nachfahre. Das Selbstbewusstsein der Purpurnen, zu denen mithin auch ein Talleyrand zählt, bringt sogar den Papst in Bedrängnis, wie man am Konklave von 1352 sieht. Da schwört jeder der 25 teilnehmenden Kardinäle vor Beginn der eigentlichen Abstimmung, dass er, falls ihm die höchste Würde zukommen sollte, bestimmte schriftlich niedergelegte Maßnahmen zugunsten des Kardinalskollegiums durchführen werde: eine sogenannte Wahlkapitulation, die allerdings nichts mit der Kapitulation, wie wir sie heute verstehen, gemein hat – es sei denn, man nähme sie als ein Vorabhissen der weißen Fahne durch den künftigen Mann an der Spitze. Es ist die erste, aber bei Weitem nicht die letzte „Kapitulation" in einem Konklave,[8] doch der gewählte Papst Innozenz VI., ein Franzose (was denn sonst), beschließt, sich darüber hinwegzusetzen, wie das später auch viele seiner Nachfolger tun werden. Bei den Papstwahlen des 20. und 21. Jahrhunderts haben Wahlkapitulationen nach allem, was man weiß, keine Rolle mehr gespielt, heutzutage sind es vielmehr die Kardinalsversammlungen (Generalkongregationen), die Vorababsprachen der Kardinäle weiterhin eine Tür öffnen. Johannes Paul II. hat in *Universi Dominici Gregis* entschieden, dass an diesen Versammlungen auch die nichtwahlberechtigten Kardinäle teilnehmen dürfen, und eine solche Konferenz hinter verschlossenen Türen hat 2013 nach dem Rücktritt Benedikts XVI. eine kritische Bestandsaufnahme der Lage der Kirche vorgenommen und daraus Forderungen entwickelt, an die sich der dann gewählte Papst Franziskus, wie er mehrfach erklärte, gebunden fühlte und die er immer wieder zitierte.

1377: Der französische Papst Gregor XI. kehrt nach Rom zurück, aus einer Vielzahl von Gründen: Der Kirchenstaat wäre sonst wohl verloren gegangen, in Avignon sind die Kassen leer, die hl. Katharina von Siena drängelt; Südfrankreich ist mit Beginn des Hundertjährigen Krieges zwischen Frankreich und England unsicher geworden, und die Ansprüche der Kardinäle und der französischen Krone schnüren dem Papsttum immer stärker die Luft ab. Siebzehn Wochen dauert die Reise, dann betritt der Papst die Stadt, umgeben von 2000 Bewaffneten und nicht, wie die Heilige aus Siena ihm geraten hatte, allein und mit dem Kruzifix in der Hand. Sechs der 25

Kardinäle sind in Avignon geblieben, doch der Bischof von Rom ist wieder in der Ewigen Stadt; ausgerechnet ein Franzose, ausgerechnet der letzte französische Papst hat diesen Schritt gewagt.

Es hätte ein glückliches Ende sein können – wie in einem Spielfilm. Ist es aber nicht. Denn als Gregor ein Jahr nach seiner Rückkehr in die Ewige Stadt stirbt, kommt es zur größten Erniedrigung des Papsttums. Zu seinem Zerfall in zwei Teile.

9

Vom Schisma zum Konzil

Fischteller im Konklavekaufhaus – Römische Schweine – Verdoppelung – Der Mondpapst ist stur – Flucht nach Schaffhausen – Schlüssel um den Hals – Der „ainige babst" – Pyrrhussieg

Konstanz, die Bodenseestadt, ist gerade noch Schwaben und fast schon Schweiz. Wer durch die Altstadt zum See hin spaziert, findet nicht weit vom Ufer ein massiges schwarzweißes Gebäude mit hohem roten Dach, ein mittelalterliches Warenlager, in dessen Erdgeschoss sich heute ein Restaurant befindet, in dem man Maultaschen und angebratene „Bubenspitzle", aber auch einen „Konzil-Fischteller" goutieren kann. Konzil? Ja natürlich, in Konstanz hat zu Beginn des 15. Jahrhunderts ein Konzil stattgefunden, das allerdings in der Münsterkirche tagte und nicht hier. Was aber geschah hier, in diesem mittelalterlichen „Kaufhaus"? Hier ist Ende 1417 im Oberstübchen ein Konklave zusammengetreten. Das einzige auf deutschem Boden und unter ausgesprochen dramatischen Umständen. Gäbe es in besagtem Restaurant auch ein Konklavegericht (gibt es aber nicht), so dürfte es ruhig einen bitteren Beigeschmack haben.

Denn der Weg von Avignon nach Konstanz, also vom Tod des Romrückkehrers Gregor XI. im Jahr 1378 bis zum Bodenseekonklave von 1417, er führt durch die größte Wirrnis der Kirchengeschichte überhaupt. Vierzig Jahre Verdoppelung und Verdreifachung dessen, was doch eins sein muss und ungeteilt, das „große abendländische Schisma". Damit müssen wir uns zunächst beschäftigen, bevor wir im Konzilsrestaurant die Maultaschen bestellen.

Nach Gregors Tod steht das Konklave, das nach Jahrzehnten erstmals wieder in der Ewigen Stadt ausgetragen wird und zu dem sieben französische Kardinäle gar nicht erst angereist sind, unter starkem Druck. Die Römer wollen auf gar keinen Fall, dass ihnen das Papsttum wieder aus den Händen rutscht, doch die sich zur Wahl anschickenden Kardinäle sind in ihrer großen Mehrheit Franzosen, selbst ohne die in Avignon Verbliebenen: elf von sechzehn. Der Krawall auf den Straßen macht den Wählern im Vatikan Angst, mehrmals muss ein Kardinal – ein Orsini, um genau zu sein – an diesem 8. April von einem Fenster aus den Mob beschwichtigen. Offenbar hat der Erzbischof von Bari, ein Kompromisskandidat, schon die zur erfolgreichen Wahl nötige Zweidrittelmehrheit erreicht (der letzte Nichtkardinal, der jemals in einem Konklave gewählt worden ist, doch dieses Faktums ist sich in diesem Moment niemand bewusst), als neues Geschrei „Einen Römer wollen wir, einen Römer" und Rütteln an den Türen dazu führen, dass die Wähler den Kopf verlieren und flüchten: in die Engelsburg, in ihre Residenzen oder ganz hinaus aus Rom. Ein greiser Kardinal wird der Menge trotz seiner Proteste („Nein, ich bin's nicht") als gewählter Papst vorgeführt, und erst am nächsten Tag treten die zwölf in der Stadt verbliebenen Kardinäle noch einmal zusammen, um den Wahlvorgang ein weiteres Mal abzuspulen, diesmal ohne den Druck der Straße, dafür unter dem Druck des Erzbischofs von Bari. Diesen wählen sie nun von Neuem – einige allerdings, wie sie später behaupten, mit mentalem Vorbehalt.[1]

Ob Urban VI. legitim ins Amt gelangt ist, darüber brechen schnell Meinungsverschiedenheiten aus. Genährt werden sie vom schroffen Wesen des Gewählten, der vielen schon bald als geisteskrank gilt. Diese Gemengelage machen sich die französischen Kardinäle zunutze. Wenige Monate nach der Wahl erklären sie Urban für abgesetzt und ziehen in Fondi, einem Städtchen auf halbem Weg von Rom nach Neapel, ein neues Konklave durch, zu dem sogar drei italienische Kardinäle anreisen und aus dem Robert von Genf als Zweit-, als Nebenpapst hervorgeht: Clemens VII. Das ist der GAU. Die Kirche hat auf einmal zwei Päpste an der Spitze, beide in einem Konklave gewählt, und kaum jemand vermag zu entscheiden, welcher von beiden der rechte ist. Clemens zieht sich, weil ihm die Einnahme Roms nicht auf Anhieb gelingt, zuerst nach Neapel zurück und dann nach Avignon. Das ist das Schisma. Und das sind seine beiden Schauplätze: Rom und Avignon. Ein Albtraum.

Die Frage, die die Christenheit im ausgehenden 14. Jahrhundert bis ins Mark erschüttert, beschäftigt Historiker heute noch: War der Wahlgang im Vatikanpalast vom 8. April 1378 gültig, oder muss man ihn wegen der Drohungen des Mobs und der Einschüchterung der Wähler als ungültig ansehen? Eine völlig zufriedenstellende Antwort darauf gibt es nicht. Fest steht, dass Urban in den Wochen nach seiner Wahl zunächst weithin als legitimer Papst angesehen wurde. Dass dann aber sehr schnell massive Zweifel aufkamen. Zweifel, die auch mit seiner psychischen Instabilität zu tun hatten.

Im Vatikanarchiv werden Erklärungen des Konklavekämmerers und des Zeremonienmeisters aufbewahrt, die diese bei Anhörungen vor Botschaftern von Aragon und Kastilien abgaben und die belegen, wie stark der römische Tumult rund um das Konklave vom 8. April gewesen sein muss. Vor allem Bauern seien von überallher zusammengeströmt, um „Tag und Nacht abscheuliche Dinge" zu rufen, so der Kämmerer, Kardinal Cros von Arles, der sich aus Angst vor dem Mob in der Engelsburg verschanzte, statt sich ins Konklave zu wagen, und der den Gewählten in seiner Aussage nicht ein einziges Mal „Papst" nennt. Der Zeremonienmeister de la Voultes wiederum bezweifelt, „ob diese Wahl verdient, als solche bezeichnet zu werden"; er habe das Konklave zwar „mit einem weiteren Schlüssel und zwei Holzbalken" vor Eindringlingen zu schützen versucht, doch hätten ihm einige „Anführer der Stadtteile" aufgetragen, den Wählern auszurichten, dass man nur einen römischen oder zumindest italienischen Papst akzeptieren werde. Später habe ihm ein Bewaffneter das Schwert auf die Brust gesetzt und ihn „Verräter" genannt, woraufhin er in ein Zimmer des Vatikanpalastes geflohen sei; dabei habe er aber den Konklavebereich „offen und die Schlüssel im Schloss steckend" gelassen, woraufhin der Mob ins Konklave eingedrungen sei. Voultes gibt, nebenbei bemerkt, auch die deftigen

Beschimpfungen wieder, mit denen Kardinal Orsini zuvor versucht hatte, das Volk zu zerstreuen („Geht fort, römische Schweine, (…) macht, dass ihr wegkommt, andernfalls komme ich herunter und verjage euch mit Stockhieben!"), doch vor allem schildert er glaubhaft die Atmosphäre der Angst, die die Wahl Urbans VI. umgab.[2]

Jetzt gibt es also alles doppelt. Der verrückte Papst in Rom. Der zweite Papst in Avignon. Zwei Kurien. Zwei Kardinalskollegien. Die heilige Katharina von Siena *nolens volens* auf der Seite Roms, schließlich hat sie alles für die Rückkehr des Papsttums dorthin getan. Der nicht minder heilige Vinzenz Ferrer auf der Seite Avignons. Und die Spaltung frisst sich immer weiter, weil beide Päpste natürlich Ernennungen vornehmen, gelegentlich für dieselben Posten. Orden, Domkapitel, alles doppelt, auch Bistümer, ja Pfarreien. Das Schisma betrifft nicht nur die kirchlichen Belange, weil das Papsttum längst „über Ablass- und Dispenswesen, Gesetzgebung, Gerichtsbarkeit, beanspruchte Vorrechte und eingeforderte Abgaben sowie Legaten und Nuntien das Leben vieler Zeitgenossen in den verschiedensten Dimensionen" beeinflusst.[3] Die europäische Landkarte zerreißt in zwei Obödienzen, also Gefolgschaften. England, das Heilige Römische Reich, große Teile Italiens halten zu Urban. Frankreich, Neapel, viele andere zu Clemens. Manche schwanken unschlüssig zwischen beiden, so wie viele einfache Gläubige auch. Neutral kann ein Christ der gefährlichen Verdoppelung gegenüber kaum bleiben, denn es geht ums Ganze: ums Seelenheil. Das wird gute hundert Jahre vor der Reformation so ernst genommen wie kaum etwas anderes. Und wer, selbst in gutem Glauben, zum falschen Papst hält, der setzt es aufs Spiel.

Auch das Konklave gibt es jetzt doppelt, *ad ogni morte di papa*, also zu jedem Tod des Papstes, sowohl am Tiber als auch am Zusammenfluss von Rhone und Durance. Obwohl ständig neue Einigungsinitiativen versucht werden und Pariser Theologen die Idee von einem Konzil aufwerfen, das sich sozusagen aus Notwehr über die konkurrierenden Päpste setzen könnte, bringen Wahlen im Konklavemodus sowohl in Rom wie in Avignon zuverlässig neue *Pontifices* hervor, die das Schisma perpetuieren. 1389 stirbt Urban der Römer, und alle Kardinäle, die ihn vor elf Jahren gewählt haben, sind mittlerweile zum anderen Papst übergelaufen, aber ein römisches Kardinalskollegium gibt es trotzdem, denn er selbst hat fleißig Kardinäle ernannt; Franzosen sind übrigens nicht darunter, dafür zwei Orsini, ohne die geht's offenbar nicht. Einem der beiden, Tommaso Orsini, fällt es zu, dem neuen Pontifex, einem Neapolitaner, der sich Bonifaz IX. nennt, die Krone aufs Haupt zu setzen. Es ist das einzige Konklave in der Geschichte, in dem alle Teilnehmer vom verstorbenen Papst „kreiert" wurden – so nennt man die Erhebung in den Kardinalsstand. Kreiert, also erschaffen. Kardinäle werden nicht geweiht, anders als Diakone, Priester und Bischöfe, sondern sie werden erschaffen, so wie Gott die Welt erschuf in sieben Tagen, und dieses Verb zeigt an, dass es mit den Kardinälen etwas Besonderes auf sich hat.

Papstwahlen also in Rom, jedes Mal, wenn ein Petrusnachfolger der römischen Linie stirbt: 1389, 1404 und 1406. Und in Avignon dasselbe Spiel, spiegelbildlich. Als Clemens VII. 1394 das Zeitliche segnet, wählen die dortigen Kardinäle umgehend den aragonesischen Kardinal Pedro de Luna zum Papst, obwohl die Könige von Frankreich und Aragon zu einer Verschiebung des Konklave aufgefordert hatten. Jeder der Wähler hat per Eid versprechen müssen, im Fall seines Aufstiegs auf den Papstthron alles für eine Beilegung des Schismas zu tun, bis hin zum Amtsverzicht, doch kaum ist er auserkoren, sieht Benedikt XIII. die Sache differenzierter. Der „Mondpapst", *Papa Luna*, ist ein sturer Mann, der die einmal errungene Krone nicht kampflos wieder aus der Hand zu geben gedenkt, selbst wenn er deswegen zeitweise die Unterstützung Frankreichs einbüßt.[4]

Nicht nur im südfranzösischen, auch im römischen Konklave haben die Kardinäle versucht, mit einer „Kapitulation" vor der Wahl den künftigen Papst zu binden; er solle abdanken, wenn sich auch sein päpstlicher Gegenpart dazu bereitfinde. Doch sind sie erst einmal gewählt, halten sich die Päpste hüben wie drüben nicht daran, sie wollen die ganze Macht, wollen ihr Amt nicht zu einer konstitutionellen Monarchie werden lassen, wollen nicht konditioniert werden, erst recht nicht von ihren „Kreaturen", den Kardinälen. Was die Päpste aber nicht verhindern können, ist, dass Kardinäle aus beiden Lagern aufeinander zugehen und sich über die Köpfe ihrer Herren hinweg verständigen – und genau das ist es, was schließlich im Sommer 1408 in Livorno passiert. Dreizehn Kardinäle der beiden Obödienzen treffen sich, beraten über Auswege aus der schweren Krise und berufen dann für den 25. März 1409 ein Konzil nach Pisa ein, um das Problem des Januspapsttums zu lösen.

Ein Konzil? Das von Kardinälen herbeigeführt wird und nicht vom Papst? Eigentlich undenkbar. Auch wenn die Theologen vor allem in Paris das Szenario in den letzten Jahrzehnten in allen Facetten durchgespielt haben. Aber seit 1123 war es immer der Papst, der ein Konzil einberufen und geleitet hat, anders als im ersten Jahrtausend, als jeweils der Herrscher von Byzanz, angefangen mit Konstantin selbst, die Bischöfe zu Konzilien zusammenrief. Gregor VII. alias der Mönch Hildebrand hat in seinem *Dictatus Papae* dem römischen Pontifex das alleinige Recht zum Einberufen, Leiten und Auflösen des Konzils zugesprochen, doch daran fühlen sich diese dreizehn Kardinäle in Livorno nicht gebunden: Die Notlage der Kirche ist zu groß, also darf man die Regeln ein bisschen dehnen. Interessant, dass die Kardinäle nicht einfach beide Päpste für abgesetzt erklären und ein Konklave durchführen; doch sicher sehen sie die Gefahr, dass sie damit einen Drittpapst installieren und das Schisma noch vertiefen könnten. Dann lieber die Verantwortung auf mehr Schultern verteilen, schließlich hat die Idee eines allgemeinen Konzils, das eine Reform der Kirche an Haupt und Gliedern angeht, immer mehr an Akzeptanz gewonnen. So peinlich es auch sein mag – die Kardinäle, die sich doch eigentlich für etwas Besseres halten als die Bischöfe, appellieren jetzt an ebendiese, um aus der Sackgasse herauszufinden.

Ihre Wette geht zunächst auf. Auch wenn die zwei Päpste den Pisaplan boykottieren, kommen mehrere hundert Vertreter aus beiden Lagern zum Konzil zusammen, darunter 24 Kardinäle. In einem ersten Schritt wird den beiden nicht erschienenen Päpsten nach allen Regeln kanonistischer Kunst der Prozess gemacht, bei dem sie zu Häretikern erklärt und abgesetzt werden,[5] dann tritt ein Konklave zusammen, um einen neuen Papst zu wählen – das erste Konklave, das sich in einen konziliaren Rahmen einpassen muss. Wobei die Kardinäle sich immerhin erfolgreich gegen Versuche wehren, ihnen noch weitere Wahlmänner beizugesellen, die nicht den roten Hut tragen. Doch als sie nach zwanzig Tagen einen Kompromisskandidaten, einen gebürtigen Griechen, als Alexander V. auf den Thron heben, ist letztlich genau das eingetreten, was die dreizehn Kardinäle von Livorno unbedingt hatten vermeiden wollen: Das Schisma hat sich vertieft, die Kirche hat nicht mehr nur zwei, sondern sogar drei Päpste. Weil die in Pisa abgesetzten Kirchenführer gar nicht daran denken, die Entscheidung des Konzils zu akzeptieren und klein beizugeben.

Dennoch hat sich Entscheidendes verschoben.[6] Die beiden für abgesetzt erklärten Päpste verlieren massiv an Gefolgschaft, während der Pisapapst nun den meisten als der legitime Pontifex gilt. Und das öffnet auf längere Sicht doch die Tür zu einer Lösung, die nach Lage der Dinge wieder einem Konzil anvertraut wird. Und zwar dem Konzil von Konstanz.[7]

Was da Ende 1414 am Bodensee zusammentritt, ist die größte und prächtigste Zusammenkunft des Christlichen im ganzen Mittelalter. Möglich gemacht hat sie der Pisapapst Johannes XXIII., der dem verstorbenen Alexander V. 1410 im Amt gefolgt ist und der sich von Konstanz eine Bestätigung seiner Würde erwartet. Weswegen er auch zum Konzil anreist, als einziger der drei Päpste. Aber Johannes hat sich verrechnet, denn auch die Emissäre seiner beiden Konkurrenten um den Petrusthron werden von vornherein als päpstliche Repräsentanten anerkannt; Konstanz knüpft also nicht einfach an Pisa an, sondern stellt alle Prätendenten gleich, um zu einer Lösung des Zerwürfnisses ausholen zu können. Und noch etwas fällt gegen Johannes ins Gewicht, nämlich der Umstand, dass auf dem Konzil nach Nationen abgestimmt wird und dass zu diesen Stimmblöcken nicht nur die Geistlichen zählen, sondern auch die Vertreter von Universitäten und Fürsten. Wodurch verhindert wird, dass die italienischen Geistlichen das große Wort führen. Der Pisapapst muss erkennen, dass er kaum eine Chance hat, im Amt zu bleiben, und dankt daher ab; kurz darauf flieht er nach Schaffhausen, vermag das Blatt aber nicht mehr zu wenden. Ein einstimmiger Konzilsspruch erklärt ihn Ende Mai 1415 für des Amtes enthoben, er wird gefangen genommen, später begnadigt, 1419 stirbt er in Florenz. Und auch wenn die offizielle Papstliste ihn und seinen Pisavorgänger Alexander inzwischen (ja, die Geschichte wird von den Siegern geschrieben!) als Gegenpäpste einstuft, so kann doch, wer im heutigen Baptisterium von Florenz, dem damaligen Dom der Stadt, das Grabmal des Johannes-Papstes betrachtet, der lateinischen Grabinschrift entnehmen, dass dieser „quondam papa" gewesen sei. Also „einstmals Papst".

Das Konstanzer Konzil ist weithin für die Verurteilung und Hinrichtung von Jan Hus bekannt; der böhmische Theologe endete am 6. Juli 1415 auf dem Scheiterhaufen, weil er von seiner Betonung des *sola scriptura*, der vorrangigen Autorität der Heiligen Schrift in der Kirche, nicht abrücken wollte. Für die Zeitgenossen allerdings ist der Fall Hus nur ein Nebenaspekt des Geschehens von Konstanz. Als entscheidend gilt ihnen, der Christenheit wieder ein alleiniges, unbestrittenes Oberhaupt zu geben und eine durchgreifende Reform der Kirche aufs Gleis zu setzen. Der Scheiterhaufen des Böhmen züngelt im papstlosen Moment des Konzils; zwei Tage zuvor hatte sich auch der Papst der römischen Linie, Gregor XII., zum Amtsverzicht bereitgefunden. Damit gibt es zwar noch den Mondpapst Benedikt XIII., der überhaupt nicht ans Aufgeben denkt, selbst wenn der *rex romanorum* und spätere Kaiser Sigismund ihm persönlich gut zuredet. Doch der Großteil von Benedikts Gefolgschaft fällt von ihm ab und läuft zum Konzil über, das im Herbst 1417 auch diesen dritten Papst für abgesetzt erklärt. Infolgedessen ist das Schisma nach etwa vierzig Jahren de facto überwunden, der Weg zu einem Einheitspapst frei.

Aber darüber entbrennt nun eine Auseinandersetzung. Will man wirklich gleich wieder einen Oberbefehlshaber installieren, der das Heft in die Hand nimmt, oder sollte nicht lieber das Konzil diese einmalige Gelegenheit ausnutzen, dass es selbst über kirchliche Belange befinden kann? Also gleich einen Papst wählen – oder lieber erst mal ein paar Neuerungen durchsetzen? Die Herren des Konzils (denn nein, Frauen stimmen hier nicht mit ab) haben Anfang April 1415 und somit keine drei Wochen nach der Flucht des glücklosen Johannes XXIII. die oberste Autorität des Konzils angesichts der Notlage der Kirche proklamiert, kirchenrechtlich war das ein Erdbeben. Jetzt befinden sie also noch über dies und das, vor allem, dass Konzilien von nun an regelmäßig zusammentreten und dem Papst auf die Finger sehen sollen. Und dass jeder Bischof von Rom künftig gleich nach seiner Wahl ein Glaubensbekenntnis sprechen soll, eine Vorgabe, die sich auf eine alte Praxis stützt, aber gleichwohl von gehörigem Misstrauen gegenüber dem Papsttum zeugt. An die Papstwahlordnung rührt Konstanz nicht – beziehungsweise nur in einmaliger Weise, nämlich was sein eigenes Konklave vom November 1417 betrifft.

Ein außergewöhnliches Konklave. Es tritt nicht, wie üblich, nach dem Tod eines Papstes zusammen, sondern nach der Absetzung mehrerer Päpste von umstrittener Legitimität. Das ist das eine. Zweitens bildet – auch das hat es erst einmal gegeben, nämlich vor acht Jahren in Pisa – ein Konzil den Rahmen. Drittens aber und vor allem stellt sich drängend die Frage, wer denn überhaupt das Recht haben soll, den Papst zu wählen. Die Kardinäle? Aber die sind doch alle durch einen der drei zweifelhaften Päpste ins Amt gelangt; können denn Kardinäle, deren Legitimität nicht über jeden Zweifel erhaben ist, ordnungsgemäß an einem Konklave teilnehmen? Es braucht intensive Beratungen, bis sich die Konzilsväter auf ein Wahlsystem einigen: Danach dürfen zwar die Kardinäle ihre Stimme abgeben wie gehabt, doch ziehen zusammen mit ihnen jeweils sechs Vertreter der mittlerweile fünf Konzilsnationen (italienisch, französisch, deutsch, englisch und spanisch) mit ins Konklave ein. Und für die gültige Papstwahl muss in jeder einzelnen dieser sechs Gruppen das Zweidrittelquorum erreicht werden. Was im Umkehrschluss bedeutet: Drei Stimmen einer Nation reichen aus, um die Wahl zu blockieren. Kompliziert. Aber etwas anderes ist eben nicht drin in der mühsamen Aushandlung der verschiedenen Interessen.

Am 28. Oktober läuten alle Kirchenglocken in Konstanz. Damit wird gefeiert, dass die Kardinäle angekündigt haben, sich einem Votum der Nationen zu beugen, sofern es einstimmig erfolgt. Ein Gremium aus zwei Kardinälen und jeweils zwei Vertretern der verschiedenen Konzilsnationen bereitet die Papstwahl in allen Details vor und beschließt, mit dem Beginn des Konklave nicht auf die Kardinäle des starrsinnigen Drittpapstes Benedikt XIII. zu warten. Am 8. November begeben sich die Wähler nach einem frühen Mittagessen und einem Gebet auf dem Münsterplatz zu Pferd an den See zum „Kaufhaus", in dessen beiden Obergeschossen alles für die Papstwahl hergerichtet worden ist. Am Eingang redet König Sigismund noch einmal jedem der Elektoren ins Gewissen, dann schließt der Großmeister des Ritterordens von Rhodos hinter ihnen das Tor und stellt sich als Wachtposten davor. Auch auf den Treppen haben Bewaffnete Stellung bezogen. Zwei Fürsten tragen die Schlüssel des „Kaufhauses" sichtbar um den Hals; eigens ausgewählte *scrutatores* untersuchen alle Nahrungsmittel, die zu den Wählern hineingeschleust werden sollen, auf versteckte Nachrichten.

Der Konklavebereich ist seit August aufwendig hergerichtet worden: über fünfzig Doppelzellen, alle mit Tisch und Bett, durch Vorhänge voneinander abgetrennt, dazu eine Kapelle. Die Organisatoren haben dafür gesorgt, dass niemand einen Wähler aus der eigenen Nation in der Zelle neben sich zum Nachbarn hat. Öfen oder Kamine gibt es nicht, dabei pfeift der Wind gehörig durch die Ritzen. Weil die Fenster im ersten Stock zugemauert und die des zweiten Stocks mit Brettern verrammelt sind, dringt kaum Tageslicht von außen herein; stattdessen hören die Wähler die Bittgebete und Gesänge der Menschen, die in einer Prozession am „Kaufhaus" vorbeiziehen. Die zeitgenössischen Berichte sprechen von einer ernsten, meditativen Stimmung unter den Teilnehmern des Konklave; obwohl hier viele Menschen auf engem Raum zusammen sind, ist angeblich kaum mal ein lautes Wort zu hören.

Am 10. November wird zum ersten Mal abgestimmt. Bei der Auszählung stellt sich heraus, dass viele Wähler gleich mehrere Namen auf ihre Stimmzettel geschrieben haben, und viele beginnen zu fürchten, dass sich das Konklave in die Länge ziehen wird. Doch am Tag darauf, dem Martinstag, als nach einem zweiten und ergebnislosen Wahlgang wieder die Gesänge einer Bittprozession von draußen zu hören sind, überstürzen sich auf einmal die Ereignisse. Zwei Kardinäle und die Vertreter der italienischen und der englischen Nation sprechen sich für Kardinal Colonna aus; ihnen schließen sich unvermittelt zwei weitere Kardinäle und die Vertreter der deutschen Nation an. Ein paar schnelle Absprachen, dann ist die Einigung da, einstimmig, nach nur einer halben Stunde, in einem Moment religiöser Aufwallungen zumindest bei einigen der Elektoren. Aus Oddo Colonna wird Papst Martin V., das große abendländische Schisma ist Geschichte.

In der Kapelle des „Kaufhauses" wird das *Te Deum* angestimmt, dann zieht der Neugewählte, ein Kompromisskandidat, der der pisanischen Obödienz entstammt, inmitten einer Menschenmenge, die außer sich vor Freude ist, zur Münsterkirche, um den Segen zu erteilen. „Item an sant Martins tag ward der babst Martinus erwölt, ain ainiger babst, gott sei gelopt", heißt es in einer städtischen Chronik, und dieser Seufzer der Erleichterung geht durch ganz Europa. Das zerrissene Gewand der Kirche ist wieder geflickt, und das Konzil hat sich als Instrument der Erneuerung erwiesen. Der „ainige babst" vom Bodensee wird, als er 1431 in Rom stirbt, in der sogenannten Confessio der Lateranbasilika beigesetzt, also genau an der Stelle, die den Apostelgräbern in St. Peter und Sankt Paul vor den Mauern entspricht. Martin V. auf einer Stufe mit den Apostelfürsten – die Lage dieses Grabs kann kein Zufall sein. Sie zeigt an, wie bahnbrechend den Zeitgenossen die Auflösung des Schismas und die Wahl eines einzigen Papstes erschienen sein müssen. Für den Historiker Ferdinand Gregorovius geht mit der Rückkehr des Papsttums nach Rom das Mittelalter zu Ende.[8]

Die Rangelei um die Vormacht zwischen dem Papsttum und den Verfechtern des Konziliarismus, der Oberhoheit des Konzils auch über den Papst, geht im 15. Jahrhundert noch eine Weile weiter. Während Rom – erst Martin V., dann sein Nachfolger Eugen IV. – um seine Prärogativen kämpft, halten die Befürworter einer Kir-

chenreform dagegen: Im Konstanzer Geist sollen Konzilien alle
zehn Jahre automatisch zusammentreten, die Kurie kontrollieren,
Missstände im Zaun halten und, falls der römische Stuhl während
eines Konzils vakant wird, auch für die Neubesetzung zuständig
sein. Ein Basler Konzil will in den Dreißigerjahren den Kardinälen
abverlangen, dass sie einem neu gewählten Papst erst dann die Treue
schwören, wenn jener sich per Eid zum Konzil bekannt hat; und zugleich versucht Basel per Dekret dafür zu sorgen, dass das Kardinalskollegium künftig nur 24 Köpfe zählt, international durchmischter
wird und Zugriff auf die Regierungsgeschäfte der Kirche erhält. Was
natürlich die Autorität des Papstes relativieren würde. Ein Papst unter Aufsicht? Es kommt zu einer erbitterten Konfrontation, sogar
ein Gegenpapst namens Felix wird aufgeboten, der allerdings bald
aufgibt; es ist der Letzte in der Kirchengeschichte. Rom pariert die
Attacke aus Basel und geht schon bald als Sieger vom Platz.[9]

Doch es ist ein Pyrrhussieg. Denn von nun an flüchtet sich das
Papsttum, das vom Lateranpalast in den Vatikan umgezogen ist,
in Absolutismus und territorialfürstliches Gepränge und will von
Konzilien nicht mehr viel wissen; ja die Konzilien selbst drängen
den Papst weiter in diese Rolle des Landesherrn hinein, denn nicht
vom Geld der Christenheit soll er ihrer Ansicht nach leben, sondern
von den Einkünften seines Kirchenstaats;[10] die Reformkräfte haben
mit dem Scheitern der konziliaren Idee ihren entscheidenden Hebel
eingebüßt; und das Kardinalskollegium, das sich um jede Chance
auf Mitregierung gebracht sieht, wird längerfristig zu einer Brutstät-
te von Korruption und Intrigen, bis ins Konklave hinein, ja gerade
dort.

Auf der prächtigen, sechseinhalb Meter hohen Bronzetür des
Petersdoms, dem Werk eines Florentiners, kniet Eugen IV., der
Basel-Überwinder, vergleichsweise klein, doch in vollem Ornat zu
Füßen eines überlebensgroßen Petrus und hält einen Schlüssel in
der Hand, den ihm der Apostel wohl gerade erst überreicht hat.
Eugens Gesichtszüge wirken ernst, ja erschrocken und nicht son-
derlich sympathisch. Mit diesem Mann ist nicht gut „Konzil-Fisch-
teller" essen. Auf dem Kopf sitzt ihm die mit dreifachem Kronreif

geschmückte Tiara, die auch schon die bronzene Liegefigur seines Vorgängers Martin auf dessen Grablege im Lateran ziert. Der riesige Petrus hingegen ist barhäuptig, der braucht offenbar keine Krone.

Jahrhundertelang haben sich die Päpste mit der Mitra abbilden lassen, Zeichen ihres Amtes als Bischof von Rom. Die Tiara aber, die wir in ihrer frühen Form von dem berühmten Fresko Giottos in der Lateranbasilika kennen, das Bonifaz VIII. im Jahr 1300 darstellt – die Tiara also ist keine liturgische Kopfbedeckung, sondern eine Krone. Eine Insignie weltlicher Macht. An ihr kann man deutlich sehen, in welche Richtung sich das Papsttum im *Quattrocento* entwickelt.

10
Latrinenkonklave

Rodrigo Borja kann warten – Ein neues Wahlmanöver – Schmutzige Abspra-
chen – Auf den Knien – Die Tiara stinkt – Riese mit Gefühlen

Wir schreiben den 19. August 1458, vormittags: vierter Tag des
Tauziehens um die Nachfolge von Calixtus III. Achtzehn Kardinä-
le sind im Vatikanpalast zusammengetreten, um der Kirche einen
neuen Papst zu geben. Gerade ist der zweite Wahlgang vorüber.
Die *scrutatores* – das sind die vorab ausgesuchten Kardinäle, die von
einem Wähler zum anderen gehen und jeden einzeln fragen, wem
er seine Stimme gibt – sind mit ihrer Liste fertig, jetzt werden die
Namen verlesen. Estouteville. Piccolomini. Piccolomini. Bessarion.
Estouteville. Piccolomini. Am Schluss sind es neun Stimmen für
Piccolomini, den humanistischen Intellektuellen aus Siena. Und
nur sechs Stimmen für Estouteville, den Kirchenrechtler aus der
Normandie. Estouteville (der sich auf Italienisch „Tuttavilla" nennen lässt) ist enttäuscht, hat er doch eine intensive Kampagne für
sich selbst betrieben. Hat einigen Mitkardinälen hohe Ämter und
lukrative Pfründe versprochen, falls sie ihm ihre Stimme geben,
und hat womöglich auch mit Geld etwas nachgeholfen. Dass dieser
Verdacht aufkommt, braucht uns nicht zu wundern, denn die Zeit
der Aufwallung religiöser Gefühle à la Konstanz ist vorüber, und
Papsttum und Kardinalat sind in letzter Zeit ein wenig verlottert,
obwohl oder gerade weil der äußere Prunk gewachsen ist. Eines der
schlimmsten Übel an der Kirchenspitze ist der Nepotismus (der
noch nicht so heißt), und in dieser Hinsicht war der vor zwei Wochen verstorbene Calixtus III. alias Alonso Borja besonders übel.

Schauen wir uns einen Moment um unter den Wahlmännern, jetzt, wo sie auf ihre Notizen vom letzten Wahlgang starren. Zwei Familiennamen kennen wir: Orsini und Colonna. Ohne Vertreter dieser ewig rivalisierenden Sippen ist keine Papstwahl vorstellbar, und die Rückkehr eines Einheitspapstes nach Rom 1417 hat die alte Konkurrenz wiederbelebt. Dann ist da der düpierte Estouteville, den wir schon kennengelernt haben. Aber auffällig ist, dass es außer „Tuttavilla" hier nur einen weiteren Wahlkardinal aus Frankreich gibt; drei andere Franzosen sind zum Konklave gar nicht angereist, einer von den dreien haust in Saus und Braus im alten Papstpalast von Avignon. Hingegen sitzen hier nicht weniger als sechs Kardinäle von der Iberischen Halbinsel. Einer von ihnen hört auf den Namen Torquemada und stammt aus einer Familie von *Conversos*, von zum Christentum übergetretenen Juden, er ist der Onkel des berüchtigten Inquisitors. Ein weiterer Spanier, den wir hier sitzen sehen, heißt Borja, genau wie der verstorbene Papst, und das ist keine zufällige Namensgleichheit, denn Rodrigo Borja ist ein Neffe des Verschiedenen. Ein Karrierist von ausschweifendem Lebenswandel, doch vom Onkel gefördert; wir werden ihm später wiederbegegnen. Und dann ist da noch Kardinal de Milá y Borja, ein Vetter von Rodrigo. Noch so ein Neffe von Calixtus. Nepotismus ist, wenn sich Konklave anfühlt wie ein Familientreffen.

Gibt es denn keine würdigen Gestalten hier im Kardinalskollegium? Doch. Zum Beispiel Enea Piccolomini, den Dichter und Diplomaten. Der ist zwar früher auch kein Kind von Traurigkeit gewesen und hat auch lange auf der Seite des Konzils gegen Rom agitiert, ja er war sogar Privatsekretär des letzten Gegenpapstes.[1] Doch nach einer Krankheit hat er sich mehr oder weniger vom Lebe- zum Kirchenmann rückbekehrt, und gestern Nacht haben ihn die italienischen Kardinäle, als sie untereinander konfabulierten, als den fürs Papstamt Geeignetsten aus ihrem Kreis identifiziert. Auch Nikolaus Cusanus, der große Denker, würde zu den Lichtgestalten im Konklave zählen, doch er sitzt in einem Kastell in Südtirol fest und hat nicht nach Rom reisen können.

Dann ist da noch, an seinem Bart erkennbar, Kardinal Bessarion, der aus Kleinasien stammende Humanist. Ein Mann, der wie kein anderer für das Anliegen einer Union von Ost- und Westkirche steht. Und der eine Ausnahmegestalt im Kardinalskollegium darstellt. Im letzten Konklave vor drei Jahren, an dem fünfzehn Elektoren teilnahmen, hat er tatsächlich acht Stimmen erhalten und war damit dem Papstamt zum Greifen nah. Doch dann hat ein französischer Kardinal sich darauf verlegt, den Gelehrten zu verunglimpfen, und da dieser sich nicht wehrte, hatte die Schmutzkampagne Erfolg; Papst wurde stattdessen Alonso Borja, der unselige Calixtus. Eigentlich verbieten sich ja diese „Was wäre gewesen, wenn"-Gedankenspiele, und wäre Bessarion damals zum *Pontifex Maximus* gewählt worden, dann wäre selbstredend auch er ein weiterer Kompromisskandidat im ständigen Ringen zwischen den Colonna und den Orsini gewesen. Und trotzdem: Ein Pontifikat dieses westöstlichen Grenzgängers hätte für die Kirche seiner Zeit einen weiteren Horizont eröffnet. Erst recht, weil nur zwei Jahre zuvor Byzanz gefallen war und der muslimische Eroberer Mehmet II. seinen Gebetsteppich in der Hagia Sophia ausgerollt hatte.

Wie gesagt, es gibt sie durchaus, die ehrfurchtheischenden Gestalten unter den Kardinälen. Aber sie sind nur einige wenige. Denn irgendwie hat die Attitüde der Päpste, die sich mittlerweile als absolute Monarchen ihres Kirchenstaats gerieren und an Prunk mit den übrigen Höfen Italiens wetteifern, auf ihre „Kreaturen" abgefärbt. Der Erneuerungselan der Konzilsära ist zu einem Halt gekommen. Jedes Mal, wenn ein neues Konklave zusammentritt, versuchen Kardinäle zwar, den nächsten Kirchenchef per „Wahlkapitulation" auf Reformen festzulegen und sich selbst im gleichen Atemzug mehr Mitspracherechte zu sichern. Auch zum Start dieses Konklave von 1458 haben alle Wähler feierlich einen solchen Text unterzeichnet. Doch die Gewählten haben diese Abmachungen bisher regelmäßig in den Wind geschlagen, sobald sie erst auf dem Stuhl, mittlerweile muss man wohl sagen: auf dem Thron des Petrus saßen.

„*Accessus*", verkündet jetzt der Kardinaldiakon. *Accessus?* Das ist eigentlich nichts Neues, denn wir sind schon in der Konklaveordnung des 14. Jahrhunderts darauf gestoßen, und sogar im römischen Senat soll es dieses Manöver bereits gegeben haben. Ein Verfahren, das es möglich macht, die bereits abgegebene Stimme auf einen anderen Kandidaten umzulenken; die Karten werden spontan neu gemischt, ohne dass ein neuer Wahlgang abgewartet werden muss. Wie das abläuft? Ungefähr so: Nach einem erfolglosen Wahlgang beginnen die Wähler nachzugrübeln, ob sie ihre Stimme nicht besser einem anderen gegeben hätten. Der Akzess macht ihnen eine Korrektur möglich, sie werfen den Namen des Kardinals, der ihnen jetzt opportuner erscheint, in den Raum. Sei es, dass sie einen aussichtsreichen Kandidaten um jeden Preis verhindern wollen, sei es, dass sie ihren Widerstand ganz im Gegenteil aufgeben. Eine spannende Möglichkeit, denn dank des Akzesses kann der Wind im Konklave innerhalb von Minuten umschlagen. Bis ins 20. Jahrhundert hinein wird es diesen *accessus* geben, erst mündlich, später schriftlich, mit eigenen Wahlzetteln. Im 14. Jahrhundert war er dazu da gewesen, die Stimmen unkompliziert auf einen Kandidaten zu bündeln, der bereits eine einfache Mehrheit auf sich vereinigt hatte, um eine möglichst einhellige Wahl des neuen Papstes zu erreichen. Mittlerweile aber greifen Kardinäle zum Akzess, wenn sich in mehreren Wahlgängen noch kein Erfolg versprechender Papstkandidat abgezeichnet hat; da geht es zunächst einmal darum, eine neue Dynamik in den Prozess zu bringen, aber natürlich soll der Akzess auch weiterhin einen möglichst einmütigen Konsens erleichtern. Die Regel ist einfach: Man darf nicht denselben Namen nennen wie im gerade abgelaufenen Wahlgang, und man darf auch keinen neuen Namen ins Spiel bringen, sondern nur einen, der bisher schon Stimmen auf sich gezogen hat.

„*Accessus*". Nun denn. Eine Weile herrscht angespannte Stille; das neu-alte Verfahren hat etwas vom Roulette, es ist das „Faites vos jeux" der Papstwahl. Der Erste, der dann das Wort ergreift, ist Rodrigo Borja. Der hat verstanden, dass er in diesem Konklave keine Chance auf die Tiara hat, aber er ist ja noch keine dreißig und kann ein paar Jahre warten. Er erhebt sich und sagt: „Piccolomini." Die Parteigänger Estoutevilles sind alarmiert, sie sehen ihre Felle davonschwimmen; darum versuchen sie, den Prozess abzubrechen, aber schon schwenkt auch Kardinal Tebaldi, ein früherer Erzbischof von Neapel, zu Piccolomini über, und damit fehlt jenem nur noch eine Stimme zur nötigen Zweidrittelmehrheit. „Auch ich stimme für den Herrn Kardinal von Siena und mache ihn damit zum Papst", erklärt da Kardinal Colonna. Womit die Entscheidung gefallen ist. Die Anhänger des Franzosen ziehen *nolens volens* nach, damit man hinterher dem frommen Volk sagen kann, die Wahl sei einstimmig ergangen. Und es hat nur zwei Wahlgänge gebraucht, nicht mehr.

Sie „funktionieren" mithin, die Papstwahlen des *Quattrocento*. Ob der Akzess von 1458 genauso abgelaufen ist wie gerade imaginiert, können wir nicht sicher wissen, aber wer wollte uns das Gegenteil beweisen? Und eines muss man hervorheben: Kein Konklave dieser Epoche dauert länger als ein paar Tage, kein römischer Mob bricht in den Wahlbereich ein und pöbelt dort herum, kein Ergebnis wird hinterher in einer Weise angefochten, die Gegenpäpste auf den Plan rufen könnte. Allerdings bringt die Konklavemaschinerie im 15. Jahrhundert in erster Linie korrupte oder schwache Päpste hervor. Woran liegt das? An der Wahlordnung nicht, die erweist sich ein ums andere Mal als effizient; doch kommt es eben auch auf die Menschen an, nicht nur auf die Vorschriften. Blickt man hinter die Abläufe, sieht man Bestechung, Kuhhandel und ein erschreckendes Maß an Gewissenlosigkeit. Bei unserem Konklave von 1458 hat die Intrige, die dem Franzosen „Tuttavilla" die Papstkrone verschaffen sollte, „apud latrinas", also bei den Toiletten, stattgefunden. Und das behauptet nicht irgendjemand, sondern Piccolomini selbst in seinen Erinnerungen namens *Commentarii*. Anschließend ätzt er, der Ort sei „der Wahl eines solchen Papstes würdig gewesen", denn wo sonst hätte man derart „schmutzige Abmachungen" treffen können. Nur gut, dass ein Italiener (lies: er selbst) zum Papst gewählt worden sei und nicht der Franzose, so gibt Piccolomini zu verstehen, denn sonst wäre das Papsttum wahrscheinlich nach Avignon zurückgekehrt. Als die *Commentarii* über hundert Jahre später veröffentlicht werden, wird man die boshaftesten Sätze zensieren. Etwa diesen hier: „D'Estouteville war wie versteinert, als er merkte, dass Enea ihn überhole." Oder diesen: „Glücklich der Papst, der nie einen Franzosen an seiner Kurie sah."[2]

Ein Faktor beim Abrutschen der Papstwahl ins Unwürdige ist die Krise des Kardinalats. Die Wurzeln dieses Stands lagen, wie wir gesehen haben, in den Pfarreien Roms und in den umliegenden Bistümern; dass die Kardinäle zu den alleinigen Papstwählern geworden sind und die Päpste nur noch aus ihrem Kollegium hervorgehen, hätte eigentlich ein Hebel sein können, um ihnen Mitverantwortung in der Leitung der Kirche zu verschaffen. Das aber lassen die Päpste nicht zu, weil ihnen Innozenz' III. Formel von der „plenitudo potestatis", der unbeschränkten Machtfülle, als Richtschnur gilt. Etwas anderes kommt hinzu. Die Päpste ziehen nicht mehr wie ihre mittelalterlichen Vorgänger durch Italien, sondern residieren stabil in Rom, verschönern ihren Palazzo und halten die Kardinäle für gerade gut genug, sich als Hofstaat um sie zu scharen. Wozu sind Kardinäle eigentlich da, außer zur Papstwahl? Das ist die Frage, die beantwortet werden müsste, um das Kollegium vor dem Niedergang zu bewahren. Doch so wie die Dinge liegen, ist das Kardinalat längst zur Beute römischer Familienclans, internationaler Interessenpolitik und der Geld- und Machtgelüste Einzelner geworden. Und das Papsttum mit ihnen. Eine Debatte, ob die Verderbtheit des päpstlichen Zentralgestirns auf die Kardinäle ausstrahlt oder ob es sich gerade umgekehrt verhält, ist müßig.

Der Piccolomini-Papst nennt sich Pius II. Zwei Jahre nach seiner Krönung holt er mithilfe des Nikolaus Cusanus zu einer Kurienreform aus, die unter anderem darauf abzielt, den Trägern der roten Hüte einiges an Würde wiederzugeben. Damit schickt Pius sich tatsächlich an, das umzusetzen, was er in der „Kapitulation" vor seiner Wahl versprochen hat. Die Idee bestehe darin, das Kollegium zu einer Art Repräsentativorgan der Weltkirche zu erklären, zu einem Konzil *in nuce,* einem Organ der Mitregierung der Kirche. Ein intelligenter Schachzug, der den Konziliaristen den Boden entzogen hätte; doch aus dem Vorhaben wird nichts, weil Pius sich mehr seinen Kreuzzugsplänen gegen die Türken widmet als dem Reformieren. In seinen drei Konsistorien stellt er das Kardinalskollegium aber tatsächlich international breit auf, sodass alle großen Nationen in ihm vertreten sind – ein erster Schritt dazu, dieses Gremium wirklich als Vertreterin der ganzen Weltkirche erscheinen zu lassen. Allerdings kann er es sich nicht verkneifen, auch zwei Piccolomini zu Kardinälen zu machen, seinen Neffen, den späteren Pius III., und einen Adoptivsohn; ja „von ausgezählten 820 Ernennungen galten nicht weniger als 15 % Verwandten oder Sienesen" (Arnold Esch). So reißt Pius mit der Linken ein, was er mit der Rechten errichtet. Die Vetternwirtschaft hat Zukunft, die internationale Ausrichtung des Kardinalskollegiums hingegen zunächst einmal nicht. [3]

1464 ein neues Konklave. Gewählt wird schon im ersten Wahlgang, genauer gesagt, im darangehängten Akzess, der venezianische Kardinal Barbo, der sich Paul II. nennt, und dem Protodiakon Rodrigo Borja fällt es zu, das Ergebnis der Wahl offiziell zu verkünden (wir wissen, der Mann kann warten). Die „Wahlkapitulation" erlegt dem neuen Papst unter anderem auf, Rom nur mit dem Einverständnis einer Mehrheit der Kardinäle zu verlassen und höchstens einen seiner Neffen ins Kardinalskollegium aufzunehmen; außerdem wird die alte Forderung des Konzils von Basel, die Zahl der Kardinäle auf 24 zu begrenzen, aus der Schublade gezogen. Doch gleichzeitig versuchen die Wähler den Papst auf eine Garantie ihrer Privilegien festzulegen. Damit befördern sie den Eindruck, dass es ihnen weniger um eine Reform der Kirche zu tun ist als um die Erhaltung ihrer Macht. Das Engagement der Kardinäle für ihre eigenen Anliegen wird in ihren Wunschzetteln von Konklave zu Konklave immer mehr in den Vordergrund treten, die Reformforderungen hingegen fallen immer zahnloser aus.

Aber Sixtus IV. della Rovere, der 1471 aus dem nächsten Konklave siegreich hervorgeht, ist ohnehin nicht der Mann, der sich lange mit irgendwelchen Reformpapieren aufhalten würde. Der Mann ist Franziskaner, hat aber mit dem „sora luna e le stelle"-Tandaradei seines Ordensgründers nicht viel am Hut. Er betreibt mit allen finanziellen Mitteln, die ihm zu Gebote stehen, eine hemmungslose Machtpolitik und pumpt das Kardinalskollegium auf 32 Personen auf; so viele Kardinäle hat es seit einigen hundert Jahren nicht mehr gegeben. Die Zahl spricht allen Konzilsforderungen und „Kapitulationen" hohn. Es sind unter anderem sogenannte Kronkardinäle, also direkte Repräsentanten der großen katholischen Mächte der Zeit, die sich im Heiligen Kollegium tummeln, aber eben auch Verwandte des Papstes. Als nach Sixtus' Tod 1484 das Konklave zusammentritt, heißen gleich vier der 25 Wähler mit Nachnamen „della Rovere". Gegen diese geballte Familienmacht kommt Rodrigo Borja, der inzwischen über fünfzig ist und findet, dass er allmählich an der Reihe wäre, selbst mit Bestechungsgeldern nicht an. Giuliano della Rovere, der spätere Julius II., knausert nicht, um seinen Kandidaten, den Genueser Gianbattista Cybo, durchzudrücken. Und damit seinen Einfluss am päpstlichen Hof zu sichern.

Der Elsässer Johannes Burckard wirkt damals als päpstlicher Zeremonienmeister an der Kurie. Er erzählt, wie Cybo abends in seinem Zimmer, von einigen Kardinälen umringt, gewisse Papiere unterzeichnet, auf ein Knie gestützt. Damit habe sich der hochwürdigste Herr Kardinal ungefähr siebzehn der 25 Stimmen gesichert. Es ist ein Bild, das zu denken gibt: ein künftiger Papst auf Knien – aber nicht etwa vor einer Heiligenstatue, sondern im Moment höchster Korruption. Cybo ist Vater von sieben Kindern, von denen er immerhin zwei auch offiziell anerkennt, und handelt ungeniert mit Privilegien und Gnadenerweisen der unterschiedlichsten Natur, Hauptsache, dass Geld in seine Kasse strömt. Die apostolische Kasse hat im Pontifikat des Vorgängers Sixtus ziemlich gelitten, und das hängt auch mit dessen Bautätigkeit zusammen; Sixtus hat die Palatinische Kapelle des Vatikans ab 1477 stark umbauen und von den angesagtesten Malern, etwa Botticelli, mit Fresken ausschmücken lassen, und das war natürlich teuer. Dafür ist dieser teils festungsartige, teils prächtige Kirchenraum jetzt nach ihm benannt. Sixtinische Kapelle. Der Ort, den ein Johannes Paul II. in *Universi Dominici Gregis* als allein möglichen Schauplatz eines Konklave festlegen wird.

Bei vielen Papstwahlen im Lauf der Jahrhunderte dient die Sixtinische Kapelle als der Ort, in dem die Schlaf- und Wohnzellen der Wählerkardinäle eingerichtet werden. Schade übrigens, dass sich eine solche Konstruktion nicht erhalten hat, denn sie wäre sicher einer der Anziehungspunkte in den heutigen Vatikanischen Museen. Gewählt wird bis ins 17. Jahrhundert hinein nicht in der Sixtina, sondern in einer kleineren, nahe gelegenen Kapelle, die heute die Paulinische heißt. Hier tritt auch das Konklave im Jahr 1492 zusammen. Das ist das Jahr, in dem Christopher Kolumbus mit drei Karavellen vom spanischen Palos de la Frontera lossegelt, um eine neue Welt aufzutun (früher hätte man einfach „entdecken" gesagt). Als der Genueser Kolumbus in See sticht, ist der Papst aus Genua schon seit einer Woche tot, und trotzdem kann man heute noch auf Innozenzens Grabinschrift im Petersdom lesen, in seiner Amtszeit sei die Neue Welt entdeckt worden. Die Inschrift hat zu den wildesten Theorien Anlass gegeben, etwa zu der, Kolumbus sei ein illegaler Sohn dieses Papstes gewesen und habe auf dessen Geheiß hin schon einige Jahre vor 1492 auf heimlicher Fahrt sein „Indien" erreicht. Die Indizien dafür sind allerdings schwach, die Inschrift wurde außerdem erst nach Kolumbus' Rückkehr nach Europa verfasst. Etwas anderes verbindet die „Entdeckung" des künftigen Amerika mit der Realität an der Kurie dieser Zeit: „Es ist", so urteilt Zizola, „dasselbe Geld, das die Indios und das die Kirche korrumpiert und verheert." Von neuer Welt ist in Rom nichts zu spüren in dem Jahr, das als Beginn der Neuzeit gilt.[4]

Eher im Gegenteil. Noch bevor Kolumbus die Bahamas erreicht hat, ist Rodrigo Borja endlich Papst geworden. Hat sich der Neffe von Calixtus III., der inzwischen 62 Jahre alt ist, die nötigen Stimmen unter den 23 Wählern zusammengekauft? Der Verdacht liegt nahe, doch diesmal haben wir keinen Augenzeugen wie beim vorigen Konklave. Bei den ersten drei Wahlgängen jedenfalls ist Borja noch weit von den sechzehn Stimmen entfernt, die es zu einer Zweidrittelmehrheit braucht; seine Kandidatur kommt nicht voran, wie Aufzeichnungen aus dem Vatikanarchiv nahelegen, vielmehr weitet sich das Feld der Kandidaten im dritten Wahlgang noch aus. Umso mehr kann es einen misstrauisch stimmen, dass sich dann auf einmal im vierten Wahlgang oder vielleicht auch in einem daran klebenden Akzess die Mehrheit für Borja findet. Der Jurist Stefano

Infessura, der wie Burckard in diesen Jahren Tagebuch führt, bemerkt ironisch, Borja habe, kaum dass er Papst geworden sei, all seinen Besitz den Armen gegeben. Damit zielt er darauf, dass Alexander VI. offensichtlich sehr, sehr viele Versprechen einlösen muss, die er Mitkardinälen gegenüber abgegeben hat, um den Papstthron zu erklettern; insgesamt seien nur fünf Kardinäle leer ausgegangen. Das riecht nach Bestechung und würde ins allgemeine Bild passen. Der dem neuen Papst die Tiara aufs Haupt drückt, ist dann ein Piccolomini: Ein Nepot krönt den anderen.

Ein paar Jahre vor diesem Konklave hat ein päpstlicher Liturgieverantwortlicher mithilfe von Johannes Burckard ein neues Zeremonienbuch erstellt, das ein Licht darauf wirft, was sich in Sachen Papstwahl an der Schwelle vom späten Mittelalter zur neueren Zeit geändert hat. Auffälligste Neuerung: Bei der Skrutinalwahl, dem derzeit gängigen Wahlmodus, findet die Stimmabgabe nicht mehr mündlich statt, sondern schriftlich, mit versiegeltem Wahlzettel. Und sie ist zu einem richtiggehenden Ritus geworden, von dem sich einige Elemente, nicht alle, bis heute erhalten haben; Kardinäle, die mit ihrem Wahlzettel in der Hand nach vorn schreiten, ein Gebet sprechen, den Zettel in einen Kelch legen. Die ranghöchsten Vertreter der drei Kardinalsränge an einem Tisch sitzend, während das Ergebnis mit lauter Stimme verlesen wird – nicht nur der Name des Gewählten, sondern auch der des jeweiligen Wählers. Kardinäle, die mitschreiben und das Verlesene in Listen eintragen, Listen übrigens, in denen die Namen nicht alphabetisch, sondern immer noch nach Rang und Würde geordnet sind. Jeden Tag lediglich ein Wahlgang, dazu eventuell ein Akzess. Der Neugewählte, der seine Kleider wechselt und sich einen neuen Namen zulegt. Das „Habemus papam", das aber nicht von der Loggia der Basilika aus ertönt, sondern durch ein Sakristeifenster zum Petersplatz hin. Und zum guten Schluss der Kniefall der Kardinäle vor dem Erwählten, die sogenannte Adoration, die sich, wie wir sehen werden, im Lauf der Zeit auf erstaunliche Weise verselbstständigen wird.[5]

Dass die Abstimmung bei der Papstwahl den Sprung vom Mündlichen ins Schriftliche, vom Ins-Ohr-Flüstern zum Niederschreiben des Namens macht, ist kein bloßer Wechsel im Prozedere. Es stärkt auch den liturgischen Charakter des Geschehens, denn die Prozession der Rotgewandeten zum Altar und das Versenken des Wahlzettels in einen Kelch gleichen einem Opferritus, wie ihn die Gabenbereitung der Messfeier heute noch aufweist. „Der Stimmzettel als Opfergabe" (Wassilowsky) und der Kelch auf dem Altar als Gefäß, das den Vorgang in die Nähe der Eucharistiefeier, ja des Kreuzestodes Christi rückt und die Wahl des Papstes ins Heilsgeschehen einzeichnet.[6] Manchmal frage ich mich, wenn ich über den Petersplatz gehe, welches der Fenster rechts von der Fassade des heutigen Petersdoms, unterhalb des Sixtina-Massivs, wohl das Sakristeifenster gewesen sein mag, durch das der erfolgreiche Wahlausgang den Wartenden draußen verkündet worden ist. Gibt es dieses Fenster überhaupt noch? Schwer zu sagen; auf den Stichen und Zeichnungen der Zeit sieht alles ganz anders aus als heute.

Während das Konklave stärker als geistliches Geschehen akzentuiert wird, erlebt das Papsttum mit dem Pontifikat von Alexander VI. einen seiner dunkelsten Momente.[7] Schon seine Zeitgenossen haben das so empfunden, und die *leggenda nera* wird bis heute weitergeschrieben, wobei sie sich unter anderem auf die Notate Burckards stützt, der zum Beispiel penibel festgehalten hat, wie viele *Fiorini* welcher Kardinal dafür gezahlt hat, den roten Hut aufgesetzt zu bekommen. Dass mit dem zweiten Borja-Papst eine bisher ungeahnte Schamlosigkeit an der Kirchenspitze Einzug hält, lässt sich schwer verhehlen; selbst wenn auch nur die Hälfte der Skandale, die man diesem Papst anhängt, stimmen sollte, würde das reichen, um von Sodom und Gomorrha im Vatikan zu sprechen. Man sollte diesen schwarzen Fleck auf der Papstweste nicht relativieren, auch nicht dadurch, dass man den Borja zum Kind seiner Zeit erklärt und auf die allgemein lebenslustige Stimmung an Italiens Höfen der Renaissance verweist. Nein, mit Alexander VI. ist das Papsttum ganz offen vor den Augen der Welt zum Sündenpfuhl degeneriert, zum Ort des Lasters, der Korruption, der Simonie und des Nepotismus. Die Tiara stinkt. Und das stellt ernste Fragen an die Theologie des Papsttums, wie sie von der katholischen Kirche vertreten wird.

Diesen Fragen lässt sich nicht ausweichen. So fromm heutige Päpste auch sein mögen, sie sind nicht nur die Nachfolger des Petrus, sondern auch des Borja-Papstes.

Zu Beginn unseres Buchs war von einem Ursprungscharisma des Defizitären die Rede, von dem Paradox, dass sich die Kirche und das Papstamt nach Ausweis von Matthäus 16 ausgerechnet auf einen überforderten, unzuverlässigen Gesellen, nämlich auf Petrus, gründen. Dieses von Anfang an bestehende, ins Systemische spielende Ungenügen wäre ein Element zur Beantwortung der Frage, wie es sein kann, dass das Papsttum heute noch moralischen Kredit beansprucht, obwohl es einen wie *Alessandro sesto* in seiner Ahnengalerie hängen hat. Wie auch immer man das Wesen des Papsttums theologisch zu deuten oder gar teleologisch einzuordnen versucht – das Horrorpontifikat, das 1492 begann, stellt dafür den Lackmustest dar.

Oder sollte man nicht von Horror reden, wenn ein Papst im Apostolischen Palast mit Mätressen herummacht und „Hurenturniere" veranstaltet? Und sowieso schon mehrere Kinder von verschiedenen Frauen hat, darunter von einer römischen Gastwirtin? Ein Papst, der seinen unehelichen Sohn Cesare ins Kardinalskollegium aufnimmt und der alles daransetzt, diesem Filius ein eigenes Reich zu verschaffen, indem er zu seinen Gunsten einen Batzen aus dem Kirchenstaat heraussäbelt. Und zwar mit der Hilfe von Söldnern, die dank der Einnahmen aus dem Heiligen Jahr 1500 und dem Verkauf von kirchlichen Ämtern besoldet werden. Ein Papst, der sich im Vatikan von seiner Tochter Lucrezia vertreten lässt, wenn er auf Reisen geht. Und der einen Kardinal Orsini ermorden lässt, weil der seiner Familienpolitik im Weg steht. Dieses Sündenregister ist alles andere als vollständig, protestantische und antiklerikale Federn haben es im Lauf der Jahrhunderte ausgeschmückt; der Borja-Papst ist zum Sinnbild des gewissenlosen, giftmischenden Lüstlings geworden, aber ausgehend von einer Faktenlage, an der sich nicht rütteln und die sich schon gar nicht verteidigen lässt.[8]

Die sechs Borja-Räume des Apostolischen Palastes gehören heute zu den Vatikanischen Museen; wer hier auf seinem Weg zur Sixtina durch die Sammlung moderner sakraler Kunst läuft, der entdeckt prunkvolle Fresken des Pinturicchio aus den Neunzigerjahren des 15. Jahrhunderts. Eines von ihnen im „Saal der Geheimnisse" zeigt die Auferstehung Jesu; Christus schwebt über dem offenen Grab und hält eine Siegesfahne in der Hand. Im Hintergrund links sind in der Ferne einige Figuren zu sehen, vielleicht die ersten bildlichen Darstellungen von Ureinwohnern des amerikanischen Kontinents. Links unter Christus und den kleinen Amerikanern aber kniet noch ganz in der Haltung mittelalterlicher Stifterfiguren Alexander VI., angetan mit einem von Gold und Edelsteinen nur so blitzenden Messgewand, die dreifache Krone vor sich im Gras abgesetzt, die Hände, die in edlen weißen Handschuhen stecken, artig gefaltet. Die Schonungslosigkeit, mit der der umbrische Maler die Züge des Papstes wiedergegeben hat, kann einem den Atem verschlagen. Das aufgedunsene Gesicht ist von ungesunder Farbe, die Lippen umspielt ein höhnisches Lächeln, das die fromme Körperhaltung Lügen straft. Ein Wüstling mit Doppelkinn, der heuchlerisch zu Christus aufblickt. Doch der Auferstandene beachtet seinen Stellvertreter nicht, sondern sieht direkt aus dem Bild heraus auf den Betrachter.

43 neue Kardinäle „kreiert" der spanische Papst in seiner elfjährigen Amtszeit – Kreaturen, die dafür tief in die Tasche gegriffen haben. Siebzehn von ihnen sind Spanier wie er, fünf davon gehören zu seiner eigenen Familie. Als der Dominikaner Girolamo Savonarola mit seinen Buß- und Reformpredigten in Florenz viele Zeitgenossen bis ins Innerste aufrüttelt und erschüttert, versucht Borja diesen prophetischen Kritiker zum Schweigen zu bringen, indem er ihm die Aufnahme ins Kardinalskollegium anbietet. Eine peinliche Offerte. Als wüsste dieser Papst in einer solchen Situation kein anderes Mittel als das, was er ohnehin gewohnheitsmäßig praktiziert, nämlich Bestechung. Kardinal Savonarola? Ihm sei es nicht um „große oder kleine Mitren" zu tun, er wünsche nichts anderes als den Tod um Christi willen, „einen roten Hut aus Blut", erwidert Fra Girolamo 1496, zwei Jahre bevor er tatsächlich auf der Piazza della Signoria den Ketzertod auf dem Scheiterhaufen stirbt. Heute ist für

ihn ein Seligsprechungsverfahren in Gang. Man stelle sich einmal vor, der Prior des Florentiner Klosters San Marco hätte das Angebot des Papstes angenommen – aber wie gesagt, dieses „Was wäre gewesen, wenn" führt uns beim Nachdenken über die Geschichte nirgendwohin.

1503 zieht darum, als *Papa Alessandro* in Rom stirbt, kein Savonarola ins Konklave ein. Und auch kein Cesare Borja, denn der Papstsohn ist nach ein paar Jahren der Mitgliedschaft freiwillig wieder aus dem Kardinalskollegium ausgeschieden, weil er heiraten, Krieg führen und weltlicher Herrscher sein will. Trotzdem versucht Cesare auf das Konklave Einfluss zu nehmen, einfach weil er die Gunst des nächsten Papstes unbedingt braucht, um von seiner zusammengeraubten Macht zu retten, was zu retten ist. Dass nach Alexanders Tod Unruhen in Rom ausbrechen, durchkreuzt aber seine Pläne. Cesare gelingt es noch, alles Wertvolle aus dem päpstlichen Appartement abtransportieren zu lassen, dann sieht er sich dazu gezwungen, die Stadt zu verlassen. Dieselbe Maßnahme trifft auch die führenden Köpfe der Familien Colonna und Orsini. Zu einem Selbstläufer wird dieses Konklave dennoch nicht, weil die aufgewühlte Stimmung in Rom die 37 Papstwähler emotional unter Stress setzt. Und weil sich in ihrem Kollegium zudem Spanier, Franzosen und Italiener zahlenmäßig ungefähr die Waage halten. Die Herren sprechen sich also ab und greifen schon im zweiten Wahlgang zu einer Übergangslösung, dem schwerkranken Francesco Piccolomini. Einem Mann, dem wir wohl Unrecht getan haben, als wir ihn etwas früher in diesem Kapitel schlicht als Nepoten Pius II. etikettiert haben. Das ist er zwar, doch zugleich ist er von untadeligem Ruf und war unter Alexander VI. auch an einem umfassenden Reformprojekt beteiligt, aus dem allerdings nichts geworden ist. Jedenfalls zeigt der Fall Piccolomini, dass auch enge Verwandte von Päpsten nicht zwingend korrupte Ehrgeizlinge sind, sondern große Persönlichkeiten im Dienst an der Kirche sein können. Dafür gibt es im Lauf der Kirchengeschichte immer wieder Beispiele. Ein Urenkel des verderbten Papstes Alexander, Francisco Borja, wird im 16. Jahrhundert General des Jesuitenordens und später sogar heiliggesprochen; und auch der heilige Karl Borromäus, eine der herausragenden Gestalten der Katholischen Reform im 16. Jahrhundert, ist ein Papstnepot.

Pius III. nennt sich der neue Papst, um an seinen Onkel anzuknüpfen, doch ist ihm gar nicht die Zeit vergönnt, am Steuerrad der Kirche zu drehen, weil er schon nach drei Wochen im Amt stirbt. Zum zweiten Mal in diesem Jahr treten die Kardinäle zur Papstwahl zusammen und werden sich, wenn man das so sagen darf, sogar schon vor dem offiziellen Start des Konklave handelseinig, denn Giuliano della Rovere, Neffe von Sixtus IV., hat das Terrain für seinen Sprung nach ganz oben seit Längerem vorbereitet und Absprachen mit den Franzosen getroffen. Sogar mit Cesare Borja, der die Stimmen der Spanier im Heiligen Kollegium kontrolliert, hat sich Kardinal della Rovere vorab geeinigt, und das ist allerhand, denn den Vater des Cesare hat er immer frontal bekämpft. Offenbar ist auch wieder Geld geflossen, jedenfalls ist es eines der kürzesten Konklave in der Geschichte, in dem aus Giuliano della Rovere einstimmig Papst Julius II. wird. Ein dominanter, widersprüchlicher Charakter, voller Tatkraft. Aus der Anonymität hat er sich nach oben gekämpft, wie sein ligurischer Landsmann Kolumbus.[9]

Mit der Bulle *Cum tam divino* versucht „Julius, Bischof, Diener der Diener Gottes", anderthalb Jahre nach seiner Wahl die schlimmsten Exzesse beim Papstwahlgeschacher zu verbieten. Er hat vier Konklave selbst miterlebt und weiß genau, wovon er schreibt, wenn er „Geben, Versprechen oder Annahme von Geldern, Gütern jeglicher Art, Schlössern, Ämtern oder Benefizien" geißelt. Eine durch Simonie beschmutzte Wahl sei als nichtig zu betrachten und könne durch keinerlei nachträglichen Akt irgendwie ins Gültige herübergepfuscht werden. Der unter solchen Umständen gekürte Papst sei gar keiner, sondern nur ein Ketzer, er verliere automatisch nicht nur die Papst-, sondern auch die Kardinalswürde, und wer sich an der Sache beteiligt habe, ziehe sich automatisch die Exkommunikation zu. „Nach unserer Entscheidung ist sofort alles nichtig und wertlos, was diesbezüglich ... von irgendjemandem oder auch von uns wissentlich oder unwissentlich versucht werden sollte." Der

Papst schließt also aus, dass er es sich doch wieder anders überlegen könnte. Zur Sicherheit gilt die Bulle allerdings erst ab dem Tag, an dem ihr Text im Vatikan und am römischen Campo de' Fiori ausgehängt wird, und nicht etwa rückwirkend. Das hätte wohl ein Chaos ausgelöst.[10]

Ein Detail fällt in den einleitenden Formeln der Urkunde ins Auge. Julius beruft sich da auf „den Rat und die einmütige Zustimmung unserer Brüder, der Kardinäle der heiligen römischen Kirche", einerseits. Andererseits aber stellt er klar, kraft seiner apostolischen Autorität und „de potestatis nostrae plenitudine" entschieden zu haben, also aus der Fülle seiner Macht heraus. „Plenitudo potestatis": Da blitzt unversehens die alte Formel Innozenz' III. von der unumschränkten Papstgewalt auf. Nein, der zweite Julius ist trotz dieser Bulle kein Pontifex, der sich den Anliegen der Reform verschrieben hätte; mit seinem Bannstrahl gegen die Simonie geht es ihm wohl vor allem darum, bestimmte solvente Kandidaten von seiner Nachfolge auszuschließen. Die Zeitgenossen durchschauen dieses Motiv und reagieren auf *Cum tam divino* mit dröhnendem Schweigen. Viele Kirchenrechtler halten es ohnehin für heikel, dass die Gültigkeit einer Papstwahl hinterher aus Gründen der Simonie angefochten werden könnte, denn wer sollte sich da zum Richter über den gewählten Nachfolger Petri erheben, der doch keinen *iudex* über sich erkennt? Etwa ein Konzil? Das ist für sie eine Horrorvorstellung.[11] Dass Julius kein Reformpapst ist, zeigt im Übrigen sein erstes Konsistorium zur Schaffung neuer Kardinäle ein Jahr nach seiner Wahl. Von den vier neuen Kreaturen tragen zwei den Nachnamen „della Rovere", und bei späteren Konsistorien kommen drei weitere Verwandte zum Zug. Gegen Nepotismus schleudert dieser Papst also keinen Blitz von seinem Olymp. Wie denn auch. Kardinalnepot wird im Lauf des 16. Jahrhunderts am päpstlichen Hof zu einer seriösen Tätigkeitsbeschreibung.

Nun hat eine „Wahlkapitulation" den Papst eigentlich darauf verpflichtet, ein allgemeines Konzil einzuberufen. Doch dazu trifft Julius keine Anstalten, zu sehr ist er in den ersten Jahren seines Pontifikats damit beschäftigt, als Feldherr an der Spitze seiner Truppen durch Italien zu reiten wie einst Caesar, der andere große Julius der Weltgeschichte. Als aber einige unzufriedene Kardinäle mit französischer Rückendeckung 1511 auf eigene Faust ein Konzil in Pisa organisieren, ändert der Papst seine Taktik und setzt sich an die Spitze der Bewegung; lieber ein Konzil unter seiner Führung als ein unabhängiges, oppositionelles, das auf abwegige Gedanken kommt. 1512 startet die Kirchenversammlung im Lateran, und dass dem Papst in Sachen Reform nicht viel einfällt, sieht man daran, dass er die Teilnehmer einfach seine zehn Jahre alte Antisimoniebulle noch einmal promulgieren lässt. Bald darauf stirbt er. Die weiteren Arbeiten des Konzils soll eben sein Nachfolger fortführen.

Wir können noch heute etwas von Julius' komplexer Aura spüren, wenn wir in der römischen Kirche San Pietro in Vincoli, die einst seine Titelkirche war, den Mose des Michelangelo in Augenschein nehmen. Die überlebensgroße Sitzstatue ist Teil eines megalomanen Grabmalprojekts für Julius II., das sich eigentlich im Mittelpunkt eines neuen Chores der konstantinischen Petersbasilika erheben sollte, das aber nur ansatzweise ausgeführt wurde. Die Statue ist von einer starken inneren Spannung durchzogen: Zorn, Zögern, Aufbegehren, Erschrecken, Todesahnung, das sind Emotionen, die dieser Marmormose ausstrahlt. Der Prophet wird in dem Moment dargestellt, in dem ihm bewusst wird, dass er das auserwählte Volk zwar nahe ans verheißene Land herangeführt hat, selbst aber in der Wüste sterben wird, ohne die Erfüllung der göttlichen Zusagen zu erleben. Eine Momentausnahme aus Erfolg und Scheitern. Man deutet diese Statue oft als Apotheose des Kraftmenschen, aber genau das ist sie nicht: Der Riese zeigt Gefühle, Unsicherheit. Hier kommen wir diesem außergewöhnlichen Papst, für den Michelangelo auch noch das Deckengewölbe der Sixtina ausgemalt hat, näher als irgendwo sonst.[12] Auf dem Porträt, das Raffael von Julius II. angefertigt hat – ein weiterer genialer Künstler, den dieser Mäzenatenpapst an seinen Hof zieht –, sehen wir nur einen müden, älteren Herrn mit weißem Bart, der sorgenvoll vor sich hinblickt. Der Kontrast zum innerlich vibrierenden Mose, er könnte größer nicht sein.

11
Kardinal Luther

Ein toll gewordener Heiliger – Aleander und das kalte Land – Botschafter gehen
von Zelle zu Zelle – Der Barbar weiß noch nichts von seiner Wahl – Mea Culpa
in Nürnberg – Landsknechte, die aus dem Messkelch saufen

In der katholischen Kirche kommt vieles etwas später als anderswo:
auch die Neuzeit. Die hat in der großen weiten Welt nach land-
läufiger Periodisierung schon an einem Oktobertag des Jahres 1492
eingesetzt, an dem die Einwohner von Guanahani einen Fremden
namens Kolumbus an ihrem Strand entdeckten. Das Christentum
dagegen braucht noch ca. zwanzig Jahre länger bis zur Neuzeit. Sein
Kolumbus heißt Luther. Anders als der Seefahrer verteilt der Mönch
nicht billige Glasperlen, sondern Druckschriften wie *Wider das*
Bapstum zu Rom vom Teuffel gestifft (Wider das Papsttum zu Rom,
vom Teufel gestiftet).

Luther kennt Rom. Als Augustinermönch hat er es, noch keine
dreißig Jahre alt, 1510 oder 1511 im Auftrag seines Ordens besucht,
hat dort vier Wochen verbracht und ist, wie er später behauptet,
„wie ein toll gewordener Heiliger durch alle Kirchen und Klüfte
gerannt und glaubte alles, was daselbst erlogen und erstunken war".
Von vergleichbarem polemischen Drall sind all seine Erinnerungen
an den Aufenthalt in der Ewigen Stadt. Rom als „Hölle", in der
die Priester die Messe „in einem Hui" herunterhaspeln; der Papst
als „des Teufels Sau". Dabei hat der künftige Rebell in Rom ganz
fromm die Sieben-Kirchen-Wallfahrt durchgeführt, auf Knien die
Scala Sancta erstiegen, sich die Katakomben zeigen lassen. Und den
Papst – es war Julius II. – hat er wohl gar nicht zu Gesicht be-

kommen; damals sind öffentliche Auftritte des Bischofs von Rom eine Seltenheit, ganz anders als heutzutage. Bruder Martinus kann auf seiner Romtour nicht ahnen, dass zehn Jahre später ein Papst – dann schon Leo X. – eine Bannbulle gegen ihn erlassen wird.[1]

Luther kennt Rom, aber er fremdelt mit der italienischen Mentalität. Später, als der Ablassstreit ausgebrochen ist, wird die Kirchenführung im Umgang mit ihm zwischen Verhandeln und Verhören changieren (mal das eine, mal das andere), und es wird sogar ein Moment kommen, in dem man an der Kurie mit dem Gedanken spielt, ihm einen Kardinalshut anzubieten. Die Geschichte wäre sicher anders verlaufen, hätte Doktor Luther dem Kardinalskollegium angehört und an einem Konklave teilgenommen, doch vorstellen kann man sich so etwas kaum. Das liegt an der tiefen Entfremdung, die sich in den letzten hundert Jahren zwischen Rom und den Deutschen breitgemacht hat – oder muss man hier auf eine tiefere, mentalitätsgeschichtliche Kluft deuten, die immer schon und auch heutzutage noch zwischen einer in ihrem Stil italienisch ausgerichteten Römischen Kurie und einem selbstgewissen deutschen Wesen besteht?[2] Die so samtpfötigen wie machtbewussten Renaissanceherrschaften in Rom können mit dem sturen Ich-kann-nicht-anders der Deutschen und ihrer Besserwisserei in Glaubensdingen wenig anfangen. Der Nuntius des Papstes am Hof Karls V., Aleander, ist ein polyglotter Feingeist, doch obwohl er mehrere Jahre in Deutschland verbringt, weigert er sich, das barbarische Idiom der Menschen in diesem kalten und windigen Land zu lernen; auch zwischen Kardinal Cajetan und Luther kommt es 1518 auf dem Augsburger Reichstag gar nicht erst zu einem inhaltlichen Diskurs über die Theologie des Ablasses, obwohl der Dominikaner gerade in diesem Bereich, der den Urknall der Reformation bedeutet, einige der Bedenken Luthers teilt. Doch Mentalität und Stil, sie sind einfach zu unterschiedlich.

Die Deutschen spüren, dass ihr Ringen um die rechte Weise des Glaubens und ihre in vielen Zügen noch mittelalterliche Spiritualität am Tiber auf Unverständnis trifft. Aus einem gewissen Hochmut heraus, den man durchaus heute noch beobachten kann, ignorieren sie die Reformanstrengungen und -ansätze, die es in der Kirche auch in Italien gibt,[3] und merken nicht, dass sie sich lächerlich machen mit ihrem Argument „Wir zahlen doch mehr Abgaben und Steuern nach Rom als andere, dann wollen wir auch den Ton angeben";[4] auch das ein Argument, das man durchaus heute noch hört. Das gegenseitige Fremdeln trägt dazu bei, dass sich beide Seiten sehr schnell in Polemik hineinsteigern, die das Gegenüber herabwürdigt und keinen Raum lässt für Zwischentöne.

Luther wäre im Kardinalskollegium aber schon aus einem ganz einfachen Grund ein Exot gewesen: Es gibt im Heiligen Kollegium damals nur einen einzigen „Deutschen", und das ist der Fürstbischof von Gurk. (Ab 1517 gibt es immerhin noch einen zweiten, von dem wir noch hören werden.) Im Konklave, das 1513 einen Nachfolger für den verstorbenen Julius II. kürt, sitzen neunzehn Italiener, zwei Spanier und jeweils ein Franzose, ein Engländer, ein Ungar, sogar ein Schweizer – aber niemand aus Deutschland. Wenn man die Kardinalslisten durchgeht, dann findet man heraus, dass seit etwa hundert Jahren überhaupt kein deutscher Kardinal mehr an einer Papstwahl teilgenommen hat; das letzte Mal, dass Deutsche ihre Stimme abgaben, war bei dem außergewöhnlichen Konklave von 1417 in Konstanz.

Kein Luther im Konklave. Und doch gibt es seit 1517, dem Jahr, in dem er seine 95 Thesen veröffentlicht, auch keine Papstwahl mehr ohne ihn: Der Wittenberger ist der Elefant im Raum. Selbst wenn die Kardinäle sich den Kopf in erster Linie über politische Fragen zerbrechen (Wie hält man die Franzosen davon ab, in Italien einzufallen? Und wer könnte einen Kreuzzug gegen die Türken finanzieren?), lässt sich die Frage der zerberstenden Kircheneinheit doch nicht mehr beiseiteschieben, zumal sie natürlich gleichfalls schwerwiegende politische Folgen zeitigt. Das letzte Konklave ohne Luther findet 1513 statt, also vier Jahre vor den Thesen von Wittenberg, und mit diesem Konklave wollen wir uns jetzt ausführlicher auseinandersetzen. Noch auf seinem Sterbebett hat Julius II. bekräftigt, dass nur die Kardinäle das Recht zur Wahl seines Nachfolgers haben und nicht das laufende Laterankonzil, so tief sitzt im Vatikan seit den Geschehnissen von Konstanz die Angst davor, dass ein Konzil sich zur höchsten Autorität in der Kirche aufwerfen könnte. Noch knapp 500 Jahre später greift Johannes Paul II. in seiner Wahlordnung, aus der wir schon mehrfach zitiert haben, diesen Faden auf: Sollte ein Papst sterben, während gerade ein Konzil oder eine Bischofssynode abgehalten werden, so sei „die Wahl des neuen Papstes einzig und allein von den (...) wahlberechtigten Kardinälen und nicht vom Konzil oder der Bischofssynode selbst vorzunehmen". Und das Konzil beziehungsweise die Synode dürften „aus keinem noch so schwerwiegenden und anerkennenswerten Grund fortgesetzt werden, solange nicht der neue, kanonisch gewählte Papst die Wiederaufnahme oder Fortsetzung verfügt hat".

Schon einen Tag vor dem Tod des Papstes sorgen die in Rom anwesenden Kardinäle dafür, dass Julius' Neffe, der Herzog von Urbino, sowie die von Julius gegründete Schweizergarde das bevorstehende Konklave militärisch sichern. Die Herren Wähler haben Angst vor der Straße, ihre Sicherheit lassen sie sich etwas kosten, und das ist einer der Gründe, warum ein Konklave für die Finanzen der Kirchenspitze noch verheerender ist als ein durchschnittlich verschwenderischer Papst. Kaum ist Julius II. dann tatsächlich zu seinen Vätern versammelt worden, formulieren die Kardinäle einen Brief an die großen Mächte mit der höflichen Bitte, sich aus dieser Papstwahl herauszuhalten. Doch die denken gar nicht daran, sondern spinnen wie üblich ihre Ränke: Die Stadtherren von Venedig zum Beispiel lassen „li nostri cardinali", also „ihre" Kardinäle, anweisen, alles für eine Wahl des Patriarchen von Aquilea, Grimani, zu tun. Was uns Heutige schockieren mag, ist damals gang und gäbe. Kardinäle können mit ihrer Wahlstimme nicht einfach umgehen, wie es ihnen in den Sinn kommt, sondern sind eingesponnen in ein Netz von Loyalitäten; sie schulden denen, die sie bei ihrem Aufstieg gefördert haben, der Familie des Papstes, der ihnen den roten Hut aufgesetzt hat, oder aber der Regierung ihres Staates und dem Fürsten, der sie finanziert, Gehorsam. Und zugleich – das macht die Sache kompliziert – dürfen sie es sich mit einem künftigen Papst nicht verscherzen, selbst wenn dieser nicht der Wunschkandidat ihrer Auftraggeber war. Dürfen also den Moment nicht verpassen, in dem sich der Wind dreht. Noch heute finden wir in den Archiven Listen, in denen die Kardinäle nach ihren Loyalitäten eingeteilt sind; zunächst nach dem Papst, der sie erhoben hat, dann nach dem Herrscher, dem sie in der einen oder anderen Weise verpflichtet sind. Die Nepoten- und die Nationenfaktion.[5]

Am 4. März 1513 beziehen 25 Kardinäle nach einer Messfeier in St. Peter die vorbereiteten Wohn- und Schlafzellen im Apostolischen Palast, und der Botschafter Venedigs beobachtet, dass die Gesandten des römisch-deutschen Kaisers Maximilian und des spanischen Königs Ferdinand von Zelle zu Zelle gehen, um den Kardinälen zuzureden, auf keinen Fall Patriarch Grimani zu wählen. Was haben diese Nichtkardinäle eigentlich im Konklavebereich, ja sogar in den Schlafzimmerchen der Kardinäle zu suchen?, mögen Sie fragen. Nun, man nimmt es in dieser Zeit mit dem Isolieren der Papstwähler nicht ganz so genau. Und mit der strengen Diät, die die Wahlordnung *Ubi periculum* einst vorgeschrieben hat, auch nicht. Die Gesandten der Großmächte können also ungestört ihre Botschaften an den Mann bringen, jedenfalls solange die Kardinäle noch nicht an einer „Kapitulation" arbeiten.

„Kapitulationen" sind zur Regel geworden – und das, obwohl sich die Päpste dann eher nicht daran halten. Aber vielleicht kommt es ja gar nicht so sehr darauf an, ob sich die Forderungen wirklich durchsetzen werden; vielleicht geht es in Wirklichkeit darum, dass sich die Wähler vor Beginn der Stimmabgabe untereinander abtasten, um herauszufinden, wer wo steht, und um noch schnell Allianzen zu schmieden. Die „Kapitulation" von 1513 ähnelt den Wunschzetteln, wie sie im Lauf der letzten hundert Jahre regelmäßig aufgestellt worden waren: Nicht mehr als 24 Kardinäle; nur zwei Kardinäle dürfen derselben Familie angehören; Einberufung eines Konzils, um die Kirche zu reformieren; keine Verlegung der Kurie hinaus aus Rom ohne Zustimmung einer Mehrheit der Kardinäle. Und dazu noch eine neue Idee: Kardinäle sollen nicht mehr vom Papst exklusiv ausgesucht, sondern mit einer Zweidrittelmehrheit der bisherigen Kardinäle ins Amt gewählt werden. Das wäre, wenn es sich durchsetzen würde, eine interessante Ausweitung des Konklavesystems. Es setzt sich aber nicht durch.

Am 10. März beginnt das Wählen. Anders als beim vorigen Konklave, bei dem Kardinal della Rovere schon vorab seine Mehrheit in der Tasche hatte und die Abstimmung nur noch eine Formalie war, steht diesmal nicht von vornherein der Sieger fest. Das Ergebnis des Wahlgangs Nummer eins hört sich denn auch wie eine handfeste Überraschung an: Da hat der greise Jaime Serra, den niemand als ernsthaften Kandidaten eingestuft hat, aus dem Stand dreizehn Stimmen auf sich vereint – und ist damit nur drei Stimmen von der Tiara entfernt! Die zwei Kardinäle hingegen, die als die aussichtsreichsten galten, landen weit abgeschlagen auf den letzten Plätzen. Nur zwei Stimmen für Domenico Grimani. Und nur eine einzige für Giovanni Medici, den Sohn von Lorenzo *il Magnifico* (den Prächtigen) aus Florenz. Kann es wirklich sein, dass der Spanier Serra, ein Protegé von Alexander VI., von den Wählern als *papabile* angesehen wird? Des Rätsels Lösung dürfte wohl darin liegen, dass die Kardinäle in diesem ersten Wahlgang erst einmal das Terrain sondieren und sich selbst nicht in die Karten schauen lassen wollen. Vermutlich sind es die Anhänger des Medici, die noch nicht so weit sind, ihre wirkliche Stärke zu zeigen – und die deswegen erst einmal den unwahrscheinlichsten aller Kandidaten gewählt haben. Was fast (und nicht zum ersten Mal in der Geschichte) zu einer Papstwahl aus Versehen geführt hätte.

Welcher Kardinal in diesem ersten Wahlgang wem genau seine Stimme gegeben hat, wissen wir dank Aufzeichnungen von damals ganz genau. Giovanni Medici, der erst 37 Jahre alt ist, verdankt seine Stimme demnach dem Schweizer Matthäus Schiner, und er selbst hat für seinen Florentiner Landsmann Francesco Soderini votiert. Venedigs Favorit Grimani hingegen hat für einen ungarischen Kardinal gestimmt und die Stimmen eines Italieners und eines Franzosen auf sich gezogen. Einige Kardinäle haben, nebenbei bemerkt, in diesem Wahlgang mehr als eine Stimme abgegeben. So etwas wird nicht gern gesehen, ist aber nicht ausdrücklich verboten.

Auch wenn das Meinungsbild vom Vormittag einen anderen Eindruck erweckt, weiß der Medici, der dank seinem reichen Vater schon seit dem Alter von vierzehn Jahren zum Kardinalskollegium zählt, offenbar längst einen großen Teil der Wähler hinter sich. Er muss nur noch die eine oder andere Absprache treffen, um die Stimmen an Land zu ziehen, die ihm zu seinem Glück noch fehlen. Absprache, sagen wir – nicht Versprechungen. Und erst recht keine Geldsäckchen. Alle Beobachter sind sich einig, dass Simonie bei dieser Wahl keine Rolle spielt; das Dekret des Julius, das den Kardinälen zu Beginn des Konklave noch einmal vorgelesen worden ist, scheint Eindruck gemacht zu haben. Nun sieht man den Medici-Kardinal also nachmittags über eine Stunde lang mit Kardinal Riario parlieren, dem Dekan des Kardinalskollegiums. Bald danach setzt sich im Konklave der Eindruck fest, dass Medici seine Stimmen beisammenhat und ihm die Tiara nicht mehr zu nehmen ist. An diesem Punkt beobachtet der Zeremonienmeister Paris de Grassis eine bezeichnende Szene: Mehrere Kardinäle gehen auf Medici zu und bezeigen ihm ihre Ehrfurcht, ja sprechen ihn sogar mit *Beatissimus Pater* an, ganz als wäre er schon gewählt. De Grassis ist empört und geht dazwischen. Aber tatsächlich, am kommenden Morgen schon wird aus Giovanni Medici Papst Leo X., diesmal in einem schriftlich durchgeführten Wahlgang. Von völlig geheimer Wahl kann nicht die Rede sein, denn wie üblich wird nicht nur der Name des Gewählten, sondern auch der des jeweiligen Wählers laut verlesen; geheim ist allerdings der Moment des Wählens selbst, was den einzelnen Kardinal zumindest in diesem heiklen Moment vor Druck von außen, etwa durch die als Erste abstimmenden, höchstrangigen Mitbrüder im Kardinalat schützen soll.

Medici, der neue Bewohner des Palazzo Apostolico, interessiert sich sehr für Kunst und Jagd und die Förderung seiner eigenen Familie; für das Mönchsgezänk auf der anderen Seite der Alpen hingegen nicht so sehr. Er ist ein freundlicher Mann, aber kein Intellektueller; und ausgerechnet er hält die Zügel der Weltkirche, als von Sachsen und Thüringen aus die Kirchenspaltung einsetzt.[6] Für die Unbedingtheit der Deutschen fehlt diesem Renaissancemenschen jede Antenne, und auch in seiner Umgebung ist niemand, der die Tragweite der Umwälzung versteht, die sich da anbahnt. Die Herren sind ganz von ihren Geschäften in Anspruch genommen, denn die Kirchenspitze ist mittlerweile ein *negozio*; weltliche wie geistliche Ämter, Privilegien wie Ablässe, alles ist nur gegen klingende Münze zu haben, das Geld wird unter anderem in den Neubau der Peterskirche investiert. Rom glaubt, den Fall Luther mit Verhören, Einschüchterungsversuchen, zu einem etwas späteren Zeitpunkt auch mit dem angedachten, aber nicht ausgesprochenen Angebot eines Kardinalshutes, mit Peitsche und Zuckerbrot also im Zaum halten zu können. So nimmt das Drama seinen Lauf. Nach hundert Jahren immer wieder gescheiterter Reformanläufe hat ein einziger Funke genügt.

Umso aufregender ist, dass sich Ende 1521, also nur viereinhalb Jahre nach Luthers Thesen, auf einmal eine Chance bietet, dass Rom zur Besinnung kommt, den Ernst der Lage erkennt, das Steuer herumwirft. Leo stirbt im Alter von nur 46 Jahren, „mit Sicherheit vergiftet", wie die Ärzte sagen und de Grassis notiert; 39 Kardinäle, darunter Vertreter aller führenden Familien Italiens, treten im Apostolischen Palast zum Konklave zusammen und wählen – nicht den Favoriten Medici, einen Vetter des Verstorbenen, sondern zur allgemeinen Überraschung einen Deutschen aus den burgundischen Niederlanden, einen sturznüchternen Mann, der zur Reform der Kirche entschlossen ist. Adriaan Florisz von Utrecht: Er ist für Jahrhunderte, bis ins Jahr 1978, der letzte Nichtitaliener auf dem Stuhl des Petrus. Und der letzte Kardinal, der von einem Konklave gewählt wird, an dem er gar nicht teilnimmt. Vor allem aber ist er Roms gänzlich unerwartete Antwort auf Luther, der acht Monate zuvor auf dem Wormser Reichstag vor Karl V. aufgetreten ist – die paradigmatische Szene des „Hier stehe ich, ich kann nicht anders" – und der jetzt, als Junker Jörg getarnt, auf der Wartburg sitzt und die Heilige Schrift übersetzt.

Den Kardinälen, die unter äußerst beengten Umständen in Zellen in der Sixtinischen Kapelle untergebracht sind, geht es im Konklave vom Jahreswechsel 1521/22 um alle möglichen Kalküle und politischen Fragen, etwa um den wachsenden Gegensatz zwischen Frankreich und dem Heiligen Römischen Reich. Hinzu kommt die Sorge, dass die päpstliche Kasse leer ist und Teile des Kirchenstaats von den Milizen italienischer Herrscherhäuser besetzt sind. Doch auch der Casus Luther bewegt sie. Viele finden, dass es eine scharfe Antwort auf die deutsche Häresie braucht und dass zugleich Reformen auf den Weg gebracht werden müssen. Besonders aufmerksam wird registriert, wo Karl V. steht. Der Habsburger hat offenbar dem englischen Kardinal Wolsey Zusagen gemacht, dem Lordkanzler Heinrichs VIII., der aber nicht zum Konklave anreist; und zugleich wirbt Karls Vertreter in Rom vehement für Giulio Medici. Doch in den ersten Wahlgängen will die Medici-Kandidatur einfach nicht abheben. In der vierten Runde kommt er nur auf vier Stimmen, während Kardinal Cajetan, der Luther-Verhörer, sieben Stimmen auf sich vereint. Nach zehn Tagen des Abstimmens ist klar, dass die Wähler sich im Kreis drehen: Keine Gruppe ist stark genug, um nach der Tiara zu greifen, aber keine wiederum so schwach, dass sie nicht die anderen am Durchmarsch hindern könnte. Die Venezianer halten es mit den Franzosen, die älteren Kardinäle sind entschlossen, keinen Jüngeren zu wählen. Einmal kommt angeblich Kardinal Farnese mit Medicis Hilfe wenigstens in die Nähe der Zweidrittelmehrheit – aber eben nur in die Nähe. Doch dann hält Cajetan eine Rede an seine Mitkardinäle. Karl V. habe für den Fall, dass Medici scheitern sollte, noch einen geheimen Kandidaten in der Hinterhand, den er nun enthüllen werde, sagt der Kardinal – es sei Adriaan von Utrecht, Bischof von Tortosa in Spanien, früher Theologieprofessor in Löwen und einer der Erzieher des Kaisers. Dieser Adriaan sei angesichts der heutigen Herausforderungen der richtige Mann für das Papstamt. Das Manöver führt zu allgemeiner Überraschung; wer denn dieser Deutsche sei, den keiner kenne und der noch nie in Rom gewesen sei, fragt ein Kardinal. Tatsächlich ist Cajetan der Einzige unter den Anwesenden, der Adriaan schon einmal persönlich begegnet ist. Doch beim darauffolgenden Akzess votieren aus dem Stand 28 der Anwesenden für den Unbekannten, und auch die Zweifler ziehen nach, damit das Ergebnis einstimmig ausfällt. Der Barbar aus dem Norden ist Papst. Und weiß noch nichts davon.

Es dauert Wochen, bis Adriaan Florisz über seine Wahl informiert ist und sich in Bewegung setzt. Er reist zur See nach Rom, weil die Leute des Kaisers der Überzeugung sind, dass er besser einen Bogen um Frankreich schlagen sollte. Das dauert. In Rom wird manchem die Wartezeit zu lang. Zwölf Kardinäle bereuen allmählich, dass sie ihm die Stimme gegeben haben, und lassen Versuchsballons steigen, ob man nicht ein neues Konklave durchführen sollte, so schreibt es Karls Botschafter dem neuen Papst. Ende August schließlich trifft Adriaan – als Papst nennt er sich Hadrian VI. – in Rom ein, über sieben Monate nach seiner Wahl; in der Zwischenzeit ist Luther längst von der Wartburg nach Wittenberg zurückgekehrt. In Rom wütet gerade die Pest, und der Deutsche verbittet sich allzu ausgelassene Thronbesteigungsfeiern, beide Umstände drücken auf die Stimmung. Viele Kardinäle finden Hadrians Benehmen kränkend, darum verlassen sie die Stadt, sobald der Mann ins Amt eingeführt ist, doch dieser beginnt ungerührt mit einer Reform der Kurie, weil ihm das am dringendsten erscheint. Das Regelwerk der päpstlichen Kanzlei wird umgeschrieben, die Privilegien der Kardinäle beschnitten, das oberste Kirchengericht streng angewiesen, Benefizien nur noch an würdige Personen zu vergeben. Eine Reihe von Büros, die Leo X. eingerichtet hat, wird aufgelöst, und die Kosten der Hofhaltung werden begrenzt. An die heiße Kartoffel der Ablassfrage mag Hadrian nicht rühren. Ohnehin schlägt ihm schon von allen Seiten Abneigung und Widerstand entgegen – nicht nur, weil lieb gewonnene Ämter und Einnahmequellen seiner Streichliste zum Opfer fallen, sondern weil sein Pontifikat einen allzu jähen Bruch mit der bisherigen Kunst- und Kulturbegeisterung am päpstlichen Hof markiert. Die pedantisch-innerliche Frömmigkeit Hadrians, die sich an der *devotio moderna* orientiert, vergällt den Italienern die Daseinsfreude, seine Austerität wirkt wie Spielverderberei. Darum findet der Papst bei seinen Reformbemühungen nur wenige Helfer und viele willige Blockierer. Und auch die Deutschen können mit Hadrian nicht viel anfangen, denn unter ihnen ist der antipäpstliche Affekt schon zu weit verbreitet.[7]

Hadrian bemüht sich darum, die lutherische Frage zu lösen. Er hegt keinerlei Sympathien für die Abtrünnigen und hat, im Gegenteil, Karl V. vor dem Wormser Reichstag geraten, Luther bloß nicht nachzugeben. Der Papst kann nach eigenem Eingeständnis nicht glauben, dass eine „so fromme Nation sich durch ein Mönchlein *(fraterculum)*, das vom katholischen Glauben abgefallen sei, (…) sich von dem Wege abbringen lasse, den der Heiland und seine Apostel gewiesen hätten, (…) gleichsam als ob Luther allein weise sei und (…) den Heiligen Geist habe, die Kirche dagegen (…) im Dunkel der Torheit und auf dem Irrweg des Verderbens gewandelt wäre".[8] Seine Gegenstrategie ist breit angelegt: Zum einen will er den Humanisten Erasmus von Rotterdam für eine antilutherische Kampagne einspannen. Darum versucht er, ihn nach Rom zu locken, „um das grauenvolle Unheil, solange es noch heilbar ist, aus der Mitte unserer Nation hinwegzuräumen". Vergeblich allerdings; Erasmus gibt seinem früheren Professor von der Uni Löwen einen Korb und schlägt stattdessen vor, eine Art Gelehrtenkommission solle doch Einigungsmöglichkeiten mit der lutherischen Seite ausloten. Darauf will sich der Papst nicht einlassen. Zum anderen bemüht sich Hadrian, die deutschen Landesfürsten auf seine Seite zu ziehen, indem er eine Reform der Kirche verspricht, und sie gleichzeitig darauf zu verpflichten, das Wormser Edikt gegen Luther anzuwenden; der Mann ist ja theoretisch 1521 für vogelfrei erklärt worden, und seine Schriften – die in hohen Auflagen gedruckt werden und die sich die Menschen gegenseitig aus der Hand reißen – sind eigentlich verboten. Doch das vermag der Nuntius, den Hadrian zum Nürnberger Reichstag geschickt hat, nicht durchzusetzen. Stattdessen beklagen sich die Fürsten über die Missstände an der Kurie, fordern ein *Christlich Concilium* auf deutschem Boden binnen eines Jahres und wollen sich höchstens dazu bereitfinden, bis zum *Concilium* die weitere Verbreitung der lutherischen Ideen zu bremsen.

Hadrians Nuntius verliest auf dem Reichstag ein ungewöhnlich deutliches *Mea Culpa* Roms. „Wir wissen wohl, dass auch bei

diesem Heiligen Stuhl schon seit manchem Jahr viel Verabscheu-
ungswürdiges vorgekommen: Missbräuche in geistlichen Dingen,
Übertretungen der Gebote, ja dass alles sich zum Ärgeren verkehrt
hat. (…) Denn die Krankheit ist tief eingewurzelt und vielgestal-
tig." Unerhörte Töne. Im Geschichtsbuch macht sich so etwas gut.
Doch zwei Jahre später ist Nürnberg die erste deutsche Stadt, die die
Reformation durchführt.

Es ist eben alles schon zu spät, aus römischer Optik, und wird
jetzt noch verheerender. Denn als Hadrian nach nur anderthalb
Jahren im Amt stirbt, wird zu seinem Erben niemand anderes als
Giulio Medici, der Vetter Leos X., gewählt, und das lässt das Pontifikat des deutschen Papstes wie ein vorübergehendes Wetterleuch-
ten wirken. Unter dem zweiten Medici alias Clemens VII. gehen
große Teile Europas der römischen Kirche von der Fahne, und die
Ewige Stadt selbst wird von marodierenden Landsknechten besetzt
und verwüstet.

Die 35 Kardinäle im Herbstkonklave von 1523 brauchen vierzig
Tage, bis sie sich einig werden. Es ist somit die längste Papstwahl
seit vielen Jahrzehnten. Das liegt vor allem an einem Gegensatz zwischen Karl V. und Frankreich, der sich eins zu eins im Kardinalskollegium spiegelt. Außerdem blockieren sich die Anhänger von zwei
Kandidaten, Medici und Colonna, gegenseitig; nachgeben will keiner. In der „Wahlkapitulation", auf die jeder Konklaveteilnehmer
einzeln einen Eid abgelegt hat, taucht der Name Luther überhaupt
nicht auf. Allerdings lassen die Kardinäle wissen, dass sie diesmal
unter keinen Umständen bereit sind, einen Abwesenden zu wählen;
man wisse schließlich, wohin so etwas führe. Das ist die einzige und
nicht sehr freundliche Reminiszenz an Adriaan. Ansonsten wirkt
alles so, als hätte es den Reformpapst gar nicht gegeben, ja als wären
die religiösen Wirren auf der anderen Seite der Alpen gar nicht so
schlimm.

Die Isolierung der Wähler im Apostolischen Palast ist diesmal
eine Formalie, an die sich niemand hält. Knapp zwei Wochen nach
Beginn der Abstimmungen kann der französische Botschafter in
den Konklavebereich treten und eine Rede an die Eminenzen hal-

ten; zwölf Tage später klopfen römische Adlige ans Tor und geben dem Dekan des Heiligen Kollegiums zu verstehen, dass den Menschen in der Stadt die Geduld ausgehe. Votiert wird hin und wieder: nicht täglich. Einige Kardinäle, die den roten Hut noch nicht so lange tragen, verabreden sich untereinander ihre ausgefüllten Stimmzettel zu zeigen, bevor diese eingesammelt werden. Achtzehn Kardinäle haben sich angeblich schon vor dem Start des Konklave verschworen, nur einen aus ihrem Kreis zu wählen; Giulio Medici gehört nicht zu ihnen.

Trotzdem gelingt es dem Medici schließlich, die Hemmnisse zu überwinden und in die Schuhe des Fischers zu schlüpfen. Hat er seinem Gegner Colonna ein Angebot gemacht, das dieser nicht ablehnen konnte? Ein Amt? Einen Palazzo? Geld? Wir wissen es nicht. Jedenfalls dreht Colonna bei, und Medici siegt.[9] Er lässt sich krönen, nimmt aber von der Lateranbasilika, seiner Bischofskirche, nicht Besitz. Das hatte vor ihm auch Hadrian VI. unterlassen; der Letzte am Lateran war Leo, der dort auch das V. Laterankonzil sang- und klanglos zu Ende gebracht hat. Die stolze Lateranbasilika, die gern „Mutter und Haupt aller Kirchen in der Welt" genannt wird, hat an Bedeutung eingebüßt, seit die Päpste ihre Residenz gen Vatikan verlegt haben, und damit einhergehend ist das Bewusstsein geschwunden, dass ein Papst in erster Linie Bischof von Rom ist – und nicht Politiker und Souverän.

Clemens VII. alias Giulio Medici ist, man darf das so schonungslos sagen, der falsche Mann für diesen Moment der Umwälzungen in Europa. Mit den Mitteln von gestern, also Machtpolitik, Geld und *furbizia* (der italienische Begriff für Verschlagenheit ist keineswegs nur negativ besetzt), lassen sich die Krisen nicht beherrschen.[10] Clemens überwirft sich mit Karl V. in einem Augenblick, in dem dieser unbedingt Rückhalt aus Rom bräuchte, und hintertreibt selbst nach einer halben Aussöhnung mit dem Habsburger jeden Anlauf zu einem Konzil. Karl wünscht ein solches unbedingt, und zwar in Deutschland, weil er spürt, dass sich die Reformation sonst nicht mehr eindämmen lässt, der Papst aber fürchtet, dass sich ein *Concilium* nicht steuern ließe und die römische Autorität ins Wanken bringen würde. Konstanz, Basel und Pisa haben die Herren an der Kurie nachhaltig traumatisiert. Damit bleibt die große Lösung für die Lutherkrise aus, es kann nur hier und da geflickt, gedroht, gelockt werden. Mit rasender Geschwindigkeit breitet sich die Reformation in Deutschland und darüber hinaus aus; das England Heinrichs VIII. löst sich von der römischen Kirche und gründet eine eigene. Was in diesen Jahren in Europa auf-, aber auch zerbricht, wird die Landkarte des Kontinents auf Jahrhunderte prägen, die Folgen sind bis heute spürbar.

Und Clemens? Veranstaltet 1525 ein Heiliges Jahr, eines der tristesten der Geschichte, weil wegen der Umwälzungen kaum Pilger nach Rom kommen, dafür aber die Pest sich in diesem Sommer breitmacht in der Stadt. Zwei Jahre später fallen ca. 20 000 deutsche und spanische Soldaten, die sich über ausgebliebene kaiserliche Soldzahlungen ärgern, über Rom her. Sie haben leichtes Spiel, denn der Papst hat seine Truppen aus Spargründen ausgedünnt. Jetzt wird er in aller Eile über den heute noch bestehenden Fluchtgang namens *Passetto* vom Vatikan in die Engelsburg gerettet, mehr als 140 Schweizergardisten, die den Vatikan zu schützen suchen, kommen derweil ums Leben. Der Kommandant der Garde, ein Züricher, der selbst evangelisch geworden ist, aber an seinem Treueeid auf den Papst festhält, wird am Petersplatz von katholischen Spaniern niedergemacht – absurd eigentlich. Vier Wochen später gibt Clemens auf, wird ein halbes Jahr lang gefangen gehalten, dann kann er sich freikaufen und die Stadt verlassen. Die Angreifer plündern fast zehn Monate lang die Reichtümer Roms, brandschatzen, töten und vergewaltigen; auf den Straßen liegen Leichen herum. Besonders wüst gebärden sich die deutschen Landsknechte, von denen die meisten Sympathien für das Luthertum und einen wilden Hass auf das korrupte, falsche Rom hegen. Sie machen Jagd auf Priester und Ordensleute, entweihen Heiligengräber, saufen aus goldenen Messkelchen, werfen sich erbeutete liturgische Kleidung über und veranstalten Spottprozessionen. Das ist der „Sacco di Roma", die Plünderung Roms, die letzte bislang. Den Zeitgenossen erscheinen diese grauenhaften Szenen wie ein göttliches Strafgericht über das sorglose, verderbte Babylon. Auf einmal wird spürbar, welch zerstörerische Kräfte die Religionsspaltung in Europa freigesetzt hat. Einige datieren das Ende der Renaissance auf diesen 6. Mai 1527, an dem eine führungslose Soldateska in der Nähe des Petersdoms die Stadtmauer durchbricht, „Luther, Luther!" brüllt und dem pontifikalen *Bling-Bling* abrupt ein Ende macht.[11]

Wer heute in der Ewigen Stadt nach Spuren dieser dramatischen Jahrzehnte sucht, wird an vielen Orten fündig. Besonders sprechend sind die Papstgräber. Leo X. und sein Vetter Clemens VII. sind in der Basilika Santa Maria sopra Minerva links hinter dem Pantheon beigesetzt, während Hadrian VI. in der deutschen Nationalkirche Santa Maria dell'Anima ruht, nicht weit von der Piazza Navona. Aber welch ein Unterschied: Die Medici, ganz Herrscher, thronen und segnen; der Deutsche hingegen liegt resigniert da und stützt seinen Kopf in die Hand, ein Bild der Zerknirschung.

Auf manche Spuren stößt man unvermutet; das kann einem etwa in der Villa Farnesina auf der anderen Tiberseite passieren. Der Renaissancebau ist prachtvoll, er gehörte einem Bankier, der mit den Medicis befreundet war. Überall Fresken, einige von der Hand Raffaels. In einem Saal im Obergeschoss fallen einem Graffiti ins Auge, die in eine Wand eingeritzt sind, und eines davon stammt von einem deutschen Teilnehmer am „Sacco di Roma": „Was sol ich schreiben und nit lachen die La(nds)knecht habenn den babst lauffen machen".

Nachdenklich kann einen auch ein Brunnen in der Via Lata stimmen, einer Seitenstraße des Corso. Er zeigt einen anonymen Wasserverkäufer des 16. Jahrhunderts. Aus dem Fass, das der Mann mit beiden Händen vor seinen Bauch hält, läuft Wasser in die Brunnenschale darunter. Mit seinem Birett ähnelt er den Darstellungen Martin Luthers, wie sie Cranach massenweise in Umlauf brachte. Tatsächlich hat der spätere Reformator bei seiner Romreise 1510 oder 1511 wohl im Augustinerkloster ganz in der Nähe gewohnt.[12]

Die Züge der Figur sind fast völlig zerkratzt und zerstört. Es heißt, die Römer hätten damals das steinerne Gesicht, das sie für ein Porträt Luthers hielten, mit Steinen beworfen.

12
Der Geist und die Exklusive

Erst mal ein Schläfchen – Handgemenge und Gerenne – Reformterror an der Kurie – Philipps Liste – „Es ist mir eine Ehre" – Die katholische Bahnhofshalle

Und dann greift, völlig unvermutet, der Heilige Geist ein. Und sorgt für die Wahl von Alessandro Farnese zum Papst.

Es ist der 11. Oktober 1534, die Sonne ist schon untergegangen. Im Apostolischen Palast stehen ungefähr 35 Kardinäle vor der Aufgabe, einen Nachfolger für den unglücklichen Clemens VII. zu wählen. Karl V. hat diesmal offenbar keine Wahlempfehlung abgegeben, aber dafür hegen die Franzosen genaue Vorstellungen, wer *papabile* ist und wer nicht. Am Morgen sind die Kardinäle nach einem Gottesdienst feierlich ins Konklave eingezogen und haben entschieden, dieselben Wahlkapitulationen vorzubringen wie 1513 vor der Wahl des ersten Medici-Papstes. Als ließe sich jetzt einfach an die Zeit vor Kardinal Luther anknüpfen, als hätte sich seither nicht alles geändert. Außerdem wollen sie beim ersten Wahlgang am nächsten Tag mündlich abstimmen und einen Akzess zulassen. So weit, so gut.

Doch an diesem Abend geschieht etwas Ungewöhnliches. In ihren Gesprächen untereinander drängt sich einer Mehrheit der Wähler augenscheinlich der Eindruck auf, dass am Dekan des Kardinalskollegiums, eben Farnese, kein Weg vorbeiführe. Auch die Franzosen sehen das so. Daraufhin suchen zwei Kardinäle, ein Medici und ein Franzose, den Dekan in seiner Wohnzelle auf und versichern ihm, dass er eine Mehrheit hinter sich habe; er solle doch bitte zur Nikolauskapelle kommen. Farnese geht also von seiner

Zelle aus los zur Kapelle, er kennt die Route, denn heute Morgen hat er dort noch die Messe zelebriert. Während er unterwegs ist, hasten Kardinäle herbei, fallen ihm zu Füßen, huldigen ihm; und dann scharen sich, als er in der Kapelle eintrifft, alle oder fast alle Wähler um ihn, Kardinal Piccolomini als stellvertretender Dekan erklärt ihn im Namen aller Anwesenden zum Papst, und die Zeremonienmeister bezeugen das Geschehen. „Der Papst wurde ohne einen Wahlgang gewählt, durch das Wirken des Heiligen Geistes", wird der Bischof von Aosta in einem Brief formulieren. Es geht aber noch weiter. Der neue Papst hält erst einmal ein Schläfchen, dann isst er zu Abend – und noch überraschender, am nächsten Morgen sitzt er, als wäre nichts gewesen, als Kardinal gekleidet auf seinem Platz, und alle Wähler führen noch einmal einen Wahlgang durch. Offensichtlich trauen sie der Dynamik vom Vorabend nicht ganz, sondern hätten gern eine Bestätigung. Damit niemand den Heilig-Geist-Moment anfechten kann.

Dass der Heilige Geist bei der Papstwahl der eigentliche Protagonist ist, glauben viele Katholiken. Das drückt sich auch liturgisch aus: „Messe vom Heiligen Geist" heißt damals schon und heißt bis heute der letzte öffentliche Gottesdienst, den die Kardinäle feiern, bevor das Konklave anhebt, und „Veni Creator Spiritus", „Komm Schöpfer Geist", singen sie beim Einzug in die Wahlkapelle. Manche Katholiken sind davon überzeugt, dass der Heilige Geist den Wählern gleichsam die Hand führt, wenn sie auf dem Stimmzettel mit der lateinischen Formel „Eligo in Summum Pontificem", „Ich wähle zum höchsten Pontifex", den Namen ihres Kandidaten einfügen. Andere nehmen die Beistands- und Geistzusage, die Jesus seiner Kirche gemacht hat, nicht ganz so wörtlich, sondern halten die Wahl von Päpsten eher in einer allgemeinen, nicht im Einzelnen nachweisbaren Weise für „inspiriert", im Sinn der zwei vielleicht komplementär zu denkenden Sprichwörter, dass Gott auch auf krummen Zeilen gerade schreibe und dass der Geist nun mal wehe, wo er wolle. Es gebe „zu viele Beispiele für Päpste, die der Heilige Geist offensichtlich nicht gewählt hätte", seufzte 1997 Kardinal Ratzinger, der spätere Benedikt XVI., und plädierte dafür, die

Rolle des Heiligen Geistes „viel elastischer" aufzufassen.[1] Jedenfalls ist ein Eingreifen des Heiligen Geistes im Konklave gewünscht und ausdrücklich vorgesehen.

Das inspirierte Geschehen, bei dem aus Alessandro Farnese Paul III. wurde, hat nur wenige Stunden gedauert; eine Art Inspirationswahl also, wie es sie auch in früheren Jahrhunderten gegeben hat, etwa bei der Akklamation des Einsiedlerpapstes Coelestin? Nein. Denn sieht man genau hin, dann erkennt man einige Züge einer sogenannten Adorationswahl, wie sie uns ansatzweise bei Leo X. begegnet ist und wie sie im späten 16. und frühen 17. Jahrhundert nahezu zur Regel wird. Wesentliches Modell dieser Wahl *per adorationem* ist, dass Kardinäle dem Kandidaten scheinbar spontan zu Füßen fallen und ihm huldigen, als wäre er bereits Papst. Der Moment zu einer Adorationswahl ist dann gekommen, wenn eine Wählergruppe den Eindruck hat, zumindest eine einfache Mehrheit für ihren Kandidaten zusammenzuhaben, und das muss nicht wie bei Alessandro Farnese schon am ersten Tag, das kann auch erst nach zwei Wochen des Schacherns und Belauerns eintreten. Dann aber geht's schnell: Der Auserkorene wird in der (heute so genannten) Cappella Paolina des Apostolischen Palastes, die in diesen Jahrzehnten der übliche Konklaveort ist, auf den Thron gesetzt, und „seine" Kardinäle verbeugen sich tief vor ihm oder küssen ihm die Füße. De facto ziehen sie damit das sogenannte Adorationsritual vor, das eigentlich nur dem tatsächlich gewählten Nachfolger Petri gebührt – in der Hoffnung, dass weitere Kardinäle sich von dieser Dynamik anstecken lassen und sich dadurch unversehens die Zweidrittelmehrheit ergibt. Solche Adorationsaktionen verlaufen oft tumultuarisch, es kommt sogar zu Handgreiflichkeiten, und nicht immer gelingt der Coup. In die oft gedämpfte Konklaveatmosphäre, die von gegenseitigem Belauern geprägt ist, führt diese Wahlart ein Element des Durcheinanders, des Chaos ein. Man kann das mit dem Akzess vergleichen: Plötzlich werden die Karten neu gemischt, und Kardinäle, die zu einer Minderheitsfaktion gehören, müssen gut aufpassen, dass sie nicht plötzlich isoliert dastehen, während ihre Kollegen rechtzeitig zum künftigen Machthaber übergelaufen sind.[2]

Der Augenblick, in dem sich eine Als-ob-Huldigung des Papstes in die tatsächliche Wahl eines solchen verwandelt, hat etwas Magisches. Zunächst war das Mimik, ein Heraufbeschwören, doch auf einmal ist die Zweidrittelschwelle überschritten, und die Nachahmung, besser: die Vorwegnahme des Rituals gerät unversehens zu seinem Vollzug. „Wenn das Kardinalskollegium einem Kardinal huldigt, als wäre er Papst, dann ist er auch Papst." (Wassilowsky) Das hat eine interessante Nähe zur katholischen Sakramentenlehre, denn Sakramente bewirken, was sie bezeichnen, auch hier also kommt es zum Kurzschluss zwischen dem Ritus und dem Wunder. Weniger beeindruckend sind die Szenen, die des Öfteren mit der Adorationswahl einhergehen. Kardinäle, die ihre Kollegen mit Gewalt am Betreten der Kapelle hindern. Wähler, die gewissermaßen im Schlafanzug herbeistürzen, um auf den Zug aufzuspringen und sich nicht den Zorn des künftigen Papstes zuzuziehen. Geschrei und Gerenne. Nicht gerade das, was man sich unter einem würdigen Konklave vorstellt. Die Adorationswahl an sich scheint nicht zu genügen, es braucht noch die förmliche Bestätigung durch ein *scrutinium*. Außerdem sind es – Heiliger Geist hin, Heiliger Geist her – die Chefs größerer Wählerblöcke, die darüber entscheiden, ob der Moment gekommen ist, eine Adorationswahl zu riskieren, und diese Männer sind seit Paul III. in der Regel Kardinalnepoten. „Ist es wirklich ein Zufall, dass diese Form der Papstwahl praktisch gleichzeitig zur Institutionalisierung des Nepotismus üblich wird?" (Wassilowsky) Ein hässlicher Verdacht: Hinter dem Heilig-Geist-Verfahren lauert die Fratze der familiären Klüngelei.

Es lässt sich nicht leugnen, dass Nepotismus auch nach dem Schock des „Sacco di Roma" am päpstlichen Hof gang und gäbe bleibt. Zugleich aber bringen die Päpste, angefangen bei Paul III., endlich eine Reform der Kirche in Gang. Eine von Paul eingesetzte Kommission erarbeitet dazu 1537 die Blaupause, die bei einer Erneuerung der Kurie ansetzt; der vom Farnese-Papst geförderte Jesuitenorden des Ignatius von Loyola entwickelt sich schnell zur Speerspitze der Katholischen Reform; und Ende 1545 – zwei Monate vor dem Tod Martin Luthers – kann in Trient das überfällige

Konzil beginnen. Zu spät allerdings, um den Bruch in der Einheit der Westkirche noch zu kitten, denn die Ausprägung von Luthertum und Calvinismus ist schon zu weit gediehen, die Strukturen haben sich verfestigt. Doch sorgt Trient mit seiner Abgrenzung von den neu gebildeten Christentümern entscheidend für die Selbstvergewisserung des Katholischen, die wiederum die Voraussetzung für einen neuen Aufbruch bildet.[3] Folgenreich ist vor allem, dass Paul III. (den Michelangelo auf dem Stirnwandfresko der Sixtinischen Kapelle in der Gestalt des Petrus verewigt) das Kardinalskollegium umbaut und würdige Gestalten in seinen Senat beruft: die Engländer Pole und Fisher, den Venezianer Contarini, Humanisten und Ordensleute, denen die Kirchenreform ein Herzensanliegen ist. Natürlich tummeln sich im Heiligen Kollegium weiterhin die großen Namen des italienischen Adels, darunter drei Farnese-Nepoten, deren Raffgier den Erneuerungsdekreten des Onkels hohnspricht. Doch zum ersten Mal seit Langem ist hier auch eine nennenswerte Reformströmung vertreten, und das merkt man den Papstwahlen dieser Jahrzehnte an.

Im mehr als zweimonatigen Konklave zum Jahreswechsel 1549/50 verfehlt Reginald Pole, einer der drei Leiter des Trienter Konzils, nur um ein Haar die Zweidrittelmehrheit.[4] Den Versuch einer Adorationswahl lehnt er ab mit den Worten, er wolle „zum Papsttum durch die Türe gelangen und nicht durchs Fenster einsteigen". Man stelle sich vor, welches Potenzial in diesem historischen Moment ein englisches Pontifikat entfaltet hätte: Pole ist der letzte römisch-katholische Erzbischof von Canterbury, seine Mutter und sein älterer Bruder wurden von Heinrich VIII. hingerichtet, der König hat auf ihn ein Kopfgeld ausgesetzt. Aber Pole wird nicht zum Papst gewählt in diesem Konklave, bei dem offenbar (nach einer längeren Debatte unter den Kardinälen) zum ersten Mal ein wirklich geheimes *scrutinium* durchgeführt wird. Dafür schafft es 1555 ein ausgewiesener Vertreter des Reformflügels an die Schalthebel, der allerdings schon nach drei Wochen stirbt, sodass er keine Zeit hat, Kurie, Kardinalskollegium und Konklave neu aufzustellen.

Dann kommt im zweiten Konklave dieses Jahres Giovanni Pietro Carafa an die Macht, ein Radikalinski der Katholischen Reform, der die Erneuerung durchzusetzen versucht, indem er eine Art Terrorregime errichtet. Die Kardinäle müssen ihre Einnahmen offenlegen und auf einen Großteil der Gelder verzichten; ein Index verbotener Bücher wird eingerichtet, auf dem die Mehrzahl der gängigen Bibelübersetzungen landet; und die Inquisition wird zur mächtigsten Einrichtung an der Kurie. Als Paul IV. nach vier Jahren Pontifikat das Zeitliche segnet, sind tatsächlich – mit Ausnahme des Nepotismus – die schlimmsten Auswüchse am päpstlichen Hof, die man so lange beklagt hat, ausgemerzt, doch um einen hohen Preis: Die Gegenreformation hat Blut an den Händen. Gleichwohl setzt Rom nach Pauls Dahinscheiden den Kurs fort, wenn auch weniger blindwütig. Auf der Basis der Dekrete des Trienter Konzils werden ein Katechismus, ein Brevier, ein neuer Messritus erstellt, die Priesterausbildung geordnet, der Ablasshandel verboten. Darüber hinaus werden die Kardinäle immer mehr zu römischen Regierungsgeschäften herangezogen, um schließlich gegen Ende des 16. Jahrhunderts zur obersten Beamtenschicht der Kurie zu mutieren. Als Sixtus V. 1588 fünfzehn Ministerien („Kongregationen") einrichtet, steht an deren Spitze jeweils ein Kardinal, und damit hat das Heilige Kollegium, das so lange auf der Suche nach sich selbst war, neben dem Privileg der Papstwahl einen weiteren Daseinsgrund gefunden. Sixtus bestimmt zudem, dass es nicht mehr als siebzig Kardinäle geben darf – eine Regel, die bis ins 20. Jahrhundert hinein Bestand hat.

Nun ginge man fehl in der Annahme, dass die Kirchenspitze sich plötzlich zur Reform bekehrt und alle Auswüchse entschlossen beseitigt hätte. Rom bleibt ambivalent. Päpste haben Kinder, Höflinge intrigieren. Ein Medici-Papst lässt zwei Nepoten seines Vorgängers, des Terrorreformers Paul IV., hinrichten, obwohl er ansonsten ganz auf Milde gestimmt ist; ein Clemens VIII., der im Heiligen Jahr 1600 als Seelsorger und Wallfahrer auftritt, findet nichts dabei, den Denker Giordano Bruno auf dem Campo de' Fiori den Flammen zu übergeben; und der später heiliggesprochene Dominikaner Pius V., ein Ex-Großinquisitor, der für ein Massaker an Waldensern in Süditalien verantwortlich zeichnet, erlässt in den Sechzigerjahren gleich drei Bullen, die gegen die Juden gerichtet sind. Das Trienter Konzil hat das Papsttum nicht angetastet, es ist absolut wie zu Zeiten des dritten Innozenz. Und dennoch weht mittlerweile im Vatikan ein Wind des Wandels, mal stärker, mal schwächer.

Ein Wind, der auch das Konklave erfasst. Seit Mitte des Jahrhunderts diskutieren die zur Papstwahl versammelten Kardinäle vor dem Beginn des Votierens jedes Mal darüber, ob sie ein ganz und gar geheimes *scrutinium* durchführen sollen, eine Abstimmung mithin, bei der auch im Augenblick der Auszählung im Dunkeln bleibt, wer wem seine Stimme gegeben hat; Gegner wie Befürworter argumentieren beide mit der Notwendigkeit der Aufrichtigkeit, auch wenn sie zu gegenteiligen Schlüssen kommen. Im Fall eines Akzesses aber wird die zuvor im *scrutinium* eventuell gewahrte Geheimhaltung gebrochen, weil ja eruiert werden muss, wen ein Kardinal, der sein Votum umwidmen will, ursprünglich gewählt hat; schließlich ist es beim Akzess verboten, für dieselbe Person wie zuvor zu stimmen. Mehrmals wird die ganz geheime Abstimmung „ausprobiert", ohne jemals wahlentscheidend zu werden. Auch über die Adorationswahl sind die Debatten vor Beginn des Konklave hitzig, weil manchem Kardinal die Kriterien nicht klar genug und das Risiko des Tumults zu hoch erscheint, und außerdem wird dieser beliebte Wahlmodus in keiner Konklaveordnung erwähnt, geschweige denn normativ ausgestaltet. Viele stören sich daran, dass der Adorationsakt sozusagen an der Schlafzimmertür des Kandidaten stattfindet, nicht im sakralen Raum, und dass dabei gar nicht unbedingt das Wort „eligo", also „Ich wähle", fallen muss, sodass es dieser Wahlform an letzter Eindeutigkeit gebricht. Deutlich ist bei alldem, dass sich die Kardinäle als die Herren des Verfahrens fühlen; Hauptsache, eine Zweidrittelmehrheit werde erreicht, nach dem Wie brauche dann niemand mehr zu fragen, äußert einer von ihnen, ein Farnese. Die Herren sind so frei, die Wahlmodi immer wieder kreativ zu vermischen und es auch mit den alten *Ubi-periculum*-Regeln nicht sonderlich genau zu nehmen. Im 1550er-Konklave sollen sich zeitweise etwa 400 Menschen im „abgesperrten" Bereich aufgehalten haben, und es ist eingerissen, dass die Vertreter der großen oder mittleren Mächte sich regelmäßig durch Fenster oder Löcher in der Wand als Einflüsterer „ihrer" Kardinäle betätigen können. Kein Wunder, dass ein Reformentwurf dieser Jahrzehnte vorschlägt, die Konklave doch kurzerhand in die Engelsburg zu verlegen, wo sich der Besucherstrom problemlos eindämmen ließe.[5]

Nach dem Tod des Terrorpapstes Paul kommt es 1559 zum längsten und verwickeltsten Konklave des Jahrhunderts. Der Mob hat eine Statue des Verstorbenen in den Tiber geworfen, und während sich die Abstimmungen der Kardinäle in die Länge ziehen, kommt es in Rom zu Unruhen; falsche Mönche tauchen in den Straßen der Stadt auf und predigen die protestantische Lehre. Erst nach 113 Tagen wird ein Medici als Kompromisskandidat gekürt – in einer nächtlichen Adorationswahl, die am darauffolgenden Morgen von einem *scrutinium* beglaubigt wird. Unter dem Eindruck dieser schwierigen Wahl zurrt Pius IV. in einer Bulle die Regeln fest, die seit Gregor X. gelten. Die erlaubten Ausgaben während der Sedisvakanz werden gedeckelt, eine strengere Diät für die Elektoren wieder eingeführt, Rom als einzig denkbarer Konklaveschauplatz eingeschärft, das Mitnehmen von Familienangehörigen ins Konklave, getarnt als Assistenten, streng untersagt. Auch dem nicht nur außerhalb, sondern sogar unter den Kardinälen im Konklave florierenden System der Wetten auf den nächsten Papst sagt Pius' Verfügung den Kampf an. Und sie besteht darauf, dass die Papstwähler von der Außenwelt isoliert werden, wie das ja seit 1274 eigentlich vorgeschrieben ist. Der große Wurf ist die von moralischen Appellen durchzogene Bulle allerdings nicht. Rufe nach einer Erneuerung der Papstwahlregeln wollen auch weiterhin nicht verstummen, sodass Rom am Ende des 16. Jahrhunderts eine eigene Kongregation für eine Konklavereform einrichtet.[6]

Schon seit Langem haben das Heilige Römische Reich, Frankreich, Spanien, England, Venedig und andere Player ihren Einfluss spielen lassen, auf dass aus einem Konklave ein ihnen politisch genehmer Papst hervorgehe. Wer heute die Berichte der damaligen Botschafter liest, kann nur staunen darüber, wie nah die Diplomaten am Konklavegeschehen dran waren, und kann sich kaum des Eindrucks erwehren, dass eine Papstwahl manchmal nichts anderes war als eine große Intrige, ein Armdrücken unter den Großmächten. Staaten und Nationen sind erstarkt, mit frischem Selbstbewusstsein nutzen sie die religiösen Zerwürfnisse des Jahrhunderts für ihre Zwecke. Landesfürsten bedienen sich der Kirchen der Reformation, die bei ihnen Schutz suchen, indem sie sie scheinbar großmütig unter ihre Fittiche nehmen, der Brite Heinrich VIII. gründet, weil Rom ihm die Zweitehe vergällt, kurz entschlossen seine eigene *Church of England*. Da kann es nicht ausbleiben, dass die große Politik auch ins Auswahlverfahren für den Spitzenposten der katholischen Kirche hineinredet. Den Mächten hilft dabei, dass die Zeit der großen Renaissancekardinäle vorüber und dass das Kollegium zu einer Art Beamtenkaste geworden ist, die nicht unbedingt die Kraft aufbringt, den Übergriffen von außen etwas Eigenes entgegenzusetzen. Wobei man allerdings nicht den Fehler machen darf, die Kurie dieser Jahre als monolithischen Block zu betrachten; sie ist, wie Forschungen der letzten Jahrzehnte immer stärker herausgearbeitet haben, keine unter dem Druck widriger Umstände auf einheitlich geschaltete Restaurationsmaschine, sondern durchaus ein Ort pluraler Debatten, „binnenkonfessioneller Polaritäten und Antagonismen".[7]

Vormacht des Katholischen, ja *die* Großmacht schlechthin ist damals Spanien mit seinem amerikanischen Filialreich. Uns Teutonen mit unserer Fixierung auf Luther ist vielleicht nicht hinreichend klar, welch neuen Horizont Amerika für die katholische Kirche dieser Zeit, auch für Rom bedeutet, und vielleicht besteht da ja auch eine Korrelation: dass nämlich die deutsche Abspaltung doch aus Papstsicht umso hinnehmbarer war, als sich mit der Neuen Welt eine ganz andere Perspektive aufgetan hatte.[8] Während Deutschland sich in Glaubenskämpfen aufreibt, ist Spanien von einer mitreißenden Aufbruchsdynamik gekennzeichnet; der Traum von einer Weltmonarchie geht um. Ignatius von Loyola, Gründer und Frontmann der Jesuiten, bleibt nicht bei der Introspektion des Glaubens stehen, bei der privaten Innerlichkeit, wie sie in unseren

Breiten etwa die *devotio moderna* propagiert, sondern wird zum Kolumbus des Katholischen. Was der Genueser eher zufällig an Welterschließung geleistet hat, das vollzieht der Baske planmäßig im Religiösen nach. Spanien verschafft der Kirche eine ganz neue Welt und wehrt, nebenbei notiert, in der Seeschlacht von Lepanto 1571 auch den Drang der Osmanen gen Westen ab; ist es da, so mag man in Madrid oder im Escorial fragen, zu viel verlangt, wenn sich die Herren Kardinäle bei der Papstwahl den spanischen Vorstellungen anbequemen? Jedenfalls reicht Philipp II., Sohn Karls V., in einem Konklave an der Wende vom 16. zum 17. Jahrhundert eine Liste ein, auf der die ihm genehmen Papstkandidaten aufgeführt sind, und eine ungleich längere Liste von weiteren Eminenzen, die nach seinem Dafürhalten keinesfalls für den Spitzenposten geeignet sind.

Was man für einen frechen Anspruch halten könnte, entwickelt sich schnell zum Vorrecht gekrönter katholischer Häupter: *ius exclusivae*, das Recht der Exklusive. Es bedeutet, dass ein Kronkardinal im Auftrag seines Monarchen in aller Form Veto gegen einen missliebigen Kandidaten einlegen kann. Er tut dies, wie sich das gehört, mit einer lateinischen Formel, die mit „Honor mihi" anfängt, „Es ist mir eine Ehre" – das sinistre Gegenstück zum *Annuntio vobis gaudium magnum* der gelungenen Papstwahl. Kronkardinäle, also direkte Vertreter eines Herrscherhauses im Kardinalskollegium, sind uns im 15. Jahrhundert schon begegnet; ein Herrscher nominiert sie, der Papst muss sie notgedrungen ins Heilige Kollegium aufnehmen, und dort sind sie dann die Stimme ihres Herrn, ausgestattet mit detaillierten Anweisungen und im Konklave befugt, mit dem Botschafter ihrer Heimat Kontakt zu unterhalten. Wie gesagt, mit der weiterhin vorgeschriebenen Abschottung der Papstwähler ist es nicht mehr weit her.[9]

Mehrere Päpste haben diese trojanischen Pferde ausdrücklich verboten, ja ihre erste schriftliche Erwähnung 1425 ist sogar ein solches Verbot, doch dieses *Anathema sit* bleibt auf dem Papier, und es gibt die *cardinali della corona* jahrhundertelang. Ähnlich läuft das auch mit der Exklusive: Kaum wird sie erstmals ausgeübt, ist sie in der Welt und lässt sich nicht mehr abschaffen, sogar bis ins 20. Jahrhundert hinein. Päpstliche Normen sind eben das eine, Machtpolitik das andere; nicht selten siegt Letztere. Es gibt kein schriftliches Dokument, mit dem das *ius exclusivae* jemals formell eingerichtet oder genehmigt worden wäre, und trotzdem setzt es sich durch. Drei Herrscherhäuser sind es, denen es im Lauf der kommenden Jahrhunderte zukommt: der katholische König von Spanien. Der allerchristlichste König von Frankreich. Und der Kaiser des Heiligen Römischen Reichs, später abgelöst vom apostolischen Kaiser von Österreich.[10]

Das Perfide an der Exklusive: Dieses negative „Habe die Ehre" darf ein von seinem Fürsten bevollmächtigter Kardinal, so will es das ungeschriebene Gesetz, in einem Konklave nur ein einziges Mal aussprechen. Da heißt es Nerven behalten, wenn die Gegenseite einen Kandidaten ins Rennen schickt, denn vielleicht ist das alles ja nur ein Scheinmanöver, vielleicht warten die Gegner ja nur darauf, dass man seinen Bannstrahl zu früh schleudert; und kaum ist dieser vorgeschobene Kandidat dann „verbrannt", kommt die Gegenseite mit ihrem eigentlichen Kandidaten aus der Deckung, und gegen den gibt es dann keine Vetomöglichkeit mehr. Es sei denn, man hat sich rechtzeitig mit einem weiteren Kronkardinal alliiert, der seine Exklusive-Karte noch im Ärmel hat. Solche Winkelzüge machen viele Konklaven dieser Jahre „zu äußerst interessanten kirchenpolitischen Spielwiesen" (Hubert Wolf). Wer unter solchen Umständen allerdings als Papst aus der Wahl hervorgeht, wird schwer vorhersehbar. Solange noch nicht klar ist, wie die katholischen Höfe sich positionieren, verkommen Skrutinalwahlen zu einem Instrument des Abwartens und Zeitschindens; blockieren die Spanien- und die Frankreichfaktion sich gegenseitig, dann fällt die Papstwürde gerne mal einem alten, dem Tod bereits nahen Kardinal zu; oder ein Kardinal zögert zu lange mit seinem Veto, und auf einmal erreicht unversehens ein Kandidat die Zweidrittelmehrheit, den man nur vorgeschoben hatte …, während der in Wirklichkeit gewünschte *Papabile* leer ausgeht. Konklave, das ist wie Schachspiel: Jeder Zug will gut überlegt sein, und den Gegner sollte man über seine Strategie und Absichten so lange wie möglich im Unklaren lassen. Täuschen und Tricksen gehören dazu.[11]

Eine handschriftliche Liste anonymer Herkunft aus dem Jahr 1605 teilt die Kardinäle ohne Umschweife in „Spagna" oder „Francia" ein und führt auch die vermuteten Motive auf: Dankbarkeit, Verwandtschaft, Pflicht, Beziehungen. Zwischen die beiden Spalten hat der Anonymus aber eine Art Keil eingezeichnet, eine dritte Kategorie: *conscienza*, also Gewissen. Dort werden nur vier Namen genannt, doch es sind genau diese vier Purpurträger, die sich in den darauffolgenden Jahren für eine Konklavereform in die Bresche werfen werden.[12]

Wirklich neu ist es nicht, dass im Konklave nicht in aller Lauterkeit nach dem kompetentesten oder heiligsten Mann gefahndet wird, sondern die Interessen großer Mächte oder Familien den Ton vorgeben. Früher machten Byzanz oder Aachen ihren Einfluss geltend, jetzt sind es Madrid, Paris, Wien. Dagegen versucht Gregor XV. 1621 unter tatkräftiger Unterstützung seines Nepoten Ludovico Ludovisi mit der Bulle *Aeterni Patris Filius* vorzugehen; sie bekräftigt, dass die Papstwähler allein ihrem Gewissen verantwortlich sind und niemandem sonst, und verbietet die Exklusive, vergeblich allerdings. Dennoch legt diese Bulle zusammen mit einer nachfolgenden Verfügung einiges fest, was das Konklave auch heute noch kennzeichnet. Dass jeder Kardinal, egal welches Ranges, nur eine Stimme abgeben und sich nicht selbst wählen darf. Dass die Wahl in der Regel schriftlich und geheim vorgenommen wird mit Wahlzetteln, die auf eine Weise gefaltet werden, durch die der eingetragene Name des Papstkandidaten nicht gleich sichtbar ist. Dass täglich zwei Wahlgänge durchgeführt und die Stimmzettel nach der Auszählung verbrannt werden. Dass die Wahl von nun an in der Sixtinischen Kapelle stattzufinden hat, Auge in Auge mit Michelangelos *Jüngstem Gericht*. Dass die Kardinäle im Augenblick der Stimmabgabe nicht nur ein Gebet sprechen, sondern einen Eid leisten. Und dass eine Papsterhebung, die nicht unter Konklavebedingungen zustande kommt, null und nichtig ist. Man mag es kaum glauben, doch es ist das erste Mal seit Einführung des Konklave, dass diese Ausschließlichkeit schwarz auf weiß angeordnet wird.[13]

Gregor ist der erste Jesuitenschüler im Papstamt; ein schwer kranker Mann, der keine drei Jahre lang das Ruder führt, doch in dieser knappen Zeit wichtige Neuerungen durchsetzt. In der Vatikanischen Bibliothek bestellt er persönlich ein Büchlein über die Geschichte der Papstwahl, sein Name steht in der Ausleihliste; seine Konklavereform zieht er innerhalb weniger Monate durch, bevor die Höfe zum Gegenschlag ausholen können, und auch das Kollegium der Kardinäle umgeht er. Die neuen Regeln sind detailliert, sie betreffen auch den Akzess, der von nun an nur noch schriftlich vorgenommen werden darf; neben der schriftlichen Abstimmung werden als weitere Wahlarten nur die (schon seit Jahrhunderten nicht mehr getätigte) Kompromiss- und die Inspirationswahl zugelassen, hier bestätigt Gregor also die Vorgaben des Vierten Laterankonzils und macht gleichzeitig der Adorationswahl ein Ende – und das, obwohl seit über hundert Jahren mit einer Ausnahme, dem Akzess zugunsten Hadrians VI., alle Papstwahlen durch Huldigung oder durch ein mündliches *scrutinium*, das einer Akklamation sehr nahekommt, erfolgt sind und es nur manchmal dann pro forma noch eine schriftliche Abstimmung gegeben hat, die aber am Ergebnis nichts mehr ändern, sondern es nur noch bestätigen durfte. Nun also ist es vorbei mit der Adorationswahl; die Partei der Reformer, zu denen namentlich der Jesuitenkardinal Roberto Bellarmino gehört, hat sich durchgesetzt. Generell spricht aus Gregors Bulle das Bemühen, Elemente des Chaos und der Überrumpelung, ja des lauten Sprechens aus dem Konklave herauszuhalten. Die Bedingungen der Inspirationswahl werden in einer Art und Weise festgeschraubt, die verhindern soll, dass unter diesem Deckmäntelchen die Adorationswahl überlebt; so darf vor einer Inspirationswahl nicht über konkrete Namen gesprochen werden, sondern nur über wünschenswerte Eigenschaften eines künftigen Pontifex. Auffallend ist auch der Versuch einer gewissen Nivellierung des Kardinalskollegiums: Ob Kardinalbischof oder -priester, Nepot, Kronkardinal oder Vertreter eines namhaften Adelsgeschlechts, alle Stimmen sind gleich, keine wiegt mehr als die andere. Die Bulle „antizipiert mit ihren Verfahrensprinzipien wie Mehrheitsentscheid, absoluter Geheimhaltung, räumlich-zeitlicher Abgrenzung und ihrer Egalisierung des Wahlkörpers auf geradezu frappierende Weise zentrale Elemente demokratisch-moderner Verfahren".[14] Nur dass das deutsche Grundgesetz, anders als Gregors Bulle, den Regelbrechern nicht dreizehnmal mit der automatischen Exkommunikation droht. So ernst nimmt der Papst den Imperativ der völligen Geheimhaltung nicht nur des *scrutinium*, sondern auch eines eventuellen Akzesses, dass er an anderer Stelle verfügt, auf der Rückseite der Stimmzettel Verzierungen abzudrucken – damit der Name des Gewählten nicht durchschimmert.

Auf eine stärkere Sakralisierung der Papstwahl, wie sie Bellarmino vorgeschlagen hat, lässt sich der Papst nicht ein; nach der Vorstellung des Kardinals sollte während der Wahlgänge die geweihte Hostie in einer Monstranz auf dem Altar der Kapelle direkt unter Michelangelos Fresko ausgestellt werden. Doch legt Gregor kurz nach der Veröffentlichung seiner „Goldenen Bulle der Papstwahl" (Wassilowsky) ein Zeremoniell für das Konklave fest; der liturgische Rahmen darf die Kardinäle daran erinnern, dass sie bei ihrer Entscheidung dem Willen des Heiligen Geistes nachspüren sollen und nicht politischen oder familiären Abhängigkeiten.[15] Eine solche innere Haltung legt der Ludovisi-Papst auch seinem Nepoten schriftlich ans Herz. Außerdem appelliert er in seiner Bulle sogar an die Theaterleidenschaft barocker Kardinäle: Sie führten doch mit dem Konklave vor Gott und den Menschen ein heiliges *spectaculum* auf, also sollten sie auf der Bühne würdig agieren und nicht wie Schmierenkomödianten.[16] Es hat in dieser Hinsicht seine innere Folgerichtigkeit, dass nun die Sixtina mit ihrer überwältigenden Vision von Wiederkehr Jesu und Höllensturz der Verdammten zum Wahllokal wird. „Vor dem Jüngsten Gericht fürchtete sich auch (oder gerade) der noch so verweltlichte kardinalizische Lebemann."[17]

Es sind besonders die Einführung der geheimen und das Verbot der Adorationswahl, die die Konklave der kommenden Jahrhunderte prägen werden; die Kardinäle gewinnen durch den geheimen

Charakter ihrer Stimme an neuem Standes- und Selbstbewusstsein, wie es die Befürworter der Reform beabsichtigt hatten, und die im Geheimen auserkorenen Päpste gewinnen durchaus an Legitimation. Nicht mehr ein sich in Wirbel und Durcheinander vermeintlich manifestierender göttlicher Wille ist Prüfstein einer gültigen Wahl, ein Gerenne und Gebücke im Dunkeln, sondern die penible Einhaltung von Regeln und die im Gewissen des Einzelnen aufgeworfene Frage nach dem Gemeinwohl. Doch dauern die Konklave von nun an länger, und auf diese Gefahr hatten die Reformgegner erfolglos, doch zu Recht hingewiesen. Schließlich ist es schwieriger geworden, Mehrheiten zu organisieren und dabei auch unbotmäßige oder unentschlossene Kardinäle unter Druck zu setzen, wenn man gar nicht genau weiß, wer für wen stimmt. Verglichen mit den Wahlen von 1492 bis zur gregorianischen Reform, vervierfacht sich die Dauer der Konklave von der Reform an bis zum Jahr 1800. Auch das Exklusivrecht der katholischen Höfe erlebt durch die Reform paradoxerweise einen Schub, denn die Herrscher können es nun nicht mehr bei mehr oder weniger diskret übermittelten Anweisungen an die ihnen verpflichteten Kardinäle belassen. Um überhaupt noch Einfluss auf das Konklave nehmen zu können, müssen sie künftig ihre Intervention nachdrücklich und formell gestalten.

Sucht man in Rom nach einem Denkmal dieser Jahre, dann ist natürlich der Petersdom das offensichtlichste. Schließlich ist die vatikanische Basilika, wie sie uns heute vor Augen steht, großteils ein Werk der zweiten Hälfte des Lutherjahrhunderts, und ökumenisch Gesinnte weisen ja gern darauf hin, dass der skandalöse Ablasshandel, gegen den sich der deutsche Reformator wandte, von Rom eingefädelt worden sei, um genau diesen Bau zu finanzieren. Allerdings ist St. Peter als Symbol dieser Jahrzehnte auch nicht uneingeschränkt tauglich. Nicht nur, weil von dem im Ablasshandel erzielten Mammon wohl nur ein kleiner Teil wirklich in diesem Projekt gelandet ist. Der Dom ist einfach ein zu komplexes Ineinander von historischen Schichten und Verweisen, um repräsentativ nur für die Jahre zu stehen, in denen Michelangelo ihm die Kuppel aufsetzte und Carlo Maderno ihm ein grotesk nach vorn gezogenes Langhaus verpasste, eine überdimensionierte katholische Bahnhofshalle, und davor eine Fassade hochzog, die dafür sorgt, dass die herrliche Kuppel vom Platz aus kaum zu sehen ist. In viele Richtungen wird der Besucher des Petersdoms heute gezogen; unter dem Porphyr- und Marmorboden antike und frühchristliche Reste, mittelalterliche Papstgräber, im Innern Monumentales aus vielen Jahrhunderten, auch aus jüngster Zeit, und der Platz mit seinen Kolonnaden erst im Barock von Bernini genial durchgestaltet. Dennoch, wer das späte 16. Jahrhundert in Rom sucht, der ist hier richtig.[18]

Es gibt aber noch andere Möglichkeiten, in die Atmosphäre dieser Zeit einzutauchen. Zum Beispiel, indem man die Stadtpaläste der großen Familien besichtigt, der Doria Pamphili, der Borghese, der Barberini. Oder den Park der Villa d'Este in Tivoli, den ein Enkel Alexanders VI. Borja angelegt hat. Mich selbst beeindruckt am meisten der Farnese-Palast von Caprarola, sechzig Kilometer außerhalb von Rom an der Straße nach Viterbo, der allerdings nicht so bekannt ist, weil er abseits der Touristenrouten liegt und von der Ewigen Stadt aus nicht leicht zu erreichen ist. Begonnen mit dem Bau hat kein anderer als Alessandro Farnese, den wir als Paul III. und Startpapst des Trienter Konzils kennengelernt haben, und weitergeführt hat ihn ein Enkel, der (nein, das ist kein Zufall) Kardinal war und ebenfalls Alessandro Farnese hieß; weil er aber nicht Papst wurde, nannte man ihn, um ihm vom Großvater zu unterscheiden, *il Gran Cardinale*. Die Anlage thront über dem Dörfchen Caprarola, man steigt breite Stufen zu ihr hinauf wie zu einem Tempel; sie ist achteckig, hat aber einen kreisrunden Innenhof, und man sagt, dass sich die Erbauer des Pentagons, des Washingtoner Verteidigungsministeriums, am Grundriss dieses Palazzo orientiert haben. Die Räume im Innern sind verschwenderisch mit Fresken ausgestattet, einige zeigen Szenen aus dem Leben Pauls III., darunter die Eröffnung des Konzils; an einem Brunnen soll der junge El Greco mitgearbeitet haben, was man dem Brunnen allerdings nicht ansieht; und die in sich selbst verdrehte, prachtvolle Schneckentreppe rief schon damals, als sie konstruiert wurde, viele Neider und Nachahmer auf den Plan.

Der Caprarola-Palast muss oft als Drehort für historische Serien oder Filme herhalten, die eigentlich im Vatikan spielen, nur dass man im Vatikan eben keine Drehgenehmigung bekommt. Wer diese großzügigen Räume durchstreift, der ist maximal entfernt von den oft kargen Schauplätzen der Reformation; von Luthers Kloster in Erfurt, von seiner Allerheiligenkirche in Wittenberg, von seiner Zelle auf der Wartburg; maximal entfernt auch von den Verheerungen und dem Drama des Dreißigjährigen Krieges. Ein Saal der Landkarten im Palast von Caprarola lenkt den Blick auf die Größe der Welt, da sieht man Karavellen, die von Europa nach Amerika segeln. Wittenberg ist nicht eingezeichnet.

13

Ein Tourist im Konklave

Misthaufen in Münster – Das Monstrum – Tanzende Fassaden – Olimpia und die Ex-Königin – Ein Papst regiert vom Bett aus – Zwei Medaillen für Voltaire – Goethe sucht das Weite

Im Frühjahr 1644 reist der päpstliche Nuntius Fabio Chigi von Köln nach Münster, um im Auftrag von Urban VIII. an Friedensverhandlungen zwischen den Kontrahenten des Dreißigjährigen Krieges teilzunehmen. Zunächst geht's auf dem Rhein bis Wesel, dann im Schneeregen weiter über verschlammte Straßen durch ein von Söldnern, Hungersnöten und Seuchen verheertes Land. In Lüdinghausen müssen der Kirchenmann und seine Begleiter in einem Wirtshaus nächtigen, dessen Eingang nur über den Kuhstall zu erreichen ist; am Tag danach finden sie bei ihrer Weiterreise für die Mittagspause nur eine „rauchige Hütte", wo Chigi nach eigenen Angaben „neben dem Ochsen" sitzt und an „schimmeligem Schwarzbrot" kaut. „Pompernickel heißt dieses Brot beim Volk in Westfalen", schreibt er in einem lateinischen Gedicht, das die Mühen seiner Reise schildert: „Eine fast menschenunwürdige Kost, selbst für Bauern und Bettler!" In Münster (lateinisch „Monasterium") angekommen, staunt Chigi über den Kontrast; oben spitze Kirchtürme, die zum Himmel ragen, unten Schmutz und sogar Misthaufen auf den Straßen. Fünf Jahre logiert er im Minoritenkloster des Städtchens und versucht, im Sinne des Papstes auf die Gesandten der am Krieg beteiligten katholischen Mächte einzuwirken, die in Münster Quartier bezogen haben; mit den Protestanten im nahe gelegenen Osnabrück zu verhandeln, ist ihm in seinen

Instruktionen aus Rom untersagt. Insgesamt halten sich etwa 150 Gesandtschaften in den beiden Städten auf, das Knäuel der Interessen ist kaum zu entwirren, es ist das erste Mal in Europa, dass ein Kongress fast alle Mächte zusammenbringt; Chigi lästert in einem weiteren lateinischen Gedicht, statt von „Monasterium" müsse man eigentlich von „Monstrum" sprechen, und meint damit die Verhandlungen. Gegen den 1648 geschlossenen Frieden protestiert er *(questa infame pace)*, weil er darin eine Niederlage der katholischen Sache sieht, kann mit seinem Nein aber nichts ausrichten und reist wieder ab, erneut unter widrigen Umständen.[1] Wenige Jahre später wird er ins Kardinalskollegium aufgenommen und 1655 zum Papst gewählt; wer heute auf dem Petersplatz steht, findet Chigis Papstnamen Alexander VII. dort eingraviert, denn der Mann, der 1644 in einem westfälischen Wirtshaus neben dem Ochsen gehockt und über das schimmelige Brot geschimpft hat, war derselbe, der später Bernini den Auftrag zur Vollendung der Piazza San Pietro gab. Wer heute ein bisschen Münster in der vatikanischen Bühnenarchitektur sucht, der wird allerdings nicht fündig; es ist eine andere Welt.

Das gilt auch damals schon, im Jahr 1648 – nur umgekehrt. Die Weltordnung, die in Münster festgeklopft wird, lässt Rom alt und verzopft aussehen. Vor etwa 150 Jahren hat noch ein Papst die Welt geteilt, die neue Welt, das war Alexander VI.; jetzt in Münster, sozusagen auf dem Konstanzer Konzil der Nationalstaaten, teilen andere den Braten unter sich auf, und der Vatikan muss ohnmächtig zuschauen. Zwar führt das „Monstrum" den Frieden herauf, und der wird dringend herbeigesehnt, denn in den Jahrzehnten des Schlachtens haben Millionen Menschen in Deutschland ihr Leben verloren, im Verhältnis viel mehr als später im Zweiten Weltkrieg. Doch die neue westfälische Ordnung bringt erhebliche und irreversible Verluste für die katholische Kirche in deutschen Landen. Außerdem hebt sie die zwei neuen Konfessionen, also Lutheraner und Reformierte, rechtlich auf Augenhöhe mit den Katholiken und gewährt in weiten Teilen des Kontinents freie Religionsausübung.[2] Damit kann, damit will sich der Vatikan nicht abfinden. Das führt dazu, dass er außerhalb des neuen europäischen Systems zu stehen

kommt. Das Papsttum mit seinem althergebrachten Absolutheits-
anspruch fängt an, auf die Zeitgenossen lächerlich zu wirken, die
Päpste sind in der Regel ältere Herren, die nur einen kleinen, rück-
ständigen und finanziell prekären Territorialstaat regieren und nicht
begreifen, was die Stunde geschlagen hat. Diese Herren sind häufig
gebildet, gute Juristen oder Diplomaten, auch durchaus fromm –
politisch aber erreichen sie nur geringe Flughöhe. Dafür sorgen
verlässlich die großen Mächte, die kein Interesse an einem selbstbewussten Papst haben, der ihre Kreise stören könnte. Die Päpste rächen sich gewissermaßen, indem sie in der ihnen bemessenen
Amtszeit wenigstens für das Fortkommen ihrer Familie sorgen;[3] ein
Verhalten, das aus heutiger Sicht empörend, damals aber „sogar
wertbesetzt" ist und daher nicht das Licht der damaligen Öffentlichkeit zu scheuen braucht.[4]

Auch das Konklave wird nun zu einem „Monstrum" wie in
Münster, zu einem Ort, an dem die Mächte zäh und um mehrere
Ecken herum intrigieren und feilschen. Das dauert; die Vetos oder
Sperrminoritäten ziehen die Zeit der Sedisvakanz des päpstlichen
Stuhls in die Länge. Darum muss sich jeder Kardinal gut überlegen,
was er alles mit ins Konklave nimmt. Entsprechende Check-in-Lis-
ten finden sich in den Archiven: Eine Uhr und ein Parfüm sind
erlaubt, auch Öl, Essig und Salz zum Auffrischen der Mahlzeiten,
und außerdem dürfen die Angestellten jeden Morgen Speisen und
Getränke für ihren *padrone* durch eigens eingerichtete Drehwalzen
durchreichen. Rund um den Vatikan gibt es im 17. Jahrhundert
immer mehr Sicherheitsmaßnahmen während eines Konklave. Und
Bittprozessionen, jeden Vormittag bis zum erlösenden „Habemus
papam", vom Campo de' Fiori bis zum Petersdom, durch die Stra-
ßensperren hindurch.[5]

Aufstrebende Macht ist mittlerweile Frankreich, wo die Regierungsgeschäfte von staatsklugen, aber nicht sehr geistlich orientier-
ten Kardinälen geführt werden, Richelieu und später Mazarin. Beide
nehmen zwar an keiner Papstwahl teil, machen dafür aber von Paris
oder Versailles aus umso eifriger ihren Einfluss geltend, und es versteht sich von selbst, dass der Absolutismus des Sonnenkönigs Lud-

wig XIV. keinen Papst neben sich duldet, der sich in vergleichbarer Weise als unumschränkter Herrscher verstünde wie er. Neben dem französischen, dem spanischen und dem Wiener Block, den Vertretern von Mittelmächten wie Venedig oder Florenz sowie weiterer Faktionen, die sich um die Vertreter wichtiger italienischer Adelsfamilien gruppieren, gibt es im Konklave zeitweise eine „fliegende Schwadron" – den Begriff hat ein spanischer Gesandter geprägt –, die sich als neutral versteht und hin und wieder tatsächlich einen Kandidaten, auf den sie sich geeinigt hat, durchzudrücken weiß, so zum Beispiel 1655 Fabio Chigi.[6] Doch nie, kein einziges Mal, wird ein Papst gewählt, gegen den eine der drei großen katholischen Monarchien ihr Veto eingelegt hat, und ganz generell entkommt das Papsttum nicht dem Druck der Fürsten. Das geht so weit, dass jene in Rom Listen von Höflingen und Verwandten einreichen, welche doch bitte demnächst mit dem Kardinalshut auszuzeichnen sind. Einige Male wehrt sich ein Papst: Urban VIII. Barberini fährt einem Kardinal, der die spanischen Interessen verficht, in aller Öffentlichkeit über den Mund, Innozenz XI. weigert sich, den französischen Botschafter zu empfangen. Doch das sind Episoden.

Innozenz steht für einen Moment, in dem sich das Papsttum gegen seinen Niedergang stemmt. 1676 wird Benedetto Odescalchi in einem eher kurzen Konklave zum Papst erlesen, offenbar im Adorationsmodus, der eigentlich verboten ist, und bis heute lässt sich nicht ganz begreifen, wie er es hinbekommen hat, den französischen Widerstand zu überwinden. Jedenfalls bietet er in seinem Pontifikat dann den Franzosen die Stirn, trägt finanziell zur türkischen Niederlage vor Wien bei, beruft auch eine Reihe von Nichtitalienern ins Kardinalskollegium und kämpft gegen den Nepotismus. 1692 setzt einer seiner Nachfolger, der sich ebenfalls Innozenz nennt, dieses Werk fort, indem er in einer Bulle die Institution (!) des Kardinalnepoten abschafft und stattdessen das Amt des Kardinalstaatssekretärs einrichtet. Nichtsdestotrotz ist das Papsttum des 17. Jahrhunderts und darüber hinaus auf dem absteigenden Ast, an dieser Diagnose führt kaum ein Weg vorbei.[7] Der „permanente Kalte Krieg" (Zizola), den sich die Mächte im Konklave liefern, führt zur Wahl von farblosen Kompromisspäpsten, die niemandem wehtun, doch die oftmals die Zeichen der Zeit nicht zu deuten wissen. Dafür lassen sich viele Beispiele anführen. Galilei wird zum Widerruf seiner Lehren genötigt. Auf den französischen Jansenismus, im Kern eine lebhafte religiöse Bewegung, zu der sich einige brillante Köpfe wie Blaise Pascal bekennen, weiß Rom nur mit Verboten zu reagieren. Jesuitenmissionare, die sich fantasievoll um eine Inkulturation des Christentums in die Gesellschaften Chinas und Indiens bemühen, werden zurückgepfiffen. Stattdessen träumen die Nachfolger Petri weiter von der „plenitudo potestatis" eines Innozenz III., ganz als hätte sich die Erde nicht weitergedreht, als könnte man den Protestantismus noch durch irgendein politisches Manöver aus Europa verjagen, als gäbe es ein Zurück zur geistigen Suprematie. Als könnte in der neuen westfälischen Ordnung der Landesherr eines mittelitalienischen Territoriums gleichzeitig über allen Mächten und Gewalten thronen.

Es überrascht, dass die Päpste Rom ausgerechnet in dieser Zeit in ein barockes Theater verwandeln, in ein Marmorspektakel auftrumpfender Gesten.[8] Kann es sein, dass sich hinter diesen tanzenden Fassaden und gestikulierenden Statuen ein *horror vacui* verbirgt? Verwandelt der Chigi-Papst den Petersplatz in eine der großartigsten Stätten der Welt, „um die Niederlage des Heiligen Stuhls in Münster zu kompensieren" – also je machtloser, desto großartiger in der Außendarstellung?[9] Und woher kommt eigentlich die Maßlosigkeit, die sich in dieser Kunst ausdrückt? Der Ewigen Stadt steht sie allerdings gut zu Gesicht, zumindest als Hauptstadt der Kunst besitzt sie noch Strahlkraft. Mit der Entgrenzung des Barock korrespondiert der römische Karneval, besonders wild in diesen Jahren. Zugleich soll damals auch die hohe Schule der vatikanischen Diplomatie bis zur Perfektion verfeinert worden sein; biegen, nicht brechen. Andeuten, nicht aussprechen. Die Augenbrauen hochziehen, aber sich kein Urteil entlocken lassen. Eigentlich, wenn man's recht besieht, das Gegenteil zur Affirmation des Barocken.[10]

Erzähltechnisch sind die Konklaven dieser Zeit nicht selten interessanter als die Pontifikate; schon zeitgenössische Schmöker widmen sich hingebungsvoll den Schlichen und Ränken rund um die Sixtina. Da entdecken wir zum Beispiel einen früheren Lutheraner unter den Papstwählern: Friedrich von Hessen-Darmstadt ist Sohn des Landgrafen Ludwig und mit achtzehn Jahren zum Entsetzen seiner Familie katholisch geworden. Sein Hauptziel im Konklave besteht darin, rechtzeitig dem kommenden Mann als loyaler Anhänger aufzufallen, um ein lukratives Amt zu ergattern, weil er durch seinen aufwendigen Lebensstil einen Schuldenberg aufgetürmt hat. Bei der Wahl von 1667 ist er außerdem der Sachwalter der kaiserlichen Interessen. Oder wir sehen, wie der Habsburger Leopold aus Wien 1691 zwei Briefe an die Kardinäle schickt: Im ersten, öffentlich verlesenen versichert er, dass er gegen Kardinal Barbarigo keineswegs die Exklusive in Anschlag bringen wolle, im zweiten und geheimen macht er klar, dass er Barbarigo aber auch keineswegs als Papst sehen möchte. Ihm wäre nur lieber, wenn es die Spanier wären, die dem Kandidaten den Weg verbauten, sodass sie den Schwarzen Peter in der Hand hielten und nicht er. Dieses Konklave ist mit über fünf Monaten das längste seit Langem, und erst die Julihitze sorgt dafür, dass sich die Elektoren schließlich auf einen Kandidaten einigen. Interessant ist auch das Konklave von 1721. Da spricht Kardinal Althan, der die kaiserliche Partei vertritt, während der Stimmenauszählung ein Veto gegen Kardinalstaatssekretär Paolucci aus, als dieser bereits die Zweidrittelmehrheit erreicht hat; allerdings ist das Endergebnis noch nicht offiziell verkündet worden, und darum kommt Althan mit seiner Exklusive durch.

Im Umfeld des Konklave spielen manchmal auch Frauen eine Rolle. Zwei Frauen. Die eine ist Christina von Schweden, abgedankte und zum katholischen Glauben übergetretene Königin, die nach Rom gezogen ist und dort von der Kurie als eine Art Trophäe der Rechtgläubigkeit im goldenen Käfig gehalten wird. Beim Konklave von 1669/70 lässt sich Christina von der „fliegenden Schwadron" als Agentin einspannen, sie soll den Gesandten vorspielen, dass die Schwadron auf keinen Fall für Odescalchi stimmen werde. Durch dieses Täuschungsmanöver wollen die Unabhängigen Odescalchi erst recht attraktiv für die anderen Faktionen machen; die Sache geht allerdings schief. Die andere Frau ist Olimpia Maidalchini, die Schwägerin von Papst Innozenz X. Pamphili, die während seines Pontifikats im Vatikan das Kommando geführt hat (es müssen ja nicht immer nur die Neffen sein). Beim nächsten Konklave intrigiert Donna Olimpia, die von bösen Zungen auch die „Päpstin" genannt wird, erfolgreich gegen einen Kardinal, der versucht hatte, sie bei ihrem Schwager anzuschwärzen. Bei diesem Kardinal, es ist der Dominikaner Vincenzo Maculano, trifft es übrigens den Richtigen – er ist es, der für die römische Inquisition maßgeblich den Prozess gegen Galileo Galilei vorangetrieben hat.

Im 18. Jahrhundert kommt es zu einer Verschiebung des Gleichgewichts im Dreieck der Großmächte: Die Bourbonen lösen das Haus Habsburg in Madrid an der Macht ab, und damit ist es nun auch im Konklave mit der Achse Spanien–Österreich vorbei, stattdessen stehen Spanien und Frankreich häufig geeint gegen Wien. So richtig kompliziert wird das Spiel aber erst durch eine Vielzahl weiterer Interessengruppen, von denen jede zu Beginn einer Papstwahl nur ein paar Stimmen vorweisen kann, sodass alles vom Verhandlungsgeschick der Kardinäle abhängt, von den Bündnissen, die sie eingehen, von den Finten, die sie aushecken. Unmöglich, unter solchen Umständen sicher vorherzusagen, wer am Schluss das Rennen machen wird. Nehmen wir als Exempel nur mal das Konklave von 1730. Da führt der Camerlengo – das ist der Kämmerer, der bei der Organisation von Papstwahlen eine wichtige Funktion ausübt – und Neffe von Clemens XI., Annibale Albani, die Faktion der älteren Kardinäle an, obwohl er noch keine fünfzig ist; sein jüngerer Bruder Alessandro hingegen leitet eine Faktion der Sarden, denn er ist „Kardinalprotektor", das heißt Wahrer der Interessen des Königreichs Sardinien (über solche Protektoren verfügen nicht nur einzelne Länder, sondern auch die großen Ordensgemeinschaften). Es gibt noch weitere Grüppchen, nämlich die im letzten sowie die im vorletzten Pontifikat kreierten Kardinäle sowie die Toskaner. Hinzu kommen dann die Faktionen des Reichs, Frankreichs und Spaniens; kaum eine dieser Faktionen dürfte zu Beginn auf mehr als fünfzehn, zwanzig Stimmen kommen, außerdem laufen auch Bruchlinien quer durch einige dieser Blöcke hindurch, und zusätzlich teilt man die Kardinäle gern in zwei einander entgegengesetzte Lager ein, die „politicanti" und die „zelanti", die für politische Erwägungen Aufgeschlossenen also im Gegensatz zu den Eifernden, die aus religiösen Beweggründen auf der Autonomie und den Eigenrechten der Kirche bestehen. Jedenfalls gilt wie beim Roulette, sobald sich die Türen des Konklave schließen: *Faites vos jeux!*

Als das 1730er-Konklave am 5. März startet, wird erst einmal nur pro forma gewählt, denn die meisten Kardinäle der Großmächte sind noch gar nicht eingetroffen, die stoßen erst im Lauf der nächsten Wochen dazu. Am 1. April erreicht ein Wiener Sonderbotschafter Rom, und erst am 24. April langt endlich der Kurier aus Madrid an, im Gepäck eine Exklusive Spaniens gegen Kardinal Imperiali. Nicht auszudenken, was geschehen wäre, wenn sich die Kardinäle in der Zwischenzeit schon auf einen Kandidaten geeinigt hätten, ohne Rücksicht auf die Depeschen der Höfe! Nun wird also sondiert und immer wieder auch votiert, aber wie damals beim „Monstrum" von Münster zieht sich das Ganze in die Länge. Spanien legt tatsächlich sein Veto gegen Imperiali ein, doch weil die entsprechende Instruktion gar nicht vom König selbst unterzeichnet war, muss erst noch einmal ein Bote nach Madrid und zurück nach Rom hetzen, um das Nein zu bestätigen, und das dauert natürlich. Einer der Elektoren stirbt im Konklave, mehrere weitere nehmen aus Gesundheitsgründen eine Auszeit von ein paar Tagen; Mitte Mai erschüttert ein Erdbeben Rom und weitere Städte in Mittelitalien, und viele sehen darin ein Zeichen göttlicher Unzufriedenheit mit den Wählern in der Sixtina.

Mitte Juni erreicht Kardinal Corradini fast die Zweidrittelmehrheit, und theoretisch können ihn jedenfalls die Spanier nicht mehr am Aufstieg zum Petrusnachfolger hindern, denn sie haben ihre Exklusive ja schon im April verbraucht. Doch die madridtreuen Kardinäle drohen, das Konklave geschlossen zu verlassen, falls Corradini gewählt werde, und dadurch steht auf einmal das Gespenst eines Schismas im Raum, sodass die Corradini-Anhänger zurückzucken. Nebenbei bemerkt, hat ja auch der österreichische Kaiser seine Leute wissen lassen, dass er keine Wahl Corradinis wolle. So zieht sich das alles weiter in die Länge bis zum 12. Juli, dann einigen sich die Wähler auf den aus Florenz stammenden, 78-jährigen und fast blinden Lorenzo Corsini. Ob zu der Meinungsbildung auch geschickt eingesetztes Medici-Geld beigetragen hat? Möglich. Sogar wahrscheinlich. Unterm Strich muss die Bilanz jedenfalls lauten: Aus dem längsten Konklave des 18. Jahrhunderts ist der (bis zu Benedikt XVI. im Jahr 2005) älteste Papst der Kirchengeschichte hervorgegangen, ein Mann, der die Kirche in immerhin fast zehn Jahren Amtszeit häufig vom Bett aus regiert. Und der als früherer päpstlicher Banker und Schatzmeister mehr von Finanzen versteht als von Theologie, was man auch seiner handschriftlichen Verfügung, wem im Umfeld eines Konklave wie viele *Scudi* zu zahlen sind, ansieht; den Beamten *(ufficiali)* des römischen Volkes kürzt er die bisherigen Zahlungen um die Hälfte.[11] Das Corsini-Pontifikat spricht, um es vorsichtig zu formulieren, nicht gerade für einen funktionierenden Modus der Papstwahl.

Es gibt Ausnahmen. Das Konklave von 1740 vor allem. Zwar zieht es sich über ein halbes Jahr hin, und nicht weniger als vier Kardinäle, darunter einer der Favoriten, sterben währenddessen. Doch Erzbischof Lambertini, der erfolgreich aus dem Abstimmungsreigen hervorgeht, ist eine gute Wahl, er gilt noch heute als einer der fähigsten und hervorstechendsten Päpste der Neuzeit. Benedikt XIV. ist ein verbindlich auftretender, dabei hochintelligenter Mann, der nicht auf überholten Ansprüchen beharrt, sondern sich in den neuen Gegebenheiten zu bewegen weiß. Ein glaubwürdiger Seelenhirte, dabei nicht weltfremd. Wegen seiner Liebe zur Wissenschaft ist er sogar bei den französischen Aufklärern wohlgelitten; Voltaire widmet ihm seinen *Mahomet*, eine Tragödie, die gegen religiösen Fanatismus zu Felde zieht, und Benedikt bedankt sich mit einem Schreiben und zwei goldenen Medaillen – obwohl er vermutlich weiß, dass die Aufführung des Stücks in Frankreich drei Jahre zuvor auf Betreiben eines Kardinals verboten worden war. Erst nach dem Tod dieses Papstes nach achtzehn Jahren Amtszeit verlegt sich der Atheist Voltaire darauf, seine Briefe mit dem antiklerikalen Schlachtruf „Écrasez l'infâme!" (Zertretet das Niederträchtige!) zu signieren. Ein gelungenes Konklave also, das von 1740? Ja, wie gesagt – und dennoch bestätigt es unseren eher negativen Befund. Denn Lambertini war nur eine Verlegenheitslösung, die aufkam, als sich die Wähler in ihren widerstreitenden Kalkülen verheddert hatten. Und als so gut wie alle anderen ernst zu nehmenden Kandidaten schon durchgefallen waren. Eher zeigt die Personalie Lambertini, dass das Papsttum trotz der widrigen Zeitläufte einiges gegen seinen Niedergang hätte unternehmen können, wenn …, ja wenn die Konklavemaschine nur mit größerer Verlässlichkeit würdige Päpste ausgespuckt hätte.[12]

1769 geschieht etwas Unerhörtes: Der österreichische Kaiser Joseph II. betritt die Konklavezone. Zunächst haben sich der Sohn Maria Theresias und sein Bruder, der toskanische Großherzog, mit einem touristischen Programm begnügt, St. Peter einschließlich der Kuppel, Piazza Navona, Villa Medici, was man eben so gesehen haben muss in der Ewigen Stadt. Doch dann zieht es die beiden Souveräne wieder gen Vatikan, wo seit gut einem Monat die Papstwähler zusammengetreten sind, und wie es der Zufall so will – oder ist es mehr als Zufall? –, halten sich die beiden Besucher gerade im Apostolischen Palast auf, als einem jetzt erst eintreffenden Kardinal die Tür zum Konklave geöffnet wird, und schlüpfen einfach mit hinein. Die Elektoren wissen, was sich gehört, und heißen die zwei Eindringlinge willkommen, zeigen ihnen die Sixtinische Kapelle, die Wahlzettel, den Wahlkelch, den Ofen, in dem die abgegebenen Stimmen verbrannt werden. An einem Wahlgang nehmen der Kaiser und sein Bruder nicht teil, doch trotzdem hat diese touristische Visite im Konklave etwas Peinliches, sie stellt sicher einen der Tiefpunkte in der Geschichte der Papstwahlen dar. Nur scheinbar ist sie harmlos; in Wirklichkeit legt sie die tatsächlichen Machtverhältnisse offen. Kardinäle als Fremdenführer durch die Sixtina; der Kaiser mit – man verzeihe mir diesen Anachronismus – umgehängtem Fotoapparat. Man stelle sich Donald Trump oder Emmanuel Macron als Überraschungsgäste in einem Konklave vor. Die Papstwähler machen allerdings gute Miene zum bösen Spiel und ordnen zu Ehren der hohen Besucher eine Sonderbeleuchtung der Fassade des Petersdoms an.

Natürlich nutzt Joseph II. seinen Romaufenthalt nicht nur dazu, die Sehenswürdigkeiten zu bestaunen. Er führt auch einige Gespräche, bei denen er klarmacht, dass er mit der Kampagne bourbonischer Herrscherhäuser gegen den Jesuitenorden sympathisiert. Diese Herrscherhäuser sind Portugal mit seinem Freimaurerregierungschef Pombal, Spanien, Frankreich und Neapel-Sizilien; ihnen ist die „Gesellschaft Jesu" zu mächtig geworden, zu sehr Staat im Staate, darum fordern sie vom Vatikan die Auflösung des Ordens. Ein unmögliches Ansinnen eigentlich. Die Jesuiten stellen ja nicht nur die Speerspitze der Katholischen Reform dar, sondern verstehen sich auch als eine Elitearmee der Päpste; zusätzlich zu den drei Gelübden, die auch die Mitglieder jedes anderen Ordens ablegen – es sind die „evangelischen Räte" Armut, Keuschheit, Gehorsam –, schwören sie in einem weiteren Gelübde besondere Treue zum Papst. Da dürfte man erwarten, dass auch der Vatikan seine Hand über die Truppe des hl. Ignatius von Loyola hält. Aber so ist die Welt nicht. Die Bourbonen nehmen keine Rücksicht auf solche Überlegungen, sie wollen einen Papst nach Maß, der ihren souveränen Willen exekutiert, und Joseph II., der sich als aufgeklärter Monarch versteht, schwenkt auf ihre Linie ein. Unter dem geballten Druck von außen geben die Papstwähler schließlich nach und heben einen Franziskaner auf den Schild, der keinen klingenden Adelsnamen trägt, der aber seine Bereitschaft durchblicken lässt, den Fürsten zu willfahren. Und wirklich lässt Clemens XIV. ein paar Jahre später den Jesuitengeneral inhaftieren und den Orden des hl. Ignatius verbieten. Eine dunkle Stunde der Kirchenhistorie, selbst wenn der Jesuitenorden mit Mühe und Not überlebt. Clemens allerdings überlebt nicht, er stirbt bald nach dem Ordensverbot; vergiftet, behaupten viele und glaubt man auch an den diversen Höfen. Ein Moment tiefer Demütigung Roms: Vor aller Welt haben die Potentaten den Papstbären am Nasenring durch die Manege gezogen. Wozu braucht es dann überhaupt noch einen Papst? Immer mehr Kräfte in Europa fragen das. Aufklärer. Antiklerikale. Gegner des Ancien Régime. Und bald auch Revolutionäre.[13]

Im Herbst 1786 hält sich Johann Wolfgang von Goethe, aus Weimar entwichen, inkognito in Rom auf und nimmt mit seinem Freund, dem Maler Tischbein, an einer Papstmesse in der Kapelle des Quirinalspalastes teil. Zunächst fühlt er sich, wie er rückblickend in seiner *Italienischen Reise* schreibt, „wunderbar unter einem Dache mit dem Statthalter Christi" und skizziert Pius VI. Braschi als „die schönste, würdigste Männergestalt". „Mich ergriff ein wunderbar Verlangen, das Oberhaupt der Kirche möge den goldenen Mund auftun und, von dem unaussprechlichen Heil der seligen Seelen mit Entzücken sprechend, uns in Entzücken versetzen." Da hört man allerdings schon einen deutlich ironischen Unterton. Und tatsächlich schlägt die Stimmung dann um; der Dichter sieht den Papst „vor dem Altare sich nur hin und her bewegen (…), bald nach dieser, bald nach jener Seite sich wendend, sich wie ein gemeiner Pfaffe gebärdend und murmelnd". Der Augenblick der Verzauberung ist vorüber, Goethe und Tischbein suchen vorzeitig das Weite.[14]

Drinnen im Palast geht alles weiter wie gewohnt. Aber nicht mehr lange.

14

Am Nullpunkt

Ein Bankier im päpstlichen Schlafzimmer – Zivile Bestattung für Bürger Braschi – Die Drachentöter-Insel – Talleyrands Verwirrspiel – Krone aus Pappmaché – Der Roman, den Balzac nicht geschrieben hat

16. Februar 1798: Noch vor Sonnenaufgang bringen französische Soldaten den Petersplatz und die Eingänge zum Apostolischen Palast unter ihre Kontrolle. Keiner darf mehr hinein oder hinaus, ohne gründlich durchsucht zu werden; auf dem Dach wird die Trikolore aufgepflanzt, die Flagge der Revolution. Vor einer knappen Woche sind die Truppen von General Berthier erst in die Stadt eingezogen, und gestern wurde auf dem Forum die Römische Republik ausgerufen und auf dem Kapitol ein Freiheitsbaum errichtet, ausgerechnet am 23. Jahrestag der Wahl von Pius VI., in dem Goethe ein Jahrzehnt zuvor die „würdigste Männergestalt" erblickt hatte. Der Papst ist als weltlicher Herrscher abgesetzt, seine spirituelle Rolle soll allerdings, so sichern die Okkupanten ihm zu, nicht angetastet werden.

Auf Gedeih und Verderb ist das Papsttum nun den Franzosen ausgeliefert. Und das kann nur bedeuten, dass es in höchster Gefahr schwebt. 1793 haben die Revolutionäre in Paris König Ludwig XVI. hingerichtet, romtreue Priester und Gläubige werden in Frankreich verfolgt, Kirchen zu „Tempeln der Vernunft" umgewidmet. 1797 hat General Bonaparte das päpstliche Heer vernichtend geschlagen und dem Kirchenstaat scharfe Friedensbedingungen diktiert. Pius ist ein wohlmeinender, aber überforderter Greis, der immer wieder nachgibt, wenn er nur als Bischof von Rom und Oberhaupt der katholischen Kirche anerkannt wird. Jetzt erklärt er, dass er sich auf die französischen Zusicherungen verlasse – und trifft keinerlei Anstalten zur Flucht.[1]

Für Berthier ist das ein Problem. Um den Papst könnte sich Opposition sammeln, sein würdiger Gleichmut angesichts seiner Entmachtung beeindruckt viele Menschen, dem gilt es entgegenzuwirken. Also fangen die Besatzer an, ihren Gefangenen – denn nichts anderes ist Pius nun, bei Lichte besehen – zu reizen: Während seines Mittagsschlafs ziehen Trommler in den Hof des Vatikanpalastes und veranstalten einen Höllenlärm, Claqueure rufen unter seinen Fenstern: „Es lebe die Freiheit, nieder mit den Tyrannen!" Bis ins päpstliche Appartement sind Flüche und obszöne Gesänge von Milizionären zu hören; ein Schweizer Bankier in Diensten der Republik entblödet sich nicht, das Schlafzimmer des Papstes in dessen Anwesenheit nach angeblich dort versteckten Diamanten zu durchwühlen. Nein, er werde nicht weichen, erwidert Pius auf alles Drängeln und auf die Drohung hin, man werde ihn vor der Wut des römischen Volkes kaum schützen können; und als man ihm bedeutet, die Besatzer bräuchten seinen Palast, versetzt er, bitte schön, Sie können gerne einziehen, er selbst komme ja mit einem oder zwei Zimmern aus. Berthier macht das ein paar Tage lang mit. Dann lässt er dem Braschi-Papst über einen Kardinal ausrichten, er habe Rom zu verlassen, und gehe er nicht freiwillig, so werde man Gewalt brauchen. Das stimmt Pius um. Am 20. Februar besteigt er in Begleitung von nur wenigen Gefolgsleuten eine Postkutsche in Richtung Toskana. Ein Jahr später beschließen die Franzosen, ihn nach Frankreich zu verschleppen, und so reist der Bürger Braschi, dessen Papstamt jahrhundertelang geradezu ein Synonym für Unbeweglichkeit und Dauer war, nun als Geisel des Direktoriums über Parma, Turin und Briançon nach Valence, wo er im August 1799 stirbt. Sein Leichnam wird ohne religiöses Zeremoniell auf dem öffentlichen Friedhof der Stadt begraben, und ein Beamter vermerkt im städtischen Register, „Braschi pie VI pontife de rome" sei am 12. Fructidor des Jahres VII revolutionärer Zeitrechnung hingeschieden. Das ist der Nullpunkt.[2]

„Der Papst ist tot, es lebe der Papst", lautet ein römisches Sprichwort, aus dem das Vertrauen spricht, diese Kette der petrinischen Sukzession werde schon nicht reißen, doch genau das droht jetzt zu geschehen. Die Kardinäle sind in alle Winde zerstreut, zwei von ihnen, die in Rom bleiben wollten, haben sogar ihre Roben abgestreift. Die Kurie ist in sich zusammengebrochen, in vielen Teilen Westeuropas herrscht Krieg, wie sollte man unter solchen Umständen eine Papstwahl durchführen? Die Stadt Rom fällt erstmals seit dem 15. Jahrhundert als Schauplatz aus, viele Kardinäle könnten wohl zu einem Konklave gar nicht anreisen, wo auch immer es stattfinden sollte, die Frage der Finanzierung ist völlig offen, und es gibt auch keinen Camerlengo mehr, keinen Kämmerer, der das Organisatorische stemmen könnte. Doch das sind Petitessen, wenn man den Prankenhieb in Rechnung stellt, welchen die Revolution der Einrichtung des Papsttums, ihrer *raison d'être*, versetzt hat. So inbrünstig hat sich das Petrusamt seit dem Frieden von Münster mit dem Ancien Régime identifiziert, dass es jetzt riskiert, zusammen mit jenem hinweggefegt zu werden. Welchen Platz soll es denn noch haben in diesem radikal und per Bajonett umgestalteten Europa? Auch eine so ehrwürdige Einrichtung wie das Heilige Römische Reich Deutscher Nation wird schon bald ihren letzten Seufzer tun. Nicht nur für Freidenker und Revolutionäre, sondern auch für viele Katholiken in Europa scheint ausgemacht, dass die Geschichte der Päpste mit „Pius dem Letzten" endet. Nachrufe auf die Institution als solche werden publiziert, und in London – nur ein Beispiel von vielen – predigt ein anglikanischer Geistlicher über das Bibelwort „Gefallen, gefallen ist Babylon, die Große! Zur Wohnung von Dämonen ist sie geworden".

Allerdings hat sich Pius VI. mit seinem stillen Erdulden einige Achtung verschafft; hier liegt, wenn überhaupt irgendwo, der Keim zu einer neuen Plausibilität des Papstamtes. Als *Peregrinus apostolicus*, apostolischer Pilger, wird Pius in den sogenannten *Weissagungen des Malachias* charakterisiert; was dieser Papst gerade in seiner Machtlosigkeit an spirituellem Potenzial hat aufblitzen lassen, nennt man heute „Soft Power". Doch selbst wenn die Kette weitergeknüpft werden soll – wer garantiert denn, dass Kardinäle nicht an verschiedenen Orten unterschiedliche Päpste wählen und die Kirche wieder im Schlamm eines Schismas versinkt? Oder wer könnte die Franzosen am Versuch hindern, in ihrer Römischen Republik einfach einen ihnen hörigen Marionettenpapst zu installieren? Pläne dazu hat es zu Lebzeiten Pius' VI. gegeben: den Papst zum Rücktritt zwingen und dann in Rom ein Konklave durchziehen wie in alten Zeiten, also mit Klerus und Volk als Protagonisten. *Vive le pape ... et vive la république!*

Schon angesichts einer Reise nach Wien 1782, also vor Ausbruch der Revolution, hatte Pius versucht, Vorkehrungen zu treffen, damit nach seinem eventuellen Tod in der Fremde trotzdem ein Konklave zusammentreten könnte. Solche Bemühungen sind während des Vordringens der französischen Armee auf Rom und später, während seines Exils in der Nähe von Florenz, noch intensiver geworden. In einer Bulle vom November 1798 hat Pius ein knappes Jahr vor seinem Tod von nahezu allem dispensiert, was bisher zu einer ordentlichen Wahl gehörte.[3] Die Kardinäle können anfangen zu wählen, wann immer sie wollen, sobald die neun Trauertage für den verstorbenen Pontifex verstrichen sind, und auf auswärtige Amtsbrüder brauchen sie nicht zu warten. Sie dürfen sogar schon zu Lebzeiten des Papstes über den Wahlmodus beraten, und als Schauplatz der Wahl soll einfach der Ort herhalten, an dem sich nach seinem Tod die meisten Kardinäle sammeln. Über Änderungen im Wahlverfahren kann eine Mehrheit des Kollegiums entscheiden. Angedacht war auch, dass Wähler, die nicht anreisen können, ihre Stimme aus der Ferne über einen Kardinal, der es bis ins Konklave geschafft hat, abgeben dürfen, doch das ist bei vielen der versprengten Purpurköpfe auf Protest gestoßen, darum hat Pius VI. den Plan wieder zurückgezogen. Nur drei Elemente der Papstwahl hat er nicht angerührt: Der Schauplatz muss sicher und ruhig sein; die Wähler sollen nicht unter äußerem Druck stehen, sondern nur ihrem Gewissen verpflichtet sein; und das Quorum liegt bei zwei Dritteln der abgegebenen Stimmen. Nahezu alles Übrige ist ins Belieben der Kardinäle gestellt – Hauptsache, sie wählen überhaupt.[4]

Es sind die Österreicher, die in dieser verzweifelten Lage eine Tür für das Fortleben des Papsttums öffnen. Nicht ganz uneigennützig, denn sie haben sich vor Kurzem einen Teil des bisherigen Kirchenstaates in Norditalien angeeignet, den sie gerne behalten würden; darum käme ihnen ein Papst gelegen, der den Landgewinn absegnet.[5] Franz II. offeriert den Kardinälen Venedig, das seit zwei Jahren unter habsburgischer Kontrolle steht, als Austragungsort für das Konklave; er will die Sicherheit garantieren und das Ganze auch finanzieren. Ein leidlich frommer Mann ist der „gute Kaiser Franz", kein Zyniker wie sein Onkel Joseph II.; die Kardinäle können von Glück reden, dass nicht mehr jener in Wien die Geschäfte führt. Sie nehmen das Angebot an, weil ihnen gar keine andere Wahl bleibt, wenn auch mit Unbehagen, denn es ist klar, dass die Österreicher einiges daransetzen werden, den Gang der Dinge in ihrem Sinn zu beeinflussen. Unterm Strich aber rettet derselbe Kaiser, dem in ein paar Jahren das Heilige Römische Reich aus den Händen rutschen und zerbrechen wird, im Jahr 1799 das Papsttum.

Venedig ist eine malerische Kulisse für ein Konklave. Gewählt wird in einem alten Benediktinerkloster auf der Insel San Giorgio Maggiore am Canal Grande. Das Kloster grenzt an eine von Palladio erbaute Basilika, zur Konklavehalle geht es eine Treppe hoch in den *Coro notturno* der Mönche, den Nachtchor. Dunkles hölzernes Chorgestühl, das mit dem Weiß der Decke kontrastiert; an der Stirnwand ein Altar, darüber ein Renaissancegemälde, auf dem der hl. Georg mit wehenden Haaren, geharnischt und zu Pferde, gegen den Drachen anrennt. Zum Komplex gehört ein Kreuzgang mit freundlichen Arkaden. Man ist hier weit entfernt vom Treiben der Welt. Dass die Franzosen Ende September aus Rom abziehen, dass die Neapolitaner die Ewige Stadt besetzen, dass Bonaparte im November das Direktorium stürzt und sich zum Ersten Konsul aufschwingt, ja dass der verstorbene Papst Pius zu diesem Zeitpunkt in Valence nur provisorisch beigesetzt worden ist – all das ist vom Georgseiland in der Lagune aus nur ein fernes Rauschen.

Kardinal Maury ist der einzige Franzose im Konklave. Er hat 1789 in Paris zu den Generalständen und zur *Assemblée Nationale* gehört, dann aber mit der Revolution gebrochen. Nun glaubt er, dass die Wähler sich hier in vier, höchstens sechs Wochen einig werden können. Er täuscht sich allerdings – über Monate wird sich auch dieser Wahlprozess hinziehen, trotz der Wirren in Europa. Maury korrespondiert mit Ludwig XVIII., einem Enkel des hingerichteten Bourbonenkönigs, und dieser warnt ihn per Brief, dass das Konklave sicher „orageuse", also stürmisch, verlaufen dürfte. „Wahrscheinlich wird doch der Souverän, der es beschützt, auch auf die Wahl Einfluss ausüben wollen ..."

Von 45 Kardinälen sind bis Ende November 35 in Venedig eingetroffen, fast alle von ihnen Italiener; das erste Konklave außerhalb von Rom seit dem Konstanzer Konzil beginnt, und es wird tatsächlich stürmisch. Braucht die katholische Kirche in ihrer unsicheren Lage jetzt einen selbstbewussten Leitwolf, der den Franzosen Paroli bietet, so lautet die Ausgangsfrage, oder braucht sie einen milden Versöhner nach dem Modell des Braschi-Papstes, der sich mit den Dingen arrangiert, so wie sie nun mal sind? Alle Augen richten sich auf den österreichischen Repräsentanten, Kardinal Franz von Herzan, als dieser am 12. Dezember die Konklavezone betritt. Im Gepäck hat er geheime Instruktionen des Wiener Hofs, die an Deutlichkeit nichts zu wünschen übrig lassen: auf keinen Fall ein Kardinal aus Spanien, Sardinien, Neapel oder Genua. Auf keinen Fall ein französischer Kardinal oder einer, der irgendein Entgegenkommen gegenüber Paris gezeigt hat. Auf gar keinen Fall – es folgt eine Liste mit mehreren Namen, darunter auch Maury. „Unser väterliches Herz vermag nur zwei Kardinäle zu erkennen, deren Kompetenzen die Fähigkeit versprechen, mit den gegenwärtigen Schwierigkeiten umzugehen", und es folgen die Namen Mattei und, falls aus dessen Wahl nichts werden sollte, Gonzaga-Valenti. Das also ist aus Wiener Sicht der Preis dafür, dass man den Herren Kardinälen ihr Konklave in Venedig ausrichtet. „Geheim" heißen die Instruktionen nur; der Inhalt kursiert schon bald unter den Wählern. Und Franz II. verlangt von Herzan auch häufige, ausführliche Berichte über das, was sich da im Kloster entspinnt, als würden die Wähler nicht Verschwiegenheit geloben.

Doch so deutlich sich Wien auch für die Wahl eines frank-
reichkritischen Papstes positioniert hat – es läuft von Anfang an
nicht nach Plan. Die Kandidatur Matteis hebt nicht ab, stattdessen
braucht Österreichs Mann im Konklave viel Zeit und Überredungs-
kunst, um einen Durchmarsch des Bischofs von Cesena, Bellisomi, zu verhindern. Die Stimmen pendeln sich auf eine gegenseitige
Neutralisierung der Bellisomi- und der Mattei-Anhänger ein, und
die Spanier lassen Herzan wissen, dass ihnen Gonzaga-Valenti lieber
wäre … Die übliche Sackgasse. Der Österreicher bittet in seinen
Depeschen an den Hof dringend um die Erlaubnis, eine Exklusive
gegen Bellisomi zu schleudern, hat mit diesem Ansinnen aber keinen Erfolg; nein, er solle doch bitte stattdessen alles tun, um Mattei
zu fördern.

So ungewiss ist die Lage bis in den Februar 1800 hinein. Ein
Gremium aus vier Kardinälen soll eine Liste von alternativen Namen erstellen, doch gelingt es auch damit nicht, aus der Wagenburg
herauszufinden. Dann trifft zu allem Überfluss ein Brief aus Paris
ein, in dem der Erste Konsul Napoleon ausrichten lässt, dass dieses
Konklave aus französischer Sicht illegal sei, weil es von Österreich
dominiert werde und zahlreiche Normen zur Papstwahl gröblich
verletze. Das erstaunliche Schreiben ist von Talleyrand unterzeichnet, dem früheren Bischof von Autun, der jetzt Außenminister ist;
wir haben einen seiner Vorfahren, einen Kardinal, schon vor vielen
Jahrhunderten bei Papstwahlen der Avignoner Ära die Fäden ziehen
sehen. Gerichtet ist der Brief ursprünglich an den spanischen Botschafter in Paris. Ja glaubt man denn in Frankreich allen Ernstes,
den Madrider Hof dazu verleiten zu können, das „vorgebliche Konklave" („prétendu conclave") von Venedig als ungültig einzustufen?
Wahrscheinlich ist die ganze Sache nur eine Finte. Napoleon plant
zu diesem Zeitpunkt längst im Geheimen eine große Norditalien-
offensive und beabsichtigt mit diesem Brief vermutlich, die Österreicher, auf die er bei seinem Feldzug treffen wird, in Verwirrung
zu stürzen. Ein Papst, den Paris von vornherein nicht anerkennt,
könnte zudem nicht wirkungsvoll gegen den Vormarsch der *Grande
Armée* protestieren …

Es ist alles wie immer bei einem Konklave: kompliziert, undurchsichtig, schnell blockiert. Die Wähler auf der Drachentöter-Insel benehmen sich so, als hätten sie alle Zeit der Welt und als stünde Europa nicht in Flammen. Zweimal muss Herzan erklären, dass dieser beziehungsweise jener Kandidat für Wien nicht akzeptabel wäre, und obgleich er, wie jeder weiß, keine Exklusive im Köcher hat, hat sein „Abraten" in beiden Fällen Erfolg. Erst Mitte März, also über ein halbes Jahr nach dem Tod Pius' VI., lösen sich auf einmal die Verwicklungen, ein Kompromisskandidat springt aus dem Hut, Herzan kann sich nicht dagegen wehren, sondern nur noch schnell im Gespräch mit dem Unerwarteten ein paar Pflöcke einschlagen, und dann wird am 14. März 1800 der Benediktiner Chiaramonti, Bischof von Imola und entfernter Verwandter des verstorbenen Pius VI., zum Nachfolger des hl. Petrus gewählt und, weil in der Lagunenstadt keine Tiara zur Hand ist, mit einer Pappmachékreation gekrönt.[6] Die Kette ist nicht gerissen. Und Österreich hat sich, all seinem Auftrumpfen zum Trotz, doch nicht durchgesetzt. Denn der neue Papst, der sich aus Respekt vor seinem Vorgänger ebenfalls Pius nennt und der im Juli feierlich in Rom einziehen, ja sogar einen Teil des früheren Kirchenstaates wiedergewinnen kann, ist kein Franzosenfresser, der sich aus der Hofburg fernsteuern ließe, sondern geht auf Napoleon zu. Schon ein Jahr nach seiner Wahl schließt er mit jenem ein Konkordat, das den kirchlichen Frieden in Frankreich weitgehend wiederherstellt, wenn auch zu den Bedingungen des Korsen. Um das Überleben katholischer Strukturen, Bistümer und Pfarreien zu retten, ist Pius VII. bereit, Kröten zu schlucken.

Das Auf und Ab, das sich zwischen Napoleon und Pius VII. entspinnt, ist entschieden romanesk, und man kann nur bedauern, dass sich Balzac in seiner *Comédie humaine* dieses Stoffes nicht angenommen hat. Da gibt sich der Papst dazu her, 1804 zu Napoleons Kaiserkrönung anzureisen, doch im letzten Moment setzt sich jener die Krone in Notre-Dame selbst aufs Haupt, und Pius kann nur als Statist danebensitzen. Dann verfällt der *Empereur* auf die Idee, Pius in Frankreich zu behalten, in Avignon oder gleich in Paris, und nur mit Mühe und Not kann sich der Papst loseisen und zurückfahren

nach Rom. 1809 vereint der Nachfahre Karls des Großen – so sieht
sich Napoleon inzwischen selbst – den Kirchenstaat mit Frankreich
und lässt Pius aus Rom wegführen, über Valence und Avignon nach
Savona, später nach Fontainebleau. Und wieder geschieht dasselbe
wie etwa zehn Jahre zuvor mit Pius VI., das stumme Aushalten des
päpstlichen Gefangenen verschafft ihm Achtung in ganz Europa.
Es ist ein ungleicher Kampf, denn der eine hat Europa militärisch
unterworfen, der andere sitzt ohne Bücher, Tinte und Papier im
Zimmer eines Landschlosses und stellt dennoch durch sein bloßes
Dasein für viele Menschen eine Ikone des Widerstands dar. Selbst
in dieser demütigenden Lage ist Pius allerdings noch bereit, seinem
Peiniger entgegenzukommen und ein „Konkordat von Fontainebleau" abzuschließen, das dem Kaiser weitgehend freie Hand zur
Besetzung von Bischofsstühlen in Italien und Frankreich lässt …
um dann aber nach mehreren schlaflosen Nächten seine Unterschrift doch wieder zurückzuziehen.

Wirklich, ein Stoff für Balzac. Erst im März 1814, nach ver-
heerenden militärischen Niederlagen gegen die Alliierten, lässt Napoleon den Papst frei, und als Pius VII. am 24. Mai triumphal in
Rom einzieht, ist der *Empereur* längst selbst Gefangener, ins Exil ab-
geschoben auf die Insel Elba. Ein Jahr später stellt dann der Wiener
Kongress den Kirchenstaat offiziell wieder her.[7]

Scheinbar ist damit die Uhr auf die Zeit vor der Revolution und
vor Napoleon zurückgestellt. Doch hat das Papsttum diese dramatische Epoche nur mit Ach und Krach überlebt. Und das entscheidende Scharnier dafür war das Konklave von Venedig, das letzte in
der Geschichte, das außerhalb Roms stattgefunden hat. Die Bene-
diktinerkirche auf der Georgsinsel lässt sich besichtigen, doch für
den Konklaveraum braucht man eine eigene Genehmigung. Betritt
man ihn heute, so sieht man, dass der Platz im Chorgestühl, auf
dem Kardinal Chiaramonti während der Wahlgänge saß, markiert
ist und dass ein Schriftband an der Wand auf Latein verkündet: „Du
bist Petrus, und auf diesen Felsen werde ich meine Kirche bauen",
dieselben Worte wie auf dem Mosaikschriftzug hoch oben im römischen Petersdom. Dort wiederum, also im Petersdom, den von

Venedig etwa 530 Kilometer trennen, sind die beiden Päpste begraben, von denen dieses Kapitel erzählt hat; Pius Nummer sieben hat schon 1801 dafür gesorgt, dass die sterblichen Überreste von Pius Nummer sechs aus Valence nach Rom überführt wurden. Aber auch ein Bonaparte-Museum gibt es in Rom, es liegt am Tiberufer schräg dem Vatikan gegenüber, und da erfährt man, dass viele Familienmitglieder Napoleons nach dessen Sturz in Rom gelebt haben, darunter seine Mutter, „Madame Mère". Es war Pius VII., der ihnen großzügig Asyl gewährte.

15

Gefangener im Vatikan

Keiner wartet auf den Österreicher – Die Katze im Sack – Verkleidete Garibaldi-Anhänger – Die vier Barbiere – Ode auf den Fotoapparat – Ein verschämtes Veto – Stimmzettel für einen Toten

Nur sechs Papstwahlen gibt es im ganzen 19. Jahrhundert: Das ist ein Rekord, wenn man das erste christliche Jahrhundert mit seinen ohnehin nicht ganz wasserdichten Papstlisten außer Acht lässt. Nur sechs Papstwahlen also; für jähe Veränderungen spricht das nicht, eher für einen gewissen Immobilismus. Und noch einen Rekord hat dieses 19. Jahrhundert zu bieten, das Kirchenoberhaupt, das aus der Wahl von 1846 hervorgeht, regiert nicht weniger als 31 Jahre lang; das ist das längste Pontifikat der Geschichte, das sogar die Zeit des Petrus in Rom, welche man gemeinhin auf ein Vierteljahrhundert veranschlagt, in den Schatten stellt. Pius IX. ist dieser Rekordhalter, erst 54 Jahre alt im Moment seiner Wahl. Der katholischen Kirche drückt *Pio nono* nicht nur durch sein langes Ausharren im Amt den Stempel auf. Er ist auch der Papst des Unfehlbarkeitsdogmas. Und der letzte „Papa Re". Der Papst, dem der Kirchenstaat abhandenkommt. Eine der tragischeren Gestalten im katholischen Pantheon.[1]

Doch eines nach dem anderen. Die Wahl, mit der diese Geschichte beginnt, findet im Quirinalspalast statt, einem bevorzugten Wohnort von Päpsten in den letzten Jahrzehnten. Die großzügige Anlage liegt auf einem *Colle* (Hügel) über der Altstadt, vor dem Eingang ragt ein Obelisk auf, gesäumt von antiken Pferdeskulpturen, im Innenhof gibt es einen Park zum Spazierengehen und Entenfüttern. Heutzutage residiert hier der italienische Staatspräsident.

In der *Cappella Paolina* (Paulinischen Kapelle) des Palastes sind seit 1823 die Konklaven zusammengetreten; sie hat exakt die Ausmaße der Sixtina, verfügt allerdings über keine vergleichbaren Fresken, sondern stattdessen über monochrome Aposteldarstellungen und eine reiche goldene Stuckverzierung. Etwas überladen; man muss diesen Stil nicht mögen. Am Sonntag, 14. Juni 1846, und somit nur knappe zwei Wochen nach dem Tod von Gregor XVI. ziehen die Kardinäle bei strömendem Regen in den Quirinalspalast ein – und führen schon am Montagmorgen den ersten Wahlgang durch.

Warum eigentlich diese Eile? Eine ganze Reihe von Wahlberechtigten ist doch noch gar nicht in der Ewigen Stadt eingetroffen, namentlich nicht Kajetan von Gaisruck, der Erzbischof von Mailand. Müsste man nicht zumindest auf ihn warten, bevor man ernsthaft mit der Stimmabgabe beginnt? Der Mailänder (eigentlich stammt er aus Klagenfurt) sollte Österreichs Mann im Konklave sein, vermutlich hat er Instruktionen der Geheimen Staatskonferenz – lies: des Kanzlers Metternich – in seinem Portefeuille. Kann man denn mit dem Wählen anfangen, auch wenn man Österreichs genaue Haltung noch nicht kennt? Und vor allem noch nicht weiß, ob Wien zur Exklusive gegen einen der Kardinäle greifen will?

Doch, man kann: Die fünfzig Kardinäle auf dem *Colle* tun es einfach, nach einer schnellen Sondierung am Wiener Hof. Und der verstorbene Papst hat in einer Bulle auch ausdrücklich erlaubt, das Konklave zu starten, ohne lange auf Auswärtige zu warten. Bis auf einen sind die Wähler allesamt Italiener, besonders massiv ist der Kirchenstaat repräsentiert; Wien, Paris, Madrid fehlen. Die zwei Faktionen, die sich von Anfang an herauskristallisieren, werden von Lambruschini und Bernetti geleitet, zwei früheren Kardinalstaatssekretären des verstorbenen Papstes. Bernetti werden liberale Sympathien nachgesagt, darum hatte Gregor ihn schon nach kurzer Zeit durch Lambruschini ersetzt, einen Paladin des Absolutismus. Dieser Lambruschini ist wohl der verhassteste Mann in Rom, weil er in den letzten zehn Jahren mithilfe von Zensur, Polizei und Spitzeln alle Freiheits- und Neuerungstendenzen im Kirchenstaat unterdrückt und ein Schreckensregime unterhalten hat. Gerade das aber könnte ihn für Metternich zu einem Wunschkandidaten für das Petrusamt machen. Der in mancherlei Hinsicht rückständige *Stato Pontificio* ist in diesen Jahrzehnten politisch mit der Heiligen Allianz der Monarchen verknotet; auch im Kirchenstaat wird der Ruf nach der nationalen Vereinigung Italiens immer lauter, doch das verschreckt die Monsignori, und darum suchen sie den Schulterschluss mit Österreich, das sich in Ober- und Mittelitalien festgesetzt hat, sowie mit den Spaniern in Neapel-Sizilien.

Bernetti hält eine behutsame Öffnung und Modernisierung für das Gebot der Stunde. Er will offenbar nicht selbst Papst werden, aber er sammelt Stimmen für den Bischof von Imola, Mastai-Ferretti, welcher wie Bernetti als Reformen gegenüber aufgeschlossen gilt. Schon der erste Wahlgang bestätigt, dass alles auf ein Duell zwischen Lambruschini und Mastai-Ferretti hinausläuft. Wer im ersten Wahlgang wie viele Stimmen genau auf sich vereint hat, darüber gehen die Berichte auseinander, aber sie stimmen darin überein, dass sich von Anfang an diese zwei Blöcke zeigen. Bei anderen Papstwahlen hat eine solche Situation meist zu einem wochen- oder sogar monatelangen *Rien ne va plus* geführt, doch diesmal ist das interessanterweise nicht so. Irgendwie gelingt es Bernetti binnen weniger Stunden, die Unentschiedenen für seinen Kandidaten zu erwärmen – wie genau, das lässt sich nicht mehr klären. Tatsache ist jedenfalls, dass der Bischof von Imola schon im vierten Wahlgang das Rennen macht. Nur 48 Stunden hat das Konklave gedauert, auch das ist im Vergleich zu den vorhergehenden Papstwahlen des 19. Jahrhunderts ein Rekord.

Und wieder kann man fragen, warum diese verdächtige Eile? Eine Antwort könnte lauten: um einer Exklusive zuvorzukommen. Denn es ist gut vorstellbar, dass Gaisruck von Wien ermächtigt worden ist, sein Veto gegen Bernetti (oder, wie einige behaupten, gegen Mastai-Ferretti) einzulegen. Umgekehrt könnte auch der im Umfeld des Quirinals sehr aktive französische Botschafter daran gedacht haben, seinen Hof zu einer Exklusive gegen Lambruschini zu veranlassen. Doch das Konklave unterläuft dergleichen durch seine

Schnelligkeit. Um zu verstehen, was hier passiert, denke man nur an die vorherige Papstwahl 1830/31 – diese hat fünfzig quälende Tage gedauert, und in ihrem Verlauf sirrte ein spanischer Exklusive-Pfeil durch die Kapelle.

Ist das 1846er-Konklave also ein Putsch der Moderaten? Sollte das die Absicht gewesen sein, dann misslingt dieser Putsch gründlich, und zwar weil seine Wähler sich in ihrem Mann getäuscht haben. Pius IX. hat kein Rezept, wie den Fährnissen der Zeit zu begegnen wäre. Er springt als Liberaler los und landet als Reaktionär. Am Ausgangspunkt seines Pontifikats stehen Reformen im Kirchenstaat wie die Gründung eines Ministerrats und das Inkraftsetzen einer Art Verfassung, doch angesichts der Unruhen von 1848, die ihn zeitweise zur Flucht aus Rom zwingen, kommt sein Flirt mit den Ideen der Moderne an ein Ende. Das römische Volk, das ihn zunächst geachtet, ja verehrt hat, verflucht ihn bald, den Kirchenstaat kann er nur noch dank französischer Militärhilfe aufrechterhalten. In einem Irrtümerverzeichnis *(Syllabus errorum)* verdammt er 1864 unterschiedslos Konzepte wie Menschenrechte, Kommunismus, Geheimbünde, ja sogar Bibelgesellschaften. Auch die Demokratie wird in diesem Register verurteilt, ganz ungeachtet der Tatsache, dass die Wahl von Päpsten im Konklave schon seit vielen Jahrhunderten demokratische Elemente aufweist.[2]

Je bedrohlicher ihm der Liberalismus vorkommt, desto konsequenter baut Pius die heilige Kirche zur Festung um. Das von ihm einberufene Konzil, das Erste Vatikanum, definiert das Papsttum 1870 als höchste Autorität in der Glaubens- und Morallehre (Unfehlbarkeitsdogma) sowie im kirchlichen Rechtswesen (Jurisdiktionsprimat).[3] Diese Proklamation, bei der wieder einmal die päpstliche „plenitudo potestatis" aufgerufen wird, erhitzt nicht nur damals die Gemüter in der Kirche – namentlich der deutschen – wie in der Welt. Sie führt auch zur Abspaltung der sogenannten Altkatholiken, und es wird ungefähr 150 Jahre dauern, bis ein Vatikandokument eine Neuinterpretation dieser Papstdogmen in ökumenischem Geist vorzuschlagen wagt.[4] Das ist aber noch nicht alles. Noch im selben Jahr 1870 dringen die Truppen des italienischen *Risorgimento* bis

nach Rom vor und nehmen die Stadt ein; Pius zieht sich als selbst-
erklärter „Gefangener" in den Vatikan zurück, der Kirchenstaat ist
dahin, der italienische Nationalstaat bildet sich, eine wie Deutschland verspätete Nation, und das Papsttum sieht sich seiner jahr-
tausendealten weltlichen Herrschaft beraubt und sitzt fest in einem
toten Winkel der Geschichte.

Nein, das alles können sich die Kardinäle im 1846er-Konklave
nicht vorgestellt haben. Woraus man ersieht, dass die Wirklichkeit
noch die klügsten Winkelzüge zunichtemachen kann. Ein soeben
gewählter Papst hat etwas gemein mit der sprichwörtlichen Katze im Sack; keiner kann vorhersagen, in welche Richtung sich ein
Pontifikat entwickeln wird, der menschliche Faktor lässt sich nicht
durchkalkulieren. Man denke nur an das Bonmot eines Zeitgenossen von Clemens VII., dass es für diesen „harte Arbeit" bedeutet
haben müsse, „aus einem großen und respektierten Kardinal zu
einem kleinen, unansehnlichen Papst zu werden". An diese Grenze
des Menschlichen muss, solange der Petrusdienst auf Lebenszeit
vergeben wird, noch jedes Konklave stoßen, mögen seine Regeln
noch so ausgeklügelt sein. Aus der Geschichte des *Pio nono* lernen wir somit nicht nur etwas über den päpstlichen Primat, sondern auch über den Primat des Faktischen. Allerdings sollte man
sich in der Bewertung dieses Pontifikats vor Einseitigkeit hüten.
Es stimmt, dass Pius noch Todesstrafen vollstrecken ließ und dass
er italienischen Katholiken die Teilnahme an Wahlen untersagte;
er war ein Mann des 19. Jahrhunderts. Gleichzeitig zeigte er aber
eine wache pastorale Sensibilität, wie seine Förderung des Salesia-
nerordens und sein Interesse an der lateinamerikanischen Kirche
belegen (als Priester hatte er zu Zeiten Pius' VII. in diplomatischer
Mission Chile bereist, wovon der kubanische Schriftsteller Alejo
Carpentier in einem Roman von 1979 anschaulich erzählt). Mit
seinem Mariendogma hat Pius die Volksfrömmigkeit aufgewertet
und dem Papsttum einen direkten Zugang zu den gläubigen Massen verschafft. Zudem hat er mit dem roten Hut für den Erzbischof
von New York das Kardinalskollegium für Nichteuropäer geöffnet.
Eine weitreichende Entscheidung: In vergleichsweise kurzer Zeit

verändert sich daraufhin das Antlitz des *Sacro Collegio*, des Konklave, ja des Papsttums selbst.

Wie es nach seinem Tod einmal weitergehen soll mit dem *Papato*, darüber macht sich Pius IX. offenbar Sorgen. Mit einer ganzen Kaskade von Verfügungen ändert er die Konklaveregeln. Vieles wird, wie einst von Pius VI. unter dem Eindruck der Französischen Revolution, in das Belieben der Kardinäle gestellt; so können sie eine Papstwahl auch außerhalb Italiens ansetzen, wenn ihnen anders das Durchführen eines ordnungsgemäßen Konklave nicht möglich scheint. Haucht der Pontifex in Rom sein Leben aus, dürfen die Kurienkardinäle alle relevanten Entscheidungen fällen, selbst wenn sich anderswo eine zahlenmäßig größere Zahl von Elektoren zusammenfinden sollte; stirbt er hingegen außerhalb der Ewigen Stadt, dann wird der Ort zum Schauplatz des Konklave, an dem sich die Mehrheit aller Kardinäle einfindet. Dass ein laufendes Konzil irgendwie die Wahl an sich ziehen könnte, schließt Pius aus (das Erste Vaticanum ist nie offiziell zu Ende gegangen, es wurde nur vertagt) und erklärt stattdessen ein Konzil im Fall des Papsttodes für automatisch aufgelöst – eine Regelung, die sich bis heute gehalten hat. Seine Hauptstoßrichtung aber ist eine andere. Mit einer Vielzahl von Regelungen versucht er zu verhindern, dass das neu gegründete Königreich Italien Druck auf die Bestimmung seines Nachfolgers ausübt. Da ist sogar an die Möglichkeit gedacht, dass als Priester verkleidete Garibaldi-Anhänger Panik unter den Wählern schüren könnten. Man stelle sich nur einmal vor: Falsche Mönche in den heiligen Hallen der Papstwahl! Sollte die italienische Seite in irgendeiner Form mit Gewalt auf ein Konklave einwirken, ist dieses automatisch suspendiert. Nur gegen eine Möglichkeit trifft Pius keine Vorkehrungen: dass nämlich ein Konklave sich für einen Papst entscheiden könnte, der das Kriegsbeil mit Viktor Emmanuel II. begraben will. Offenbar übersteigt so etwas die Fantasie des Gefangenen im Vatikan.[5]

1878 stirbt Pius. Die in Rom anwesenden Kardinäle befürchten, dass italienische Truppen den Moment ausnutzen könnten, um den Vatikan zu besetzen, und denken darüber nach, das Konklave nicht in die Ewige Stadt einzuberufen, sondern ins Ausland, etwa nach Spanien, wo tatsächlich noch nie eine Papstwahl stattgefunden hat. Oder nach Monaco. Oder vielleicht Malta? Schnell kommen jedoch Bedenken auf; der neu gewählte Papst könnte von den Italienern an der Rückkehr in den Vatikan gehindert werden, außerdem hat keine fremde Macht die Wähler eingeladen, während die italienischen „Usurpatoren" immerhin – reichlich demonstrativ – zu Sicherheitsgarantien bereit sind. Dann lieber doch in Rom wählen; dafür findet sich eine deutliche Mehrheit bei den Kardinälen. Diesmal schaffen es, der Eisenbahn sei Dank, auch viele nichtitalienische Papstwähler rechtzeitig nach Rom; die Ausländer machen inzwischen mehr als ein Drittel des Kollegiums aus. Und wieder ist das Konklave, das in der Sixtina stattfindet und nicht im Quirinalspalast (dort residiert mittlerweile der italienische König), überraschend kurz, schon im dritten Wahlgang hat der Camerlengo Pecci, früherer Vatikandiplomat und Bischof von Perugia, die nötigen Stimmen beisammen, ein weiteres Mal sind die Wähler durch ihre Schnelligkeit etwaigen Störmanövern zuvorgekommen. Dabei muss man hinzufügen, dass sich das Interesse europäischer Höfe am Konklave diesmal in Grenzen hält, denn der Papst hat ja seinen Staat eingebüßt und ist damit politisch nicht mehr satisfaktionsfähig; sie wünschen sich einen römischen Bischof, der konzilianter auftritt als Pius IX., das schon, üben aber keinen Druck für oder gegen bestimmte Kandidaten aus, und das macht die Wähler freier als früher. Damit es in Rom nicht zu Unruhen kommt, erteilt Leo XIII. seinen ersten Apostolischen Segen nach der Wahl nicht im Freien zum Petersplatz hin, sondern im Innern der Basilika. Zum Lateran zu fahren, um dort die förmliche Investitur als Bischof von Rom vorzunehmen, ist ihm verwehrt; Leo wird den Vatikan für den Rest seines Lebens nicht ein einziges Mal verlassen.

Von diesem letzten Konklave des 19. Jahrhunderts ist in den vatikanischen Archiven ein ungewöhnlicher Zeuge auf uns gekommen: das Ausgabenbüchlein. Aus ihm geht hervor, dass die ganze Wahl an die 40 000 Lire gekostet hat. Im Vergleich dazu waren Pius' Beisetzung und Leos Krönung mit 15 000 Lire geradezu billig.

Man stelle sich nun einmal vor, welche Summen das Konklave verschlungen hätte, wenn es nicht zwei Tage gedauert hätte, sondern zwei Monate! In wirtschaftlicher Hinsicht ist so eine Papstwahl ein Minusgeschäft – immer schon gewesen. Die Einnahmen liegen bei null, die Ausgaben schießen schnell ins Kraut. Die Zimmerer, die die Fenster der Konklavezone mit Brettern verrammeln, müssen entlohnt werden, der Architekt, der die Wohnzellen in den Sälen des Apostolischen Palastes einrichtet, die Ärzte, die den hinfälligeren Wählern den Blutdruck messen, die Apotheker, die die Pillen ausgeben, die Küchengehilfen, die Käse über die Pasta raspeln. Sogar vier Barbiere halten sich zur Verfügung der Eminenzen, denn es ist damals noch nicht üblich, mit Dreitagebart in die Sixtina einzuziehen. Am meisten verdienen die Ärzte (500 Lire), während die *conclavisti*, also die höchstens zwei Gehilfen jedes Kardinals, nur je 200 Lire erhalten; die Barbiere noch weniger. Das Ausgabenbüchlein gibt uns eine Vorstellung davon, welche Maschinerie hinter den Kulissen rotiert, bis es zum „Habemus papam" kommt.[6]

„Wer baute das siebentorige Theben?", fragt Bertolt Brecht in einem bekannten Gedicht. „Haben die Könige die Felsbrocken herbeigeschleppt?" Solche Fragen stellen sich natürlich auch mit Blick auf ein Konklave. Nun sind es tatsächlich die Kardinäle selbst, und nur sie, die den Papst wählen; kein anderer darf seinen Stimmzettel in den Kelch fallen lassen. Doch dank unserem roten Büchlein aus dem Vatikanarchiv kommen endlich auch einmal die in den Blick, die im Schatten stehen, aber einen Großteil der nötigen Arbeiten leisten. Es wäre eine verlockende Aufgabe, einmal die Backstagegeschichte eines Konklave zu schreiben. Leider geben die Quellen das nicht her. Dabei fallen einem auf Anhieb viele Fragen dazu ein: Was wurde aufgetischt? Wo wurde gegessen, wo wurde abgespült? Wer machte die Toiletten sauber und wusch die Wäsche? Wie vertrieben sich die Konklavisten die Wartezeit? Und wie vertrugen die Kardinäle den Stress des Verhandelns und Entscheidens, bekamen sie hohen Blutdruck, rastete auch mal einer von ihnen aus? Wurde ihr Gepäck untersucht, oder hätten sie Waffen in die Konklavezone schmuggeln können? Durfte man in irgendeiner Ecke rauchen oder Tabak schnupfen? Welche Bücher lasen sie abends, nach dem letzten Wahlgang? Schläft man eigentlich gut in so einer Wohnzelle in der Nähe der Sixtinischen Kapelle? Oder erscheinen einem die Riesenfiguren des Michelangelo im Traum?

Mit Leo beginnt die erstaunliche, ganz und gar unerwartete Transformation des Papsttums. Aus dem entmachteten Herrscher eines mittelitalienischen Territoriums wird eine geistliche Führungsgestalt von globaler Ausstrahlung. In Etappen vollzieht sich dieser Wandel und weitgehend ungeplant; im Vatikan verwindet man jahrzehntelang nicht den Verlust des Kirchenstaats, und kaum einer vermag an der Schwelle zum 20. Jahrhundert die Chance zu erkennen, die in dieser Amputation liegt. Auch Leo XIII. trauert um das Dahingefahrene. Zugleich aber weiß der muntere Greis auf originelle Art und Weise Altes mit Neuem zu verbinden, verfasst zum Beispiel ein lateinisches Gedicht auf die noch junge Kunst des Fotografierens. Oder reagiert mit einer Enzyklika auf die in Europa aufgebrochene soziale Frage. *Rerum novarum* von 1891 ist seine Antwort auf das *Kommunistische Manifest*, das Schreiben legt den Grundstein zur katholischen Soziallehre und ist dabei nur eine von fast neunzig Enzykliken, mit denen sich dieser Papst an die Gläubigen wendet; seit Leo gehören solche päpstlichen Rundbriefe in den Werkzeugkasten des universalen Hirtenamts. Im Umgang mit vielen politisch heiklen Fragen beweist der Pecci-Papst eine glückliche Hand, beschwichtigt etwa den Kulturkampf in Preußen oder verbessert die Beziehungen zu nichtkatholischen Staaten wie Russland, England oder den USA. Nachgerade spektakulär ist seine geglückte Vermittlung in einem Konflikt zwischen Preußen und Spanien um die Karolinen, eine Inselgruppe im Pazifik; ein Relief in den Vatikanischen Gärten, auf dem der Papst mit Bismarck zu sehen ist – in Wirklichkeit sind sich die beiden nie begegnet –, feiert dieses Meisterstück vatikanischen Dicke-Bretter-Bohrens. Hier wird es in Grundzügen erkennbar, das Papsttum als unabhängige, neutrale Kraft, die sich im Konzert der Großen für Frieden und Völkerverständigung einsetzt und sich dabei nicht auf ein Territorium oder auf Bajonette stützt, sondern auf eine rein geistliche, eine mehr angenommene als belastbare Autorität.[7]

Sicher darf man Leo ebenso wenig weichzeichnen, wie man seinen Vorgänger nicht schwarzmalen sollte, denn auch der fidele alte Pecci träumt von der Theokratie, von einem unumschränkten Vorrang des Päpstlichen wie im Mittelalter; und wenn er auch die Unfehlbarkeitsproklamation des ersten Vatikankonzils nicht gleich dazu ausnutzt, neue Dogmen in die Welt zu setzen, bastelt er doch fleißig weiter am innerkirchlichen Zentralismus. Aus seinen Anweisungen, auf keinen Fall feindliche italienische Einflüsse auf eine Papstwahl zuzulassen und gegebenenfalls das Konklave zu unterbrechen, um es anderswo wieder aufzunehmen, ja sogar den Sitz des Papstes notfalls nach Malta, Spanien oder ins schweizerische Einsiedeln zu verlegen, spricht geradezu Paranoia. Nichtsdestotrotz gilt, dass in seinem Pontifikat der jahrzehntelange Prozess beginnt, in dem Rom schließlich die Moderne akzeptiert, anstatt sie zu verdammen, für sich einen Platz findet in dieser seltsamen Welt und allmählich eine neue, eher pastorale Form der päpstlichen Amtsausübung entwickelt, die dem Petrusdienst weltweit Respekt und Prestige verschafft. Stationen dieser Aussöhnung zwischen Papst und Moderne sind die Friedensinitiative Benedikts XV. im Ersten Weltkrieg; das Konkordat zwischen Pius XI. und Italien, das zur Gründung des Vatikanstaats führt; der Friedensappell Pius' XII. vor dem Zweiten Weltkrieg; die Enzyklika *Pacem in terris* von Johannes XXIII.; vor allem aber das Zweite Vatikanische Konzil (1962–1965). Hier wird ziemlich spät einiges von dem Porzellan wieder gekittet, das *Pio nono* zerschlagen hat. Die katholische Kirche akzeptiert endlich Religions- und Gewissensfreiheit, bekennt sich zu Demokratie und Menschenrechten, zur Trennung von Staat und Kirche, zum interreligiösen Dialog und zur Ökumene. Und die zwei Papstdogmen von 1870 werden vom Vatikanum II gewissermaßen relativiert (das ist buchstäblich gemeint: in eine Relation gesetzt), indem man nun besonders die Kollegialität der Bischöfe herausarbeitet. Eine Zauberformel Pauls VI. verortet das Kollegium der Bischöfe „mit und unter Petrus" – das ist Augenhöhe und doch wieder nicht, eine Quadratur des Kreises. In diesem Spannungsfeld wird nun auch der römische Bischofsdienst verortet. Leo XIII. hätte über all das gestaunt ... aber mit ihm hat es angefangen. Übrigens ist dieser Weg der Aussöhnung des Papsttums mit der Moderne weder geradlinig verlaufen (man denke, um nur ein einziges Beispiel von vielen möglichen aufzuführen, an den sogenannten Antimodernismuseid, der von 1910 an über mehrere Jahrzehnte Klerikern abverlangt wurde) noch heute an sein Ende gelangt.[8]

1903 dann der Eklat. Wir sind nicht mehr beim Thema Moderne, jetzt geht's wieder um das Konklave; Leo ist mit 93 Jahren gestorben (wieder ein Rekord, denn so alt wurde im Amt kein anderer Papst vor oder nach ihm), und alle Berichte, die uns Heutigen vorliegen, deuten darauf hin, dass das Konklave eigentlich schon lange angefangen hat – schon zu Lebzeiten des Papstes. In dem Sinn nämlich, dass, je älter und schwächer Leo XIII. wird, unter den Kardinälen längst vertraulich über seine Nachfolge beraten wird, trotz des Verbots. Der Greis beteiligt sich sogar selbst daran, indem er gesprächsweise Namen von Kandidaten nennt, die er für geeignet hält. Doch als er im Hochsommer 1903 zu seinen Vätern versammelt wird und das Konklave zusammentritt, kommt es zum Skandal: Österreich-Ungarn legt sein Veto ein gegen Kardinal Rampolla, einen früheren Kardinalstaatssekretär und aussichtsreichen Kandidaten. Es ist die letzte Exklusive einer Papstwahl, und sie sorgt unter den Wählern für helle Entrüstung.[9]

Warum eigentlich, kann man da gleich fragen. Seit dem 17. Jahrhundert haben doch immer wieder katholische Monarchen auf diese Weise den Bannstrahl gegen missliebige *papabili* geschleudert; am häufigsten übrigens Madrid, zuletzt noch im Konklave von 1830/31. Warum ist auf einmal so empörend, was eigentlich längst zu den Usancen zählt? Und hat man dieses Veto nicht schon seit Längerem, noch zu Lebzeiten Leos XIII., kommen sehen? Der Versuch einer Antwort führt mitten hinein in diese erste Papstwahl des 20. Jahrhunderts. Viele Wähler sind angesichts der Tatsache, dass der Papst seine weltliche Macht eingebüßt hat, der Interferenzen müde, sie wollen nun einen in erster Linie pastoralen Papst, einen apolitischen Hirten. Umso mehr schmerzt eine Exklusive, die daran erinnert, dass das Konklave auch weiterhin nicht im politisch luftleeren Raum stattfindet. Und zweitens sind es der Zeitpunkt und die merkwürdig verdruckste Art und Weise, in der diese Exklusive zur Kenntnis gebracht wird, welche für heftigen Protest sorgt. Hier ergeht nicht wie bei früheren Gelegenheiten das selbstgewisse Urteil eines Herrschers von Gottes Gnaden; eher wird in einem Augenblick, in dem niemand damit rechnet, ein höflicher Einwand aus der Hofburg zu bedenken gegeben.

Natürlich hat sich Rampolla in seiner Zeit als Kardinalstaatssekretär Gegner gemacht; das kann gar nicht ausbleiben, weil man sich in diesem Amt zwangsläufig gegenüber der Gemengelage des Moments positionieren muss. Trotzdem steigt er in den ersten zwei Wahlgängen des Konklave gleich mit einer hohen Stimmenzahl ein: Wenn es darum geht, die Linie Leos XIII. fortzusetzen, dann wirkt es logisch, auf Rampolla zu setzen. Nur kommt seine Stimmenzahl über einen bestimmten Sockel nicht hinaus, weil eben eine nicht unerhebliche Zahl von Kardinälen vom unpolitischen, vom Seelsorgepapst träumt. Ein solcher Papst könnte zum Beispiel Sarto sein, der Mann vom Land, der sich vom kleinen Kaplan bis ins Patriarchat von Venedig hochgedient hat. Auch der Präfekt der Missionskongregation, Gotti (ein entschiedener Gegner der Rassentrennung in den USA und als Nachfolgekandidat vom verstorbenen Papst ausdrücklich empfohlen), zieht viele Stimmen auf sich. Im zweiten Wahlgang liegt Rampolla bei 29 Voten, Gotti bei sechzehn und Sarto bei zehn, doch die Dynamik ist aufseiten des Letzteren, während Rampolla sein Potenzial womöglich schon ausgeschöpft hat.

So ist die Lage, als Erzbischof Puzyna von Krakau am Morgen des zweiten Wahltages, alldieweil die Kardinäle gerade ihre Stimmzettel ausfüllen, um das Wort bittet und mit so leiser Stimme, dass einige Kardinalskollegen „Lauter!" rufen, einen lateinischen Text vorliest, der sich anhört wie eine Exklusive gegen Rampolla … und auch wieder nicht. Er beginnt, wie sich das gehört, mit „Honori mihi duco", „Es ist mir eine Ehre"; doch dann wird das „veto exclusionis" nur „modo officioso", also auf offiziös-informelle Weise, ausgesprochen, und es wird zudem dem Dekan des Kardinalskollegiums lediglich „ad notitiam suam", also zu seiner persönlichen

Kenntnisnahme, zugeleitet. Sind das bloß Höflichkeitsfloskeln? Oder wird da versucht, die Exklusive nahezulegen, ohne sie wirklich zu verhängen? Warum diese verschämt-zweideutige Weise, warum haut Wien nicht einfach auf den Tisch?

Die Wähler sind wie vom Donner gerührt, indigniert. Widerspruch regt sich, sowohl der Dekan des Kardinalskollegiums als auch Rampolla selbst verurteilen sofort diese Einmischung von außen in den geschützten Raum der Papstwahl. „Diese Mitteilung kann nicht rezipiert werden, weder offiziell noch inoffiziell", befindet der Dekan; jeder Wähler sei angehalten, die Intervention zu ignorieren und weiter nur nach seinem Gewissen abzustimmen. Es ist das Faktum der Exklusive an sich, aber auch die Art und Weise, die für Empörung sorgt. Im Wahlgang dieses Vormittags fallen Rampolla dieselben 29 Stimmen zu wie am Vorabend, dafür zieht Sarto an Gotti vorbei auf Quote 21; der nächste Wahlgang am Nachmittag sieht Rampolla dann sogar bei dreißig, Sarto erhält 24 Stimmen und Gotti nur noch drei. Die Zahlen drücken aus, dass der Einspruch aus Wien die Rampolla-Anhänger keineswegs abgeschreckt hat; die Exklusive – wenn sie denn eine war – beeindruckt niemanden mehr. Das ist ein wichtiger Unterschied zu Papstwahlen der Vergangenheit. Dass ab diesem Punkt das Rampolla-Lager schwächer und das Sarto-Lager stärker wird, liegt offenbar nicht am „Honori mihi duco" von der Donau. Dennoch sind die Wähler aufgewühlt und wollen sich auch bis zum Ende des Konklave nicht beruhigen: So etwas darf nie wieder passieren, das ist das vorherrschende Gefühl. Zur Spannung dieser Tage trägt noch bei, dass der Patriarch von Venedig immer wieder bekräftigt, er werde eine Wahl zum Papst nicht annehmen, weil er des Amtes nicht würdig sei. Erst unter dem Eindruck massiver Vorhaltungen knickt er schließlich ein.

Zwei Tage nach dem Exklusive-Zwischenfall wird Sarto (der als Österreicher geboren wurde, aber jetzt Italiener ist) im siebten *scrutinium*, bei dem Rampolla immer noch ehrenwerte zehn Stimmen einfährt, mit fünfzig Stimmen zum Papst „kreiert" (oder darf man diese Vokabel, die sonst immer nur umgekehrt gilt, also vom Papst zu den Kardinälen, nicht auch einmal auf das Geschehen im Konklave beziehen?) und verspricht sofort, solche Einschränkungen der Freiheit der Wähler zu verbieten. Er hält auch Wort. Kein halbes Jahr später belegt ein Gesetzestext Pius' X. jeden Versuch, gegen einen Papstkandidaten ein „civile veto" einzulegen, sei es schriftlich oder mündlich oder auch nur „in der Form eines einfachen Wunsches", mit der automatischen Exkommunikation, von der nur der künftige Papst den Schuldigen wieder lösen kann. Die Wendung „einfacher Wunsch" lässt vermuten, dass sogar der Papst selbst sich nicht ganz sicher ist, ob das Anti-Rampolla-Manöver eine richtige Exklusive war oder nicht.[10]

An Weihnachten 1904, also keine anderthalb Jahre nach Pontifikatsbeginn, erfindet Pius X. dann das Konklaverad neu: Fast alle bisherigen Wahlregeln werden durch eine Apostolische Konstitution (so heißen besonders grundlegende, verfassungsartige Rechtstexte des Papstes) mit dem Titel *Vacante Sede Apostolica* aufgehoben und ein neues, umfassendes System in Kraft gesetzt, das strenger ausfällt als die bisherigen. Jede Einmischung von außen – kategorisch verboten.[11] Die Kardinäle – nicht befugt, während der Sedisvakanz irgendwelche Normen zu erlassen. Alle Geheimhaltungsregeln – nicht nur verschärft, sondern auch auf den Zeitraum nach dem Konklave ausgedehnt, und nur ein Papst kann in Einzelfällen davon dispensieren. Die Abschottung der Papstwähler – ins Totale getrieben, jedwede Kommunikation nach draußen soll ganz unmöglich sein. Wahlkapitulationen, Verhandlungen über einen bestimmten Kandidaten oder Ämterkauf – auf das Deutlichste verdammt. Wobei eine Wahl aber auf jeden Fall gültig ist, selbst wenn der Gewählte Kardinalskollegen durch klingende Münze und Versprechungen auf seine Seite gezogen haben sollte; damit wird die gegenteilige Verfügung von Julius II. kassiert.[12] Der Akzess – von jetzt an geächtet, weil er in schriftlicher Form mühsam ist; man muss ja den alten Wahlzettel eines Kardinals erst einmal finden, um ihn durch den neuen zu ersetzen. Stattdessen sollen künftig vor- und nachmittags nicht nur jeweils ein, sondern zwei Wahlgänge durchgeführt werden, damit hofft man das Element der Beschleunigung, für das bisher der Akzess gesorgt hat, beizubehalten. Die

Wahl durch Kompromiss oder durch gleichsam göttliche Inspiration – zwar noch geduldet, aber nur unter genau festgelegten Bedingungen. Zum Beispiel müssen alle erkrankten Kardinäle bei einer Wahl „quasi per inspirationem" vollzählig in der Kapelle anwesend sein, ohne Ausnahme; normalerweise können sie bei schriftlichen Wahlgängen in ihrer Zelle bleiben, und eigens dazu bestimmte Kardinäle, die „Infirmarii", holen ihre Stimmzettel ab und bringen sie in die Sixtina. Das heißt, dass man zu einer Inspirationswahl erst einmal die Kranken aus ihren Betten und in die Sixtinische Kapelle bringen müsste – aber wie spontan wäre das dann noch? Es ist vielleicht diesem inneren Widerspruch geschuldet, dass es bei den Konklaven des 20. Jahrhunderts nie zu einer solchen Inspirationswahl gekommen ist.[13]

Eine Überraschung hält das Modell eines Wahlzettels parat, das Pius in seine Konstitution aufgenommen hat. „Ich wähle zum höchsten Pontifex den ehrwürdigen Kardinal (...) Baronium." Baronium? Damit kann nur Cesare Baronio gemeint sein, ein italienischer Kardinal des 16./17. Jahrhunderts und Autor einer zwölfbändigen Kirchengeschichte. Im Konklave von 1605 soll er einer der Favoriten gewesen sein, aber hartnäckig erklärt haben, er werde eine Wahl nicht annehmen. Woraufhin die Mehrheit der Wähler dann zu einem Medici hinüberschwenkte, der überhaupt nichts gegen seine Wahl einzuwenden hatte.

Dieser Stimmzettel für einen Toten in der Konklaveordnung Pius' X. hat etwas Anrührendes. Da wählt ein Papst, der es nicht werden wollte und der in *Vacante Sede Apostolica* seinen Nachfolger ausdrücklich beschwört, die Wahl keinesfalls abzulehnen, einen Kardinal, der sich vor ungefähr 300 Jahren seiner Wahl erfolgreich entzogen hat. Es ist, als hätte sich der Sarto-Papst im Verweigerer Baronio wiedererkannt.

16

Das große Schweigen

Piffl schreibt mit – „Gewalttätiger Charakter" – Die Kurie zeigt ihre Krallen – Mauer auf dem Balkon – Engel und Dämonen – Die Schornsteine – Schmetterlinge und Kichererbsen

Vatikanmitarbeitende, die ein Konklave logistisch vorbereiten, rechnen mit allem Möglichen: mit versteckten Abhörwanzen. Mit einem Terrorangriff. Mit bestochenen *Conclavisti* oder als Reinigungskräfte getarnten Spionen. Nur mit jemandem wie Friedrich Gustav Piffl rechnen sie meistens nicht.

Piffl ist ein Mann mit buschigen Augenbrauen und unwirschem Gesichtsausdruck. Als Erzbischof von Wien nimmt er an den Konklaven von 1914 und 1922 teil. Ein Kandidat für den Spitzenposten ist er nicht; was ihn in unseren Augen wertvoll macht, ist etwas anderes, nämlich der Umstand, dass er Tagebuch führt. So etwas hat es zwar im Lauf der Geschichte immer wieder gegeben, und manche Aufzeichnungen, die Kardinäle im Konklave getätigt haben, sind über die Archive bis auf uns gekommen. Aber im Fall Piffl liegen die Dinge anders. Pius X. hat die Papstwahl noch tiefer ins Geheimnis getaucht, und es ist nicht mehr erwünscht, dass Stimmungsbilder aus der Sixtina an die Außenwelt dringen. Erst viele Jahrzehnte später können Historiker in den Jahrzehnten, von denen hier die Rede ist, in den Vatikanarchiven Einsicht in ein Konklavedossier nehmen, und dort finden sie, wenn sie Pech haben, lediglich dürre Abstimmungslisten, nicht die Geschichten dahinter. Piffl aber notiert auch die saftigen Details, die Intrigen und Hinterzimmermanöver. Hätten wir sein Tagebuch nicht, dann würden wir die innere Dynamik des Konklave von 1914, nach dem Tod von Pius X., heute nicht mehr verstehen.[1]

Nun schwört ja jeder Beteiligte am Konklave Geheimhaltung, auch die Kardinäle. Auch Piffl. Und er hat sich tatsächlich bis zu seinem Tod 1932 daran gehalten. Aber seine römischen Tagebücher hat er nicht weggeworfen, sondern nur mit der Aufschrift versehen, dass sie nach seinem Tod bitte schön verbrannt werden sollten, und daran haben sich seine Nachlassverwalter nicht gehalten. 1963 werden also die Tagebücher in voller Länge in einer belgischen Zeitschrift publiziert. Wir erfahren aus den Aufzeichnungen, dass auch im 20. Jahrhundert bei einer Papstwahl mit harten Bandagen gekämpft werden kann. Und dass das, was sich hinter den Kulissen abspielt, nichts für schwache Nerven ist.

Nach Pifls Angaben treffen sich 1914 nach dem Tod Pius' X. die österreichisch-ungarischen Wähler, die gleich nach den Franzosen den größten ausländischen Block bilden, in den Räumen der Kirche Santa Maria dell'Anima in der Nähe der Piazza Navona. Dabei verabreden sie, im ersten Wahlgang für Erzbischof della Chiesa von Bologna zu stimmen, einen früheren Vatikandiplomaten aus der Schule des Rampolla. Den Erzbischof von Pisa, Maffi, verwerfen sie als „zu italienisch". Im ersten Wahlgang am 1. September liegen della Chiesa und Maffi mit jeweils zwölf Stimmen gleichauf; daraufhin wendet sich der frühere Nuntius in Wien, Kardinal Agliardi, an seine austroungarischen Wählerkollegen und singt ihnen das Hohelied des Maffi: „Eine überlegene Intelligenz" zeichne diesen aus, während della Chiesa „ein *mediocris homo*" sei, also ein „mittelmäßiger Mensch" und allerhöchstens noch ein „guter Bürokrat". Am Abend des ersten Wahltags stößt der Kölner Kardinal von Hartmann, ein gebürtiger Westfale, ihnen gegenüber ins selbe Horn, auch wenn er für einen anderen Kandidaten wirbt als Agliardi; della Chiesa werde es sowieso nicht schaffen, zum Papst aufzusteigen, argumentiert er und gibt mehrere Gründe dafür an, unter anderem den angeblich „gewalttätigen Charakter" des Bolognesen. Das ist schon von ungewöhnlicher Drastik – von keiner Papstwahl des 20. oder 21. Jahrhunderts sind ähnlich scharfe Äußerungen bekannt. Was natürlich nicht heißt, dass es sie nicht gegeben hat.

In Piffls Notaten lassen sich die Irrungen und Wirrungen dieses Konklave weiter mitverfolgen. Noch am Abend des 1. September zeigt die Kurve des Erzbischofs von Bologna nach oben (21 Stimmen), während Maffi (fünfzehn Stimmen) auf dem absteigenden Ast ist. Die Kampagne gegen della Chiesa hat also nicht verfangen. Daraufhin schickt die kuriale Partei ab dem Morgen des zweiten Wahltags einen anderen Kardinal namens Serafini ins Feld: Dieser sei „der Kandidat aller Kurienkardinäle, die ihre Position nicht verlieren wollen", vertraut der ungarische Primas Piffl an. „Eine Marionette", die die Kurialen nach Belieben steuern könnten. In den Unterlagen eines anderen Kardinals, nicht Piffls, finden wir ein Anti-Serafini-Pamphlet, das uns ebenfalls einen Eindruck von der Härte dieses Kräftemessens gibt. „Die Intriganten, die bis gestern die Macht in der Hand hielten, können sich nicht daran gewöhnen, sie loszulassen", heißt es da. „Die Gerissenheit ist wahrlich diabolisch, man kann es nicht anders sagen …" „Schwindler" und „Tempelschänder" setzten alles daran, dem Heiligen Geist ins Handwerk zu pfuschen.[2] Serafini klettert bis zum Abend des 2. September in der Wählergunst auf 24 Stimmen; doch da hat della Chiesa längst die Dreißigermarke geknackt und nähert sich der Zweidrittelmehrheit, die in diesem Konklave bei 38 liegt. Dem *mediocris homo* ist die dreifache Krone zum Greifen nah, und im zehnten Wahlgang, am 3. September, hat er tatsächlich die 38 Stimmen beisammen (Serafini ist auf achtzehn abgerutscht) und ist damit zum Papst gewählt.

Eigentlich könnte man annehmen, dass die Kurienkardinäle sich nun ins Unvermeidliche schicken und dem neuen Kirchenoberhaupt umgehend huldigen. Das tun sie aber nicht, jedenfalls nicht sofort. Weil della Chiesa die Zweidrittelmehrheit nur so gerade erreicht hat, verlangen sie eine Überprüfung, ob er nicht etwa für sich selbst gestimmt hat; damit wäre die Wahl nach den Regeln Pius' X. tatsächlich ungültig. Also wird eine umständliche Kontrolle der abgegebenen Stimmzettel durchgeführt. Jeder Kardinal hat seinen Wahlschein von außen mit einem nur ihm selbst bekannten Symbol versehen, und so lässt sich della Chiesas Stimmzettel schließlich identifizieren. Es stellt sich heraus, dass der Mann einen anderen Kandidaten gewählt hat, nicht sich selbst, und dass seine Wahl zum Papst somit gültig erfolgt ist. Die Kurie aber, und darauf kam es ihr offenbar an, hat ihm noch vor dem „Habemus papam" die Krallen gezeigt, anders lässt sich diese Demütigung kaum interpretieren. Fast mafiös wirkt die Botschaft, die dem neuen Papst mitgegeben wird: Pass auf, du bekommst es im Vatikan mit uns zu tun, und wir strecken nicht kampflos die Waffen. Nach außen wird am 3. September 1914 von all dem nichts bekannt, da heißt es nur *gaudium magnum*, „große Freude". Aber den Kardinälen, die an diesem Wahl-Kampf teilgenommen haben, ist klar, dass Benedikt XV. mit seinem Versuch, an Leo XIII. anzuknüpfen, auf Widerstand aus dem Apparat stoßen wird, weil dort viele noch dem antimodernistischen Kurs Pius' X. anhängen. Es ist eine Ironie der Geschichte, dass ausgerechnet der „gewalttätige Charakter" della Chiesa im August 1917 mit einer Waffenstillstandsinitiative als Friedenspapst bekannt wird.[3]

Zum Konklave vom Herbst 1914 ließe sich noch einiges bemerken – etwa dass hier zum ersten Mal weißer Rauch aufsteigt, um die Wahl eines neuen Papstes anzuzeigen. (Im 19. Jahrhundert hatten die Kardinäle damit begonnen, erfolglose Wahlgänge durch schwarze Rauchzeichen an die Außenwelt zu melden.) Wichtig am 1914-Konklave ist aber vor allem, dass es selbstredend unter dem Eindruck des gerade ausgebrochenen Weltkriegs steht und dass die Wähler sich von Anfang an einig darin sind, dass es einen möglichst neutralen Papst braucht, einen, der keiner der kriegführenden Seiten zuneigt. Jemand, der wie Agliardi einmal Nuntius in Wien gewesen ist, scheidet damit von vornherein aus dem Kreis der Wählbaren aus. Das andere große Charakteristikum ist die Konfrontation zwischen beharrenden und moderat progressiven Kräften, das aus Piffls Aufzeichnungen deutlich geworden ist und das als ein Kontinuum im neuzeitlichen Konklave gelten kann; was früher die „Politicanti" und die „Zelanti" waren, taucht unter wechselnden Bezeichnungen (heute gern „progressiv" und „konservativ") als permanentes Gegensatzpaar auf. Immer wieder kommt es vor, dass eine

Papstwahl im Vergleich zum gerade vergangenen Pontifikat für eine Kurskorrektur, für einen Ausgleich sorgt. Selten aber lässt sich die Konkurrenz der Kräfte im Konklave so unverhüllt beobachten wie bei Friedrich Gustav Piffl.

Der Wiener nimmt, wie erwähnt, auch an der Papstwahl 1922 teil und bringt dabei ebenfalls seine Beobachtungen zu Papier. Sie fallen aber im Vergleich zu 1914 weniger deftig aus; Kardinal Ratti bekommt lediglich in einer Bemerkung aus Vorgesprächen das Etikett „zu wenig prinzipienfest" angeklebt, und ausgerechnet Ratti ist es dann, der am Schluss durchs Ziel geht und sich Pius XI. nennt. Er ist allerdings nur ein Kompromisskandidat, weil zwei Flügel sich gegenseitig blockieren, der, wenn man so will, Pius-X.- gegen den Benedikt-XV.-Flügel, die Antimodernisten also gegen die vorsichtigen Neuerer. Zu Beginn der Abstimmungen in der Sixtinischen Kapelle erhält Ratti nur eine Handvoll Stimmen, am Ende wird es mit vierzehn Wahlgängen das längste Konklave des 20. Jahrhunderts.

Zugleich ist es das erste, von dem sich kein Dossier in den vatikanischen Archiven einsehen lässt. Denn Johannes Paul II. hat 1996 in seinem schon mehrfach zitierten Text *Universi Dominici Gregis* noch einmal an der Geheimhaltungsschraube gedreht. Da wird nicht nur „allen und jedem einzelnen der wahlberechtigten Kardinäle" vorgeschrieben, „jede Art von Notizen, die sie über das Ergebnis der einzelnen Wahlgänge neben sich liegen haben", auszuhändigen, auf dass sie zusammen mit den Stimmzetteln im Ofen der Sixtina verbrannt werden. (Das gilt allerdings nicht für Tagebücher à la Piffl; hier haben wir also eine Hintertür für künftige Leaks gefunden.) Zusätzlich wird angeordnet, dass der Camerlengo am Ende der Wahl einen Bericht über das Abstimmungsergebnis jedes Wahlganges erstellt. Und dann heißt es weiter: „Dieser Bericht wird dem Papst übergeben und dann im dafür vorgesehenen Archiv in einem versiegelten Umschlag verschlossen aufbewahrt, der ohne ausdrückliche Erlaubnis des Papstes von niemandem geöffnet werden darf." Tür zu – dieses „Extra omnes" gilt den Historikern. Vor dieser Verfügung hatte Johannes Paul II. noch die vatikanischen Archive bis zum Tod Benedikts XV. 1922 freigegeben. Das bedeutet: Über allem, was in den Konklaven ab 1922 geschehen ist, liegt für uns ein Schleier. Das große Schweigen.

Und daher sind wir von diesem Zeitpunkt an mehr denn je auf die Pifffs angewiesen; vor allem bei der Papstwahl von 1939 fehlt uns jemand wie der Tagebuch schreibende Wiener. Denn manche, die sich mit diesem Konklave kurz vor Ausbruch des Zweiten Weltkriegs beschäftigt haben, behaupten, dass Eugenio Pacelli schon im zweiten Wahlgang exakt die Zweidrittelmehrheit erreicht hat – sich also in derselben Lage wiederfindet wie della Chiesa 1914. Nur kommt es diesmal, wenn man diesen Quellen glauben darf, nicht zur Kontrolle, ob der Kardinalstaatssekretär des verstorbenen Pius XI. eventuell für sich selbst votiert hat; Pacelli bittet angeblich darum, von einer solchen Prüfung abzusehen und stattdessen einen neuen Wahlgang durchzuführen, weil er sich gegebenenfalls auf eine breitere als diese Nur-gerade-so-Mehrheit stützen will. Tatsache ist, dass Pacelli dann im dritten Wahlgang – exakt an seinem 63. Geburtstag – zum Papst gewählt wird. Und Tatsache ist auch, dass Pius XII., wie er sich nennt, einige Jahre nach diesem Konklave verfügt, dass eine Zweidrittelmehrheit nicht mehr zur Papstwahl reicht – künftig braucht es zwei Drittel plus eine zusätzliche Stimme *(uno plus)*. Die Regel, dass man sich nicht selbst gewählt haben darf, schafft er im Gegenzug ab. Das kann, muss aber nicht eine Reaktion auf sein eigenes Konklave sein.[4]

Wir sind in unserer Darstellung mit Siebenmeilenstiefeln vorangestürmt, von 1914 bis 1939. Dabei geschieht in diesem Zeitraum nicht nur weltgeschichtlich einiges (Vertrag von Versailles! Weimar! Hitler!), auch das Papsttum verändert und entwickelt sich rasant weiter zwischen Benedikt fünfzehn und Pius zwölf. Nach innen zurrt es mit einem kirchenrechtlichen Kodex seine neuen Prärogativen fest. Nach außen baut es seine Präsenz auf der internationalen Bühne aus, durch Nuntiaturen und Konkordate, auch wenn es von der Friedenskonferenz von Versailles und dem Völkerbund ausgeschlossen bleibt. Sein Engagement für Frieden und Völkerverständigung gleicht einem Anrennen gegen Windmühlenflügel, verschafft ihm aber weltweit wachsenden Respekt; sein Dialog mit, ja sein

Verständnis für die Moderne nimmt allmählich zu; und vor allem gelingt ihm 1929 unter Pius XI. die Lösung der sogenannten Römischen Frage. Ein Konkordat mit Mussolini führt zur Gründung des Vatikanstaats und zur gegenseitigen Anerkennung zwischen jenem und Italien, und damit ist die jahrzehntelange Isolation der Päpste, ihre „Babylonische Gefangenschaft", vorüber.

Der Zwergstaat rund um St. Peter ist nur ein schwacher Abglanz früherer territorialer Herrlichkeit, das mag schon sein: gerade mal 0,44 Quadratkilometer und eine Bevölkerung, die deutlich unter der Tausendermarke bleibt. In aller Eile werden, vor allem zwischen Annator und Belvederehof, Verwaltungsgebäude hochgezogen, die stilistisch einen gewissen Faschisteneinschlag nicht verleugnen können. (Am geglücktesten scheint mir die angeblich von Pius XI. selbst entworfene Schneckenhaustreppe in den Vatikanischen Museen.) Aber mehr als so ein völkerrechtliches Standbein braucht die päpstliche Diplomatie nicht, um über die Kernanliegen katholischer Ortskirchen (das sind vor allem freie Religionsausübung sowie ein gesicherter Status von katholischen Einrichtungen) direkt mit einzelnen Staaten zu verhandeln. Im neuen *Stato della Città del Vaticano* ist das Vertrauen in Staatskirchenverträge stark ausgeprägt; so stark, dass der Vatikan 1933 auch mit Hitlerdeutschland einen solchen abschließt. Wie schon im Fall Italiens lässt die Kurie dafür auch im Deutschen Reich katholische Parteien und Verbände fallen; ein fataler Fehler, wie sich schnell herausstellen wird. Dass Pius und sein Kardinalstaatssekretär Pacelli sich überhaupt auf Pakte mit den faschistischen Regimen einlassen, mag man ihrer Hoffnung gutschreiben, kirchliche Rechte vor dem Zugriff der Autokraten zu retten. Womöglich schimmert da auch – und das ist aus heutiger Sicht verstörend – eine gewisse „Faszination des Totalitären" (Gerhard Besier) durch. Jedenfalls stellt sich schnell heraus, dass Mussolini wie Hitler sich von ihren Versprechungen von gestern nicht binden lassen. Die Konkordate schützen die Katholiken in Italien und im Reich nicht vor den Diktatoren.[5]

In einer auf Deutsch publizierten Enzyklika protestiert Pius XI. 1937 gegen Verletzungen des Reichskonkordats und zerlegt zugleich die Grundprinzipien des nationalsozialistischen Wahns. „Wer die Rasse oder das Volk oder den Staat (...) zur höchsten Norm aller, auch der religiösen Werte macht und sie mit Götzenkult vergöttert, der verkehrt und fälscht die gottgeschaffene und gottbefohlene Ordnung der Dinge. (...) *Nur oberflächliche Geister können der Irrlehre verfallen, von einem nationalen Gott, von einer nationalen Religion zu sprechen.*" Vor Gottes Größe seien die Nationen klein „wie Tropfen am Wassereimer", so der Papst mit einem einprägsamen Bild aus dem Prophetenbuch Jesaja.[6] Hätte Pius im Tagebuch des NS-Großmauls Goebbels blättern können, hätte er dort schon unterm Jahr 1933 den Eintrag gefunden: „Wir werden selbst eine Kirche werden." Den Rassismus und Antisemitismus will sich der Ratti-Papst in einer weiteren Enzyklika vorknöpfen, doch der Textentwurf verschwindet in der Schublade, als er 1939 stirbt.[7]

Vom Konklave im März 1939 war in diesem Kapitel schon kurz die Rede – jetzt beschäftigen wir uns eingehender damit. Der Zweite Weltkrieg wirft seine Schatten voraus, als knapp über sechzig Kardinäle gen Rom aufbrechen; das Münchner Abkommen der Westmächte mit Hitler und Chamberlains selbstbetrügerische Formel „peace for our time" sind erst fünf Monate alt, und im NS-Staat sind die heimlichen Vorbereitungen zur „Zerschlagung der Rest-Tschechei" weit gediehen. Das ist der weltpolitische Hintergrund dieses Konklave, das zum ersten Mal seit Menschengedenken alle lebenden Kardinäle zusammenbringt; sogar die Amerikaner sind (anders als bei der Papstwahl zuvor) rechtzeitig eingetroffen, weil Pius XI. die Wartezeit bis zum Start des Konklave ausgedehnt hat. Es ist die erste Papstwahl in der Ära der Massenmedien und auch die erste, über die ein eigener vatikanischer Radiosender berichtet. Die heikle Weltlage diszipliniert die Wähler, sie kommen sehr schnell zum Ziel, seit ungefähr vierhundert Jahren hat die Welt kein so kurzes Konklave mehr gesehen. Das wirkt auf die Beobachter so, als seien sich die Kardinäle angesichts der dunklen Wolken über Europa sofort darin einig gewesen, dass die Kirche jetzt an ihrer Spitze den erfahrenen Diplomaten Pacelli brauche, den früheren Nuntius in München und Berlin, der mehrere Sprachen spricht, als

Kardinalstaatssekretär das Konkordat mit dem Reich ausgehandelt, der aber auch die USA und Frankreich bereist hat. Ein kurialer Tausendsassa.

Ganz so glatt aber, wie es nach außen wirkt und auch wirken soll, geht die Kandidatur des adeligen Römers doch nicht durch, wie wir ja schon früher in diesem Kapitel angedeutet haben. Eine Reihe italienischer Kardinäle zieht ihm den Erzbischof von Florenz vor, den nicht so politischen, als pastoraler empfundenen Dalla Costa. Pacelli setzt sich in Rekordzeit durch, jedoch keineswegs, wie einige unmittelbar nach der Wahl suggerieren, mit Einstimmigkeit – und da fehlt uns eben ein Kardinal Piffl, der uns diese Stunden hinter verschlossenen Türen farbig nahebrächte und uns begreifen ließe, welche Dynamiken dieses Konklave bestimmt haben. Am ehesten in die Richtung Piffls geht noch eine Äußerung, die dem Generalvikar für das Bistum Rom, Kardinal Selvaggiani, zugeschrieben wird: „Hätten die Engel gewählt, dann wäre es Dalla Costa geworden, hätten die Dämonen gewählt, dann wäre ich es geworden; aber es waren Menschen, die gewählt haben." Eine Äußerung, die vieles ahnen lässt, aber eben nur ahnen.

Zwar führt in diesem 1939er-Konklave der Münchner Kardinal Faulhaber ein Tagebuch. Doch seine dürren Worte reichen bei Weitem nicht an Piffls Schmäh heran. „Die Klausur wird streng durchgeführt", schreibt er lediglich. „Die Schweizer Wache muss sich überzeugen, dass innerhalb des abgemauerten Raumes sich kein Unberufener aufhält. Vor meinem Zimmer war auf dem Balkon eine Mauer aufgeführt." Schon zwei Sätze weiter notiert der Münchner, dass Pacelli „nach dem *Ceremoniale* der Wahl auf die Anfrage mit bebender Stimme die Wahl annahm". Die Einzelheiten der Wahlgänge werden einfach übersprungen. Da ist die grüne Einlasskarte zum Konklave, die Faulhaber zusammen mit seinem Tagebuch aufgehoben hat, interessanter. Auf ihr sind handschriftlich der Name des Kadetten der Päpstlichen Ehrengarde vermerkt, der den Kardinal in die Konklavezone eskortiert, sowie die Nummer der „Cella", die ihm durch das Los zugefallen ist. Damals gibt es ja noch kein Vatikanhotel Santa Marta, stattdessen sind die Elektoren in den Wohnungen und Büros der Kurienkardinäle im Apostolischen Palast untergebracht.[8]

Das Konklavedossier der vatikanischen Archive von 1939 lässt sich also leider nicht einsehen, und auch kein Kardinalstagebuch klärt uns über seine Geheimnisse auf. Doch zum Pontifikat Pius' XII. stellen sich die Forscher ja ganz andere und viel drängendere Fragen als die nach den Umständen seiner Wahl. Hat er zur Shoah, zum industriellen Massenmord der Nazis an Juden, geschwiegen, so lautet die entscheidende Frage. Und dazu – wie überhaupt zum Pacelli-Pontifikat, das bis 1958 reicht – sind seit Frühjahr 2020 sämtliche Aktenbestände für Historiker zugänglich. Nicht nur im zentralen Vatikanarchiv, das man früher etwas missverständlich das „Geheimarchiv" nannte, sondern auch in den Archiven von Staatssekretariat, Glaubensdikasterium und weiteren Vatikaneinrichtungen.

Also, hat er zur Shoah geschwiegen? So problematisch es ist, die facettenreiche Ära dieses Papstes vor allem oder sogar ausschließlich auf einen Gesichtspunkt zu reduzieren, so legitim ist es doch, diese Frage zu einem wichtigen Schlüssel des Pontifikats zu machen. Das große Schweigen, so heißt unser Kapitel; und das bezieht sich nicht nur auf das immer erstickendere, strafbewehrte Geheimnis rund um die Geschehnisse im Konklave, sondern auch auf das Schweigen Roms zu Hitlers Jagd auf das auserwählte Volk. Obwohl viele Apologeten das Gegenteil beteuern, kann man *sine ira et studio* zu dem Schluss kommen: Ja, Pius XII. *hat* geschwiegen. Es stimmt schon, dass er in einer Weihnachtsansprache 1942 eine Anspielung auf den Mord an Juden unterbringt, aber eben nur eine Anspielung; und es stimmt ebenfalls, dass wohl auf seine Anweisung hin, denn wer sonst wollte so etwas befehlen, Tausende von Verfolgten, darunter auch viele Juden, in Klöstern oder kirchlichen Häusern Roms versteckt werden. Dennoch, ein Schweigen ist's, ein umfassendes Schweigen: Es erstreckt sich nicht nur auf die Shoah, sondern auch auf die schwere Verfolgung der polnischen Katholiken nach dem deutschen Überfall aufs Nachbarland 1939. Und es reicht nicht nur bis Kriegsende, denn auch danach verliert Pius XII. bis zu seinem Tod kein Wort über die Shoah. Er selbst bezeichnet sein Schweigen schon während des Krieges ausdrücklich so, als „Schweigen", wie das Tagebuch des Vatikandiplomaten Roncalli von 1941 belegt.[9]

Warum aber dieses Schweigen? An mangelnden Informationen über die Nazigräuel kann es nicht liegen, das zeigen erste Auswertungen des Archivmaterials. Aber auch nicht an einer antijüdischen Haltung des Papstes, denn das gibt die Aktenlage nicht her; bei dem einen oder anderen Mitarbeiter schon, aber bei ihm nicht. Die Erklärung für sein Schweigen muss also anderweitig gesucht werden. Ist es die Sorge, durch eine ausdrückliche Verurteilung die Lage der Juden, aber auch der Katholiken unter der Naziherrschaft zu verschlimmern? Tatsächlich geschieht ebendies in den Niederlanden, als die dortigen Bischöfe 1942 ihre Stimme erheben; unter den zahlreichen Katholiken jüdischer Herkunft, die daraufhin in ein Vernichtungslager verschleppt werden, ist auch die hl. Edith Stein. Ist es die Erwartung, über diplomatische Kanäle und Kontakte letztlich mehr ausrichten zu können? Ist es das Kalkül, dass man vielleicht irgendwann einmal eine Rolle beim Zustandekommen von Friedensverhandlungen spielen könnte, wenn man strikt unparteiisch auftritt?

Aber auch anderes dürfte eine Rolle spielen beim Schweigen des Papstes. Etwa das Gefühl am Heiligen Stuhl dieser Jahre, nur ein machtloser weißer Fleck auf einer vom Nationalsozialismus und Faschismus dunkel gefärbten Europakarte zu sein, speziell in den Monaten der deutschen Besatzung Roms 1943/44. Die Befürchtung, dass der Vatikan gestürmt, der Papst gefangen gesetzt werden könnte. Und außerdem eine gewisse Phobie gegenüber dem Kommunismus, den nicht wenige in der Kirchenführung als das eigentliche Übel der Zeit ansehen – und mit dem einige im Vatikan außerdem das Judentum in Verbindung bringen. Sicher ist man im Vatikan auch noch nicht so weit wie in späteren Jahren, in denen das Papsttum sich ganz selbstverständlich als globaler Advokat der Menschenrechte versteht; stattdessen hat man in den *Sacri Palazzi* unter Pius XII. in erster Linie das Wohlergehen der eigenen Leute, der Katholiken, im Blick. Hierfür fühlt man sich zuständig, nicht für das große Ganze. „Pius XII. stand innerhalb eines dezidiert katholischen Horizonts", bemerkt dazu der Historiker Andrea Riccardi, „den historischen Phänomenen außerhalb der Kirche hat er nur relative Aufmerksamkeit geschenkt." Das geht so weit, dass die Deutschen gleichsam unter dem Fenster des Papstes die jüdische Gemeinde Roms in die Todeslager abtransportieren können, ohne dass jener einschreitet; es kommt lediglich zu diplomatischen Aktivitäten hinter den Kulissen, die nichts ergeben.

Nach Riccardis Erkenntnissen ist Pius XII. davon überzeugt, dass die Nazis nach einem Endsieg als Erstes mit der Kirche abrechnen werden; eine nicht unberechtigte Sorge, doch der Blick des Papstes wirkt dadurch verengt. Nun beteuert zwar Riccardi, der auch der Gründer der linkskatholischen Basisgemeinschaft Sant'Egidio ist, dass man als Historiker über einen Papst kein Urteil zu fällen habe, sondern dass es um das Verstehen komplexer Zusammenhänge, Verstrickungen und Situationen gehe. Doch dass dem Pacelli-Papst noch Jahre nach dem Krieg zum Thema Judenvernichtung nichts einfallen will, erscheint auch bei Riccardi in negativem Licht. Dem Vatikan dieser Jahre gebricht es offenbar am Verständnis dafür, dass das Faktum der Vernichtung eines ganzen Volkes mitten in Europa auch die Kirche etwas angeht. Und dass man danach nicht einfach so weitermachen kann wie zuvor.[10]

Man könnte an dieser Stelle einwenden, dass wir uns zu ausführlich mit dem gesammelten Schweigen Pius' XII. beschäftigt haben, dass das Thema Shoah doch gar nicht so viel mit dem Thema Konklave zu tun habe. Doch will ich von diesem tiefen Einschnitt in der Menschheitsgeschichte nicht so einfach absehen. Kann denn, wer über den Ofen in der Sixtina spricht, in dem die Wahlzettel der Kardinäle verbrannt werden, nach 1945 wirklich diese anderen Öfen ganz mit Schweigen übergehen, die Verbrennungsöfen in den KZs? Und den furchtbaren weißen Rauch, der Tag und Nacht aus den Krematorien aufstieg, dieses Konklave der Hölle? Es muss leider als gesichert gelten, dass vom jahrhundertelang angedickten Antijudaismus in der Kirche, zu dem auch eine Karfreitagsfürbitte „für das treulose Volk der Juden" gehörte, Verbindungslinien zum Antisemitismus und zur Judenvernichtung laufen. Und diese harte

Prüfung durch die Shoah hat Pius XII., auch wenn er zahlreiche
Juden vor dem Tod gerettet hat, doch nur teilweise bestanden, so
lautet heute zumindest ein weitverbreitetes Urteil. Das Tribunal der
Nachgeborenen ist gnadenlos, sicher auch ungerecht. Johannes Paul
II. hat bei seinem großen *Mea Culpa*, mit dem er die Kirche über
die Schwelle des Jahres 2000 führte, ein eigenes Schuldbekenntnis
im Verhältnis zu Israel formuliert: „Wir sind zutiefst betrübt über
das Verhalten aller, die im Laufe der Geschichte deine Söhne und
Töchter leiden ließen. Wir bitten um Verzeihung …" Riccardi vermutet, dass der Pole seinem Vorgänger Pius das Schweigen zur Shoah und zur Verfolgung der polnischen Katholiken durch die Nazis
übel genommen hat.

Johannes Paul hatte diese schreckliche Zeit selbst erlebt, er musste
unter der deutschen Besatzung Zwangsarbeit in einer Solvay-Fabrik
bei Krakau leisten, also hatte er auch das Recht zu einer dezidierten,
obzwar nie öffentlich ausgesprochenen Meinung zu Pius XII. Für
uns Nachgeborene gilt das wiederum nicht; wie können wir uns an-
maßen, aus sicherem zeitlichen Abstand den Stab über diesen Papst
zu brechen? Eigentlich geht es darum, dieses Pontifikat – das ganze,
nicht nur bis Kriegsende – in all seiner Widersprüchlichkeit in den
Blick zu nehmen.[11] Und diese Widersprüchlichkeit zeigt sich nicht
nur beim Thema Shoah. Pius erlaubt natürliche Geburtenkontrolle,
verurteilt aber historisch-kritische Bibelauslegung; inszeniert sich
als Bollwerk gegen Neuerungen, aber fördert Radio und Film; will
über den Parteiungen schweben und klammert sich doch nach dem
Krieg ans westliche Bündnis gegen die Sowjets; lobt als erster Papst
Demokratie (speziell Christdemokratie) und Entkolonisierung und
paktiert zugleich mit Franco; wird zum Heiligen und Visionär über-
höht, ist aber verletzlich und unsicher; zieht Menschenmassen in
seinen Bann und lebt doch einsam wie ein Eremit. Als 1944 sein
Kardinalstaatssekretär stirbt, ernennt er keinen neuen mehr, sondern ist vierzehn Jahre lang sein eigener engster Mitarbeiter, und
Kardinalserhebungen führt er in fast zwanzig Jahren Amtszeit nur
zweimal durch, unmittelbar nach dem Weltkrieg und 1953. Immerhin wird das Kardinalskollegium durch diese zwei Konsistorien

ausgesprochen international, und die Zahl der Italiener mit roten Käppchen fällt auf ein historisches Tief – die Grundvoraussetzung, um die Wahl eines nichtitalienischen Papstes denkbar werden zu lassen.[12]

Als Pius 1958 stirbt, kommt es vielen so vor, als sänke mit dem großen Unnahbaren aus der Gussform des Ersten Vatikanums eine ganze Epoche ins Grab. „Il papa è morto", titelt eine Zeitung, „Der Papst ist tot", und das klingt, als wäre eine bestimmte Art des Papstseins nun an ihr Ende gelangt. Die Kardinäle, die in Rom zum Konklave zusammenkommen, entscheiden sich im elften Wahlgang tatsächlich für das exakte Gegenbild des asketischen, gestrengen Pacelli: den dicklichen, jovialen Roncalli. Selten war der Wechsel von einem Papst zum nächsten so augenfällig. Der eine: ein entrückter Monarch, der druckreif feierliche Sätze aneinanderschnarrt und als einziger Papst seit Pius IX. *ex cathedra* ein Dogma verkündet hat. Der andere: ein zwanglos plaudernder Bauernsohn, der den Fußkuss aus dem Papstzeremoniell streicht und sich als „euer Bruder Johannes" vorstellt. Natürlich, das sind Äußerlichkeiten, aber Äußerlichkeiten spielen eine Rolle in einem symbolisch derart aufgeladenen Amt. Hier geht es um einen ganz anderen Stil, um eine ganz andere Vorstellung von der Kirche und wie man sie über die Riffe und Untiefen navigiert. Das Papsttum, das sich seit Innozenz III. in immer höhere Machtsphären hinaufgeschraubt hat, läuft auf einmal zu Fuß neben den Zeitgenossen einher.

Der Zufall will es nun, dass wir von Roncalli, dem neuen Papst Johannes XXIII., ein Tagebuch haben: Wie mehrere Jahrzehnte zuvor Friedrich Gustav Piffl erlaubt uns der Patriarch von Venedig, der zunächst nicht als Favorit, sondern als möglicher Kompromisskandidat gehandelt wird, dass wir ihm in diesem Konklave über die Schulter schauen. Und dabei bemüht er sich zwar, die Vertraulichkeit nicht zu verletzen (über die erste Kardinalskongregation, an der er teilnimmt, ringt er sich nur ein „gut" ab), bietet ansonsten aber eine farbige Darstellung – mit dem seltenen Mehrwert, dass wir hier die Inneneinsichten eines Mannes entdecken, der als Kardinal ins

Konklave hinein- und als Papst hinauskommt. Meistens läuft das ja genau umgekehrt.[13]

Los geht's mit den Beisetzungsfeierlichkeiten für den Verstorbenen am 13. Oktober in St. Peter. „Allgemeines Klagen der Kardinäle über die Verpflichtung zur Anwesenheit (...). Wenn erst einmal der weiße Seidenschleier über das Gesicht des Leichnams gelegt worden ist, sollte der Rest nur noch einigen wenigen Zeugen vorbehalten sein (...). Aber der stärkste Eindruck des Tages war der letzte Blick auf das Leichengesicht des Heiligen Vaters. Oh, die große Lektion des Todes!" Kaum ist Pius XII. beigesetzt, beginnen die Wähler mit gegenseitigen Besuchen. Dabei staunt Roncalli darüber, wie viele Exponenten der Kurie ihn in seiner Unterkunft an der Via Aurelia aufsuchen, und bemerkt schon bald, dass einige Kardinäle ihn als möglichen Papstkandidaten ins Auge fassen. Ein „großes Flattern von Schmetterlingen" um ihn herum hält er am 15. Oktober fest, und „das Wasser beginnt um die Personen zu kochen, die im Konklave auftauchen sollten", schreibt er nach einer weiteren allgemeinen Kardinalsversammlung. Aus einem Brief vom 24. Oktober, einen Tag vor Beginn des Konklave, geht dann hervor, dass er auch selbst mit der Möglichkeit seiner Wahl zum Nachfolger Petri rechnet: Sein Neffe, ein Priester, solle jetzt keinesfalls nach Rom reisen, schreibt er dem zuständigen Bischof. „Das Ambiente hier ist so verdorben von der üblen Nachrede und von der Presse, dass ich es sehr ärgerlich fände, wenn man sagen würde: ‚Das hier ist sein Neffe, das sind seine Verwandten.' So etwas kann ich nicht erlauben (...). Falls ihr aber hören solltet, dass ich dem Flug des Heiligen Geistes habe nachgeben müssen, der sich in den vereinten Willensbekundungen ausgedrückt hat, dann lasst Don Battista nach Rom kommen." Man darf, wenn man heute diesen Brief liest, daran denken, dass Pius XII. der bisher letzte Papst gewesen ist, der Angehörigen seiner eigenen Familie herausgehobene Posten und Aufgaben verschafft hat.

Am 24. Oktober scheinen einige den Patriarchen von Venedig als ernsthaften Papstkandidaten einzustufen; das zeigt sich daran, dass eine Art Kampagne gegen ihn startet, die ihm eine schwere Krankheit andichtet. Aus Roncallis Aufzeichnungen ergibt sich nicht, wer seine Gegner sind, wohl aber, dass er mit mehreren Amtsbrüdern spricht, um „schmerzliche Missverständnisse zu zerstreuen". Einerseits biete ihm die böse Behauptung „Gelegenheit, mich der Verantwortung des Papstamtes zu entziehen", und das komme ihm gelegen. „Doch welche Verletzung der Gerechtigkeit, welch falsche Gerüchte, verbunden mit persönlichen Interessen und von materieller Natur!"

Am 25. Oktober beginnen die Wahlgänge in der Sixtinischen Kapelle, und auch wenn Roncalli keine Zahlen und keine Kandidaten nennt, spricht er doch von „verschiedenen Gefühlsstimmungen beim ersten Entdecken der Absichten der Kardinäle" und davon, dass auch sein eigener „armer Name" bei der Auszählung der Stimmen gefallen sei. „Am Abend gestattete ich mir, nicht zum Essen in die Sala Borgia hinunterzugehen. Ich aß nur wenig auf dem Zimmer. Dann zog ich mich zum Beten (…) zurück." Die Notiz klingt unschuldiger, als sie ist, denn tatsächlich macht es Roncalli durch sein Nichterscheinen bei Tisch den anderen Kardinälen möglich, über ihn zu debattieren. Am 27. Oktober aber beginnt sein Stern in der Sixtina zu sinken, wie man seinen rätselhaften Notaten entnehmen kann. An diesem Tag „schien es fast zu Ende und war es doch nicht. In den Sitzungen des Nachmittags schlechter und schlechter. (…) Ja, ich achte nicht darauf, ich vergebe aus ganzem Herzen." Und dann hält er fest, dass er wieder zusammen mit den anderen Kardinälen gegessen habe. Was ist da vorgefallen? Wir können nur erraten, dass seine Stimmenzahl eine Delle erfahren hat – aber was gab es da eigentlich zu verzeihen? Hat es etwa vorab Zusagen von Kardinälen gegeben, Zusagen, die dann nicht eingehalten wurden? Aber das würde ja bedeuten, dass Roncalli an diesem Punkt einigermaßen bewusst für das höchste Amt kandidiert und nicht nur *nolens volens* hingenommen hätte, dass andere ihn dessen für geeignet hielten. Dem widerspricht eine viel spätere Bemerkung in seinem Tagebuch, dass er schlechthin nichts getan habe, um seine Wahl zu befördern, „wirklich nichts".

Am 28. Oktober kommt es dann, ohne dass wir die Hintergründe oder die Zahlen kennen, zu einem neuerlichen Umschwung im Konklave, und die Aktien des Patriarchen von Venedig scheinen wieder zu steigen. Johannes XXIII. verrät einige Monate später selbst in einer Audienz für Studenten des Armenischen Kollegs, dass es eine Art Zweikampf zwischen seinen Anhängern und denen des aus Armenien stammenden Kurienkardinals Agagianian gegeben habe. Ihrer beider Namen seien bei den Abstimmungen „wie Kichererbsen im Kochtopf auf und ab" gestiegen. Ein schönes Bild, in seiner Konkretheit typisch für diesen Papst; Pius XII. hätte das sicher eleganter formuliert oder gar nicht. Jedenfalls setzt sich Roncalli im elften Wahlgang durch. In seinem Tagebuch hört sich das so an: „Konklave am dritten Tag (…). Heilige Messe in der Mathilde-Kapelle, mit großer Ehrfurcht. Ich rufe mit besonderer Zärtlichkeit meine heiligen Protektoren an (…), auf dass sie mir Ruhe und Mut einflössen. Beim neunten und zehnten Wahlgang kehrt mein armer Name an die Spitze zurück. Ich hielt es nicht für gut, mit den Kardinälen zum Essen zu gehen. Ich aß auf dem Zimmer. Es folgte eine kurze Ruhepause und eine große Verlassenheit. Beim elften Wahlgang geschieht es: Ich bin zum Papst gewählt *(eccomi nominato papa)*. (…) Man könnte sagen: ein Traum. Es ist noch vor dem Sterben die feierlichste Wirklichkeit meines gesamten armen Lebens. (…) Als ich auf dem Balkon von St. Peter stand, klatschten mir etwa 300 000 Menschen Beifall. Die Scheinwerfer hinderten mich daran, etwas anderes zu sehen als eine amorphe, bewegte Masse."

Der neue Pontifex nennt sich Johannes XXIII. Man stuft ihn angesichts seines fortgeschrittenen Alters von 77 Jahren als Übergangspapst ein. Doch schon wenige Tage nach seinem Aufstieg an die Spitze fasst er den Vorsatz, ein Konzil einzuberufen, um einen neuen „Frühling" für die Kirche anbrechen zu lassen.

17
Hamlet in der Sixtina

Gegen die Unglücksproptheten – Geheimtreffen in Frascati – Durchbrochene Stille – „Pillen-Paule" – Auferstehung aus dem Atomkrater – Die Dinosaurier in Rot

So kann es aber gehen in Geschichten wie dieser, in der alles aus einem bestimmten Blickwinkel, nämlich dem des Konklave, angesehen wird: Gerade war Johannes XXIII. noch frisch inthronisiert und steckte voller Pläne, namentlich dem eines Konzils; und jetzt ist er schon tot und starr, und das Pontifikat ist schon wieder vorüber, und das Konzil hat tatsächlich bereits seine erste Sitzungsperiode hinter sich, ist aber jetzt durch Roncallis Verscheiden bis auf Weiteres suspendiert. „Denn tausend Jahre sind in deinen Augen wie der Tag, der gestern vergangen ist, wie eine Wache in der Nacht", heißt es in Psalm 90, und wie Gott kann auch der Erzähler, ein Schöpfer anderer Art, die Zeiten zusammenschnurren lassen ganz nach Belieben, sodass fünf Jahre Amtszeit eines Papstes in einem Hui vorbei sind. Er hat also wirklich nicht viel Zeit gehabt, der Übergangspapst Johannes – und doch, wie viel und Entscheidendes hat sich unter ihm verändert in diesen fünf Jahren! Er hat eine Vatikanbehörde eingerichtet, um das Gespräch mit anderen christlichen Kirchen und Organisationen aufzunehmen. Hat ein Gefängnis besucht und ein Kinderkrankenhaus, hat das Papsttum nahbar gemacht, ihm einen neuen, pastoralen Resonanzboden untergeschoben. Er ist mit der Bahn nach Loreto und nach Assisi gefahren, der erste Ausbruch aus dem päpstlichen Immobilismus seit langen Jahrzehnten. Er hat den Schwiegersohn des sowjetischen Staats- und Parteichefs Chru-

schtschow im Vatikan empfangen und während der brandgefähr-
lichen Kubakrise zwischen Kennedy und den Russen zu vermitteln
versucht (sein Friedensappell wurde in der *Prawda* in voller Länge publiziert). Mit seiner Enzyklika *Pacem in terris*, die mitten im
Kalten Krieg vom Weltfrieden spricht und Menschenrechte positiv
konnotiert, wandte er sich – ein Novum für einen Papst – nicht
nur an die eigene Echogruppe, sondern „an alle Menschen guten
Willens".

Vor allem aber hat er mit viel Fantasie und Hartnäckigkeit ein
Konzil auf die Schiene gesetzt, bei dem es einmal nicht um die Verurteilung von Irrlehren und um die passgenaueste Definition des
katholischen Glaubensgutes geht, sondern um das Öffnen der Kirche zur Welt um sie herum. Das Gegenteil von „Extra omnes", so
gesehen. „Wir sind völlig anderer Meinung als diese Unglücksprop-
pheten, die immer das Unheil voraussagen, als ob die Welt vor dem
Untergange stünde", hat er bei der Eröffnung im Oktober 1962 im
Petersdom gesagt. „Heiter und ruhigen Gewissens" solle die überlieferte Glaubenslehre „genau geprüft und interpretiert" und „so
erforscht und ausgelegt werden, wie unsere Zeit es verlangt". Ein
aggiornamento, eine Aktualisierung des Katholischen.[1]

Und nun ist er also tot und starr, und das Konklave vom Juni
1963 steht erstmals seit dem 16. Jahrhundert vor der Frage, wie es
sich zu einem Konzil verhalten soll; damals war es das Trienter, jetzt
ist es Vatikanum zwei. Soll man es fortführen oder besser so bald als
möglich wieder abwürgen und eine drohende Kurienreform gleich
mit? Der verstorbene Papst hat das Kardinalskollegium beherzt inter-
nationalisiert, es zählt im Moment seines Todes Vertreter von über
dreißig Staaten, und die meisten Nichtitaliener treten dafür ein, den
Konzilsfaden weiterzuspinnen. Anders eine römisch-kuriale konservative Faktion, die sich von einem Fortgang des Konzils nichts Gutes
verspricht, nachdem die erste Sitzungsphase nicht nach ihren Vorstellungen verlaufen ist; dieser sogenannte *partito romano* ist im Kardinalskollegium numerisch stark genug, um jeden Kandidaten, der
ihm nicht passt, zu verhindern. Es zeichnet sich also ein schwieriges
Konklave ab, ein Ringen um den künftigen Kirchenkurs.

Favorit der Konzilsbefürworter: der Mailänder Erzbischof Montini, Sohn eines Publizisten und Abgeordneten. Intellektuell, zurückhaltend, sensibel. Er hat lange unter Pius XII. im Staatssekretariat gearbeitet, wurde von diesem dann überraschend hinaus aus Rom und an die Spitze des größten europäischen Bistums versetzt, allerdings ohne den Kardinalshut aufgedrückt zu bekommen. Das hat Johannes XXIII. nachgeholt, Montini war der erste Name auf seiner Liste neuer Kardinäle. Ein Mann mit sowohl kurialer wie pastoraler Erfahrung; theoretisch muss der Mailänder darum wie der Kandidat der Stunde wirken, jemand, der mit seiner Aufgeschlossenheit für Neues die Reformer anspricht, mit seinem gleichzeitigen Festhalten an der Tradition aber auch die „Römer" überzeugt. Doch dieser ideale Kandidat ist Montini nicht, denn er hat viele Feinde an der Kurie. Feinde, die ihm nicht trauen. Vielleicht weil sie nicht begreifen, wo er genau steht, und das begreifen tatsächlich auch die Bannerträger der Reform nicht immer. Der Kardinal ist ein Mann der Moderne, modern gerade in seiner inneren Zerrissenheit; liberal, aber auch tieffromm; Beter, Denker und Zauderer, der das Gefecht meidet und lieber skrupulös abwägt, statt dreinzuschlagen. Er bringt die Gewissheiten des Glaubens ins Wort und fühlt zugleich die innere Unruhe des zeitgenössischen Menschen. Nicht nur innerkirchlich hat Montini seine Gegner. Angeblich bringen auch Bundeskanzler Adenauer, der italienische Präsident Segni und der spanische Diktator Franco unabhängig voneinander Vorbehalte gegen ihn vor. Sie fürchten eine Fortsetzung der „Ostpolitik" Johannes' XXIII., ein vatikanisches Zwinkern in Richtung Moskau. Nicht nur Montini trifft dieses Misstrauen des westlichen Blocks, sondern auch den Armenier Agagianian. Ein italienischer Geheimdienst lässt Kardinälen angeblich ein Dossier zukommen, das enge Kontakte von Agagianians Schwester zum KGB belegen soll. Konzil und Kalter Krieg, die Fäden verwirren sich bei dieser Papstwahl.

Einen Tag vor Beginn des Konklave treffen sich mehrere konzilstreue Kardinäle in einem Konvent in Frascati vor den Toren Roms; Frings von Köln ist dabei, König von Wien, Suenens von Brüssel, Liénart von Lille. Die Umstände sind konspirativ. Was diese Män-

ner eint, ist, dass sie in den ersten Tagen des Konzils der Kurienpar-
tei das Heft aus der Hand gewunden und den Konzilsvätern aus den
Ortskirchen dazu verholfen haben, zumindest zu wichtigen Teilen
die Regie zu übernehmen. Zu ihrem Kreis stößt Montini hinzu; die
Türen schließen sich, und auch ohne „Extra omnes" ist diese Be-
ratung schon ein Konklave im Kleinen. Was genau hier besprochen
wird, wissen wir nicht, doch die Vermutung, dass die Reformer eine
einheitliche Strategie zu entwerfen suchen, liegt nahe. Auch im weiteren Reformerlager mag es Montini-Skeptiker geben, weil dieser
lange zum Hof Pius' XII. gehört hat und von seiner Persönlich-
keitsstruktur her eher dem Moderaten zuneigt als dem Durchsetzen
von Neuerungen. Doch was wird passieren, wenn das Reformerlager sich verzettelt, indem ein Teil für Montini, ein anderer aber
für Kardinal Lercaro von Bologna stimmt, dessen Textentwurf zum
Thema Liturgie vielen Konzilsvätern positiv aufgefallen ist? Wenn
die Freunde des Konzils nicht geschlossen auftreten, werden sie in
diesem Konklave keine Chance haben. Es wird kolportiert, dass
Montini einige Stunden nach dem Treffen von Frascati Lercaro in
dessen römischer Unterkunft aufsucht – wieder wissen wir nicht,
was da geredet wird, doch wirkt diese Visite wie eine direkte Fol-
gerung aus den Vereinbarungen von Frascati. Die Reformer ringen
um eine einheitliche Position.[2]

Die konservative Strömung im Kardinalskollegium wird von
den Kardinälen Siri und Ottaviani angeführt. Siri: jüngster Kardinal
zu Zeiten Pius' XII., Erzbischof von Genua.[3] Ottaviani: ebenfalls in
der Pacelli-Passform gemodelt, Leiter des Heiligen Offiziums, der
obersten Vatikanbehörde zur Bewahrung und Verteidigung eines
Glaubens, den man sich wie in eine Schatztruhe eingeschlossen
denkt. Ihre Kandidaten sind die Kardinäle Antoniutti, ein früherer
Nuntius in Francos Spanien, und Roberti, der den obersten kirchlichen Gerichtshof leitet. Am 19. Juni abends schließen sich die Türen der Sixtinischen Kapelle hinter achtzig Papstwählern; noch nie
hat die Zahl der Kardinäle im Konklave so hoch gelegen, und das
rührt daher, dass Johannes XXIII. die seit 1586 bestehende Obergrenze auf siebzig durchstoßen hat, ohne sie allerdings abzuschaf-

fen. Wieder wissen wir nicht, was nun genau geschieht hinter den verschlossenen Türen im Apostolischen Palast, doch wenn man den *Vaticanisti* Glauben schenken darf, dann steigt zwar Montini gleich hoch ins Rennen ein, stößt aber auf hartnäckigen Widerstand des *partito romano*. Schon bald lenkt Lercaro, der ebenfalls Stimmen auf sich zieht, seine Gefolgschaft auf den Mailänder um, doch bleibt der Name Montini auf hohem Niveau hängen, knapp unterhalb der für eine Wahl nötigen 54-Stimmen-Grenze. Und nichts deutet darauf hin, dass seine Gegner einlenken werden. Weil sie etwa ein Drittel der Stimmen kontrollieren, lässt sich gegen sie niemand durchsetzen. Die klassische Blockade.

Bei früheren Wahlen haben sich Kardinäle an diesem Punkt auf die Suche nach Kompromisskandidaten gemacht, so kam zum Beispiel noch Pius XI. in Amt und Würden. Doch diesmal nicht. Die Montini-Anhänger beharren auf ihrem Favoriten, weil Lercarco sich selbst aus dem Rennen genommen hat und sie keinen Plan B haben; die Konservativen wollen den Mailänder auf gar keinen Fall, und niemand vermittelt zwischen beiden Seiten, sodass die Stimmung immer gereizter wird. Da erhebt sich, als gerade die Stimmzettel zur nächsten Wahlrunde verteilt werden, der Präfekt der Ostkirchenkongregation, Kardinal Testa, von seinem Platz, geht zu zwei Kurienkollegen hinüber und bittet sie – lautstark genug, um auch von anderen gehört zu werden –, doch bitte von gewissen Manövern Abstand zu nehmen. Ein unerhörter Vorfall: Das Konklavegesetz verbietet es ausdrücklich, zwischen zwei direkt aufeinanderfolgenden Wahlgängen in der Sixtina das Wort zu ergreifen. Die Kardinäle schrecken auf. Siri bittet um das Wort und protestiert gegen Testas Verhalten; die Szene erinnert von fern an die Erregung, als 1903 im ersten Konklave des Jahrhunderts die (scheinbare oder tatsächliche) Exklusive gegen Rampolla verhängt wurde. Auch der Kardinaldekan rügt, dass das vorgeschriebene Schweigen gebrochen worden ist; was soll er auch sonst tun. Montini will in der Hitze des Moments aufstehen und seinen Verzicht erklären, doch sein Sitznachbar drückt ihn auf seinen Stuhl zurück. Eine wirre Szene. Kaum zu begreifen, dass Montinis Kandidatur damit nicht am Ende ist; doch der vierte

Wahlgang bringt ihm sogar noch ein paar weitere Stimmen, und einige wenige seiner Gegner laufen in sein Feld über – wenige, doch gerade genug, um ihn im sechsten Wahlgang zum Papst zu machen. Er wird es also. Aber er ist angeschlagen.

Es fällt ausgerechnet Ottaviani zu, das „Habemus papam" zu sprechen, und eine besondere Überraschung bedeutet der Ausgang der Wahl für die Außenwelt nicht, denn der Erzbischof von Mailand war als Favorit gehandelt worden. Niemand draußen ahnt in diesen ersten Stunden der Amtszeit von Paul VI. etwas von dem Machtkampf, der sich, wenn man sich auf die Rekonstruktionen der *Vaticanisti* verlässt, im Konklave abgespielt hat, und von der Opposition, auf die Montini noch ganz zuletzt gestoßen ist. Beim Papst selbst aber hat das Ganze Spuren hinterlassen. Sein gesamtes Pontifikat hindurch wird er versuchen, auf seine Gegner zuzugehen, auch wenn ihm das Hohn und Unverständnis einbringt und den Ruf, ein Hamlet auf dem Petrusstuhl zu sein. Bei allem, was er tut, wird er ihr „Nein" mitdenken, und sein Buhlen um sie wird etwas Verzweifeltes haben. Danken wird man ihm das nicht; als Paul entscheidet, dass Achtzigjährige künftig nicht mehr am Konklave teilnehmen dürfen, wird Ottaviani öffentlich über ihn herziehen. Die verhängnisvollste Wirkung aber wird Pauls Entgegenkommen gegenüber den Konservativen in seiner Enzyklika *Humanae vitae* entfalten. Darin untersagt er katholischen Paaren künstliche Verhütungsmittel, gegen den Rat einer von ihm mit der Angelegenheit befassten Kommission und unter Berufung auf sein Gewissen; das alles im Jahr 1968, in dem rebellische junge Leute im Westen mit Drogen und freiem Sex experimentieren, Uschi Obermaier in einer Berliner Kommune durch die Betten hüpft und ein beliebter Sponti-Spruch lautet: „Wer zweimal mit derselben pennt, gehört schon zum Establishment." „Pillen-Paule" erscheint da als lächerliche Figur, als Papst von der traurigen Gestalt. Was er zwar mit Fassung trägt, was aber beitragen wird zu seiner Einsamkeit, seiner Isolation.[4]

Durchlebt Montini sein quälendes Konklave in Gedanken immer wieder von Neuem in den fünfzehn Jahren seines Pontifikats?

„Ich bin jetzt in der Finsternis, in der Nacht", hat er kurz nach der Demütigung in der Sixtina zu Kardinal König von Wien gesagt, und sicherlich hat er in diesen Stunden des Konklave in einen Abgrund geschaut. Da ist sein ganzes Pontifikat hindurch aber noch mehr als nur die ständige Vergegenwärtigung, wie erbittert ihn viele bekämpfen. Auch sein Einblick in die Komplexität seiner Aufgabe hemmt die Entschlossenheit seines Handelns; die Ambiguitätstoleranz, die heute gern heraufbeschworen wird, führt er in seiner Person vor, er ist Petrus und gleichzeitig Paulus, Zweifler und Hundertprozentiger. Derselbe Mann, der nach dem Konzil feierlich ein eigenes Glaubensbekenntnis formuliert und mit *Evangelii nuntiandi* die Programmschrift einer Neuevangelisierung vorlegt, durchbricht die Schallmauer der papalen Selbstgewissheit, indem er sich wie kein Hausherr des Petersdoms vor ihm zu bohrenden Fragen und zur Unsicherheit bekennt. Paul wagt es in immer neuen Vorstößen, oft frei formuliert. „Gemeinsame Sehnsucht unserer armen Seelen, welche von den religiösen Problemen gequält sind, die der modernen Mentalität eigentümlich sind, wäre ein Zweifaches", notiert er, man weiß nicht, wann, auf einem Zettel: „1) von Gott irgendeine direkte Erfahrung zu erlangen; ihn zu verstehen, wenn man ihn schon nicht sehen kann (…). 2) von Gott irgendein wundersames Zeichen zu erlangen, irgendeinen außergewöhnlichen Hinweis auf sein allmächtiges Wirken oder auf seinen liebevollen Beistand".[5] Gegenüber Jugendlichen äußert er 1971, dass das Leben „voll von Dunkelheiten, von Zweifeln, von Geheimnissen" sei, „es ist der Nacht ähnlicher als der Tag", und man müsse den Eindruck haben, „in einer dunklen, (…) vielleicht vergeblichen, vielleicht sinnlosen Welt zu leben". Als sein persönlicher Freund, der christdemokratische Regierungschef Aldo Moro, 1978 von den Roten Brigaden entführt und hingerichtet wird, richtet Paul VI. einen „Klageschrei des unsagbaren Schmerzes" an Gott: „Du hast unser Gebet (…) nicht erhört." Vom „winzigen, aber schrecklichen Wesen Mensch" spricht er ein paar Tage später bei einer seiner letzten Generalaudienzen.[6]

„Liebst du mich mehr, als diese mich lieben?" Diese Frage Jesu an Petrus empfindet der 261. Nachfolger des Letztgenannten nicht nur als „indiskret", sondern als zutiefst quälend: wie „ein Messer, (...) das bis ins Innerste der Knochen, der Nerven und des Marks dringt (...). Weiß man denn, ob man ,mehr' liebt?" Von Gott berufen zu sein, aber gleichzeitig um seine Unzulänglichkeit zu wissen, ist ihm „eine vielleicht süße und drückende Last", „Seligkeit" und „Grauen" liegen da nah beieinander. Und zwar nicht nur in seinem speziellen Fall als Papst, sondern, wie er meint, bei jedem „katholischen Menschen", schließlich trage ein solcher doch das eigentlich Unvereinbare in sich und müsse es irgendwie zu einem Ausgleich bringen, „das Ungewisse und das Gewisse".[7] Da mag, wer will, an *La Traviata* denken: *croce e delizia.*

Es ist auch diese ungeschützte Ehrlichkeit Montinis („Tief im Innern spüren wir die Frage, die uns erbeben lässt: Was ist mit uns, sind wir wirklich Christen?")[8], die ihn zu einem Unverstandenen macht, wir kommen eben mit Päpsten, die den Brustton der Überzeugung beherrschen, besser zurecht. Viel zu wenig wird gesehen und gewürdigt, dass es Paul ist, der seiner Kirche den Weg in die Moderne freigräbt. Als letzter Papst lässt er sich mit einer dreifachen Krone krönen, die dann in New York bei einem Auktionshaus landet, der Erlös ist für die Armen bestimmt; er stellt die Kurie strukturell neu auf, eröffnet mit seiner Reise ins Heilige Land die Ära der pilgernden Päpste, umarmt in Jerusalem den griechisch-orthodoxen Patriarchen, was nahezu tausend Jahren Feindschaft und Unverständnis zwischen Rom und Konstantinopel ein Ende setzt. Schillernd gerät seine „Ostpolitik"; viele Ortskirchen auf der unfreien Seite des Eisernen Vorhangs empfinden es als Verrat, dass der Vatikan sich zu Arrangements mit kommunistischen Regimen bereitfindet. Die größte Leistung dieses Papstes ist sicher, dass er das Zweite Vatikanische Konzil begleitet, zu Ende führt und auf vielen Baustellen, etwa durch eine Liturgiereform oder durch die Einführung von Bischofssynoden, mit seiner Realisierung beginnt.

Ein Denkmal setzt er sich im Vatikan durch den Bau einer Audienzhalle, die so gar nichts Pompöses an sich hat, sondern durch ihre kühle Funktionalität besticht: Sitzplätze für mehrere tausend Menschen, im ersten Stock eine Konferenzaula, auf dem Dach – erst nach seinem Tod dort angebracht, aber ganz in seinem Geist – über 2000 Solarzellen. Eine Anti-Sixtina. Einziges Kunstwerk ist eine vierzig Tonnen schwere und zwanzig Meter breite Bronzeskulptur des auferstehenden Christus, umgeben von Ölbäumen; er steigt – so hat das jedenfalls der Künstler Pericle Fazzini erläutert – „aus einem Krater auf, den eine Atombombe aufgerissen hat". Üblicherweise halten die Päpste in der *Aula Paolo VI* vor diesem Atom-Christus jeden Mittwoch ihre Generalaudienz ab. In den Sommerferien veranstaltet der Vatikan hier neuerdings Kinderfreizeiten für den Nachwuchs seiner Mitarbeiter, und während der Covid-19-Pandemie bin ich dort geimpft worden.

In keinem Jahrhundert haben Päpste so oft an den Regeln des Konklave herumgeschraubt wie im 20. Zuletzt hat Johannes XXIII. angeordnet, dass alle Kardinäle zu Bischöfen zu weihen seien, was die alten Rangunterschiede innerhalb des Kollegiums nahezu belanglos werden lässt. Außerdem hat er 1962 in einem sogenannten *Motu proprio* (das sind „aus eigener Initiative" ergehende Rechtsakte) einige der Verfügungen seines Vorgängers Pius' XII. abgeschwächt; jetzt reicht wieder die Zweidrittelmehrheit (außer wenn die Zahl der Abstimmenden nicht durch drei teilbar ist), die Aufzeichnungen der Wähler in der Sixtina müssen nicht mehr zusammen mit den Wahlzetteln in den Ofen gestopft werden, die Strafen für Plappermäuler werden ein wenig gelockert, und ein Protokoll über die einzelnen Wahlgänge wird erstellt und aufbewahrt.[9] Alles nicht so weltbewegend. Unter Paul VI. hingegen gerät auch die Papstwahl in den Sog der Neuerungen; alles scheint ja jetzt möglich, alles lässt sich reformieren, warum also nicht auch dieses alte Prozedere? Der Montini-Papst hält nicht damit hinterm Berg, dass er sich bei künftigen Konklaven eine Teilnahme der Patriarchen der Ostkirchen vorstellen könne. „Ebenso fragen wir uns, ob es nicht eine Überlegung wert wäre, dem Heiligen Kardinalskollegium in dieser wichtigen Funktion (der Papstwahl) diejenigen beizuordnen, die von der Bischofssynode, einer Ausprägung des Weltepiskopats, zu ihren Vertretern (…) gewählt worden sind."[10]

Es kostet nicht viel Mühe, sich das Gesicht Kardinal Siris, seiner Nemesis, angesichts dieser paulinischen Gedankenspiele vorzustellen. Tatsächlich würde ein Einbrechen von Bischöfen, deren Rolle und Würde als Wiedergänger der Apostel beim Konzil wiederentdeckt worden ist, in den verbotenen Zirkel der Papstwahl auf eine Entmachtung der Kardinäle hinauslaufen. Was hätten sie denn noch in Händen, wenn sie nicht mehr die exklusiven Zauberkünstler in der Sixtina wären? Tatsächlich hat ja das Konzil das Bischofskollegium aufgewertet – und das Kardinalat weitgehend mit Schweigen übergangen. Paul kommt ein paar Wochen nach seinem ersten Versuchsballon erneut auf sein Projekt zu sprechen; er habe lange darüber nachgedacht, und aus seiner Sicht stehe es sogar, man höre und staune, „im Einklang mit der Geschichte des Heiligen Kardinalskollegiums". Zu den Vorteilen gehöre nicht nur, dass diese Bischöfe „hochgradig repräsentativ" seien, sondern dass ihre Gruppe „häufig erneuert" werde. Gerade das dürfte von Kardinälen als supreme Ohrfeige gewertet werden; sie sind dann eben das weniger repräsentative, starrere Segment im Wählerrund.

Wir wissen heute, wie's gelaufen ist: dass nämlich aus den Gedankenspielen des Montini-Papstes doch nichts wurde. Umso aufregender ist aber zu hören, wie er da in aller Öffentlichkeit über sein Projekt spricht. Gewählte Vertreter im Gremium der Papstwähler, das würde wirklich einen Unterschied machen. Das Kardinalskollegium allerdings müsste durch diese Kohabitation unter Rechtfertigungsdruck geraten, denn wer braucht in Zeiten, in denen die Kirche sich ihres universalen Charakters immer stärker bewusst wird, noch dieses historische Fossil der Rotröcke, das sich mit Mühe und Not auf den Es-war-einmal-Vorrang der römischen Ortskirche zurückführen lässt? In einer Welt, die sich an demokratische Verfahren gewöhnt hat, würden die Kardinäle auf einmal als Dinosaurier erscheinen, die nur noch nicht der richtige Meteor getroffen hat. Doch setzt Paul VI. sein *progetto* doch nicht um, sondern bleibt in seinen Anordnungen zum Konklave beim ausschließlichen Wahlrecht der Kardinäle, mit der Begründung, dass sie die Kirche von Rom repräsentierten. Die gravierendste Neuerung, die er in diesem Bereich durchführt, besteht darin, ihnen ab dem 80. Geburtstag das Wahlrecht abzuerkennen; zuvor hat er bereits verfügt, dass Diözesanbischöfe und die Chefs wichtiger Kurieneinrichtungen zu ihrem 75. Geburtstag um ihren Rücktritt nachsuchen sollen.[11] Ein Trostpflaster für die Kardinäle, die die Altersgrenze überschreiten, besteht darin, dass sie in den Tagen vor dem Konklave an den Kardinalsitzungen, den sogenannten Generalkongregationen, teilnehmen dürfen. Die Obergrenze für die Zahl wahlberechtigter Mitglieder im Kardinalskollegium liegt nun bei 120. Was die Stimmenzahl für eine kanonische Papstwahl betrifft, kehrt Paul zur Regelung Pius' XII. zurück, also eine Zweidrittelmehrheit plus eine Stimme. Auch mit der Anordnung, die Aufzeichnungen der Kardinäle während der Wahlgänge seien zu verbrennen, macht Paul eine Lockerung seines Vorgängers Johannes rückgängig. Und das Mitnehmen von Begleitern in die Konklavezone wird den Wählern rundweg verboten.[12]

Lässt sich am Montini'schen Regelwerk ablesen, dass dieser Papst immer noch von den unfreundlichen Umständen seiner Wahl gequält wird? Wer Pauls Apostolische Konstitution *Romano Pontifici Eligendo* von 1975 auf diese Frage hin durchblättert, entdeckt zunächst, dass der Text großen Wert darauf legt, die Kurie des verstorbenen Papstes zu entmachten, um dem Nächsten freie Hand bei der Auswahl seiner Mitarbeiter zu geben. Und danach wird er oder sie vor allem bei den Verfügungen für den Fall fündig, dass das Konklave zu einem *Muro contro muro* gerät; nicht nur um das Konklave herum nämlich stehen Mauern, auch in seinem Innern selbst können sich solche aufschichten, von Wahlgang zu Wahlgang höher. Sollte also in den ersten drei Tagen immer nur schwarzer Rauch aus dem Schornstein der Sixtinischen Kapelle aufgestiegen sein, wird das Wählen für einen Tag unterbrochen, „um eine Pause für das Gebet, die freie Diskussion unter den Wählern und eine kurze geistliche Ermahnung durch den ranghöchsten Kardinaldiakon einzulegen". Darauf sollen sieben weitere Wahlgänge folgen und ein weiterer Tag des Nachdenkens, bei dem diesmal der führende Kardinalpriester eine Philippika halten darf. Und wieder sieben

Wahlgänge und wieder eine Pause, bei der die Mahnrede dem ranghöchsten Kardinalbischof zukommt. Und dann? „Das Kriterium, wonach für eine wirksame Wahl zwei Drittel der Stimmen plus eine erforderlich sind, darf nicht aufgegeben werden, es sei denn, alle wahlberechtigten Kardinäle entscheiden sich einstimmig, d. h. ohne Ausnahme, für ein anderes Kriterium" – und das kann entweder die Kompromisswahl sein oder die Aufweichung der Mehrheitsregel. Das bedeutet: Wenn alle Wähler damit einverstanden sind, soll auch die absolute Mehrheit der Stimmen plus eine reichen. Oder, dritte Alternative, eine Stichwahl zwischen den beiden Kandidaten, „die im unmittelbar vorhergehenden Wahlgang die meisten Stimmen erhalten haben".[13]

Zum ersten Mal wird damit die Möglichkeit geschaffen, dass die Kardinäle in der Sixtina nicht nur stumm vor sich hinvotieren, sondern sich im Falle einer Sackgasse darüber austauschen, wie sich wieder hinausfinden ließe. Natürlich kommt einem bei diesem Passus Kardinal Testas gebrochenes Schweigen im 1963er-Konklave in den Sinn.

18
Jahr der drei Päpste

Papierkörbe aus Plastik und zwei Stück Seife – Die Nacht im Ofen – Wenn Ehe wie ein Käfig ist – Tod auf dem Fußboden – Ein folgenreiches Interview – Buddha in Assisi – Der aufgeblähte Mantel

Eines muss man angelsächsischen Schriftstellern lassen: Sie wissen die Dinge farbiger darzustellen als andere. Das gilt auch für die Beschreibung einer im Apostolischen Palast eingerichteten Konklavezone von 1978 aus der Feder des US-Theologen Andrew M. Greeley. Der Palazzo sei bei einer solchen Gelegenheit, so schreibt Greeley vor Beginn der Papstwahl, „gewiss nicht so überfüllt wie die meisten Warteräume auf den Flughäfen, aber wenn man gern frische Luft und genügend Raum um sich hat, dann soll man vom Vatikan fernbleiben". Denn dort werde „nun alles versiegelt; alle Fenster sind fest verschlossen und entweder mit Farbe überpinselt oder verhangen". Im Speisesaal der Papstwähler stünden Plastikstühle wie aus einem Straßencafé, die Teppiche in der Sixtina seien „von billiger Qualität", und jeder Kardinal finde in seiner Wohnzelle nur „einen Plastikpapierkorb, eine Waschschüssel und einen Wasserkrug, ein rotes Plastikglas, eine kleine Schreibtischlampe, einen harten Stuhl und einen noch härteren Betschemel" vor. Außerdem „zwei Stück Seife und zwei Handtücher". Die Betten seien aus einem römischen Priesterseminar ausgeliehen, „sehr schmal, mit dünnen, harten Matratzen", und vor jedem Bettgestell liege „ein winziger Vorleger, alle mit demselben Blumenmuster". Es kommt aber noch schlimmer. „Für zusammen fünf bis sechs Mann gibt es eine einzige Toilette. Duschen konnte ich keine finden, deswegen vielleicht die kleinen

Handtücher." Die einzige Gelegenheit, um mal ein bisschen Luft zu schnappen, biete ein kleiner Innenhof. „Leute mit Klaustrophobie müssten in diesen Räumen die Wände hochklettern, selbst wenn dort Bilder von Michelangelo und Raffael hängen."

In den Fluren des Apostolischen Palastes könne man sich leicht verirren, auch wenn die Sixtina, der Speisesaal und die Wohnzellen ausgeschildert seien. Pater Greeley sieht hier vor seinem inneren Auge Kardinäle herumstreichen, die nach „Kollegen" suchen. Und wie verhält es sich mit den berüchtigten Geheimtreffen in der Wohnzelle eines Kardinals? Antwort des Amerikaners: „Da jeder Raum nur ein Bett und einen Stuhl hat, müssten die anderen Gesprächsteilnehmer auf dem Boden sitzen." Die Sixtina kommt nicht besser weg als ihre Umgebung. Sie sei für über hundert Wähler eigentlich zu eng, die Sitze und Tische der Kardinäle an den beiden Längsseiten stünden „ganz nahe beieinander", und wenn jemand vor den Nachbarn verheimlichen wolle, wem er seine Stimme gebe, müsse er „die Hand darüberhalten". Wie in der Grundschule.[1]

Diese Vorabskizze gilt dem Konklave, das im August 1978 nach dem Tod von Paul VI. ansteht; der Montini-Papst hat in seiner Sommerresidenz Castel Gandolfo in den Albaner Bergen am Fest der Verklärung des Herrn seinen letzten Atemzug getan. Zu den Kardinälen, die sich jetzt in die beengten Verhältnisse im Apostolischen Palast schicken müssen, gehört der venezianische Patriarch Luciani, der in einem Brief an eine Nichte den ersten Eindruck von seiner ihm durch das Los zugefallenen Zelle so wiedergibt: „Ich habe die Nr. 60 bekommen, einen kleinen Salon, den man als Schlafzimmer adaptiert hat. Es ist wie im Seminar zu Feltre 1923: ein Eisenbett, eine Matratze, ein Waschbecken. Auf Nr. 61 ist Kardinal Tomášek von Prag. Dann folgen die Kardinäle Tarancón (Madrid), Medeiros (Boston), Sin (Manila), Malula (Kinshasa). Es fehlt nur noch Australien, dann hätte man ein ‚Konzentrat' der ganzen Welt beisammen."

Was Luciani unerwähnt lässt, ist die brütende Hitze, die auf den sieben Hügeln lastet. *Ferragosto* ist gerade erst vorüber, die Zeitspanne Mitte August rund um das Fest Mariä Himmelfahrt, in der eine unbarmherzige Sonne den römischen Asphalt aufplatzen lässt und in der in ganz Italien die Arbeit ruht, weil alle an die Strände ziehen oder in die Berge oder wenigstens an den Albaner See. Kardinal Suenens stöhnt im Rückblick, seine Zelle sei „ein Ofen" gewesen, „eine Art Sauna". „Man kann sich schwer vorstellen, was es heißt, in einem Ofen zu schlafen." Das einzige Fenster sei versiegelt gewesen, aber es sei ihm nach der ersten Nacht gelungen, die Siegel aufzubrechen und ein Minimum an frischer Luft hereinzulassen. Um in seine Zelle, die Nr. 88, zu kommen, muss der Belgier Zelle Nr. 86 durchqueren, in der der Franzose Duval haust; ein peinlicher Moment wie im Studentenwohnheim, „excusez-moi, mon cher confrère". Doch dafür hat Suenens fließend Wasser, wovon viele andere – darunter Luciani – nur träumen können. Der Erzbischof von Kinshasa berichtet im Rückblick, Luciani und er seien zusammen mit Krügen in der Hand zur nächsten Wasserstelle gelaufen; den Afrikaner erinnert das an seine Heimat.

„Einige Eminenzen waren am Rand des Zusammenbruchs", sagt später der Italiener Oddi in einem Interview. „Die Kardinäle sind fast alles ältere Leute, mit Prostataproblemen, erschöpft (...). Ich schlief in der Nähe der Toilette, da sah ich des Nachts arme ältere Leute, die sechzig Meter durch den Korridor zum Bad liefen, nur um es besetzt zu finden." Oddi erscheint das als „Demütigung". „Und die Kardinäle mussten sich auch selbst das Bett machen." Immerhin, das Essen sei ganz gut gewesen – von freundlichen Ordensfrauen gekocht und von sechs oder sieben *Camerieri* serviert.[2]

Aus sage und schreibe 111 Kardinälen besteht der Kreis der Wähler diesmal, denn der verstorbene Papst hat für eine nicht nur in geografischer Hinsicht bunte Mischung im Kollegium gesorgt, ganz diverse Herkünfte und Lebenserfahrungen stoßen hier aufeinander. Eine Mehrheit der Europäer gibt es nicht mehr, ihre Zahl hält sich erstmals die Waage mit der Zahl der Nichteuropäer. Dennoch herrscht ein unausgesprochener Konsens vor, dass auch der nächste Papst ein Italiener sein sollte, nur welcher? Favorit derer, die finden, dass man es in letzter Zeit mit den Reformen übertrieben hat und dass die nach dem Konzil aufgebrochene Krise in der

Kirche nur mit einer Wiederbelebung althergebrachter Glaubens- und Traditionsfestigkeit beantwortet werden kann, ist Siri, der gealterte Kronprinz Pius' XII. Doch stellt sich in Rekordzeit heraus, dass die Mehrheit der Wähler ausdrücklich keine Rückkehr in eine vermeintlich gute alte Zeit wünscht, sondern ein fortgesetztes *aggiornamento*. Siris Kandidatur kommt, sobald das Wählen einmal angefangen hat, nach einem ordentlichen Start nicht vom Fleck, wohingegen Luciani binnen vier Runden, wie Indiskretionen nahelegen, immer mehr und schließlich breitesten Konsens auf sich vereint; Suenens spricht im Rückblick von einer „majestätischen Dreiviertelmehrheit für eine wenig bekannte Persönlichkeit". Das ist denn doch erstaunlich – ein Erdrutschsieg für jemanden, den kaum einer auf dem Zettel hatte? Die Überraschung wird noch größer, wenn man in Rechnung stellt, dass Luciani selbst beim Einzug ins Konklave fest davon überzeugt war, „außer Gefahr" zu sein, und seine Wahl zum Papst geradezu als Schock erlebt. Wie passt das denn zusammen? Wir wissen naturgemäß nicht viel über die Dynamik, die sich bei diesem ersten Konklave nach Abschluss des Konzils entwickelt. Fast sieht es so aus, als hätte die Mehrheit der Kardinäle vor allem gewusst, was sie *nicht* wollte: nicht Siri. Keinen aus der Kurie. Keinen allzu Progressiven. Auch keinen, der bruchlos die Linie Pauls VI. fortschreiben würde. Und keinen Intellektuellen. Ist es in dieser Situation der Erzbischof von Florenz, Kardinal Benelli, der auf den Patriarchen aus der Lagunenstadt hindeutet? Benelli gilt als „Königsmacher" dieser Papstwahl, aber ein so lagerübergreifendes Votum zugunsten Lucianis lässt sich mit seinem Fingerzeig allein nicht erklären und ebenso wenig mit der Hitze Roms. Vielleicht ist es ja Lucianis freundlich-scheue Persönlichkeit, die seine Kardinalskollegen im Konklave beeindruckt: Viele sagen hinterher, sie hätten das Gefühl gehabt, einen außergewöhnlichen, heiligen Menschen gefunden zu haben. „Wir waren davon überzeugt, dass die Wahl in Übereinstimmung mit Gottes Willen erfolgte", so bringt das später der deutsche Kardinal Ratzinger auf den Punkt.[3] Es ist ein Coelestin-V.-Moment, und er endet, wie bei jenem, im Unerwarteten.

Nicht nur die Kardinäle, sondern bald die halbe Welt ist verzaubert vom Neuen. Johannes Paul I., wie er sich in Reverenz an seine beiden Vorgänger nennt – das ist der erste Doppelname in zweitausend Jahren Petrusnachfolge –, ist der *papa meno papa*, der unpäpstliche aller bisherigen Amtsinhaber. Der Vater ein Sozialist, aus Arbeitsgründen zeitweise in die Schweiz migriert; arme Familie; einmal in seiner Kindheit haben sie auch gehungert, erzählt er; ein Durch-und-durch-Seelsorger, der einmal einen „Katechismus in Krümeln" verfasst hat. Und außerdem ein Buch mit fiktiven Briefen an Prominente, zum Beispiel an Pinocchio, Mark Twain, Jesus, Goethe. Ein lebensnaher Prediger ist er, aus dem Anekdoten und Witze heraussprudeln und der eine einfache Sprache führt, die auch Wäscherinnen und Fließbandarbeiter erreicht. Vor allem aber ist Luciani ein zutiefst bescheidener Mann, der seinen Frühkaffee auch aus dem Zahnputzbecher trinken kann, gern mit Kindern ins Gespräch kommt und häufig lächelt – ein Lächeln zwischen herzlich und verlegen. *Il papa del sorriso*, der „lächelnde Papst". Dass ein Neugewählter in den ersten Wochen die Fantasie vieler Menschen anregt, ist normal, aber Lucianis Flitterwochen im Papstamt sind dennoch eigentümlich. Keiner weiß so richtig, wie dieser Mann sich in den innerkirchlichen Streitthemen positioniert, aber seine ungekünstelte Demut lässt nach all diesen etwas zerquälten Montini-Jahren auf einmal aufblitzen, wie das Papsttum *auch* sein könnte: authentisch, nah am Evangelium. Fromm, aber nicht aufdringlich; mit einem Lächeln.[4]

Lucianis Amtsantritt ist wohl der kargste eines Papstes seit dem Mittelalter; von Inthronisation oder Krönung ist nichts mehr übrig geblieben, nur das Pallium, das traditionelle Schulterband der Metropolitan-Erzbischöfe, wird ihm umgelegt. Bei seinen Generalaudienzen spricht er frei und erläutert die *Essentials* des Christentums, Glaube, Hoffnung, Liebe, mit simplen Beispielen und Geschichten. Manchmal assistieren ihm Kinder, die er nach vorne ruft und ausfragt; Ehepaaren gibt er scherzhaft ein Montaigne-Zitat mit, wonach die Ehe wie ein Käfig sei – die, die drin seien, wollten hinaus, und die, die draußen seien, wollten unbedingt hinein. Gott sei wie ein Vater, aber mehr noch sei er wie eine Mutter, ruft er bei einem Angelusgebet, und man könnte diese Liste ungewöhnlicher Äußerungen noch lange fortsetzen. Nicht allen zwar gefällt dieser Katechesestil des neuen Papstes, sogar im Vatikan rümpfen einige darüber die Nase und sagen, das bewege sich ja eher auf dem Niveau einer Erstkommunionskindervorbereitung. Aber für viele ist es eine Offenbarung, dass das Christentum nicht verstiegen-theologisch sein muss, sondern zugänglich sein kann für normale Menschen.

Die Geschichte Johannes Pauls I. könnte eine heitere sein – hätte eine heitere sein können. Etwas banal vielleicht, etwas süßlich: der Schmunzelpapst mit seinen Geschichtchen von Don Camillo und Pater Brown. Aber das Große oder das Erschreckende an diesem Pontifikat ist das plötzliche Einbrechen der Finsternis. Auf einmal bekommt das, was so harmlos daherkam, scharfe Konturen und Tiefe. Der Tod klopft an die Tür, unerwartet wie in Mozarts *Don Giovanni*. Nach nur 33 Tagen im Amt stirbt der Luciani-Papst allein und zusammengekrümmt auf dem Fußboden seines Appartements im Palazzo Apostolico. Ein britischer Bestsellerautor, der des Italienischen nicht mächtig ist, wird ein paar Jahre danach die These stricken, dass der lächelnde Papst mit Gift aus dem Weg geräumt worden sei,[5] aber die Wahrheit ist wohl banaler; der Arzt aus Venedig hat die Patientenakte noch nicht an die Kollegen im Vatikan übergeben, Luciani ist von fragiler Gesundheit, will davon jedoch kein Aufhebens machen, der Sekretär hat an dem fraglichen Abend frei, mit seinen Pillen ist Johannes Paul wohl durcheinandergekommen, und so ist niemand in der Nähe, als ihn ein Infarkt dahinrafft. So einsam, wie sich Luciani einen Monat zuvor im Konklave gefühlt haben muss, ist jetzt sein Sterben hoch oben in dem von Paul VI. dekorierten Schlafzimmer des Palastes. Erst am darauffolgenden Morgen wird die Leiche von einer Ordensfrau aufgefunden, und gleich setzt sich die Vatikanmaschinerie in Bewegung, um das Schockierende, das eigentlich Unerklärliche doch irgendwie in ein Narrativ zu verwandeln: Mit einem Lächeln sei Johannes Paul I. gestorben, im Bett sitzend, die Lesebrille auf der Nase, die *Nachfolge Christi* des Thomas a Kempis in Händen. Die fromme Mär soll Ungereimtheiten übertünchen und untergründig eine Deutung dieses plötzlichen Todes mitliefern, hält aber einem scharfen Blick nicht stand; es bleibt der Eindruck hängen, dass da etwas nicht stimmt.

Dabei ist der eigentliche Skandal die Einsamkeit dieses Papstes in seiner Wohnung hoch über dem Petersplatz. Sie haben ihn gewählt, und sie haben ihm auf dem Petersplatz den Fischerring auf den Finger gestreift. Aber dann haben sie ihn alleingelassen mit einer Aufgabe, an der ein Mensch zerbrechen kann. „Ist er nicht herrlich volksnah?", haben sie gesagt, wenn er seine Predigten hielt, aber seine camouflierten Hilferufe haben sie überhört, und in seinem Lächeln haben sie die Verzweiflung übersehen. „Gott zu lieben, (…) ist auch eine Reise: Gott will sie immer intensiver und vollkommener", sagt Johannes Paul I. in seiner letzten Generalaudienz einen Tag vor seinem Ende. „Das bedeutet: Gott nicht wenig lieben, sondern viel; nicht an dem Punkt stehen bleiben, an den man gelangt ist, sondern mit seiner Hilfe fortschreiten in der Liebe." Die Reise dieses Papstes ist auf eine schockierende Weise ans Ende gekommen.

Also wieder ein Konklave, das zweite dieses Jahres.[6] Die Gretchenfrage für die 111 Wahlberechtigten vom Oktober 1978 lautet wie schon anderthalb Monate zuvor: Wie hältst du's mit dem Konzil und seinen Reformen, willst du sie fortsetzen oder auf die Bremse treten? Einiges ist jedoch anders als bei der Augustwahl. Der brutale Abbruch des Luciani-Pontifikats hat auch unter den Kardinälen Erschütterung ausgelöst und taucht nun alles in ein neues Licht. Braucht es nicht einen belastbareren, jüngeren Amtsinhaber, der den seelsorglichen Ansatz Johannes Pauls weiterführt, aber der täglichen Last der Amtsgeschäfte gewachsen ist? Ein kleines, aber nicht unwesentliches Detail: Zum ersten Mal in der Geschichte stechen in der Sixtina Nichteuropäer die Vertreter des alten Kontinents aus, das Verhältnis liegt nach dem Tod Lucianis bei 56 zu 55. Die konservative Faktion fängt sich als Erste und wärmt die Kandidatur Siris wieder auf, doch noch bevor die Türen der Sixtina sich schließen, hat der Kardinal von Genua seine Chancen erheblich gemindert, weil er in einem Interview über das Prinzip der Kollegialität der Bischöfe hergezogen ist, mit dem das Konzil die pyramidale Hierarchie der

Kirche weichgezeichnet hat. In dem Text, der eigentlich erst nach dem Start des Konklave publik werden sollte, widerspricht Siri auch der These, dass ein Papst in erster Linie Hirte sein solle; entscheidend sei, dass er die Kirche regiere, „was soll er sonst da, etwa Schäfchen hüten?" Die Abschrift des Gesprächs zirkuliert unter den Kardinälen, als das Konklave am 14. Oktober feierlich eröffnet wird, und alarmiert diejenigen, die auf Reformen im Geist des Konzils setzen. Es kommt in den ersten Wahlgängen am 15. Oktober – darin sind sich alle Rekonstruktionen einig – zu einem unschönen Gezerre zwischen italienischen Kandidaten. Siri zieht eine erkleckliche Zahl von Stimmen auf sich, aber es reicht selbst in der vierten Runde nicht zum Abheben; ihm gegenüber steht eine Benelli-Faktion, die ebenfalls nicht mehrheitsfähig wirkt; auch einige andere Namen tauchen auf und verschwinden wieder in der Versenkung.

Am Abend des ersten Wahltags changiert die Stimmung unter Michelangelos *Jüngstem Gericht* zwischen ratlos und bedrückt. Da ist es der Wiener Franz König, der in Gesprächen mit einzelnen Kardinalskollegen dazu einlädt, das bisher Undenkbare zu denken: Angesichts der Diadochenkämpfe unter den Italienern könnte man doch, so suggeriert der Piffl-Nachfolger, die Möglichkeit eines nichtitalienischen Papstes ins Auge fassen. König ist ein charmanter und gut vernetzter Mann, bekannt für sein ökumenisches Engagement; als Leiter des vatikanischen Sekretariats für die Nichtglaubenden hat er die Länder hinter dem Eisernen Vorhang bereist. Er hat auch einen Kandidaten im Ärmel, den er von Reisen nach Polen kennt und der in Zelle 91 untergebracht ist: den Krakauer Erzbischof Wojtyła. Der sei charismatisch, weltgewandt, fromm, humorvoll. Intellektuell satisfaktionsfähig. Polyglott. Und dazu erst 58 Jahre alt und energiegeladen, er würde also nicht so bald wie Luciani unter der Petrusbürde zusammenbrechen. In die Sixtinische Kapelle hat sich der Pole – das ist aufgefallen – eine philosophische Zeitschrift mitgenommen, um während der langen Stimmauszählung darin zu lesen.[7] Dass Wojtyłas Glaube im Erleben der Nazibesatzung Polens und des kommunistischen Regimes gestählt worden ist, spielt auch eine Rolle, aber womöglich gar nicht die entscheidende, denn einer der Kardinäle bemerkt hinterher, wenn es nur darum gegangen wäre, jemanden zu wählen, der gegen den Kommunismus sei, dann wäre man sich viel schneller einig geworden. Auch Siri ist ja kein Moskauversteher.

Schon im vorigen Konklave haben die Kardinäle die Option eines nichtitalienischen Papstes erwogen. „Aber es war nicht sehr naheliegend, auch weil da die positive Gestalt Albino Lucianis war", so der bayerische Kardinal Ratzinger. Nach dem plötzlichen Tod Johannes Pauls I. hingegen „dachte man, dass es etwas ganz Neuen bedurfte". Auf einmal erschien „auch etwas Unerwartetes möglich", nämlich die Wahl eines, nun ja, Ausländers. Ratzinger bestätigt explizit, dass König ihn auf Wojtyła ansprach. „Meine Unterstützung hatte er. (…) Obwohl ich Karol Wojtyła persönlich kaum kannte, war ich überzeugt, dass er der richtige Mann war."[8]

Königs Suggerieren und Empfehlen kommt offenbar zum richtigen Zeitpunkt, denn er setzt sich damit durch. Viele Kardinäle können der Vorstellung von einem Papst aus dem Ostblock, wie ihn Anthony Quinn zehn Jahre zuvor auf der Leinwand verkörpert hat *(In den Schuhen des Fischers)*, etwas abgewinnen. Für Wojtyła spricht auch, dass er kein Mann der Kurie, sondern ein erfahrener Seelsorger ist, dass er hinter dem Konzil steht und doch nicht als blindwütiger Neuerer auftritt. Bisher – und das galt auch schon für das Konklave vom August – hat der Krakauer Erzbischof immer nur einige wenige Stimmen bekommen, nichts, das ihn als papabel hätte erscheinen lassen, doch am 16. Oktober ändert sich das. Wie aus dem Nichts taucht die Karte Wojtyła im sixtinischen Poker auf, und am Abend, im achten Wahlgang, wird aus dem Polen der erste nichtitalienische Papst seit über 450 Jahren, seit Hadrian VI. Man kann dieses zweite Konklave im Dreipäpstejahr 1978 als eines der folgenreicheren in der neueren Geschichte betrachten, weil es dazu geführt hat, dass sich der universale Anspruch der katholischen Kirche erstmals in der Moderne auch an der Spitze abbildet. Der schwerfällige Tanker namens *Ecclesia* hat endlich das offene Meer der Globalisierung erreicht. Erstaunlich bleibt dabei, in welch kurzer Zeit die Kardinäle sich auf den ersten slawischen Papst der

Geschichte geeinigt haben – mit all den auch politischen Implikationen, die diese Wahl mitten im Kalten Krieg haben muss. Und wie entscheidend die Empfehlung eines Einzelnen, nämlich Königs, dabei gewesen ist. So viel zu der These, dass ein Einzelner nicht Geschichte schreiben könne.

Es ist vor allem der neue Papst selbst, der diese These widerlegt. Das Zweieinhalb-Tage-Konklave, das die Hälfte seiner Zeit mit inneritalienischen Ränkespielen vergeudet hat, bringt eine Jahrhundertgestalt ans Licht. In einem der längsten Pontifikate seit Petrus, von 1978 bis 2005, führt Johannes Paul II. unermüdlich Auslandsreisen durch, es sind zum Schluss 104 Reisen in fast 130 Länder. Karol Wojtyła erweist sich als Mauerspecht, der den Grenzwall quer durch die beiden Deutschlands porös macht und dazu beiträgt, dass das kommunistische System im Ostblock insgesamt in die Knie geht. „Der Mensch ist der Weg der Kirche", proklamiert er in seiner ersten Enzyklika. Und er ist am Ende seiner Ära der große alte Mann, der vor Krieg und Angriffen auf das Leben warnt und der im Heiligen Jahr 2000 öffentlich die Sünden der Kirche im Lauf ihrer Geschichte bekennt. Anfangs sportlich und spontan, im Lauf der Jahre dann immer stärker von Parkinson gezeichnet, die Züge oft schmerzverzerrt. Ein starker Charakter, charismatisch; beim Beten tief versunken in ein Ganz-woandershin. Und gleichzeitig ein Papst, der bei Bischofsernennungen auch mal schlimm danebengreifen und der eine gehörige Sturheit an den Tag legen kann. Der Theologen maßregelt und das ganze Ausmaß des sexuellen Missbrauchs in der Kirche nicht wahrhaben will. Ein Papst, groß auch noch in seinen Fehlern.

Schon sein erster Auftritt ist kraftvoll. Als er sich am Abend seiner Wahl der Menge auf dem Petersplatz vorstellt, beschränkt er sich nicht darauf, nur den lateinischen Segen „Urbi et Orbi" zu erteilen, sondern improvisiert eine Ansprache auf Italienisch, einschließlich der launigen Bemerkung „Korrigiert mich, wenn ich Fehler mache." Von Anfang an ist er der „Spontifex maximus", der die starren Schranken des Amtes zu biegen weiß, um seinem Charisma Raum zu verschaffen. In vielem betritt er Neuland: der erste

Papst der Neuzeit, der eine Synagoge besucht, der in einer Moschee betet, der in einem Fußballstadion in Marokko islamische Jugendliche trifft, der vor einem Parlament spricht. Der erste Papst, der an einem evangelischen Gottesdienst teilnimmt und ein mehrheitlich orthodoxes Land bereist. Der erste Papst im früheren KZ Auschwitz und in Yad Vashem, in Alaska und Havanna.

In Assisi, der Stadt des heiligen Franziskus, erklimmt er 1986 ein Podium, um zusammen mit Vertretern anderer Kirchen und Religionen bildmächtig den gemeinsamen Wunsch nach Frieden auszudrücken. Eine prophetische Geste im Sinn des Konzils, doch eher traditionell ausgerichtete Menschen empören sich über die Bilder, die am Rand des Gebetstreffens entstehen: eine Buddhastatue auf dem Altar einer Kirche. Ein Indianer in vollem Federschmuck, der vor San Francesco die Friedenspfeife entzündet. 1988 brechen die Traditionalisten unter Erzbischof Marcel Lefebvre mit Rom, eine Spaltung, die bis heute besteht, die Johannes Paul aber in Kauf nimmt, weil er sich den Reformen des Zweiten Vatikanums verpflichtet fühlt. Sein Schlachtruf lautet „Neuevangelisierung" und zielt speziell auf Europa; er erfindet sogar einen neuen Rosenkranz, die „lichtreichen Geheimnisse"; mit über tausend Selig- und fast 500 Heiligsprechungen (darunter der erste selige Vertreter der Roma und Sinti, die erste selige Indianerin) bevölkert er den Himmel, als wolle er illustrieren, dass Heiligkeit nicht das Privileg einiger weniger, sondern etwas für jeden Erreichbares sei. Für ihn selbst übrigens auch – er wird in Rekordzeit nach seinem Tod erst selig- und dann heiliggesprochen. Und wie kaum ein Papst vor ihm versteht er auch hier unten im irdischen Jammertal die Massen zu mobilisieren und dies, medial verstärkt, in weltgesellschaftlichen Einfluss umzumünzen. Nicht mehr mit einzelnen Staaten oder Monarchen ist das Papsttum liiert, sondern es stützt sich auf die Massen, was ihm seine eigene Bühne im zeitgenössischen Theater verschafft. Als Johannes Paul 2005 stirbt und zu Grabe getragen wird, sitzt eine Rekordzahl internationaler Staats- und Regierungschefs als Statisten auf dieser Bühne.[9]

Von heute gesehen, wirkt er dennoch ferngerückt, ein Solitär aus einer versunkenen Epoche. Irgendwie ist es ihm da ergangen wie seinem Vorgänger Pius XII.: Solange sie Papst waren, konnte man sich schlechthin keinen anderen in diesem Amt vorstellen, doch kaum waren sie tot, ging die Zeit über sie hinweg. Allerdings bleibt von Johannes Paul vieles; ein neuer Kodex des kirchlichen Rechts, ein neuer Katechismus; Friedensgebete, Weltjugendtage; und auch – um zu unserem eigentlichen Thema zurückzukehren – eine neue Konklaveordnung, ebenjene *Universi Dominici Gregis*, auf die wir schon häufiger in diesem Buch gestoßen sind und mit der wir uns im übernächsten Kapitel, dem zwanzigsten, ausführlich befassen werden.

Auf dem Platz vor dem römischen Kopfbahnhof Termini steht seit 2011 eine sieben Meter hohe Bronzestatue, die Johannes Paul II. darstellen soll. Die Insassen der Busse, die in Richtung *Centro* um die Statue herumkurven, sehen einen sich wie unter einem Windstoß öffnenden Mantel, über dem der Kopf des Papstes herausschaut. Der Künstler musste für sein Werk einige Kritik einstecken (sogar von der Vatikanzeitung *L'Osservatore Romano*) und sah sich zu Nachbesserungen gezwungen. Allerdings, gerade hier an Termini ist der unermüdliche Johannes Paul schon am rechten Ort – von hier aus könnte er gleich wieder abreisen, hinaus in die Welt. Und auch die Idee, an die Stelle seines Körpers einen Mantel zu setzen, der sich aufbläht wie ein grünes Zelt, hat etwas Schlüssiges. Dieser Papst, der nach innen durchaus Härte zeigen konnte, trat seiner Zeit offen und neugierig gegenüber; mit seinem Einsatz für Frieden, soziale Gerechtigkeit und Menschenrechte hat er sich weltweit Achtung verschafft, und bei seinen Reisen und Audienzen, aber auch über die Medien ist er mehr Menschen begegnet als irgendeiner seiner Vorgänger oder Nachfolger. *Il papa globale*, der erste globale Papst. Er war, man erlaube mir diese kleine Anmerkung, auch *mein* Papst, denn ich bin 1989 erstmals in den Dienst des Vatikans getreten und habe viele schöne Erinnerungen an die starke, menschenfreundliche Persönlichkeit des zweiten Johannes Paul.

19

Der Deutsche und der Argentinier

*Umgekehrter Wahlkampf – Martinis Gehstock – Ein anstrengender Spazier-
gang – Bergoglio fühlt sich benutzt – Der Emeritus vertippt sich – Zusammen-
gebissene Zähne – Verdächtige Fragen – Ein göttliches Klopfzeichen*

Nahezu die ganze Welt nimmt Anteil, als der polnische Papst im
April 2005 stirbt. Rosenkranzbetende und Kerzen auf der Piazza
San Pietro, kilometerlange Schlangen von Menschen, die am aufgebahrten Leichnam im Petersdom Abschied nehmen wollen, eine
Million Pilger beim Requiem im Rund der Kolonnaden. Der Wind
blättert in den Seiten des Evangeliars, das aufgeschlagen auf dem
Sarg des Toten liegt; zahlreiche Staats- und Regierungschefs führen
die fast 170 Delegationen aus dem Ausland an, darunter US-Prä-
sident Bush und UNO-Chef Annan. Zu einer denkwürdigen Szene kommt es beim Friedensgruß, als Israels Präsident Katzav zwei
geschworenen Feinden seines Landes, dem syrischen und dem ira-
nischen Staatschef, die Hand reicht; das hätte dem Verstorbenen
gefallen. Geleitet wird der Open-Air-Gottesdienst von Kardinal
Ratzinger, der jahrzehntelang Johannes Pauls oberster Glaubenshü-
ter war und seit einigen Jahren auch als Dekan des Kardinalskollegiums amtiert. „Für uns alle bleibt es unvergesslich, wie der Heilige
Vater, vom Leiden gezeichnet, am letzten Ostersonntag seines Lebens noch einmal am Fenster des Apostolischen Palastes erschienen
ist", predigt der bayerische Kardinal ungewohnt emotional. „Wir
können sicher sein, dass unser geliebter Papst jetzt am Fenster des
Hauses des Vaters steht, uns sieht und uns segnet. Ja, segne uns,
Heiliger Vater." Ein Gänsehautmoment; alle schauen unwillkürlich

zum Fenster des Palazzo hoch, an dem ein Vierteljahrhundert lang jeden Sonntag Punkt zwölf Johannes Paul II. das Mittagsgebet gesprochen und ein Kreuzzeichen in die Luft gezeichnet hatte.[1]

Ratzinger ist in diesen Wochen des Sterbens und der Beisetzung Johannes Pauls sowie bei der Vorbereitung des Konklave omnipräsent, obwohl er sonst das Rampenlicht scheut. Auf Wunsch Johannes Pauls hat er die Texte zum Kreuzweg am Kolosseum erarbeitet und den schon Todkranken bei der Ostermesse in St. Peter vertreten; jetzt leitet er die Beisetzungsfeierlichkeiten, und später wird er auch die letzte große Messe der Kardinäle vor dem Einzug ins Konklave zelebrieren. Aber kann das bedeuten, dass der hochintelligente, manchmal etwas versponnen wirkende Theologe Wahlkampf für sich macht? Will der Deutsche, der einer der engsten Mitarbeiter Johannes Pauls II. war, das Erbe des globalen Polen antreten? Wohl kaum. Ratzinger freut sich, wie er seit Jahren bei jeder Gelegenheit erzählt, schon auf seinen Ruhestand, den er Bücher schreibend (sein Spitzname lautete schon in jungen Jahren „Bücherratz") in der Ewigen Stadt verbringen will. Er hat aus der Nähe beobachten können, wie aufreibend die Anforderungen des Papstamtes sind; das will er nicht für sich. Seine Auftritte in diesen Tagen und Wochen absolviert er aus einem Pflichtgefühl heraus, und wenn man das für einen Wahlkampf halten sollte, so wird später sein Sekretär Gänswein schreiben, dann höchstens für einen „umgekehrten", um „seine Supporter eher zu entmutigen".[2]

Mit seinem Denken und Tun in den zwei Jahrzehnten als Präfekt der Glaubenskongregation hat sich Ratzinger viele Gegner geschaffen – speziell durch sein Vorgehen gegen marxistische Anwandlungen der lateinamerikanischen Befreiungstheologie. In Teilen der Kirche, auch der deutschen, ist er geradezu verhasst, gilt als rückwärtsgewandt, als „Panzerkardinal". Ein US-Journalist hat dem letzten Kapitel einer Ratzinger-Biografie die Überschrift „Zehn Gründe, warum er nicht Papst werden kann" gegeben, und tatsächlich räumen ihm noch nicht einmal seine engsten Mitarbeiter größere Chancen auf das weiße Käppchen ein, wie Gänswein rückblickend gesteht. „Zweifellos hielten wir ihn für einen maßgeblichen Kandidaten in den ersten Wahlgängen (…). Wir glaubten aber nicht daran, dass sein Name in den weiteren Wahlgängen gegen den Widerstand derer, die die (…) Unverrückbarkeit seiner theologischen Gewissheiten noch nie geschätzt hatten, würde bestehen können." Die Rechnung, die Gänswein damals aufmacht, ist simpel: Bei 115 wahlberechtigten Kardinälen reichen schon 39 Stimmen, „um einen ‚Block' zu bilden und das Zustandekommen einer Zweidrittelmehrheit zu verhindern".

Ähnlich wie Ratzingers Sekretär urteilen auch US-Diplomaten, wie sich aus ihren einige Jahre später von *Wikileaks* an die Öffentlichkeit gebrachten geheimen Kabelberichten ergibt: Allen Spekulationen zum Trotz sei mit einer Papstwahl des Deutschen nicht zu rechnen, weil er auf die „starke Opposition" von Kardinälen stoßen werde, denen er als „zu streng und zu sehr auf die Prärogativen Roms bedacht" gelte. Eher werde der päpstliche Staffelstab an den Argentinier Bergoglio oder den Mailänder Tettamanzi gehen; beide werden als spirituelle Zöglinge des Jesuitenkardinals Martini eingestuft, der lange eine Lichtgestalt der Progressiven in Europa war, jetzt aber wohl zu alt und hinfällig ist für den Petrusdienst. Und wenn ein Konservativer in Betracht kommen sollte, dann eher ein Italiener. Den Diplomaten aus der römischen US-Botschaft schweben da die Namen Ruini und Scola vor. Jedenfalls nicht Ratzinger.

Bei der Messe im Petersdom *pro eligendo Romano Pontifice*, für den zu wählenden Papst, lässt sich der „umgekehrte Wahlkampf" gleich in zweifacher Ausführung besichtigen. Zum einen bei Ratzinger selbst, der gegen eine „Diktatur des Relativismus" anpredigt; das ist kein Thema, mit dem sich besonders punkten ließe. Zum anderen bei Martini, der sich auf einen überdimensionierten Gehstock stützt, damit bloß niemand auf die Idee kommt, dass er doch noch als Kandidat fürs höchste Amt bereitstehen könnte. Das Rennen scheint offen. Alle wahlberechtigten Kardinäle bis auf zwei – und einer dieser beiden ist Ratzinger – sind vom verstorbenen Johannes Paul II. ernannt worden, haben somit noch nie an einem Konklave teilgenommen. Anders als bei der letzten Papstwahl vor 27 Jahren gibt es wieder eine hauchdünne europäische Mehrheit im Wähler-

kollegium, aber nur weil zwei Wahlberechtigte von anderen Konti-
nenten krankheitsbedingt fehlen. Und in den italienischen Medien
dreht sich munter ein Kandidatenkarussell, bei dem der Name Ratzinger nur einer von vielen ist.

Als seinen Assistenten fürs Konklave nimmt der Dekan seinen
Sekretär Gänswein mit; wir können uns also in vielem an die wohltuend freimütige Schilderung halten, die jener in seinem Buch
Nichts als die Wahrheit bietet. Am 17. April bringt Gänswein seinen
Chef im Golf zum Gästehaus Santa Marta, wo die Konklaveteilnehmer nun, den Verfügungen Johannes Pauls entsprechend, erstmals
untergebracht sind. „Im Speisesaal gab es mehrere Achtertische, an
denen die Kardinäle sich beliebig zusammensetzen und unterhalten
konnten", erzählt Gänswein. „Wir Mitarbeiter (…) saßen dagegen
an einem langen Tisch am Rand. Wir konnten beobachten, was geschah, aber kaum etwas verstehen, denn das Stimmengewirr von
130 Personen in unzähligen Sprachen klang wirklich ‚babylonisch‘."

Am Nachmittag des 18. April rollt der erste Wahlgang ab. Beim
Abendessen kurz darauf glaubt Gänswein bei den Kardinälen „eine
gewisse Aufregung" zu spüren: „Vielleicht hatte ihnen der erste
Wahlvorgang die Bedeutung ihrer Aufgabe ins Bewusstsein geru-
fen." Beim Mittagessen am Tag darauf stellt er hingegen „eine größere allgemeine Gelassenheit" fest – außer bei Ratzinger, welcher
ihm „den Eindruck (vermittelt), auf einen Abgrund zuzugehen".
Der Kardinal bittet seinen Assistenten, ihn zu Fuß von Santa Marta zur Sixtina zu begleiten, und so laufen beide an der Apsis des
Petersdoms entlang, während sich die meisten anderen Wähler im
Kleinbus zur Kapelle chauffieren lassen. „Der Präfekt war tief in
Gedanken versunken und ließ unmissverständlich erkennen, dass er
nicht reden wollte, weshalb ich nur schweigend neben ihm herging,
ihn von der Seite beobachtete und für ihn betete." Für Gänswein
ist dieser Spaziergang „psychologisch gesehen (…) der längste und
anstrengendste meines Lebens". Und schon schließt sich wieder die
Sixtina-Tür.

Während die Eminenzen in der Kapelle ihr Wahlrecht ausüben,
vertreibt sich der deutsche Konklavist zwei Säle weiter die Zeit, in-

dem er die Einführung liest, welche Ratzinger zwei Jahre zuvor dem Gedichtbüchlein *Römisches Triptychon* von Johannes Paul II. beigegeben hat. Da geht es um die Papstwahl im Angesicht des riesenhaften *Jüngsten Gerichts* von Michelangelo und um die Schlüssel, die Jesus einst dem Petrus anvertraut hat. „Diese Schlüssel in die rechten Hände zu geben, ist die ungeheure Verantwortung solcher Tage", heißt es in Ratzingers Text. Gänswein: „Beim Lesen dieser Zeilen wurde mir bewusst, dass all dies gerade wirklich geschah, wenige Meter von mir entfernt ...". Um 17:15 Uhr hören die Mitarbeiter, die sich mit ihm zusammen in der Benediktionsaula aufhalten, auf einmal einen Applaus aus Richtung der Sixtina. „Wir schauten einander an, und alle wussten, dass der Papst gewählt sein musste." Aber es vergeht noch eine quälende Wartezeit, bis sich die Tür der Sixtina von innen öffnet und Gänswein zusammen mit anderen von der Schwelle aus in die Kapelle hineinspähen kann. „Unter dem Bild des Jüngsten Gerichts konnten wir zwar eine weiß gekleidete Gestalt auf einem Thronsessel erkennen, nicht aber, wer es war, weil sie von den dicht gedrängten Kardinälen verdeckt war, die ihr der Reihe nach ihre Reverenz erwiesen. Ganz allmählich machte der geflüsterte Name die Runde: ‚Ratzinger' (...) und in einer Mischung aus Ergriffenheit und Angst wurde mir plötzlich ganz schwarz vor den Augen." Allen Voraussagen zum Trotz ist der bayerische Kardinal also doch zum Papst gewählt worden, und zwar in nur vier Wahlgängen.

„Wir sind Papst", jubelt die *Bild*-Zeitung bald darauf auf ihrer Titelseite. Der von einander widersprechenden Emotionen bewegten Menge auf der Piazza San Pietro stellt sich Benedikt XVI. von der Loggia des Petersdomes aus als „bescheidenen Arbeiter im Weinberg des Herrn" vor. Ein „Fallbeil" sei da auf ihn heruntergesaust, so beschreibt er ein paar Tage später seine Gefühle während der letzten, entscheidenden Stimmenauszählung in der Wahlkapelle. Wie aber ist es möglich, dass Joseph Ratzinger gegen alle Erwartung doch zum Hüter der Schlüssel aufgestiegen ist? Wie konnten sich so viele Beobachter täuschen, und zwar gerade die kompetenteren? Eine Antwort darauf vermag eigentlich nur einer der Wähler zu geben, jemand, der die Dynamik in der Sixtina miterlebt hat, ein Kardinal – und damit stehen wir vor verrammelter Tür, denn die Elektoren sind ja zur Geheimhaltung verpflichtet.

Allerdings haben wir in diesem speziellen Fall vielleicht Glück. Denn schon wenige Monate nach der Wahl ist in einer italienischen Zeitschrift ein Tagebuch aufgetaucht, das von einem der Konklavekardinäle stammen soll.[3] Die Frage ist nur: Ist der Text auch authentisch? Gänswein wägt in seinen Erinnerungen das Pro und Contra ab, ohne zu einem sicheren Ergebnis zu kommen, und gibt zu, dass er – erfolglos – auch Benedikt XVI. darauf angesprochen hat. Immerhin hat keiner, auch Gänswein nicht, diese Aufzeichnungen bislang als Fälschung entlarvt. Wir stehen also mit dieser Quelle auf unsicheren Füßen, aber interessant ist sie doch, und wir haben keine bessere; darum sei uns doch ein Blick in dieses Diarium gegönnt.

Es bietet einige durchaus ansprechende Details: wie die Kardinäle in Santa Marta zunächst an den Fensterläden rütteln, die sich irgendwie nicht öffnen lassen, dann aber von Ordensfrauen darüber aufgeklärt werden, dass die Läden wegen des Konklavegeheimnisses blockiert worden seien; oder wie ein portugiesischer Kardinal, Konklavezone hin, Konklavezone her, zum Rauchen vor die Tür geht. Wichtiger ist aber, was der Anonymus über die Ergebnisse der einzelnen Wahlgänge notiert. Schon für den ersten ist das Bild, das er zeichnet, erstaunlich: 47 Voten für Ratzinger, zehn für Bergoglio, neun für Martini. Im zweiten Wahlgang am nächsten Morgen dann bereits 65 Stimmen für Ratzinger (womit ihm nur noch zwölf zum Erfolg fehlen), stolze 35 für Bergoglio und das übrige Feld weit abgeschlagen. Das Duell akzentuiert sich, wenn wir unserem unbekannten Kardinal Glauben schenken, in der dritten Runde: Ratzinger 72, Bergoglio vierzig. Das entspricht ganz und gar nicht den Projektionen, die in den Tagen zuvor von den Medien aufgefächert worden sind. Die Vorbehalte gegen Ratzinger, von denen immer wieder die Rede war, scheint es innerhalb des Kardinalskollegiums in dieser Ausgeprägtheit gar nicht zu geben; er steigt nicht nur mit einem starken Stimmenanteil ins Rennen ein, sondern erhöht diesen auch kontinuierlich. Und außerdem hatte niemand auf dem Schirm, dass sich Bergoglio, der Erzbischof von Buenos Aires, als Ratzingers wesentlicher Antagonist herausstellen könnte. Dies alles hält für uns eine Lektion bereit. Die Experten, ob wirkliche oder vermeintliche, entwerfen gern ausgeklügelte Konstellationen, aus denen sich vor allem die Brillanz ihres Sonderwissens ergibt; doch die Kardinäle, die zu einer Papstwahl nach Rom strömen, ticken anders. Sie sind gar keine Spezialisten in diesem Sinn; sie kennen, wenn sie in Manila, Khartum oder Bogotá auf Posten sind, oft nur eine Handvoll *Confratres*, sind also, sobald sich erst einmal die Sixtina-Türen geschlossen haben, schnell dazu bereit, einem sich abzeichnenden Trend zu folgen, weil sie ihn für einen möglichen Fingerzeig des Heiligen Geistes halten. Wie aber heißt der eine Kurienkardinal, den sie alle kennen, ganz gleich aus welcher Ecke der Welt sie stammen, weil er sich bei den Ad-limina-Besuchen der Bischofskonferenzen in Rom immer so richtig Zeit für die Besucher genommen hat? Genau: Ratzinger. Vielleicht ist es wirklich so einfach.

Ratzinger 72 Stimmen, Bergoglio vierzig, protokolliert unser Anonymus – und damit sind wir an einem heiklen Punkt dieses Konklave angelangt. Der Argentinier kann sich nach dem dritten Wahlgang zwar keine Hoffnungen auf die Wahl zum Papst machen, aber sein Lager ist stark genug, um den Erstplatzierten wenigstens für eine ganze Reihe von Wahlgängen unter der Zweiprozentlinie zu halten. Damit dürfte Ratzinger versucht sein hinzuschmeißen, denn ein sich länger hinziehendes Kampfkonklave dürfte er nicht wollen, und damit müsste, wie bei so vielen Papstwahlen der Vergangenheit, die Suche nach einem Kompromisskandidaten beginnen. „Unter den Purpurträgern, die die Wahl Kardinal Ratzingers erhoffen, herrscht große Besorgnis", notiert unser ungenannter Kardinal. Doch nach der Mittagspause macht das Quorum für Ratzinger im vierten Wahlgang dann einen weiteren, den entscheidenden Sprung nach oben: Er erreicht 84 Stimmen, damit ist er zum Papst gewählt, und Bergoglio landet bei durchaus achtbaren 26 Stimmen. „Habemus papam!" Und es ist so schnell gegangen.

Ratzingers Sekretär Gänswein kommen die 84 Stimmen etwas mickrig vor, „wenn ich an die hocherfreuten Gesichter fast aller

Teilnehmer des Konklaves zurückdenke und an die vielen halblaut hingeworfenen Bemerkungen, wenn wir uns in den folgenden Tagen über den Weg liefen". Dennoch haben wir außer den Aufzeichnungen unseres unbekannten Gewährsmannes weiter nichts, erst recht keine anderen Zahlen in der Hand. Mit einer wichtigen Ausnahme: Bergoglio hat fast zwanzig Jahre nach dem Ratzinger-Konklave erklärt, dass er auf vierzig Stimmen gekommen sei – und damit zumindest eine der Angaben aus dem anonymen Tagebuch bestätigt. Aussichten auf eine Wahl zum Papst habe er 2005 nach seinem Eindruck keine gehabt: „Das Manöver bestand darin, meinen Namen zu nennen und die Wahl von Ratzinger zu blockieren", dafür habe ihn eine Gruppe von Kardinälen „benutzt".[4] Um die dadurch entstehende Blockade aufzulösen, hätten „die Männer hinter der Abstimmung" anschließend einen anderen Kandidaten aus dem Hut zaubern wollen. Seine Kandidatur sei von diesen Kardinälen nur vorgeschoben gewesen, „sie sagten mir später, dass sie gar keinen Papst aus dem Ausland wollten". Was sich doch stark nach einem italienischen Manöver anhört. Er selbst, so Bergoglio, habe 2005 übrigens für Ratzinger gestimmt. „Er war der Einzige, der zu dieser Zeit Papst sein konnte"; nach dem sehr dynamischen Johannes Paul habe man einen „Übergangspapst" gebraucht, „der ein gesundes Gleichgewicht bewahrt". Man kann somit davon ausgehen, dass Bergoglio in der heiklen Stimmung nach dem dritten Wahlgang aus dem Rennen ausgestiegen und damit die Hürden für den Aufstieg Ratzingers aus dem Weg geräumt hat. Doch warum erlaubt es sich Bergoglio, trotz der Verpflichtung zur Geheimhaltung im Jahr 2024 all diese Details aus dem ersten Konklave des neuen Jahrtausends zu verraten? Die Antwort: weil er 2013 selbst Papst geworden und damit, aus seiner eigenen Sicht zumindest, an den Kardinalsschwur nicht mehr gebunden ist. Und weil sein Vorgänger Benedikt als emeritierter Papst Ende 2022 verstorben ist. Aber damit habe ich schon zu weit vorgegriffen.

Noch einmal: Das 2005er-Konklave lehrt uns, dem, was Medien vorab über mögliche Papstkandidaten verbreiten, zu misstrauen. Speziell viele deutsche Beobachter hatten bei diesem Konklave, wenn ich das einmal so hart sagen darf, ein Brett vor dem Kopf. Ihre Abneigung gegen Ratzinger war zu stark, um die ganz anders gelagerten Befindlichkeiten aus vielen Teilen der Weltkirche wahrzunehmen. „Wir sind Papst"? Von wegen. Die „sprungbereite Feindseligkeit", wie er sie einmal nennt, begleitet Papst Benedikt während seines ganzen Pontifikats hindurch, fast acht Jahre lang.

Es ist ein von allerlei Krisen gezeichnetes Pontifikat. Zu hausgemachten Patzern kommen filmreife Peinlichkeiten – man stelle sich vor: der päpstliche Kammerdiener, der vertrauliche Papiere von Benedikts Schreibtisch kopiert und veröffentlicht, bis er von 007-Gänswein enttarnt wird. Am schlimmsten sind die kirchlichen Missbrauchsskandale, die während der Benedikt-Jahre auf einmal in vielen Teilen der Welt ans Licht kommen und der Glaubwürdigkeit des katholischen Systems (zu Recht) tiefe Schrammen verpassen. Doch im öffentlichen Getöse wird, und das ist das eigentliche Drama des deutschen Pontifikats, die leise Botschaft dieses Papstes nahezu unhörbar. Eine Botschaft, die das Wesentliche am Glauben mit meisterlicher Einfachheit auf den Punkt bringt. „Wer glaubt, ist nie allein." „Wer Hoffnung hat, kann anders leben." „Wir haben der Liebe geglaubt: So kann der Christ den Grundentscheid seines Lebens ausdrücken." Hier spricht ein Kirchenlehrer, dem auch, vielleicht sogar vor allem, Suchende und Intellektuelle jenseits der kirchlichen Blase zuhören.[5]

Sein wichtigstes Anliegen besteht darin, der Welt von heute den Gott „mit menschlichem Antlitz" zu verkünden. „Das eigentliche Problem unserer geschichtlichen Stunde ist es, dass Gott aus dem Horizont der Menschen verschwindet und dass mit dem Erlöschen des von Gott kommenden Lichts Orientierungslosigkeit in die Menschheit hereinbricht." Nicht eine Lockerung des Zölibats also, Frauenpriestertum, Interkommunion oder sexualethische Themen sieht Benedikt als die drängendsten Probleme der Zeit, sondern das Leiserwerden der Gottesfrage in den Gesellschaften des Westens. Dabei gehört es zu den Paradoxien dieses Papstes, dass er bei aller Glaubensstärke radikal wie kaum einer seiner Vorgänger, Paul VI. ausgenommen, auf der Suche bleibt nach dem unbekannten Gott.

Während ihn innerkirchlich und innerchristlich viele als konservativen Bremser brandmarken, bemüht er sich um Kontakt zu Nichtglaubenden, zu Menschen auf der Suche. Eine Vatikaninitiative mit dem etwas sperrigen Titel „Vorhof der Völker" bandelt auf seine Anregung hin mit Denkern und Künstlern in Paris, Tirana oder Stockholm an. Und zu einem Religions- und Kirchengipfel für den Frieden in Assisi lädt Benedikt erstmals auch eine Delegation von Nichtglaubenden ein, die auf Augenhöhe mit den Glaubenden in einer Prozession zu Fuß durch das mittelalterliche Städtchen zieht.

Eine der bemerkenswertesten Hinterlassenschaften des deutschen Pontifikats sind seine drei Bücher über Jesus von Nazareth, die – schon das ist aufsehenerregend – den Dialog mit einem jüdischen Rabbiner zum Ausgangspunkt nehmen. Der Autorenname der Trilogie ist ein doppelter: Joseph Ratzinger/Benedikt XVI., alle beide haben ihren Federkiel in die Tinte getaucht, eine nur scheinbare Schizophrenie. Der Autor erläutert, die Bücher seien „in keiner Weise ein lehramtlicher Akt, sondern einzig Ausdruck meines persönlichen Suchens nach dem Angesicht des Herrn". Ein Papst also, der nach Gott sucht; das hat Größe. Die zweite Bombe, die dieser Pontifex zündet und die ihm einen Eintrag in die Geschichtsbücher sichert, ist im Februar 2013 sein unerwarteter Rücktritt vom Petrusamt aus Gründen der Erschöpfung. Dieser Schritt, mit dem viele seiner Anhänger bis heute hadern, verändert das Papsttum von innen heraus – wie sehr, wird erst die Zukunft erweisen.[6]

Schock. Orientierungslosigkeit. Auch ein diffuser Eindruck, verraten worden zu sein. Wir haben uns schon im ersten Kapitel unseres Buchs mit den ungewöhnlichen Umständen beschäftigt, unter denen nach dem „gran rifiuto" des Deutschen das Konklave von 2013 beginnt, das bisher letzte. Etwas früher beginnt es, als die Konklaveordnung Johannes Pauls das erlaubt hätte, denn Benedikt hat noch rechtzeitig vor Toresschluss, also vor dem Ende seiner Amtszeit, verfügt, man dürfe anfangen, sobald alle wahlberechtigten Kardinäle in der Ewigen Stadt eingetroffen sind. Rom ist in diesen Tagen ein Bienenstock; viele fragen sich, ob es nicht in Wirklichkeit vatikaninterne Intrigen und Skandale gewesen sind, die Benedikt zum Aufgeben bewegt haben. Am ruhigsten scheint inmitten der allgemeinen Aufregung der Ex-Papst zu sein; er hat sich, um für eine Weile von der Bildfläche zu verschwinden, in die päpstliche Sommerresidenz Castel Gandolfo zurückgezogen und zeigt, wie Gänswein verblüfft beobachtet, „an den Ereignissen im Vorfeld des Konklaves kein besonderes Interesse". Hier und da mal ein Artikel, den er sich durchliest, und abends nach dem Essen die italienischen TV-Nachrichten, das ist alles. Seinen Einfluss lässt er nicht spielen.[7]

Was seinen Nachfolger angeht, tippt Benedikt nach dem Eindruck des Sekretärs auf dieselben Namen, die auch in den italienischen Medien zirkulieren; da steht Angelo Scola an erster Stelle, der Intellektuelle, den Benedikt in einer präzendenzlosen Entscheidung von Venedig nach Mailand, ins größte Bistum Europas, versetzt hat und der am ehesten für Kontinuität zum gerade abgebrochenen Pontifikat stehen würde. Doch der *Emeritus* vertippt sich, und Scola wird's nicht, obwohl das vor der Papstwahl schon so gut wie abgemacht scheint, und die italienische Bischofskonferenz wird sich unsterblich blamieren, als sie nach dem Ende des Konklave einen vorbereiteten Glückwunsch an Scola veröffentlicht, obwohl dieser die Sixtina nicht als Papst, sondern als Kardinal wieder verlassen muss. Er selbst, Scola, will als einer von Wenigen nicht an seine Papstbestimmung geglaubt, sondern seinen Mitarbeitern in Mailand vor der Abreise nach Rom anvertraut haben, nach dem noch nie dagewesenen Rücktritt eines Papstes werde es wohl einen „ebenfalls bislang nicht dagewesenen Papst" geben, und das werde nicht er sein.[8] Da war der Lombarde, wenn's denn stimmt, schlauer sogar als Benedikt XVI.; Gänswein wiederum, der mit seinem Freimut immer wieder die eher um *bella figura* bemühte Kurie aufstört, wird sich noch 2023 in einem Interview überzeugt zeigen, dass mit einem Scola-Papst „nicht wenige Kardinäle gut hätten leben können".[9]

Nein, nicht Scola wird Papst: Bergoglio wird es, der Jesuiten-Erzbischof aus Argentinien, der schon im 2005er-Konklave eine Rolle gespielt hat. Und wieder einmal geschieht 2013, was wir schon von der vorigen Wahl her kennen, dass nämlich kaum jemand den Mann, der das Rennen machen wird, zuvor auf seiner Liste hat, die Medien nicht und sogar nicht der zurückgetretene Papst. Was uns erneut vor die Frage stellt, wie es denn möglich sein kann, dass die Erwartungen fast alle in eine falsche Richtung galoppiert sind; musste man nicht damit rechnen, dass Bergoglio acht Jahre nach seinem ersten Anlauf, wenn man diesen mal als solchen einschätzen will, ein weiteres Mal papabel sein würde? Unter gewöhnlichen Umständen würde die Antwort lauten, ja, das musste man. Aber es waren eben keine gewöhnlichen Umstände nach Benedikts Eklat; sein Schritt hinaus aus dem Papsttum hat wie eine Explosion gewirkt, die Karten liegen wild auf dem Spieltisch und auf dem Boden verstreut. Der Argentinier steht kurz vor seiner Pensionierung in Buenos Aires, und nachdem er beim letzten Konklave nicht zum Zug gekommen ist, gehen viele Beobachter davon aus, dass seine Kandidatur sozusagen „verbrannt" sei und dass sie sich nach dem Gamechanger des Papstrücktritts jetzt nicht einfach wiederaufnehmen lasse.

Auch Bergoglio selbst sieht das offenbar so, wie er später in seiner Autobiografie erzählt. „Ich stand überhaupt nicht zur Debatte. (…) Der Gedanke wäre mir nie gekommen."[10] Als Mitbrüder nach seiner Rede im Vorkonklave spontan applaudieren, denkt er nur: Erstaunlich, das ist doch bisher nicht passiert. Aber er kommt, wie er hinterher behauptet, nicht auf den Gedanken, dass da gerade eine Vorentscheidung gefallen sein könnte. Von einer Kampagne zu seinen Gunsten habe er gar nichts bemerkt. Erst am Tag seiner Wahl selbst, also am 13. März 2013, sei ihm allmählich aufgegangen, was da gespielt wurde, als ihm Kardinäle aus Europa beim Mittagessen nach dem dritten Wahlgang Fragen gestellt hätten, die ihm „verdächtig" vorkamen; Fragen nach Lateinamerika, nach der Kirche dort, nach der Befreiungstheologie. „Da habe ich mir in meinem Kopf gesagt: Hier passiert gerade etwas Seltsames." Nach dem Essen habe ihn „ein spanischsprachiger Kardinal" gefragt, ob es stimme, dass er nur noch einen Lungenflügel habe, und auf Bergoglios Auskunft hin, ihm sei nur ein Teil des obersten Lungenflügels entfernt worden, und zwar schon 1957, sei „der Mann knallrot im Gesicht" geworden und habe „zwischen zusammengebissenen Zähnen" hervorgestoßen: „Immer diese Manöver in letzter Minute!" Kommentar des Argentiniers: „Da fing ich langsam an zu begreifen. Zumindest begriff ich, dass da etwas über mir schweben könnte." Trotzdem, bei seiner Siesta nach diesem Mittagessen habe er gut geschlafen. Später habe Scola dann seine Anhänger dazu aufgerufen, für Bergoglio zu stimmen. „Und als sie mich dann gewählt haben, spürte ich ein überraschendes Gefühl von Frieden in meinem Inneren." Er sei auf Scola zugegangen, um ihn zu umarmen. „Er hatte diese Umarmung verdient." Es ist der fünfte Wahlgang, bei dem aus Bergoglio Franziskus wird, der erste lateinamerikanische Papst der Geschichte.[11]

Warum Bergoglio? Wir können auch diesmal den Bannkreis nicht durchbrechen, den die Herren des Konklave um die Sixtina gezogen haben, und bei allem Mitteilungsbedürfnis hat sich Franziskus leider zu seiner eigenen Wahl kaum Zahlen entlocken lassen. Doch hat der irische Autor Gerard O'Connell, der für das US-Jesuitenmagazin *America* aus Rom berichtet, versucht, den Schleier ein wenig zu lüften.[12] Er geht davon aus, dass Scola im ersten Wahlgang dreißig, Bergoglio aber nicht weniger als 26 Stimmen erhalten hat, und es wären nach seiner Darstellung sogar 27 Stimmen für Bergoglio gewesen, hätte einer der Abstimmenden auf seinen Wahlzettel nicht „Broglio" geschrieben. Platz drei: der kanadische Kurienkardinal Ouellet (22 Stimmen), gefolgt vom US-Kardinal O'Malley (zehn). Auch in seiner Autobiografie nennt Franziskus rückblickend Scola, O'Malley und Ouellet als die Männer, die vor Beginn der Papstwahl als Favoriten gegolten hätten, und fügt als Nummer vier noch den Brasilianer Scherer hinzu.

So wie O'Connell es schildert, würde dieses erste Stimmungsbild in der Sixtina bedeuten, dass Bergoglio im 2013er-Konklave von Anfang an einen erheblichen Konsens hinter sich versammelt hätte. 26 Stimmen – das wären genauso viele, wie er laut anonymem Tagebuch noch in der vierten und letzten Wahlrunde vor acht Jahren erhalten haben soll, aus der Joseph Ratzinger als Papst hervorging. Eine interessante Koinzidenz: Der Jesuit vom Ende der Welt wäre demnach mit exakt derselben Stimmenzahl ins neue Konklave eingestiegen, mit der er das alte verlassen hatte. Als wäre das deutsche

Pontifikat nur ein Schlenker gewesen. Doch in seiner Autobiografie vermeidet Franziskus das Nennen von Zahlen, sondern bemerkt lediglich, er habe in der ersten Wahlrunde, wie das so üblich sei, einige „geparkte Stimmen" von „Unentschiedenen" auf sich gezogen. „Also blieb ich vollkommen gelassen." Unentschieden sei im Übrigen auch er selbst gewesen – und wer weiß, vielleicht erzählt er ja noch in einem Interview, welchen Namen er selbst im ersten Wahlgang auf den Stimmzettel geschrieben hat.

Nach Angaben O'Connells setzt sich nun Bergoglio schon in der zweiten Runde an die Spitze, während die Scola-Kandidatur zu bröckeln beginnt, und das alles so weiter bis zum entscheidenden Wahlgang Nummer fünf. In der Autobiografie des Argentiniers klingt das weniger stringent; im zweiten Wahlgang habe er „immer noch ein paar dieser ‚geparkten' Stimmen bekommen", im dritten sogar einige mehr, aber das habe eben darauf gedeutet, dass „die Situation noch im Fluss" und „nichts entschieden" gewesen sei, weswegen ihn die Sache nicht sonderlich beunruhigte. Erst im vierten Wahlgang habe er „sage und schreibe 69 Stimmen" erhalten, also nicht weit von der Zweidrittelschwelle von 77 Stimmen entfernt, „und langsam dämmerte es mir". Der fünfte und entscheidende Wahlgang musste nach Bergoglios Darstellung wiederholt werden, weil bei der Auszählung ein Stimmzettel mehr auftauchte, als es Wähler gab („Er war offensichtlich bei der Wahl unter einem anderen kleben geblieben"). Und dann berichtet er weiter: „Als mein Name das siebenundsiebzigste Mal fiel, erhob sich Applaus, obwohl die Verlesung der Namen noch weiterging. Ich weiß nicht, wie viele Stimmen es zuletzt geworden sind. Ich hörte nicht mehr zu, und im allgemeinen Lärm ging auch die Stimme des Wahlhelfers unter." Eine elegante Art und Weise, das genaue Resultat mit Schweigen zu übergehen. Schon eine Seite zuvor lässt Papst Franziskus bei seinem Rückblick die Bemerkung fallen, die Auszählungen in der Sixtina seien „eigentlich ziemlich langweilig (...), wie ein gregorianischer Choral, nur weniger harmonisch". Er habe nie mitgeschrieben, sondern stattdessen in aller Ruhe den Rosenkranz gebetet.

Warum also Bergoglio? Unser irischer Gewährsmann versieht seine, man muss deutlich darauf hinweisen, unbestätigten Angaben zum Abstimmungsverhalten im Konklave mit folgendem Leseschlüssel. Die Gruppe der italienischen Kardinäle, 28 an der Zahl, sei gespalten gewesen, denn Scola habe seine eigenen Landsleute nicht von sich überzeugen können, und ein alternativer italienischer Kandidat mit Aussicht auf Erfolg habe nicht bereitgestanden. Der Kanadier Ouellet sei von vielen Wählern als Repräsentant der Kurie eingestuft und daher abgelehnt worden, schließlich war beim Vorkonklave immer wieder der Ruf nach einer Kurienreform laut geworden; und einen Stellvertreter Christi aus den Vereinigten Staaten hätten viele Kardinäle aus dem Globalen Süden nicht gewollt. Das ist eine interessante Analyse, bestimmt – aber wer will uns garantieren, dass sie ins Schwarze trifft? Außerdem erklärt sie eher, warum dieser oder jener nicht Papst wurde, nicht aber, warum die Wahl auf den Lateinamerikaner fiel.

Der Kardinal von Buenos Aires muss seinen Wählern in einer Situation, die vielen von ihnen als für die katholische Weltkirche zutiefst krisenhaft erschien, ein Angebot gemacht haben – und einiges spricht dafür, dass das in seiner Rede im Vorkonklave geschah. Eine Rede, die plakativ zwei Visionen von Christentum einander gegenüberstellt. Auf der einen Seite die „um sich selbst kreisende Kirche", die nur dafür da ist, dass „die einen die anderen beweihräuchern". Und auf der anderen Seite „die verkündende Kirche, die aus sich selbst hinausgeht" an die „geografischen Ränder" und an die „Grenzen der menschlichen Existenz". In der „egozentrischen" Kirche herrscht „theologischer Narzissmus", in der hinausdrängenden hingegen Eifer und „kühne Redefreiheit". Es ist eine klare Sprache, die Bergoglio in diesem Text, welcher zwei Wochen nach der Papstwahl an die Öffentlichkeit gelangt, führt. Seine Zwei-Kirchen-Vision hat etwas Holzschnitthaftes, doch dafür sind die Konturen klar herausgearbeitet. Originell ist ein Abschnitt, der sich mit einem der letzten Sätze der Heiligen Schrift beschäftigt. „In der Offenbarung sagt Jesus, dass er an der Tür steht und anklopft. In dem Bibeltext geht es offensichtlich darum, dass er von außen klopft, um hereinzukommen. Aber ich denke an die Male, wenn Jesus von innen klopft, damit wir ihn herauskommen lassen." Hier sieht er die Hauptaufgabe der Kirche: Jesus „nach außen treten" zu lassen, ihn nicht, wie er bei einer anderen Gelegenheit bemerkt, im Tabernakel einzusperren.[13] In der kurzen Brandrede Bergoglios steckt schon einiges vom künftigen Franziskus-Pontifikat, und es lässt sich nachvollziehen, dass sie in ihrer Deutlichkeit viele der Wahlkardinäle beeindruckt hat. Bergoglio skizzierte da einen Weg, um aus der gefühlten Lähmung in der Kirche auszubrechen und den Ball wieder quer übers Feld nach vorne zu schießen.

In dem Augenblick, in dem ich diese Zeilen hier schreibe, ist das Pontifikat von Jorge Mario Bergoglio alias Papst Franziskus noch nicht vorbei, und obgleich die Schatten länger werden, könnte es noch zu früh sein für eine abschließende Einordnung. Nur dies: Er hat Ernst gemacht mit der absoluten Priorität der Evangelisierung, unter anderem durch eine Kurienreform, infolge derer die Glaubenskongregation, die bisherige *Suprema*, ihren historischen Vorrang an die Evangelisierungsbehörde abtreten musste. Alle Vatikanbehörden sind gleich im Reiche Bergoglios, die historisch gewachsenen Unterschiede unter ihnen hat er eingeebnet, nur das Evangelisierungsdikasterium ist gleicher als die anderen, weil es zumindest auf dem Papier vom Papst direkt geführt wird.[14] Doch während bei ihm alles auf dem Prüfstand steht, Institutionen, Normen, Traditionen, und während auch das Kardinalskollegium so international durchmischt ist wie noch nie, hat der Reformerpapst doch an eines nicht gerührt und will dies auch in der ihm verbleibenden Restzeit nicht tun, an das Konklave nämlich. Die Sache erscheine ihm „zweitrangig", lässt er 2024 einen Gesprächspartner wissen; bei den zwei Papstwahlen, an denen er teilgenommen habe, habe doch „der Mechanismus sehr gut funktioniert". Schon möglich, dass „einige Dinge" in den Konklaverichtlinien geändert werden müssten. „Aber die erscheinen mir nicht dringend zu sein, und ich muss mich dem vorerst nicht widmen."[15]

Durch seine offenherzige Schilderung der Wahl, aus der er als Papst hervorging, hat Franziskus allenfalls einer gewissen Entzauberung des Geschehens in der Sixtina Vorschub geleistet: Da wird also doch nicht nur gebetet und psalmodiert, sondern gerungen wie einst am Jabbok. Zur Durchsetzung des Konklavegeheimnisses wird sich bei künftigen Wahlen die Frage stellen, ob Kardinäle das Schweigegebot wirklich so todernst nehmen müssen, wenn ein Petrusnachfolger es fröhlich plaudernd brechen und, nebenbei bemerkt, dabei seine Version unwidersprochen als die einzig öffentliche durchsetzen darf. In einer Hinsicht hält es Franziskus allerdings wie die meisten seiner Vorgänger, darin nämlich, dass er Stein und Bein schwört, überhaupt nicht mit seinem Aufstieg an die Spitze der katholischen Kirche gerechnet, sondern schon das Rückflugticket nach Buenos Aires im Talar gehabt zu haben. Die Begriffsstutzigkeit, mit der er im Konklave auf Bemerkungen hier und da reagiert, hat in seiner Schilderung etwas von einem Topos und kann unfreiwillig komisch wirken. Da ist der kubanische Mitbruder, der ihn um eine Fassung seiner Rede aus dem Vorkonklave bittet und dazu äußert: „Dann kann ich mir ja ein Andenken an den künftigen Papst mit nach Hause nehmen", was Bergoglio als „Scherz" abtut. Da ist der ungenannte, ebenfalls lateinamerikanische Kardinal, der ihn kurz darauf im Aufzug fragt, ob er schon an seiner ersten Rede als Papst gefeilt habe, wozu Bergoglio notiert: „Noch ein Scherz? War das Zufall?" Und da ist das schon erwähnte Mittagessen mit europäischen Kardinälen am Tag darauf, bei dem er sich wie „in einer mündlichen Prüfung" fühlt, um dann zu kommentieren: „Sie nahmen mich unter die Lupe, nur ich merkte es nicht." Skeptiker werden fragen, ob ein Kardinal im Konklave wirklich so naiv sein kann, all diese Signale zu übersehen. Dass Bergoglio sich dann vor dem vierten Wahlgang in ein derart intensives Gespräch mit Kardinal Ravasi über das Alte Testament vertieft, dass man die beiden eigens zum Wählen in die Sixtina rufen muss („Kommt schon rein, nur ihr fehlt noch"), lese ich als Flaschenpost aus Bergoglios Unterbewusstsein. Da wollte einer nicht wahrhaben, was sich doch immer deutlicher abzeichnete.

Die Casa Santa Marta, in der Kardinäle nach den Anweisungen Johannes Pauls II. während eines Konklave nächtigen, ist durch

Franziskus zu unverhoffter Berühmtheit gekommen: Er hat sie zu seiner Residenz gemacht. Dieser Papst wohnt wie Udo Lindenberg im Hotel, bescheidener allerdings als der „Panikrocker" aus Hamburg; aus seinem Fenster sieht er einen rückwärtigen Teil des Petersdoms und, nach links hinüber, eine Tankstelle, an der Vatikanangestellte verbilligt tanken können. Einmal kam ich per *Motorino* zurück von Einkäufen im Vatikansupermarkt und rollte über den Platz vor Santa Marta – da stand Franziskus vor dem Gästehaus und verabschiedete einen Besucher.

20
Die Regeln:
So läuft ein Konklave ab

Keine Predigt von Mutter Teresa – Ein Kardinal verjüngt sich – Nadel und Faden – Im Tränenzimmer – Auch Laien können Papst werden

Unser Parforceritt hat uns quer durch die Kirchengeschichte bis heute geführt. Jetzt betreten wir die Zukunft, eine Sixtina, die noch nicht fertig ausgemalt ist. Falls Papst Franziskus morgen demissionieren oder sterben sollte, wie würde denn dann ein Konklave ablaufen? Das soll nun, unter ständigem Rückgriff auf *Universici Dominici Gregis* und die von Benedikt XVI. daran vorgenommenen Modifikationen, unsere Frage sein.

Alles beginnt damit, dass die Amtsgewalt eines Papstes erlischt, ob durch seinen Amtsverzicht, seinen Tod oder durch andere Umstände; die Frage, was einen Papst amtsunfähig macht oder seiner Würde verlustig gehen lässt, ist kirchenrechtlich bis heute nicht geregelt, auch wenn das immer wieder gefordert wird, denn natürlich hat diese Grauzone etwas Beunruhigendes, wer kann beispielsweise einen Papst, der auf einmal dement wird, dazu bewegen, einen Schritt beiseitezutun? In *Universi Dominici Gregis* ist an einschlägiger Stelle zu lesen, der Camerlengo, also Kämmerer, solle den Tod des Papstes offiziell feststellen; hier ist also an die Möglichkeit eines Rücktritts, wie ihn dann Benedikt XVI. 2013 vollziehen sollte, gar nicht gedacht, nur in anderen Zusammenhängen weiter unten im Text werden auch andere Möglichkeiten für das Ende eines Pontifikats erwähnt als Gevatter Tod.

Jedenfalls bricht jetzt die Sedisvakanz aus, die Zeit, in der der päpstliche Stuhl leer ist. Damit fällt die Leitung der Weltkirche automatisch dem Kardinalskollegium zu, und zwar in seiner Gesamtheit – nicht nur den Kardinälen, die auch zur Teilnahme am Konklave berechtigt sind. Mit ihren Entscheidungen dürfen sie allerdings einem künftigen Pontifex nicht vorgreifen, sondern müssen sich auf die laufenden, dringenden Angelegenheiten beschränken. Ihre Hauptaufgabe: die Vorbereitung der Wahl eines neuen Papstes. Dabei kommt dem Kämmerer eine besonders wichtige Rolle zu; er ist, dieses Wortspiel drängt sich auf, der Kümmerer, der für die Organisation des Konklave in all seinen Details (Wer hat den Schlüssel zum Konklavebereich? Wer schraubt den Ofen für die Sixtina zusammen usw.) verantwortlich zeichnet. Fast alle Ämter an der Kurie erlöschen automatisch mit dem wie auch immer gearteten Abgang eines Papstes, das Camerlengo-Amt aber nicht. Zu seinen Assistenten werden per Los drei Kardinäle bestimmt, die jeweils nach drei Tagen ausgewechselt werden, damit sich da bloß kein Machtzentrum bildet, welches das Kommende von vornherein in die eine oder andere Richtung konditionieren könnte.

Nein, das eigentliche Machtzentrum während der Sedisvakanz sind die Tagungen der Kardinäle im Vatikan unter der Leitung des Dekans des Kardinalskollegiums. Man nennt sie Generalkongregationen, und sie beraten täglich bis zum Einzug in die Sixtina über alle Angelegenheiten von Belang: Wie sollen die Trauerfeierlichkeiten für den verstorbenen Papst, die traditionell neun Tage in Anspruch nehmen, und sein Begräbnis ablaufen? Welche Ausgaben dürfen Vatikanbüros in den Wochen der Sedisvakanz tätigen? Was tun mit Dokumenten, die der Verstorbene hinterlassen hat? An welchem Tag genau beginnt das Konklave? Abgestimmt wird geheim, es reicht zum Beschluss eine einfache Mehrheit der Anwesenden, und alle Teilnehmer müssen Geheimhaltung schwören – auch die, die erst später dazustoßen.

Sobald das Organisatorische zumindest in großen Linien abgehandelt ist, verwandeln sich die Generalkongregationen in eine Art Konferenz (man sollte hier das Wort Parlament vermeiden); in eine

Konferenz, bei der hinter verschlossenen Türen über die Lage der Kurie und und des Vatikans und der Weltkirche nachgedacht und ein Phantombild des künftigen Papstes erstellt wird. Den Ausgangspunkt dazu bildet das Referat eines „beispielhaften Klerikers", den die Kardinäle gewählt haben; er braucht nicht aus ihren Reihen zu stammen, allerdings ist es nach jetzigem Stand des Kirchenrechts ausgeschlossen, dass diese Aufgabe einem männlichen oder gar weiblichen Laien übertragen wird. Schade eigentlich; diesen Punkt könnte ein Papst per Federstrich ändern, auch ohne deswegen das ganze Regelpaket aufzuschnüren. Eine Frau wie Hildegard von Bingen, die im Mittelalter von der Kanzel des Kölner Doms gegen die Katharer predigte, oder wie Katharina von Siena – aus neuerer Zeit könnte man an Mutter Teresa von Kalkutta denken – lässt sich doch gut vorstellen, wie sie den hohen Herren im Vatikan bei einer Generalkongregation ins Gewissen redet. Es gibt übrigens noch ein zweites Referat dieser Art, ebenfalls von einem von den Kardinälen ausgesuchten Kleriker; er hält es nach dem Einzug in die Sixtinische Kapelle, vor Beginn der eigentlichen Wahlhandlungen, und selbstredend muss er, sobald er ans Ende seiner *admonitio* gelangt ist, nach draußen schlüpfen.

Wahlberechtigt sind alle Kardinäle, die im Moment des Eintretens der Sedisvakanz noch nicht ihren 80. Geburtstag gefeiert haben. Ein kenianischer Kardinal, über dessen Geburtsdatum offenbar keine letzte Gewissheit herrschte, hat ebendieses Datum im Frühjahr 2024 neu festsetzen lassen und sich dabei um ein komplettes Jahr verjüngt, sodass er nun bis Januar 2026 an einer Papstwahl teilnehmen darf. Die Höchstzahl der Konklaveteilnehmer liegt bei 120 – das ist eine Regel, die vor allem die Päpste selbst bei der „Erschaffung" neuer Kardinäle bindet –, und beginnen soll ein Konklave fünfzehn, spätestens zwanzig Tage nach dem Eintreten der Sedisvakanz; so weit die Regel Johannes Pauls, die allerdings sein Nachfolger Benedikt, wie wir oben gesehen haben, aufgeweicht hat, sodass die Wahl bereits starten kann, wenn alle Wahlberechtigten eingetroffen sind. Nicht zugelassen werden Kardinäle, die ihrer Würde durch Verzicht oder aufgrund einer päpstlichen Entscheidung verlustig gegangen sind, und dafür gibt es ein aktuelles Beispiel: Papst Franziskus hat dem Kurienpräfekten Becciu 2020 wegen eines Finanzskandals die Kardinalsrechte entzogen, und der Sarde musste sich wegen dieser Angelegenheit sogar vor dem Vatikangericht verantworten, das ihn als ersten Kardinal überhaupt zu einer Haftstrafe verurteilte. Wahlort ist die Sixtina, und zum Konklavebereich gehört auch die Casa Santa Marta, in der die Wähler während der Papstwahl nächtigen. Außer den Wählern selbst dürfen sich nur wenige Personen im Konklavebereich aufhalten, darunter der Sekretär des Kardinalskollegiums, der auch als Konklavesekretär dienen soll, mehrere Zeremoniäre, zwei Ärzte, einige Priester für die Beichte sowie weitere Personen „für den Tischdienst und für die Sauberhaltung". Sie alle müssen mit einem Eid Geheimhaltung schwören, und zwar „auf ewig". Von Barbieren ist übrigens keine Rede.

Die Generalkongregationen sollten nicht unterschätzt werden; bei diesen Beratungen blühen Papstkandidaturen auf und verwelken wieder. Man belauert sich, schmiedet erste Allianzen, lernt Kardinäle kennen, die man bisher überhaupt nicht auf dem Schirm hatte, gerät ins Grübeln über die Positionierung dieses oder jenes Mitbruders im Kardinalat. Und abends kann man gerade noch mal ein paar Namen und Biografien googeln – etwas, das im Konklave selbst nicht mehr möglich ist. Den letzten Akzent vor dem „Extra omnes" setzt dann am Morgen des Konklave die gemeinsame Votivmesse *Pro eligendo Papa*, „Für den zu wählenden Papst". Wenige Stunden danach ziehen die Wähler von der Paulinischen Kapelle in die Sixtina; der Weg ist nicht lang, denn nur ein Renaissancesaal des Apostolischen Palastes trennt die beiden Kapellen; dort angekommen, legen sie einzeln, mit der Hand auf dem Evangelium, den Eid ab, sich „treu und gewissenhaft an alle Vorschriften zu halten", keine Einmischung von außen zu dulden und „Geheimhaltung über alles zu wahren". Es folgen das „Extra omnes" und der oben erwähnte neuerliche Vortrag eines Klerikers, dann muss auch jener den Raum verlassen, und der Wahlkrimi beginnt.

Erlaubt ist nur noch die schriftliche und geheime Abstimmung, das *scrutinium*; für eine gültige Wahl zum Papst ist die Zweidrittelmehrheit erforderlich. In der Regel führen die Kardinäle schon am Nachmittag nach ihrem Einzug in die Sixtina einen Wahlgang durch; an den folgenden Tagen sind dann morgens und nachmittags jeweils zwei Wahlgänge angesetzt, also vier pro Tag. Zunächst werden jedem Kardinal einige Stimmzettel ausgehändigt, auf deren oberer Hälfte die Worte *Eligo in Summum Pontificem* stehen, „Ich wähle zum höchsten Pontifex". Auf einen dieser Zettel schreibt dann ein jeder „möglichst in verstellter, aber deutlicher Schrift" (wieder eine dieser Schizophrenien, ohne die Konklaveregeln offenbar nicht auskommen) den Namen dessen, dem seine Wahl gilt, und faltet den Zettel so, dass man den eingetragenen Namen von außen nicht sieht. Übrigens darf dabei nur ein einziger Name angegeben werden, sonst ist die Stimme ungültig. Diesen Stimmzettel in der erhobenen Hand haltend, schreitet jeder Kardinal schließlich zum Altar am Fuß von Michelangelos *Jüngstem Gericht*, spricht die Eidformel „Ich rufe Christus, der mein Richter sein wird, zum Zeugen an, dass ich den gewählt habe, von dem ich glaube, dass er nach Gottes Willen gewählt werden sollte", und lässt den Zettel von einem Teller aus – ein bisschen Umstandskrämerei gehört schon auch dazu – in eine Wahlurne rutschen. Kranke Kardinäle können von ihren Zimmern aus wählen; drei per Los bestimmte *Infirmarii*-Kardinäle, die die Hinfälligen mit einem „Kästchen" in ihren Unterkünften aufsuchen, machen es möglich.

Dann wird ausgezählt: eine Aufgabe, die ebenfalls drei ausgelosten Elektoren übertragen ist. Sie sitzen an einem Tisch vor dem Altar und kontrollieren zunächst, ob die Zahl der Stimmzettel mit der Zahl der Wähler übereinstimmt; nur wenn das der Fall ist, können sie fortfahren. Der Erste faltet den Wahlschein auf, der Zweite prüft den dort eingetragenen Namen, der Dritte liest diesen Namen laut vor. Das alles geschieht unter den wachsamen Augen von Wahlprüfern, die – Sie ahnen es sicher schon – ebenfalls aus den Reihen der Kardinäle ausgelost wurden. Ist in diesem Wahlgang auf keinen Namen eine Zweidrittelmehrheit entfallen, so werden die Stimmzettel im Ofen verbrannt: schwarzer Rauch. Es sei denn, dass auf diesen Wahlgang unmittelbar ein weiterer folgt. In diesem Fall reicht es, wenn danach die Stimmzettel beider Durchgänge in den Ofen gestopft werden.

Was aber, wenn das Konklave stecken bleibt? Wenn drei Tage hintereinander kein weißer Rauch aufsteigt, weil die Wähler sich nicht mit Zweidrittelmehrheit auf einen Namen einigen können? Dann sollen sie nach der Vorgabe von *Universi Dominici Gregis*, die sich weitgehend auf die älteren Verfügungen von Paul VI. stützt, einen Tag lang innehalten und sich sammeln, beten, untereinander Gespräche führen. Danach geht es dann weiter mit den Abstimmungen. Sind sieben neue Wahlgänge ohne Ergebnis vorüber, wird eine zweite Pause eingelegt. Und nach weiteren sieben eine dritte Pause. „Darauf werden die Abstimmungen in der gleichen Form wiederaufgenommen, die, falls sie nicht zur Wahl führen, sieben sein müssen." Ist dann immer noch kein Papst gewählt, sollen die Kardinäle untereinander beraten, wie sie weiter verfahren wollen, und darüber mit absoluter Mehrheit beschließen – so ordnete das Johannes Paul II. an. „Dennoch wird man nicht davon abweichen können, dass zu einer gültigen Wahl entweder die absolute Mehrheit der Stimmen vorhanden sein muss oder dass zwischen den beiden Namen, die in dem unmittelbar vorhergehenden Wahlgang den größten Stimmenanteil erhalten haben, gewählt wird, wobei dann auch in diesem zweiten Fall nur die absolute Mehrheit erforderlich ist." Weitere Vorgaben machte Johannes Pauls Konklaveordnung an diesem *dead end* wohlweislich nicht: Die Kardinäle sollten selbst bestimmen können, wie sie sich einen Weg aus dem Wahldickicht freihacken.

Benedikt XVI. allerdings hat in seinen sieben Pontifikatsjahren diesen heiklen Passus zweimal geändert, zuletzt wenige Tage vor seinem Amtsverzicht.[1] Von einer Debatte der Kardinäle darüber, wie es weitergehen soll, ist nun keine Rede mehr; stattdessen von einem weiteren Tag des Betens und Nachdenkens. Danach folgt dann eine Stichwahl zwischen den beiden höchstplatzierten Kandidaten. „In den nachfolgenden Abstimmungen (…) können nur die beiden Namen, die im vorhergehenden Wahlgang die höchste Zahl an Stimmen erhalten hatten, gewählt werden und darf nicht von jener

Verordnung abgewichen werden, der zufolge auch bei diesen Wahlgängen die qualifizierte Mehrheit von mindestens zwei Dritteln der Stimmen der anwesenden und wählenden Kardinäle für eine gültige Wahl erforderlich ist. Bei diesen Abstimmungen können die beiden Namen, die zur Wahl stehen, selbst nicht wählen." Das ist der stärkste Eingriff in *Universi Dominici Gregis* seit seiner Inkraftsetzung 1996.

Wir sind nur den groben Linien der Konklaveordnung gefolgt und haben viele ihrer Detailverfügungen beiseitegelassen. Da wird nämlich auch auf Fragen geantwortet, die sich nicht unbedingt jeder stellt, zum Beispiel: Was ziehe ich als Kardinal am passendsten an, wenn ich zu einer Generalkongregation gehe? Antwort: „den üblichen schwarzen filetierten Talar und die rote Schärpe", also sozusagen das kleine Schwarze aus dem Kardinalskleiderschrank. Oder: Was tun mit den Stimmzetteln, bevor sie in den Sixtina-Ofen wandern? Antwort: „Der letzte der Wahlhelfer locht (…) diese mit einer Nadel an der Stelle, wo das Wort *Eligo* steht, und reiht sie an einer Schnur auf, damit sie sicherer aufbewahrt werden können. Wenn alle Namen verlesen sind, werden die Enden der Schnur zu einem Knoten zusammengeknüpft …" Es hilft also, wenn man als Kardinal auch nähen kann.

Aber wir sind noch gar nicht auf den Höhepunkt eines jeden Konklave eingegangen, nämlich auf den Moment, in dem das erforderliche Quorum für einen Kandidaten erreicht ist. *Universi Dominici Gregis* geht zunächst einmal davon aus, dass der Gewählte mit in der Sixtina sitzt und dass er somit dem Kardinalskollegium angehört, wie das ja seit dem Ende des 14. Jahrhunderts durchgehend der Fall war; wäre er hingegen gar nicht vor Ort präsent, würden etwas andere Regeln greifen. Der Kardinaldekan fragt also in der Sixtina den Gewählten: „Nimmst du deine kanonische Wahl zum Papst an?", und weiter: „Wie willst du dich nennen?" Ab diesem Moment ist, falls er sein *Fiat* gesprochen hat, der Betreffende „unmittelbar Bischof der Kirche von Rom, wahrer Papst" – es sei denn, er hat noch gar nicht die Bischofsweihe erhalten (so etwas ist zuletzt 1831 passiert), diese Weihe muss dann „sogleich" nachgeholt werden –, und das Konklave ist zu Ende, „es sei denn, Er verfügt etwas anderes". Weißer Rauch steigt aus dem Kamin: *fumata bianca*. Die Kardinäle huldigen dem Neuen, der sich inzwischen in einem Raum gleich neben der Sixtina, dem sogenannten Tränenzimmer, umgezogen und somit auch äußerlich die Verwandlung vom Kardinal zum Papst vollzogen hat. Sie versprechen ihm Gehorsam. Ein Dankgebet wird gesprochen, und von der Loggia des Petersdoms aus verkündet der rangälteste Kardinaldiakon die „Habemus papam "-Formel und gibt den Namen des Papstes bekannt.

So detailliert aber Johannes Pauls Regelwerk auf alles Mögliche eingeht – eine wesentliche Frage umschifft es, nämlich wer überhaupt zum Papst gewählt werden kann. Diese Lücke hat System. Die Kardinäle in der Sixtina sollen keine Scheuklappen anlegen, sondern wirklich gewissenhaft nach dem in ihren Augen Geeignetsten Ausschau halten. Trotzdem gibt es einige Mindestvoraussetzungen für die Petrus-Sukzession, die sich aus der Tatsache ergeben, dass der Papst ja in erster Linie Bischof von Rom ist. Und Bischof kann – da ist der Kodex des katholischen Kirchenrechts, kurz CIC, eindeutig – nicht jeder werden. Um für dieses Weiheamt in der Nachfolge der Apostel infrage zu kommen, muss man mindestens 35 Jahre alt und seit mindestens fünf Jahren Priester sein, wozu auch die zölibatäre Lebensweise gehört (und zwar selbst wenn man nicht *römisch*-katholisch, sondern Mitglied einer mit Rom unierten Kirche des Ostens ist). Außerdem sollte man einen akademischen Grad oder zumindest profunde Kenntnisse im Bereich Bibelwissenschaft, Theologie oder Kirchenrecht mitbringen.

Bedeutet das, dass Laien keine Chance darauf haben, Papst zu werden? Nein. Falls ein männlicher Laie, der *grosso modo* den skizzierten Anforderungen ans Bischofsamt entspricht, von einem Konklave zum Papst gewählt würde, dann erhielte er – dafür gibt es in der Kirchengeschichte hinreichend Vorbilder – umstandslos die Priester- und Bischofsweihe und könnte sein neues Amt in Rom antreten. Er dürfte im Moment seiner Wahl nicht verheiratet sein; damit kommt aber auch ein Witwer in Betracht. Und er müsste katholisch getauft und gefirmt sein. Schon Pius XII. hat in seiner

Konklaveordnung die Wahl eines Laien ausdrücklich im Bereich des Möglichen verortet, Johannes Paul II. wollte das aber in dieser Deutlichkeit offensichtlich nicht wiederholen.[2]

Kann auch eine Frau zum Papst gewählt werden? Nein, denn nach jetzigem Kirchenrecht sind Frauen in der katholischen Kirche Weiheämter verschlossen. Und Minderjährige? Auch nicht. Und wie steht es mit jemandem, der aus der katholischen Kirche ausgetreten ist? Da ist die Antwort schon kniffliger, denn aus katholischer Sicht lässt sich die einmal erhaltene Taufe nicht rückgängig machen; wer sie empfangen hat, bleibt lebenslang ein Glied des mystischen Leibes Christi, als den die Kirche sich selbst beschreibt, und darum kann man streng genommen beim deutschen Standes- oder Einwohnermeldeamt zwar aus einer Steuergemeinschaft austreten, aber nicht aus der katholischen Kirche. Dennoch hat ein solcher Austritt kirchenrechtlich schwerwiegende Konsequenzen, die einer Selbstexkommunikation gleichkommen, und darum ist auch mit der blühendsten Fantasie kaum ein Szenario vorstellbar, in dem jemand, der wegen seines Austritts nicht mehr zu den Sakramenten zugelassen ist und kein kirchliches Amt mehr ausüben darf, in einem Konklave zum Kirchenoberhaupt gewählt würde. Abwegig. „Non potest esse caput id quod non est membrum", hat der hl. Roberto Bellarmino befunden, und obgleich der Satz auf den hypothetischen Fall eines in die Häresie verfallenden Papstes gemünzt war, greift er auch hier. Wer kein Mitglied ist, kann auch nicht der Anführer sein.

Wie sieht es aber aus, wenn sich ein Interessierter, der das nötige Kleingeld mitbringt, wie in der Epoche der Renaissance das Papstamt kauft? „Gott bewahre uns davor!", steht in der Konklaveordnung Johannes Pauls, die sich ansonsten mit Ausrufen zurückhält. Dann legt sie fest, „dass alle diejenigen, die sich schuldig machen sollten, sich die Exkommunikation *latae sententiae* zuziehen", also die sogenannte Tatstrafe, die man im Moment des Vergehens gewissermaßen über sich selbst verhängt und von der einen nur der Papst lösen kann …, der aber in unserem angenommenen Fall ja Teil des Problems wäre. Heißt das aber, dass eine Papstwahl unter solchen Umständen als ungültig betrachtet werden kann? Nein –

und das ist dann doch ziemlich überraschend. *Universi Dominici Gregis* bestimmt ausdrücklich, „dass die Nichtigkeit oder die Ungültigkeit bei simonistischer Wahl aufgehoben ist". Man muss diese komplizierte Formulierung zweimal lesen, um sie zu begreifen: Wer sich Stimmen kauft, der kommt damit davon. Er zieht sich die Exkommunikation zu, wird aber Papst, wenn er die entsprechenden Stimmen beisammenhat – ein katholisches *non olet*, sehr problematisch. Die Begründung lautet: „damit die Gültigkeit der Wahl des Papstes aus diesem Grunde (…) nicht angefochten werde", und eine Fußnote verweist darauf, dass das schon mehrere frühere Päpste, angefangen bei Pius X., so gesehen haben. Geht man allerdings noch weiter zurück in der Geschichte, dann stößt man auf Julius II., und der sah das genau andersherum.

21
Blick in die Zukunft

Wahl per App – Waisenkind mit verbundenen Augen – Das Synodalparlament –
Lockdown für rote Hüte – Die unnützen Schlüssel

Sister Mary braucht ein bisschen, bis sie sich auf der *Sixtine-Chapel*-App eingeloggt hat. Sie hat das Passwort gerade erst bekommen, und das System ist darauf angelegt, dass man erst eine Reihe von Hürden nehmen muss, bis man wirklich in den geschützten Bereich vordringt; die Techniker haben aus dem letzten Onlinekonklave gelernt, das zeitweise von koreanischen Hackern gekapert worden war. Aber schlussendlich hat es geklappt, die Ordensfrau ist drin. Und sie hat nicht viel verpasst, denn bisher hat nur ein Chor aus Kamerun das „Veni Creator Spiritus" vorgesungen und -getanzt, „Komm, Schöpfer Geist".

Sie sind schon alle zugeschaltet, sieht Sister Mary: die ostkirchlichen Patriarchen. Die Kardinäle. Die Vorsitzenden der Bischofskonferenzen. Die Leiterinnen und Leiter von Vatikanbehörden. Die Ordensoberinnen und -oberen (Sister Mary selbst leitet die Daughters of the Gospel). Die Verantwortlichen des Wahlkomitees vom Weltverband katholischer Laien und vom Weltweiten Synodalen Rat. Die per Zufallsgenerator ausgewählten Wahlleute aus Bistümern und Pfarreien in allen Teilen des Planeten. Auch der Ökumenische Patriarch von Konstantinopel, der anglikanische Primas von Canterbury und der Generalsekretär des Weltrats der Kirchen sind online mit dabei, obwohl sie kein Stimmrecht, sondern nur das Bestätigungsrecht haben. Ein Kardinal hält eine Ansprache, von der man nur die Hälfte versteht, weil er am Mikro vorbeispricht, dann werden die Kandidaten, die in einem längeren, verwickelten Konsultationsprozess ausgesucht worden sind, mit kurzen Einspielvideos vorgestellt. Es folgt noch ein kurzes Livegebet aus der Grabes- und Auferstehungskirche Jesu in Jerusalem, und dann kann man per Mausklick die Stimme abgeben. Alles ganz einfach. „Thank you for your vote", erklärt ein Schriftzug auf dem Tablet, dann kann sich Sister Mary wieder ausloggen. Das Praktische an dieser Art Konklave ist ja, dass alles nach einem einzigen Wahlgang schon zu Ende ist. Fast alles.

Und dann heißt es erst einmal warten. Schließlich geht die Wahl des römischen Bischofs nun vom digitalen in den analogen Modus über: Die drei meistgeklickten Namen werden im römischen Lateranpalast im Beisein eines Teams von vereidigten Notaren auf Zettel geschrieben. Die Zettel werden zusammengeknüllt und wandern in einen vergoldeten Topf, aus dem ein Waisenkind mit verbundenen Augen dann eines der Papierchen herausfischt, und damit ist der Papst gewählt. Dieses Losverfahren hat sich die katholische weitgehend von der koptisch-orthodoxen Kirche abgeguckt; Rauchzeichen steigen nicht mehr auf. Allerdings bleibt der Name des Gewählten zunächst einmal geheim, denn zuerst müssen ja die Partner aus der Ökumene zustimmen. Aus Gründen interreligiöser Höflichkeit wird auch der Großscheich der islamischen Al-Azhar-Universität in Kairo vorab über die erfolgte Wahl informiert. Erst wenn das „Nihil obstat" („Dem steht nichts entgegen") der ökumenischen Spitzenvertreter eingegangen ist, wird von der Loggia delle Benedizioni der Lateranbasilika in Rom bekannt gegeben, wer der neue Nachfolger des hl. Petrus ist. „Habemus papam!" In der Regel gibt der Auserwählte dann an seinem Wohnort noch eine Pressekonferenz, bevor er nach Rom aufbricht, um im Lateran gegebenenfalls zum Bischof geweiht und jedenfalls in sein Amt eingeführt zu werden; erst danach betritt er den Vatikan.

Sister Mary interessiert sich natürlich sehr dafür, wer der künftige „Erste Sprecher und Diener der Christenheit" (der Titel „Stellvertreter Christi" ist ja inzwischen abgeschafft) sein wird. Aber eigentlich kann sie mit jedem der ausgesuchten Kandidaten leben, sie hat sich alle Biografien durchgelesen. Viel mehr beschäftigt sie innerlich eine andere Frage: Wird der Papst wieder eine Nummer zwei ernennen, einen Vize? Womöglich einen Laien, ja sogar eine Frau? Als Vizepapst muss man ja nicht unbedingt geweiht sein; das neue Amt (am ehesten mit dem früheren Kardinalstaatssekretär oder, lang ist's her, mit dem Kardinalnepoten vergleichbar) ist eher administrativ angelegt, man reist im Auftrag des Papstes durch die Welt, um Ortskirchen zu besuchen und darüber Berichte zu verfassen, und das Amt erlischt automatisch im Moment des Rücktritts oder Todes eines Papstes.

Ob die Wahl eines Nachfolgers Petri in Zukunft einmal so oder so ähnlich ablaufen wird? Es lässt sich heute schwer voraussagen. Wer darüber entscheidet, ob alles beim Alten bleibt oder sich verändert, ist der Papst, und er ist darin völlig frei. Vorstellbar wäre, dass ein künftiger Papst einmal die Aufgabe, eine neue Konklaveordnung zu entwerfen, an einen Kardinalsrat, an seinen Vatikanapparat, an eine Synode oder gar an ein Konzil überträgt.

Das Papsttum hat sich in den letzten 150 Jahren mehrfach gehäutet. Seit dem Zweiten Vatikanischen Konzil (1962–1965) wurde es zu einer wichtigen Stimme für Menschenrechte, Frieden und menschliche Entwicklung; wichtige Etappen auf dem Weg dorthin waren die Enzykliken *Pacem in terris* von Johannes XXIII., *Populorum progressio* von Paul VI., der Einsatz Johannes Pauls II. gegen kommunistische Systeme in der Zeit des Kalten Krieges, generell auch die Auslandsreisen der Päpste seit den Sechzigerjahren des letzten Jahrhunderts. Nimmt ein Papst zu großen Fragen der Menschheit Stellung, wird er heute vielfach nicht nur als Leiter einer bestimmten Konfession, sondern als Sprecher der Christenheit *in toto* wahrgenommen. Oder gar als einer der herausragenden Repräsentanten des religiösen Elements auf unserem Planeten. Es ist durchaus im Bereich des Denkbaren, dass diese ökumenische und religiöse Komponente einmal Auswirkungen haben wird auf die Art und Weise, wie ein neuer Papst gewählt wird. Aber in welcher Form? Das ist schwer vorauszusagen. Ein Vatikanpapier hat kürzlich ein paar Pisten in diese Zukunft vorskizziert; die Vorschläge lauten auf

Stärkung des synodalen Elements oder regelmäßige Treffen von Patriarchen und Kirchenleitungen. Was das aber eines Tages für die Papstwahl bedeuten kann, steht noch in den Sternen.[1]

Zur Neuerfindung des Papsttums gehört, dass die Amtsinhaber seit Jahrzehnten daran arbeiten, sich auf das Wesentliche, auf die Ursprünge zurückzubesinnen. In ihrem Fall bedeutet das: auf das Amt des Bischofs von Rom. Damit dürfte über kurz oder lang eine Aufwertung ihrer Bischofskirche, also der Basilika San Giovanni in Laterano, einhergehen. Dass Päpste ihr Amt als römischer Bischof an einen Kardinal-Generalvikar für ihr Bistum gewissermaßen delegieren, wie es derzeit üblich ist, könnte später einmal als Verunklarung ihres eigentlichen Dienstes angesehen und abgeschafft werden. Auch für die Papstwahl könnte der Lateran auf die eine oder andere Weise ins Spiel kommen, und sei es nur, indem zum Beispiel das „Habemus papam", wie oben imaginiert, von der Peters- zur Lateranbasilika verlagert wird. Dafür gäbe es eine schöne Loggia aus dem 16. Jahrhundert über dem Nebeneingang der Kirche. Ihr zu Füßen liegt allerdings nur eine Piazza normalen Ausmaßes, die sich mit dem Petersplatz, seiner symbolischen Aufladung und der künstlerischen Überwältigungsstrategie Berninis nicht messen kann. Und wenn ein Papst sein Amt als Bischof von Rom eines Tages wieder ernster nehmen sollte, könnte sich auch die Frage stellen, ob dann nicht wie in den ersten Jahrhunderten des Christentums sein Klerus, die Pfarrer und Diakone von Rom, in die Wahl des neuen Bischofs einbezogen werden sollten.

Noch andere Fragen stellen sich, auf die es jetzt keine sichere Antwort gibt. Wird die römische Zentralgewalt freiwillig Federn lassen, um Ortskirchen mehr Eigenverantwortung zu geben? Wird also die Jurisdiktionsgewalt des Kirchenoberhaupts künftig ein wenig zurückgefahren? Ansätze dazu gibt es durchaus; das Konzil betonte die „Kollegialität der Bischöfe", Papst Franziskus die „Synodalität".[2] Wenn aber Diözesanbischöfe oder Bischofskonferenzen mehr Gewicht erhalten, könnte sich das eines fernen Tages auch in der Papstwahlordnung niederschlagen. „Ein Problem besteht darin, dass das Kollegium der Bischöfe noch keine Institution hat, in der es seine Stimme angemessen zum Ausdruck bringen kann."[3] Interessant ist in diesem Zusammenhang die von Franziskus begonnene Umformung der Bischofssynode in ein Gremium, in dem auch Laien mitreden und Stimmrecht haben. Wer weiß, wohin diese zaghaften Anklänge an eine repräsentative Demokratie führen werden; ausgerechnet Franziskus, der sie zugelassen hat, schimpft gern über parlamentarische Hybris, die den Heiligen Geist nicht zu Wort kommen lasse. Sollte sich dennoch so etwas wie ein Synodalparlament auf weltkirchlichem Level bilden, könnte es auf längere Sicht tatsächlich ein Einfallstor für die Teilhabe von Laien, auch von Frauen, an der Papstwahl bedeuten.

Könnte, würde, wäre, dürfte. Im Vatikan gibt es keine Glaskugel, mit deren Hilfe sich die Zukunft prophezeien ließe, und die Kirchengeschichte lehrt, dass es ganz anders kommen kann als je gedacht und prognostiziert. Eines aber lässt sich wohl doch mit einiger Sicherheit sagen: dass nämlich die Kardinäle auch künftig die eigentlichen Protagonisten der Papstwahl sein werden. Sie haben im Lauf der Jahrhunderte immer wieder neu ihre Rolle gesucht, auch derzeit ist das so. Das liegt daran, dass ihr Kollegium angesichts des Alleinvertretungsanspruchs des Petrusnachfolgers Schwierigkeiten hat, in stabiler Form an der Regierung der universellen Kirche mitzuwirken, ob als Berater oder sogar als Entscheider. Letztlich hängen sie eben doch am Tropf des *Primus inter Pares*, der sie mal nach ihrer Meinung fragt, dann aber auch gerne ignoriert. Ob ein von Franziskus gebildeter Rat aus neun Kardinälen, mit denen zusammen er eine Kurienreform ausgearbeitet hat, das argentinische Pontifikat überleben wird, bleibt abzuwarten. Die Spitzenämter an der Kurie sind längst nicht mehr nur in Kardinalshänden, ja 2025 ist sogar zum ersten Mal im Vatikan eine Frau Ministerin geworden,[4] und die Tatsache, dass es keine regelmäßigen Zusammenkünfte des Kardinalskollegiums als solches gibt, führt dazu, dass viele Träger roter Hüte sich untereinander gar nicht kennen und keinen rechten Korpsgeist entwickeln. Was aber den Fixpunkt ihrer Identität ausmacht, das ist ihr Recht zur Papstwahl. Selbst wenn ein Konklave im Jahr 2100 oder 2200 bunter zusammengesetzt sein mag als heute, die Kardinäle werden weiterhin den Nukleus der Papstwahlversammlung ausmachen.

Dabei ist nicht ausgeschlossen, dass sich an der Zusammensetzung des *Sacro Collegio* etwas ändern und dass die Norm, Kardinäle müssten die Priester- und sogar die Bischofsweihe empfangen, gestrichen werden könnte. Es ist noch gar nicht so lange her, dass ein Laie und Bäckerssohn aus Bayern von einem Papst zum Kardinal erhoben wurde; damals, wir sprechen von der zweiten Hälfte des 19. Jahrhunderts, reichte es, dass der Jurist und Diplomat Theodulf Mertel noch schnell zum Diakon geweiht wurde, bevor ihm Pius IX. den roten Hut verpasste. Der letzte Nichtpriester unter den Kardinälen bis heute; als er 1899 starb, hatte er am Ersten Vatikanischen Konzil und an der Papstwahl von 1878 teilgenommen, ja sogar dem neuen Papst Leo XIII. bei der Krönungsfeier die Tiara aufs Haupt gedrückt.[5]

Quo vadis, Konklave? Vielleicht bleibt es ja auch für die nächsten Jahrhunderte beim Lockdown der Kardinäle in der Sixtinischen Kapelle mit anschließendem „Habemus papam" auf der Mittelloggia des Petersdoms. Der Vatikan ist nicht der Ort rascher Veränderungen und Experimente, und Vertraulichkeit wird der Papstwahl sicher auch in Zukunft guttun. Mit dem Konklave hat die katholische Kirche jedenfalls ein Wahlmodell entwickelt, um das eine Aura des Geheimnisvollen wabert, und das trägt nicht wenig zur Faszination des Papsttums auch heute bei: je unzeitgemäßer, desto interessanter. Die Inszenierung des Langsamen und Verborgenen; die alten Männer, die in einer mittelalterlichen Kapelle von Rom Stimmzettel ausfüllen; die Rauchzeichen, die sich vom Petersplatz aus beobachten lassen und die die einzigen Lebenszeichen dieser Eingeschlossenen sind; all das rührt an die Sphäre des Rituellen, in der andere Gesetze gelten. Das Rituelle verweist auf das Göttliche, es evoziert heiligen Schauder, und zugleich hat es – auch wenn das einen Widerspruch birgt – mit der Wiederkehr der immergleichen Form etwas Beruhigendes. Gerade das dürfte wichtig sein in unserer von immer neuen Krisen überrollten Welt.

In seinem *Römischen Triptychon*, das er 2003 zwei Jahre vor seinem Tod veröffentlichte (wir haben den Gedichtband schon zweimal erwähnt), verharrt Johannes Paul II. gedanklich auf der Schwelle der Sixtinischen Kapelle, erinnert sich an die zwei Papstwahlen von 1978, die er hier erlebt hat, und blickt dabei auf Michelangelos riesiges *Jüngstes Gericht* an der Stirnwand: „Das ist der Weg, den wir alle gehen – ein jeder von uns (…). Hier wurde das unsichtbare Ende erdrückend sichtbar." Und dann stellt der alt gewordene Papst sich die Wahl seines Nachfolgers zu Füßen von Michelangelos „Vision" vor: „Du, der Du alles durchschaust – zeige auf jenen! / Und ER wird auf ihn zeigen …" Doch der als Richter auftretende Menschensohn, den Michelangelo uns vor Augen stellt und den die Konklavekardinäle sehen, wenn sie von ihren Stimmzetteln aufschauen, zeigt nirgendwohin; die rechte Hand ist wie zu einer Droh-, einer Machtgeste erhoben, die Linke scheint das Gedränge der 390 nackten Körper um ihn herum abzuwehren. Niemand lächelt auf diesem Fresko, alle sind voller Sorge und Angst, selbst Maria blickt ernst drein und zeigt durch ihre Körperhaltung, dass selbst sie jetzt nichts über ihren Sohn vermag. Die plötzliche Rückkehr des Herrn (vielleicht an einem Rosenmontag, als wirklich kein Mensch mit so etwas rechnen konnte, es würde zum Bogen unserer Geschichte passen) hat alle vollkommen überrascht und überrumpelt, die Posaunen der Engel zu Füßen Christi gellen den zum Gericht aus ihren Gräbern Herausgerufenen in den Ohren.

Michelangelos Christus blickt auf einen blonden Mann zu seiner Linken herab, den Evangelisten Johannes, der eine so erschrockene wie hilflose Geste vollführt; würde Christus den Blick nur ein klein wenig heben – aber es sieht nicht danach aus, als hätte er das vor –, dann würde sein Blick auf den des Petrus treffen. Da steht nämlich der Apostelfürst auf einer Wolke, nackt, bucklig, weißhaarig, übergroß, mit zornigem Gesichtsausdruck, er scheint den Blick des Herrn zu suchen, ja herauszufordern, sieh mich an, sieh mich endlich an! Es gibt auch eine kleine Version des Freskos in Öl, die ein Schüler des Michelangelo gemalt haben dürfte. Auf ihr blickt Christus den Petrus direkt an. Von all den Dutzend Personen, dem ganzen Armeseelengewimmel, den Petrus. Der Petrus des Sixtina-Freskos jedenfalls weist mit beiden Händen die Schlüssel vor, die Jesus ihm anvertraut hat, damals in Caesarea Philippi, Sie wissen schon, diese Szene aus Matthäus 16 – aber diese Schlüssel sehen nicht so aus, als könnten sie irgendeine Tür öffnen oder schließen, zwar ist der eine von ihnen golden und der andere silbern, aber beiden fehlt der Griff, und ihre Schlüsselbärte sind kunstlos, ohne Rillen, wie bei unnützen, rein symbolischen Prunkschlüsseln. Ein erstaunliches Zeugnis von Kirchen-, von Papstkritik mitten im finalen Gericht. Und mitten im Allerheiligsten der Papstwahl.[6]

Das ist es, was die in der Sixtina eingesperrten Kardinäle sehen, wenn sie aufschauen von ihren Stimmzetteln. Wenn sie sie falten, sich dann erheben und zum Altar und zum *Jüngsten Gericht* gehen, den Stimmzettel in der erhobenen Hand. Wenn sie die Eidformel sprechen, in der sie „Christus, der mein Richter sein wird", anrufen und ihr Votum dann in die Wahlurne rutschen lassen. Die Bewegung, mit der Petrus die beiden Schlüssel vorweist, hat etwas Vorwurfsvolles (Wie sollte ich denn hiermit irgendetwas öffnen oder schließen?), und fast wirkt es, als weiche der göttliche Richter dem grimmigen Blick des Petrus aus, während er aber mit der erhobenen Rechten die Verdammten, die falschen Mönche und die Korrupten und Lügner und Halsabschneider, all den Karneval der Falschheit ins Verderben zurückstößt, tief und tiefer hinab.

… und noch ein bisschen Bibliografie

1. Ausgewählte Quellen im Internet

An dieser Stelle werden nur Internetquellen aufgeführt, um Interessierten einen schnellen Zugriff auf die Texte zu ermöglichen. Weitere Quellen werden in den Fußnoten angegeben.

- **Die derzeit gültige Konklaveordnung**
  www.vatican.va/content/john-paul-ii/de/apost_constitutions/documents/hf_jp-ii_apc_22021996_universi-dominici-gregis.html. Deutscher Text der Konklaveordnung *Universi Dominici Gregis* von Papst Johannes Paul II. aus dem Jahr 1996. Zwei Änderungen Benedikts XVI. aus den Jahren 2007 und 2013 werden ebenfalls hier aufgeführt.

- **Historische Papstwahlbestimmungen**
  www.conclave.it. Die von dem Kirchenrechtler Ivan Grigis zusammengestellte, nicht offizielle Internetseite bietet alle wesentlichen Dekrete und Bestimmungen zur Wahl von Päpsten im Lauf der Geschichte im lateinischen Original und einer italienischen Übersetzung.

- **Papsturkunden von der Antike bis ins Mittelalter**
  https://www.papsturkunden.de/EditMOM/home.do. Das Projekt der Akademie der Wissenschaften zu Göttingen ist noch im Aufbau; es beginnt bei Petrus und reicht bis ungefähr zum Jahr 1200.

- **Papstwahlen von 1073 bis heute**
  www.csun.edu/~hcfll004/conclave-list.html. Ausgesprochen hilfreiches und detailliertes Onlineportal, erstellt von John Paul Adams von der California State University, Northridge. Die Quellen werden in der Regel in der jeweiligen Originalsprache zitiert. Hier findet sich auch eine Übersicht über alle Schauplätze von Papstwahlen seit 1073 mit Angaben zur Zahl der Teilnehmer.

- **Ablauf und Riten des Konklave**
  http://www.conclave.it/preghiere.php?id=missaproeligendoita. Eine nicht offizielle, aber ausführliche und verlässliche Wiedergabe der liturgischen Riten zum Konklave, auf Latein und Italienisch (allerdings noch ohne die von Papst Franziskus 2024 vorgenommenen Vereinfachungen der Riten zu Tod und Beisetzung eines Papstes).

- **Kardinäle**
  https://cardinals.fiu.edu/cardinals.htm. Eine umfassende Onlinedatenbank – das Ergebnis von über sechzig Jahren Recherche des Kirchenhistorikers Salvador Miranda (+2024). Außerdem *https://press.vatican.va/content/salastampa/it/documentation.html.* Die offiziellen Biografien aller lebenden Kardinäle sowie Statistiken und Grafiken.

- **Vatikan/Kurie**
  www.vatican.va/content/vatican/de.html. Der offizielle Internetauftritt des Heiligen Stuhls bietet u. a. päpstliche und vatikanische Dokumente in ihrer jeweiligen amtlichen Fassung, die Texte der zwei letzten Konzilien und des Kirchenrechts.

- **Liste der Päpste**
  www.vatican.va/content/vatican/de/holy-father.html. Die offizielle römische Liste der Päpste mit den Daten von Anfang und Ende des jeweiligen Pontifikats.

2. Literaturhinweise: Konklave

Berücksichtigt werden hier und bei den folgenden Literaturhinweisen zum Papsttum bis auf wenige Ausnahmen nur Bücher bzw. Aufsätze, die seit dem Jahr 2000 erschienen sind.

- John L. Allen Jr.: *Conclave – The Politics, Personalities and Process of the Next Papal Election.* New York 2002. Das Werk eines bekannten, langjährigen US-Korrespondenten am Vatikan; sehr politischer Blickwinkel.
- Frederick J. Baumgartner: *Behind Locked Doors – A History of the Papal Elections.* New York 2003. Werk eines US-Historikers, der Experte für die Reformation und das Frankreich der frühen Neuzeit ist. Der *Catholic Herald* empfahl es als Pflichtlektüre für Kardinäle.
- Heiner Boberski: *Habemus Papam. Papstwahlen von Petrus bis Benedikt XVI.* Wien 2005. Der österreichische Journalist hat u. a. für die kritische *Furche* gearbeitet.
- Martin Bräuer: *Handbuch der Kardinäle 1846–2012.* Berlin/Boston 2014. Biografien aller Kardinäle von der Zeit Pius' IX. bis zum Amtsantritt von Franziskus; dazu eine Übersicht über Geschichte und Rolle des Kardinalskollegiums aus der Feder eines evangelischen Theologen.
- Francesco Buranelli (Hg.): *Habemus Papam – Le elezioni pontificie da S. Pietro a Benedetto XVI.* Vatikan 2006. Der Autor, von Haus aus Archäologe, war Generaldirektor der Vatikanischen Museen.
- Francis A. Burkle-Young: *Papal Elections in the Age of Transition, 1878–1922.* Lanham u. a. 2000. Der erzählerisch begabte US-Historiker hat auch ein Buch über den skandalumwitterten Kardinal Innocenzo del Monte (+1577) vorgelegt.
- Jürgen Dendorfer und Ralf Lützelschwab (Hg.): *Geschichte des Kardinalats im Mittelalter.* (= Päpste und Papsttum Bd. 39.) Stuttgart 2011. Die wissenschaftlichen Aufsätze, die

etwa die Geldquellen von Kardinälen oder die Spannung zwischen Anspruch und Realität ihrer Rolle untersuchen, spannen den Bogen vom 11. bis ins 15. Jahrhundert.

- Heinz-Joachim Fischer: *Die Nachfolge. Von der Zeit zwischen den Päpsten.* Freiburg 1997. Im typischen, amüsiert-informierten Parlando des langjährigen *FAZ*-Korrespondenten geschrieben.
- Paolo Francia: *Il conclave – Come si sono eletti e come si eleggono i Papi nella storia della Chiesa.* Bologna 2005. Eine seltene Mischung: Kirchenrechtler und Journalist.
- Ivan Grigis: *Il Conclave – La Costituzione Apostolica Universi Dominici Gregis.* Rom 2004. Eine Untersuchung der geltenden Konklaveordnung Johannes Pauls II. aus kirchenrechtlichem Blickwinkel. Der Autor zeichnet auch für die Internetseite www.conclave.it verantwortlich, die historische Papstwahldekrete und liturgische Texte rund ums Konklave bietet.
- Markus Graulich: *Die Vakanz des Apostolischen Stuhls und die Wahl des Bischofs von Rom. Zwei Rechtsinstitute in der Entwicklung.* In: *Archiv für katholisches Kirchenrecht* (AfkKR). 174 (2005), S. 75–95. Der Autor ist Kirchenrechtler und arbeitet an leitender Stelle in der vatikanischen Behörde für Gesetzestexte.
- Kevin Hecken: *Wahl und Wunder. Papstwahlrecht und Papstwahlpraxis im 17. Jahrhundert* (= Römische Quartalschrift für christliche Altertumskunde und Kirchengeschichte, 70. Supplementband), Freiburg 2023. Der Wiener Historiker erschließt Quellen aus den vatikanischen Archiven und interpretiert die „Personalpolitik" im Konklave des untersuchten Zeitraums.
- Mary Hollingsworth, Miles Pattenden und Arnold Alexander Witte (Hg.): *A companion to the early modern cardinal.* Leiden/Boston 2020. Die Aufsätze beschäftigen sich u. a. mit der politischen Rolle von Kardinälen oder mit ihrem Mäzenatentum. Ein sehr breiter Überblick.

- Hans-Joachim Kracht (mit Pamela Santoni): *Lexikon der Kardinäle 1058–2010*. 8 Bde., Köln 2012. Voluminöses Nachschlagewerk mit Lebens- sowie bibliografischen Skizzen zu etwa 3500 Kardinälen und einem sehr guten Überblick über die geschichtliche Entwicklung des Kardinalats. Kracht war Leiter der deutschen Ausgabe der Vatikanzeitung *L'Osservatore Romano*.
- Crista Kramer von Reisswitz: *Die Papstmacher. Die Kardinäle und das Konklave*. München 2003. Die Vatikankennerin ist eine frühere Leiterin des KNA-Büros in Rom.
- Alberto Melloni: *Das Konklave. Die Papstwahl in Geschichte und Gegenwart*. Freiburg 2002. Der Religionshistoriker ist einer der bekanntesten Experten des Zweiten Vatikanischen Konzils (Schule von Bologna); er richtet den Blick weg von „Einzelereignissen" hin auf „die großen Entwicklungslinien".
- Ulrich Nersinger: *Liturgien und Zeremonien am Päpstlichen Hof*. 2 Bde., Bonn 2010. Kaum jemand kennt die Geschichte der Päpste so genau und weiß so unterhaltsam von ihr zu erzählen wie dieser deutsche Journalist und Schriftsteller.
- Agostino Paravicini Bagliani: *Morte ed elezione del papa – Norme, riti e conflitti*. Roma 2013. Der herausragende italienische Mediävist hat auch für die Vatikanzeitung *L'Osservatore Romano* geschrieben; er ist Ehrendoktor der Pariser Sorbonne.
- Ders., mit Maria Antonietta Visceglia: *Il Conclave – continuità e mutamenti dal Medioevo a oggi*. Roma 2018.
- Ambrogio M. Piazzoni: *Storia delle elezioni pontificie*. Casale Monferrato 2003. Der Manuskriptexperte war als erster Laie die Nummer zwei der Apostolischen Bibliothek des Vatikans. Er macht in so kundiger wie eleganter Diktion darauf aufmerksam, dass die fast dreihundert Papstwahlen in der Geschichte fast immer ein unvorhergesehenes Ergebnis erbracht hätten: „Weniger als ein Dutzend endeten mit dem Ergebnis, mit dem die meisten Menschen zuvor gerechnet hatten."

- René Schlott: *Papsttod und Weltöffentlichkeit seit 1878. Die Medialisierung eines Rituals* (= Veröffentlichungen der Kommission für Zeitgeschichte, Reihe B: Forschungen). Paderborn u. a. 2013. Der Autor hat für seine Studie eine eindrucksvolle Anzahl von (in erster Linie säkularen) Medienzeugnissen, Tagebüchern und Archivalien ausgewertet.
- Günther Wassilowsky: *Die Konklavereform Gregors XV. (1621/22). Wertekonflikte, symbolische Inszenierung und Verfahrenswandel im posttridentinischen Papsttum* (= Päpste und Papsttum, Bd. 38). Stuttgart 2010. Die theologisch-kulturwissenschaftliche Studie gibt einen detaillierten Überblick zu Geschichte und Entwicklung der Papstwahl und identifiziert die Ächtung der Adorations- sowie die Einführung der geheimen Wahl als bis heute entscheidenden Umschwung in der Art und Weise, wie Päpste gekürt werden.
- Hubert Wolf: *Konklave. Die Geheimnisse der Papstwahl.* München 2017. Das Standardwerk zum Thema Papstwahl; der preisgekrönte Münsteraner Kirchenhistoriker weiß fesselnd zu erzählen und zeichnet sich gleichzeitig durch profunde Archivrecherchen aus. Wolf hat auch Bücher über Pius IX., die vatikanischen Archive oder die römische Inquisition verfasst.
- Giancarlo Zizola: *Il Conclave – L'elezione papale da San Pietro a Giovanni Paolo II.* 3. Auflage. Rom 2005. Das geniale Werk eines italienischen „Vatikanisten" (+2011); inspirierend, wenn auch im Detail nicht immer trittsicher.

3. Literaturhinweise: Papsttum

- Massimo Bray (Hg.): *Enciclopedia dei Papi.* 3 Bde., Rom 2000. Sehr detailliertes Nachschlagewerk des „Istitutio della Enciclopedia Italiana", chronologisch aufgebaut, auch Gegenpäpste werden berücksichtigt, mit Bibliografien. Sehr viele Bildzeugnisse. Eine Internetfassung: https://www.treccani.it/enciclopedia/elenco-opere/Enciclopedia_dei_Papi/.

- Roger Collins: *Keepers of the Keys of Heaven – A History of the Papacy*. London und New York 2009. Der Autor ist Mediävist in Edinburgh, außer dem Papsttum gehört das mittelalterliche Spanien zu seinen Forschungsschwerpunkten.
- Frank J. Coppa: *The Papacy in the Modern World – A Political History*. London 2014. Der verstorbene US-Historiker hat auch eine Enzyklopädie sowie viele Einzelstudien zum Papsttum vorgelegt, etwa zu Pius IX. als „Kreuzzügler" oder zum Verhalten Pius XII. angesichts der Shoah. Dezidiert politische Optik.
- James Corkery und Thomas Worcester (Hg.): *The Papacy since 1500 – From Italian Prince to Universal Pastor*. Cambridge 2010. Interessante Studien zu Aspekten einzelner Pontifikate, angefangen bei Julius II., von namhaften angelsächsischen Forschern. Es geht u. a. um die vatikanische Medienpolitik von Pius XI. bis Johannes XXIII. oder um strittige Positionen Pauls VI. und Johannes Pauls II. zu den Themen Krieg und Sexualität.
- Georg Denzler: *Das Papsttum. Geschichte und Gegenwart*. 2. Auflage, München 2009. Der Bamberger Kirchenhistoriker, der auch Bücher über den Zölibat oder päpstlichen Nepotismus unter Pius V. verfasst hat, wirft einen ausgesprochen kritischen, aber informierten Blick auf das Papsttum.
- Ders. (Hg.): *Päpste und Papsttum*. Stuttgart, seit 1971. Die von Georg Denzler begründete Reihe wissenschaftlicher Studien, die seit 2015 von Arne Karsten und Günther Wassilowsky herausgegeben wird, ist überkonfessionell, international und interdisziplinär ausgerichtet.
- Jörg Ernesti: *Geschichte der Päpste seit 1800*. Freiburg u. a. 2024. Detaillierte Analyse der einzelnen Pontifikate. Der Augsburger Kirchenhistoriker, der unlängst auch ein Buch über die vatikanische Friedensaußenpolitik vorgelegt hat, erklärt nachvollziehbar, wie das Papsttum seine internationale Isolation durchbrechen und zu einer globalen geistigen Macht werden konnte.

- Walter Fleischmann-Bisten (Hg.): *Papstamt – Pro und contra. Geschichtliche Entwicklungen und ökumenische Perspektiven* (= Bensheimer Hefte 97). Göttingen 2001. Der Herausgeber ist ein evangelischer Theologe und Historiker.
- Thomas Frenz: *Das Papsttum im Mittelalter.* Köln 2010. Solides Überblickshandbuch für Studierende, mit Karten und Grafiken. Frenz hat viel zur päpstlichen Kurie und zu päpstlichen Urkunden geforscht.
- Horst Fuhrmann: *Die Päpste. Von Petrus zu Benedikt XVI.* 3. Auflage, München 2005. Klug unterteilt in erstens das Papsttum als Institution und zweitens einzelne herausragende Amtsinhaber. Mit einem besonders interessanten Kapitel zur „Papstgeschichtsschreibung einst und jetzt". Der Autor war Mediävist und leitete zeitweise die Herausgabe der *Monumenta Germaniae Historica.* Seine Darstellung ist sehr gut lesbar.
- Klaus Herbers: *Geschichte des Papsttums im Mittelalter.* Darmstadt 2012. Startet mit einer instruktiven Einführung in Quellenlage und Geschichtsschreibung, spannt dann den Bogen von Petrus bis zu Leo X., also von der Antike bis in die Renaissance. Herbers untersucht vor allem den Prozess der Institutionalisierung und Europäisierung des Papsttums.
- Otto Kallscheuer: *Papst und Zeit – Heilsgeschichte und Weltpolitik.* Berlin 2024. Interessante Überlegungen eines Grenzgängers zwischen politischer Theorie, Philosophie und Theologie.
- Philippe Levillain (Hg.): *Dictionnaire historique de la Papauté.* Paris 1994. Mehr als 900 Stichworte mit bibliografischen Angaben auf über 1770 Seiten; die Crème de la Crème der französischen Wissenschaft hat an diesem Lexikon mitgewirkt.
- Rudolf Lill: *Die Macht der Päpste.* Erweiterte Neuausgabe, Kevelaer 2011. Der verstorbene Kölner Neuzeit- und Kirchenhistoriker, der u. a. am Dt. Historischen Institut in Rom geforscht hat, sah den neuzeitlichen Machtzuwachs des Vatikans sehr kritisch und wandte sich namentlich gegen den „Neozentralismus" Johannes Pauls II.

- Kardinal Gerhard Ludwig Müller: *Der Papst – Sendung und Auftrag.* Freiburg 2017. Der Dogmatiker und frühere Präfekt der Glaubenskongregation behandelt ausführlich Entstehung und Begründung des päpstlichen Primats, aber auch die wechselseitige Beziehung von Papsttum und Bischofskollegium; er deutet den Papstdienst u. a. als „prophetische Stimme für die Menschenwürde" und als Wegbereiter christlicher Einheit.

- John Julius Norwich: *Absolute Monarchs – A History of the Papacy.* New York 2011. Das populärwissenschaftliche Buch des Briten war ein *New-York-Times*-Bestseller. Es schildert genüsslich Tiefpunkte wie das Pontifikat Alexanders VI.; an Theologie ist es nicht interessiert, umso mehr an Machtpolitik und Intrigen. Immerhin hält auch Norwich die Geschichte von der Päpstin Johanna für eine Legende.

- Ludwig von Pastor: *Geschichte der Päpste seit dem Ausgang des Mittelalters.* 16 Bde., 12., unveränderte Auflage. Freiburg 1955–1961. Der Direktor des österr. Historischen Instituts in Rom v. Pastor (+1928) führte intensive Quellenstudien in den Vatikanarchiven durch. Wegen seiner Detailfülle kommt man an seinem Mammutwerk bis heute nicht vorbei.

- Volker Reinhardt: *Pontifex. Die Geschichte der Päpste.* München 2017. Quellengesättigtes, glänzend geschriebenes Werk des im schweizerischen Fribourg lehrenden Renaissancespezialisten, der auch Bücher über die Borgia und Medici, Pius' II. oder Alexander VI. vorgelegt hat.

- Ludwig Ring-Eifel: *Weltmacht Vatikan. Päpste machen Politik.* München 2004. Der KNA-Korrespondent in Rom ist ein luzider Vatikanbeobachter; er erklärt die Funktionsweise des vatikanischen Apparats und bewertet klug das Gewicht des Heiligen Stuhls in der internationalen Politik.

- Bernhard Schimmelpfennig: *Das Papsttum. Von der Antike bis zur Renaissance.* 6. aktualisierte Auflage, Darmstadt 2009. Der Historiker erhebt den Anspruch, in seiner Papstgeschichte nicht nur von „Politik oder Dogmatik" auszugehen, sondern auch wirtschaftliche, gesellschaftliche oder kirchenrechtliche Aspekte gleichberechtigt mitzuberücksichtigen.

- Bernd Schneidmüller u. a. (Hg.): *Die Päpste* (= Publikationen der Reiss-Engelhorn-Museen 74–78). 4 Bde., Regensburg 2016/17. Ursprünglich Begleitkatalog zu einer Ausstellung in Mannheim; Aufsätze zu zahlreichen Aspekten des Papsttums, die zusammengenommen einen guten Überblick über den Stand der Forschung verschaffen.

- Georg Schwaiger: *Papsttum und Päpste im 20. Jahrhundert. Von Leo XIII. zu Johannes Paul II.*, München 1999. Das Werk eines bayerischen Kirchenhistorikers, bis heute viel zitiert; Entwicklungslinien des Papsttums und Biografien der Päpste bis Johannes Paul II.

- Stefan Weinfurter (Hg.): *Päpstliche Herrschaft im Mittelalter – Funktionsweisen, Strategien, Darstellungsformen.* Ostfildern 2012. Der Aufsatzband beschäftigt sich u. a. mit Frauen in Briefen der frühen Päpste, dem Gang nach Canossa aus kommunikationsgeschichtlicher Sicht oder mit päpstlicher Selbstdarstellung am Beispiel der Fresken in SS. Quattro Coronati in Rom.

Danksagung

Ich danke Prof. Stefan Heid herzlich dafür, dass er mir Zugang zur Bibliothek des Römischen Instituts der Görres-Gesellschaft im *Campo Santo* im Vatikan gegeben hat. Dankbar erinnere ich mich an meine akademischen Lehrer Josef Wohlmuth (Bonn), Philippe Levillain (Paris) und Heribert Smolinsky (Freiburg). Vor allem aber danke ich meiner Frau Marta und meinen Söhnen Stefan und Max für all ihre Liebe und Geduld.

Anmerkungen

1 Habemus papam

[1] Benedikt XVI.: *Declaratio*. Vatikan 2013. Im Internet: https://www.vatican.va/content/benedict-xvi/de/speeches/2013/february/documents/hf_ben-xvi_spe_20130211_declaratio.html.

[2] Johannes Paul II.: *Universi Dominici Gregis*. Apostolische Konstitution. Vatikan 1996. Vollständiger Text im Internet: www.vatican.va/content/john-paul-ii/de/apost_constitutions/documents/hf_jp-ii_apc_22021996_universi-dominici-gregis.html. Eine Analyse bei Ivan Grigis: *Il Conclave – La Costituzione Apostolica Universi Dominici Gregis*. Rom 2004.

[3] Johannes Paul II.: *Römisches Triptychon – Meditationen, mit einer Einführung von Joseph Kardinal Ratzinger*. Freiburg 2003.

[4] Ufficio delle Celebrazioni liturgiche del Sommo Pontefice (Hg.): *Ordo rituum Conclavis – rituale romanum ex decreto sacrosancti Oecumenici Concilii Vaticani II, editio typica (liturgia)*. Vatikan 2005.

2 Am Anfang war der Fels

[1] Der Aufsatz von Joseph Ratzinger: *Primat Petri und Einheit der Kirche* findet sich in: *Gesammelte Schriften* 8/1. S. 610–628.

[2] Victor Saxer: *Die kirchliche Organisation im 3. Jahrhundert*. In: Thomas Böhm u. a. (Hg.): *Die Geschichte des Christentums*. Bd. 2. Sonderausgabe. Freiburg 2010. S. 39.

[3] Joh 21,1–23.

[4] Vgl. hier und im Folgenden Gal 2.

[5] Gal 1,18.

[6] Vgl. Lk 22,32.

[7] Vgl. Otto Knoch: *Petrus im Neuen Testament*. In: Michele Maccarrone (Hg.): *Il Primato del Vescovo di Roma nel primo millennio – richerche e testimonianze*.

Atti del Symposium storico-teologico, Roma, 9–13 Ottobre 1989. Vatikan 1991. S. 1–52.

[8] Vgl. Thomas Söding: *Zwischen Caesarea Philippi und Rom. Der Apostel Petrus im Neuen Testament.* In: *„Mythos Vatikan – Das Heil verwalten".* „Herder Korrespondenz Spezial" (S1/2019). S. 10.

[9] 1 Kor 15,5.

[10] Vgl. Stefan Heid (Hg.): *Petrus und Paulus in Rom. Eine interdisziplinäre Debatte.* Freiburg 2011. Sowie ders.: *Die Schlüsselfrage – Kam Petrus wirklich bis Rom?* In: *„Mythos Vatikan – Das Heil verwalten".* „Herder Korrespondenz Spezial" (S1/2019). S. 14–16. Hugo Brandenburg hält es, auf eine Bemerkung Tertullians gestützt, sogar für wahrscheinlich, dass die Gerichtsprotokolle der Prozesse gegen Petrus und Paulus noch ein Jahrhundert später in den öffentlichen Archiven einsehbar waren. Siehe Hugo Brandenburg: *Die literarischen Quellen und die archäologischen Zeugnisse für den Aufenthalt, den Märtyrertod und die Bestattung des Apostels Petrus in Rom.* In: Bernd Schneidmüller u. a. (Hg.): *Die Päpste* (= Publikationen der Reiss-Engelhorn-Museen 74–78). Regensburg 2016/17. Bd. 1. S. 42 f.

[11] Vgl. Giancarlo Zizola: *Il Conclave – L'elezione papale da San Pietro a Giovanni Paolo II.* 3. Auflage. Rom 2005. S. 15–20.

[12] Das „Evangelium nach Petrus" wird zitiert nach Klaus Berger und Christiane Nord: *Das Neue Testament und frühchristliche Schriften.* Frankfurt a. M. 2005. S. 679 und 681.

3 Die Liste des Irenäus

[1] Irenäus und Ignatius werden zitiert nach Michael Fiedrowicz: *Handbuch der Patristik. Quellentexte zur Theologie der Kirchenväter.* Freiburg 2007. S. 103–105.

[2] Vgl. Ingemar König (Hg.): *Liber Pontificalis. Das Buch der Päpste, lateinisch/deutsch* (= Fontes Christiani 97/1 und 97/2). Bd. 1. Freiburg 2022. S. 70 f.

[3] Vgl. Peter Stockmeier: *Die Wahl des Bischofs durch Klerus und Volk in der frühen Kirche.* In: Concilium (16/1980). S. 463–467. „Die Bestellung von Amtsträgern (in frühchristlicher Zeit) geschieht nicht nach einem vorgegebenen Prinzip, sie erfolgt vielmehr auf unterschiedlichen Wegen; ja es scheint, dass die junge Gemeinde in dieser Frage keinen eindeutigen Auftrag Jesu hatte" (S. 463).

[4] 1 Kor 15.

[5] *Der erste Klemensbrief.* In: Klaus Berger und Christiane Nord: *Das Neue Testament und frühchristliche Schriften.* Frankfurt a. M. 2005. S. 710.

[6] Papst Franziskus: *Erste Grußworte*. Vatikan, 13.3.2013. Im Internet: https://www.vatican.va/content/francesco/de/speeches/2013/march/documents/papa-francesco_20130313_benedizione-urbi-et-orbi.html.

[7] Johannes Paul II.: *Ut unum sint*. Enzyklika. Vatikan 1995. www.vatican.va/content/john-paul-ii/de/encyclicals/documents/hf_jp-ii_enc_25051995_ut-unum-sint.html.

[8] Vgl. zum Primat des Papstes aus theologischer Sicht Kongregation für die Glaubenslehre: *Der Primat des Nachfolgers Petri im Geheimnis der Kirche*. Vatikan 1998. Im Internet: https://www.vatican.va/roman_curia/congregations/cfaith/documents/rc_con_cfaith_doc_19981031_primato-successore-pietro_ge.html. Aus historischer Sicht Klaus Schatz: *Der päpstliche Primat – seine Geschichte von den Ursprüngen bis zur Gegenwart*. Würzburg 1990.

4 Wenn Laien wählen

[1] Vgl. Eckhard Wirbelauer: *Bischofswahlen in Rom (3.–6. Jh.). Bedingungen, Akteure, Verfahren*. In: Johan Leemans u. a. (Hg.): *Episcopal elections in late antiquity* (= Arbeiten zur Kirchengeschichte / 119). Berlin u. a. 2011. S. 293–306.

[2] Agostino Paravicini Bagliani: *Wie wird man Papst im Mittelalter?* In: Bernd Schneidmüller u. a. (Hg.): *Die Päpste* (= Publikationen der Reiss-Engelhorn-Museen 74–78). 4 Bde. Regensburg 2016/17. Bd. 1. S. 194.

[3] Vgl. Peter Stockmeier: *Die Wahl des Bischofs*. A. a. O. S. 464–465.

[4] Georg Schöllgen/Wilhelm Geerlings: *Didache – Traditio Apostolica*, 3. Auflage, Freiburg 2000. S. 215–217.

[5] Alberto Melloni: *Das Konklave. Die Papstwahl in Geschichte und Gegenwart*. Freiburg 2002. S. 23.

[6] Cyprian von Karthago: *55. Brief – 8. Kapitel*. Zitiert nach Julius Baer: *Des heiligen Kirchenvaters Caecilius Cyprianus Briefe*. Aus dem Lateinischen übersetzt (= Bibliothek der Kirchenväter, 1. Reihe, Band 60). München 1928.

[7] Vgl. Klaus Martin Girardet: *Der Kaiser und sein Gott. Das Christentum im Denken und in der Religionspolitik Konstantins des Großen*. Berlin u. a. 2010. S. 147–149.

[8] Oder ist diese Geschichte nur eine fromme Mär, die Ambrosius selbst in Umlauf gebracht hat? So denkt Timothy David Barnes: *The Election of Ambrose of Milan*. In: Johan Leemans u. a. (Hg.): *Episcopal elections*. A. a. O. S. 39–60.

[9] Leo I.: *Brief an die viennesische Provinz. In der Angelegenheit des Bischofs Hilarius von Arles*. 6. Kapitel. Im Internet in deutscher Übersetzung: https://bkv.unifr.ch/de/works/cpl-1656/versions/die-echten-briefe-v-j-440-450-bkv/divisions/46.

[10] Christian Hornung zeigt diese Tendenz schon am Beispiel von Leos Vorgänger Siricius (384–398): Dieser Papst (er ist offenbar der erste römische Bischof, der sich den Papsttitel zulegt) habe sich in seinen Briefen der Begrifflichkeiten der kaiserlichen Verwaltung und des römischen Erbrechts bedient und daraus das Selbstbild des römischen Bischofs entwickelt. Christian Hornung: *Siricius and the rise of the Papacy.* In: Geoffrey D. Dunn (Hg.): *The Bishop of Rome in Late Antiquity.* Farnham 2015. S. 57–72.

[11] Vgl. Kia Vahland: *Michelangelo & Raffael – Rivalen im Rom der Renaissance.* München 2012. S. 137–140.

5 Spielball der Mächte

[1] Symmachus: *Die Wahl des Papstes – Decretum synodale 3–4.* In: Carl Mirbt/ Kurt Aland (Hg.): *Quellen zur Geschichte des Papsttums und des römischen Katholizismus.* 6. Auflage. Tübingen 1967, S. 228 f. Zum Abdrängen der Laien aus dem Wahlprozess vgl. den Brief von Kaiser Honorius an Bonifaz I. von 420, der nur römische Kleriker („ex numero clericorum") als wählbar bezeichnet, was einen Laien als Papst ausgeschlossen hätte (*Collectio Avellana.* In: Otto Günther (Hg.): *Corpus Scriptorum Ecclesiasticorum Latinorum* 35/1895–98. S. 83 f.; im Internet: https://archive.org/details/CorpusScriptorumEcclesiasticorumLatinorum35.1/page/n185/mode/2up).

[2] Zu den Papstwirren in der Zeit des Symmachus und danach sowie zur Designation eines Nachfolgers durch den regierenden Pontifex siehe Matthias Simperl: *Grenzen der Herrschaft des römischen Bischofs in der späten Ostgotenzeit. Zur Nachwirkung dreier Grundsätze des Symmachus-Konflikts.* In: Stefan Heid und Johannes Grohe (Hg.): *Historische Intuitionen – Hommage an Joseph Ratzinger / Papst Benedikt XVI.* (= Römische Quartalsschrift für christliche Altertumskunde und Kirchengeschichte. 72. Supplementband.) Freiburg u. a. 2024. S. 269–277.

[3] Erst Julius II. (1503–1513) hat dann wieder seinen Taufnamen Giuliano als Papst beibehalten. Die Namensänderung eines Papstes wurde schnell theologisch unterfüttert: Auch Jesus habe schließlich den Simon in Petrus umbenannt. Der Namenswechsel symbolisierte die gewissermaßen ontologische Wesensänderung eines Menschen im Moment seiner Wahl zum Papst; außerdem trug er langfristig mit dazu bei, dass sich keine Dynastie im römischen Bischofsamt festsetzen konnte.

[4] Vgl. Peter Eich: *Gregor der Große – Bischof von Rom zwischen Antike und Mittelalter.* Paderborn 2016.

[5] Segreteria di Stato (Hg.): *Annuario Pontificio.* Vatikan 2024 (neueste Fassung). Das Päpstliche Jahrbuch wird vom vatikanischen Staatssekretariat seit 1912 erstellt.

[6] Yvonne Leiverkus: *Die ‚invasio apostolicae sedis' des Konstantin. Das Papsttum nach der sogenannten ‚Pippinischen Schenkung'.* In: Stefan Weinfurter (Hg.): *Päpstliche Herrschaft im Mittelalter. Funktionsweisen, Strategien, Darstellungsformen.* Ostfildern 2012. S. 28.

[7] Ebd. S. 37.

[8] Ebd. S. 45–49.

[9] Vgl. Harald Zimmermann: *Der Bischof von Rom im Saeculum obscurum.* In: Michele Maccarrone (Hg.): *Il Primato del Vescovo di Roma nel primo millennio – richerche e testimonianze. Atti del Symposium storico-teologico, Roma, 9–13 Ottobre 1989.* Vatikan 1991. S. 643–660.

[10] Ausführlich zur „Leichensynode" Marie-Luise Heckmann: *Der Fall Formosus. Ungerechtfertigte Anklage gegen einen Toten, Leichenfrevel oder inszenierte Entheiligung des Sakralen?* In: Stefan Weinfurter (Hg.): *Päpstliche Herrschaft im Mittelalter.* A. a. O. S. 223–238. Heckmann deutet die Urteilsvollstreckung gegen den Leichnam des Formosus weniger als Leichenfrevel denn als eine Art „Umkehrritus", der seine frühere Erhebung zum Papst zeichenhaft rückgängig macht (S. 233 f.). Vgl. außerdem Hubert Wolf: *Konklave. Die Geheimnisse der Papstwahl.* München 2017. S. 51–54.

[11] Vgl. Michael Matheus: *Papst- und Romkritik in der Renaissance.* In: Bernd Schneidmüller u. a. (Hg.): *Die Päpste.* A. a. O. Bd. 2. S. 313–322.

[12] Vgl. Valentin Ernst Löscher: *Historie des römischen Huren-Regiments der Theodorae und Maroziae.* Leipzig 1705. Im Internet: https://books.google.de/books?id=XOQAAAAcAAJ&printsec=frontcover&hl=de#v=onepage&q&f=false.

[13] Kardinal Gerhard Ludwig Müller: *Der Papst – Sendung und Auftrag.* Freiburg 2017. S. 21.

[14] Barbara Stollberg-Rilinger (Hg.): *Vormoderne politische Verfahren* (=Zeitschrift für historische Forschung, Beiheft 25). Berlin 2001. S. 19–23.

[15] Vgl. Stefan Bauer: *The invention of papal history – Onofrio Panvinio between Renaissance and Catholic reform.* Oxford 2020.

6 Die Kardinäle betreten die Bühne

[1] https://cardinals.fiu.edu/cardinals.htm.

[2] Vgl. Ulrich Schludi: *Die Entstehung des Kardinalkollegiums. Funktion, Selbstverständnis, Entwicklungsstufen.* Ostfildern 2014. Außerdem Viktoria Trenkle: *Expertise und Ehre. Kardinäle im hohen Mittelalter, eine Untersuchung des Kardinalats von 1049 bis 1206.* Göttingen 2024.

3   *Codex des Kanonischen Rechtes*, Can. 349–359. Im Internet: https://www.vatican.va/archive/cod-iuris-canonici/deu/documents/cic_libro2_cann349-359_ge.html.

4   Johannes Paul II.: *Ordinatio Sacerdotalis*. Apostolisches Schreiben. Vatikan 1994. Im Internet: https://www.vatican.va/content/john-paul-ii/de/apost_letters/1994/documents/hf_jp-ii_apl_19940522_ordinatio-sacerdotalis.html.

5   Johannes Laudage: *Die papstgeschichtliche Wende*. In: Stefan Weinfurter (Hg.): *Päpstliche Herrschaft im Mittelalter*. A. a. O. S. 52–57.

6   Zur Mobilität des Papstes und der Kurie im Mittelalter Christopher Kast und Claudia Märtl (Hg.): *Papstreisen im Mittelalter. Organisation, Zeremoniell, Rezeption*. Freiburg 2024.

7   Nikolaus II.: *In nomine Domini*. Dekret. Text in Carl Mirbt/Kurt Aland (Hg.): *Quellen zur Geschichte des Papsttums und des römischen Katholizismus*. 6. Auflage. Tübingen 1967. Bd. 1, Nr. 540, S. 278 ff. Der lateinische Text steht im Internet: www.conclave.it/documenti.php?id=innominedomini. Eine gründliche Untersuchung der verschiedenen Varianten des Dekrets bietet Detlev Jasper: *Das Papstwahldekret von 1059. Überlieferung und Textgestalt*. Stuttgart 1998.

8   Zu Gregors Reformverständnis vgl. Stefan Weinfurter: *„Ich schreie, schreie und schreie!" Zur Problematik päpstlicher Reformen*. In: Bernd Schneidmüller u. a. (Hg.): *Die Päpste*. A. a. O. Bd. 4. S. 279–285. Außerdem Johannes Grohe: *Gregorio VII entre continuidad y reforma*. Der Aufsatz von 2011 findet sich im Internet: http://bib26.pusc.it/teo/storia/grohe/Artikel/Grohe,%20Gregorio%20VII.pdf.

9   Zum Investiturstreit generell siehe Johannes Laudage/Matthias Schrör: *Der Investiturstreit. Quellen und Materialien*. 2. Auflage. Köln 2006. Sowie Nicolangelo D'Acunto: *La lotta per le investiture – una rivoluzione medievale (998–1122)*. Rom 2020. Johannes Laudage sieht den „Dictatus Papae" lediglich als eine Art „persönliches Brainstorming" Gregors (*Die papstgeschichtliche Wende*. A. a. O. S. 61).

10 Eine deutsche Fassung des Wormser Konkordats: www.jku.at/fileadmin/gruppen/142/Wormser_Konkordat.pdf. Zur Einordnung Olaf Mückain und Werner Zager (Hg.): *Von Canossa nach Worms – 900 Jahre Wormser Konkordat*. Worms 2022.

11 Johannes Laudage: *Die papstgeschichtliche Wende*. A. a. O. S. 63–64.

7 Eingesperrt

[1] Für Agostino Paravicini Bagliani ist das ein Hinweis darauf, dass die Papstwahl mittlerweile die ganze Universalkirche betrifft. Bis zum 9. Jahrhundert sei der Papst „im Grunde genommen hauptsächlich als Bischof von Rom gewählt und als *dominus Urbis* gefeiert" worden. Siehe ebd.: *Wie wird man Papst im Mittelalter?* A. a. O. Bd. 1. S. 192.

[2] Drittes Laterankonzil: *Licet de vitanda discordia.* Dekret vom 19.3.1179. In: Josef Wohlmuth und Giuseppe Alberigo (Hg.): *Dekrete der ökumenischen Konzilien (Conciliorum Oecumenicorum Decreta).* Paderborn 2000. Bd. 2, S. 211. Der lateinische Text im Internet: www.csun.edu/~hcfll004/Elections_Alex_III_1179.html. Eine Analyse in Heinrich Appelt: *Die Papstwahlordnung des III. Laterankonzils (1179).* In: Karl Amon (Hg.): *Ecclesia Peregrinans – Josef Lenzenweger zum 70. Geburtstag.* Wien 1986. S. 95–102. Zum Mehrheitswahlrecht siehe Günther Wassilowsky: *Werte- und Verfahrenswandel bei den Papstwahlen in Mittelalter und Früher Neuzeit.* In: Christoph Dartmann, Günther Wassilowsky und Thomas Weller (Hg.): *Technik und Symbolik vormoderner Wahlverfahren.* Berlin/Boston 2010. S. 147.

[3] Zitiert nach Thomas Frenz (Hg.): *Papst Innozenz III. Weichensteller der Geschichte Europas.* Stuttgart 2000. S. 7. Nach Darstellung eines anonymen Biografen hat es vor dem zweiten Wahlgang unter den Kardinälen eine Diskussion darüber gegeben, ob Lothar nicht zu jung für das Papstamt sei. Nach der Wahl stöhnt Walther von der Vogelweide „Owe der babest ist ze junc; hilf, herre, diner kristenheit!" Vgl. ebd. S. 8.

[4] Zur Karriere dieses Begriffs vgl. Agostino Paravicini Bagliani: *Die römische Kirche von Innozenz III. bis Gregor X.* In: Norbert Brox u. a. (Hg.): *Die Geschichte des Christentums. Religion, Politik, Kultur.* Bd. 5. Sonderausgabe. Freiburg 2010. S. 617–621. Der Autor geht davon aus, dass die Formel großen Einfluss darauf hatte, dass das Papsttum im 12. und 13. Jh. die Beteiligung von Laien und niederem Klerus bei Bischofswahlen endgültig ausschloss und das Wählen dem Domkapitel vorbehielt.

[5] Vgl. Thomas Frenz (Hg.): *Papst Innozenz III.* A. a. O. S. 17–19.

[6] Vgl. Karl Wenck: *Das erste Konklave der Papstgeschichte. Rom August bis Oktober 1241.* In: *Quellen und Forschungen aus italienischen Archiven und Bibliotheken* 18 (1926). S. 101–170. Im Internet: https://perspectivia.net/receive/pnet_mods_00006565. S. 105-108.

[7] Ebd. S. 137–145.

[8] „In carcerali ergastulo ... sunt reclusi". In: *Vita Innocentii IV,* Archivio della Società Romana di Storia 21, 1898. S. 79.

[9] Zitiert in Karl Wenck: *Das erste Konklave.* A. a. O. S. 146.

[10] Zum ersten Konklave von Viterbo Paolo Brezzi (Hg.): *Atti del Convegno di studio nel VII centenario del 1° Conclave*. Viterbo 1975. Außerdem Andreas Fischer: *Kardinäle im Konklave – Die lange Sedisvakanz der Jahre 1268–1271* (= Bibliothek des Deutschen Historischen Instituts in Rom 118). Tübingen 2008. Sowie Maria Grazia Nico Ottaviani und Elisabetta Rizzi: *Il lungo conclave di Viterbo (1268–1271)*. In: Massimiliano Bassetti und Enrico Menestò (Hg.): *Gregorio X pontefice tra occidente e oriente*. Spoleto 2015. S. 179–192.

[11] Jean-Claude Maire Vigueur, Artikel *Viterbe*. In: Philippe Levillain (Hg.): *Dictionnaire historique de la Papauté*. Paris 1994.

[12] Vgl. Antonino Franchi: *Analisi storiografica del ruolo di Buonaventura al conclave di Viterbo (1268–1271)*. In: *Doctor Seraphicus – Bolletino d'informazioni del Centro di Studi Bonaventuriani*. Bagnoregio u. a. 1981. Im Internet: www.doctorseraphicus.it/images/annate/1981_65-77_Franchi.pdf.

8 Avignon

[1] Zweites Konzil von Lyon: *Ubi periculum*. Konstitution vom 16.7.1274. In: Josef Wohlmuth und Giuseppe Alberigo (Hg.): *Dekrete*. A. a. O. S. 314–318. Der lateinische Text im Internet: www.conclave.it/documenti.php?id=ubipericulum. Zum Konzil allgemein: Burkhard Roberg: *Das Zweite Konzil von Lyon (1274)* (= Konziliengeschichte, Reihe A – Darstellungen). Paderborn 1990.

[2] IV. Laterankonzil: *Durchführung einer Wahl durch Stimmerfragung oder Wahlauftrag*. Konstitution 24. In: Josef Wohlmuth und Giuseppe Alberigo (Hg.): *Dekrete*. A. a. O. S. 246 f. Nota bene: Der Text bezieht sich nicht speziell auf römische Bischofswahlen, sondern auf Wahlen im kirchlichen Bereich allgemein.

[3] Eine Zusammenstellung von Quellen zu diesem Konklave und zu Coelestins Pontifikat in Franz Xaver Seppelt: *Monumenta Coelestiniana. Quellen zur Geschichte des Papstes Coelestin V.* Paderborn 1921.

[4] Peter Herde weist allerdings darauf hin, dass Coelestin durch die Leitung der von ihm gegründeten Ordensgemeinschaft gar nicht so unerfahren in einer Führungsaufgabe gewesen sein kann, wie viele Quellen das behaupten; er sei wohl eher alt gewesen als naiv. Vgl. Peter Herde: *Cölestin V. (1294), Peter vom Morrone – Der Engelpapst* (= Päpste und Papsttum Bd. 16). Stuttgart 1981. – Viele Schriftsteller und Dichter haben sich mit diesem Stoff befasst, ich nenne nur die Theaterstücke „Der große Verzicht" von Reinhold Schneider (1950) und „L'avventura di un povero cristiano" von Ignazio Silone (1968).

[5] Zu Bonifaz Peter Herde: *Bonifaz VIII. (1294–1303). Erster Halbband: Benedikt Caetani* (= Päpste und Papsttum 43,1). Stuttgart 2015. Sowie Agostino Paravicini Bagliani: *Bonifacio VIII*. Turin 2003.

6   Vgl. Günther Wassilowsky: *Die Konklavereform Gregors XV. (1621/22). Werte-konflikte, symbolische Inszenierung und Verfahrenswandel im posttridentinischen Papsttum* (= Päpste und Papsttum, Bd. 38). Stuttgart 2010. S. 49–51.

7   Vgl. Joëlle Rollo-Koster: *The Great Western Schism, 1309–1417 – Performing Legitimacy, performing Unity.* Cambridge u. a. 2022.

8   Vgl. Hans-Jürgen Becker: *Die päpstlichen Wahlkapitulationen. Ein Beitrag zur kirchlichen Verfassungsgeschichte* (= Päpste und Papsttum Bd. 51). Stuttgart 2024.

9 Vom Schisma zum Konzil

1   Vgl. Hermann Lange: *Urban VI. und Clemens VII. Der Beginn des großen Schismas.* In: ders.: *Recht und Macht – Politische Streitigkeiten im Spätmittel-alter.* Frankfurt a. M. 2010. S. 31–74.

2   Die Erklärungen zum umstrittenen Konklave von 1378 (Vatikanarchiv, Arm. LIV 19, ff. 109r–110r sowie Arm. LIV 14, ff. 27rv.) werden nach der Fak-simile-Edition „Documenta Vaticana" (Archiv Verlag Braunschweig, ohne Datum) zitiert. Vgl. Andreas Rehberg: *Ein ‚Gegenpapst‘ wird kreiert. Fakten und Fiktionen in den Zeugenaussagen zur umstrittenen Wahl Urbans VI. (1378).* In: Harald Müller und Brigitte Hotz (Hg.): *Gegenpäpste – ein unerwünschtes mittelalterliches Phänomen.* Wien u. a. 2012. S. 231–260.

3   Florian Eßer: *Schisma als Deutungskonflikt. Das Konzil von Pisa und die Lösung des Großen Abendländischen Schismas (1378–1409).* Köln 2019. S. 27.

4   Vgl. Germán Navarro Espinach und Pedro Luis Hernando Sebastián (Hg.): *El Papa Luna – saber, diplomacia y poder en la Europa medieval.* Ausstellungs-katalog. Saragossa 2023. Zu Benedikts Haltung gegenüber dem Schisma sie-he Dieter Girgensohn: *Ein Schisma ist nicht zu beenden ohne die Zustimmung der konkurrierenden Päpste. Die juristische Argumentation Benedikts XIII. (Ped-ro de Lunas).* In: *Archivum Historiae Pontificiae* 27 (1989). S. 127–247.

5   Vgl. Johannes Grohe: *Quondam Papa – La rinuncia al tempo del scisma d'Oc-cidente.* In: Amadeo Feniello und Mario Prignano (Hg.): *Papa, non più papa – La rinuncia pontificia nella storia e nel diritto canonico.* Rom 2024.

6   Vgl. Florian Eßer: *Schisma als Deutungskonflikt.* A. a. O. S. 20 f.

7   Meine Darstellung des Konklave von Konstanz folgt im Wesentlichen dem Artikel „La chiesa dei tre papi" von Kardinal Walter Brandmüller in: *Il Foglio,* 12.11.2017. Vgl. ders.: *Das Konzil von Konstanz 1414–1418.* 2 Bde., Pader-born 1991 und 1997.

8   Gregorovius' umfassende „Geschichte der Stadt Rom im Mittelalter", eines der großen Werke der Geschichtsschreibung des 19. Jahrhunderts, findet sich

in voller Länge im Internet: https://www.projekt-gutenberg.org/gregorov/stadtrom/rom01.html.

9 Vgl. Alberto Cadili und Jürgen Miethke (Hg.): *Lo spirito e il concilio – Basilea 1432, legittimazione pneumatologica del conciliarismo.* Bologna 2016. Zum Blick des Basler Konzils auf das Kardinalskollegium vgl. Jürgen Dendorfer: *Die Kardinäle als die wahren Häupter der Kirche?* In: Bernd Schneidmüller u. a. (Hg.): *Die Päpste.* A. a. O. Bd. 1. S. 431–446. Zu Felix V. Ursula Gießmann: *Der letzte Gegenpapst – Felix V., Studien zu Herrschaftspraxis und Legitimationsstrategien (1434–1451).* Köln 2014.

10 Vgl. Arnold Esch: *Rom – vom Mittelalter zur Renaissance, 1378–1484.* München 2016. S. 245.

10 Latrinenkonklave

1 Piccolomini hat über die Wahl des Gegenpapstes Felix auf dem Basler Konzil 1439 einen detailstrotzenden Bericht geschrieben. Ironischerweise wurde dieses Konklave dadurch „zu einer der am besten überlieferten Papstwahlen überhaupt" (Ursula Gießmann: *Der letzte Gegenpapst.* A. a. O. S. 66). Interessant für unser Thema ist, dass das Gremium der Papstwähler u. a. nach dem Kriterium der „Repräsentationskraft der einzelnen Stimme, im Sinne einer Delegation", zusammengestellt wurde (ebd. S. 94). Da am Konzil nur ein einziger Kardinal teilnahm, achtete man auch darauf, möglichst hochrangige Konklaveteilnehmer zu bestellen (S. 98); hinzu trat das in Konstanz erprobte, aus dem universitären Bereich stammende Prinzip, einzelne „Nationen" nach einem bestimmten Proporz zu berücksichtigen (S. 106). Sehr deutlich wird das Bemühen, um der Legitimität der Wahl nach außen willen beim zum (Gegen-)Papst gewählten Herzog von Savoyen alle dynastischen Signale zu tilgen; er durfte weder seinen Tauf- und Herrschernamen Amadeus als Papstnamen verwenden noch seinen Bart behalten, weil auch dieser als Herrscherattribut gelesen werden konnte (S. 120–129).

2 Hier und im Folgenden vgl. Arnold Esch: *Rom.* A. a. O. S. 247–249. Zu den „Commentarii" siehe Kathrin Graf: *Purgierung und Zensur der Commentarii Pius' II. Piccolomini* (= Päpste und Papsttum, Bd. 50). Stuttgart 2024.

3 Zum Ganzen des Pontifikats siehe Volker Reinhardt: *Pius II. Der Papst, mit dem die Renaissance begann.* München 2013.

4 Giancarlo Zizola: *Il Conclave.* A. a. O. S. 90.

5 Vgl. Günther Wassilowsky: *Die Konklavereform.* A. a. O. S. 55–60.

6 Ebd. S. 60–63.

7 Siehe Volker Reinhardt: *Der unheimliche Papst. Alexander VI. Borgia 1431–1503.* München 2007.

8 Zur Entstehung der „leggenda nera" rund um Alexander VI. und seine Familie siehe Marion Hermann-Röttgen: *Die Familie Borgia – Geschichte einer Legende*. Weimar 2016. Ihrer Ansicht nach hat Alexander Pech mit seinen Geschichtsschreibern gehabt; der Zeitgenosse Burckard sei „noch ganz mittelalterlichem Denken verhaftet" gewesen, und der erste Biograf Guicciardini habe dreißig Jahre später in einer Zeit geschrieben, in der sich „die Moralvorstellungen im Zuge von Reformation und Gegenreformation verändert und verschärft" hatten (S. IX).

9 Siehe Giulio Busi: *Giulio II – Il papa del Rinascimento*. Mailand 2021.

10 Julius II.: *Cum tam divino*. Bulle. Fassung des V. Laterankonzils, 5. Sitzung. Rom 1513. In: Josef Wohlmuth und Giuseppe Alberigo (Hg.): *Dekrete*. A. a. O. S. 600–603. Lateinischer Text im Internet: https://www.csun. edu/~hcfll004/Julius2-bull.html.

11 Vgl. Ulrich Horst: *Simonie und Papstwahl. Zur Bulle ‚Cum tam divino‘ Julius‘ II*. In: *Annuarium Historiae Conciliorum*. Bd. 44. Paderborn 2012. S. 419–444. Dass der Papst von niemandem gerichtet werden könne, steht u. a. schon im „Dictatus papae" von 1075, Satz 19. Zur ersten Anwendung dieses Prinzips in einem konkreten Prozess an der Schwelle vom 5. zum 6. Jh. siehe Matthias Simperl: *Grenzen der Herrschaft*. A. a. O. S. 277–283.

12 Die Deutung der Mose-Statue ist angelehnt an Horst Bredekamp: *Michelangelo*. Berlin 2021. S. 305.

11 Kardinal Luther

1 Meine Darstellung der Romreise Martin Luthers stützt sich auf Kurt Josef Wecker: *Luther in Rom*. In: *Pastoralblatt für die Diözesen Aachen*, Berlin u. a. 63 (2011), S. 36–44.

2 Vgl. Volker Reinhardt: *Luther, der Ketzer – Rom und die Reformation*. München 2016. S. 328.

3 Vgl. Kardinal Kurt Koch: *Martin Luther's Reformation and the Unity of the Church – A Catholic Perspective in Light of the Lutheran-Catholic Dialogue*. In: Nelson H. Minnich und Michael Root: *Martin Luther and the Shaping of the Catholic Tradition*. Washington, D. C. 2022. S. 9.

4 Vgl. Michael Matheus: *Papst- und Romkritik in der Renaissance*. In: Bernd Schneidmüller u. a. (Hg.): *Die Päpste*. A. a. O. Bd. 2. S. 309–312. Zu Luthers Papstkritik siehe ebd. S. 336–345.

5 Günther Wassilowsky: *Die Konklavereform*. A. a. O. S. 109.

6 Vgl. Mario Angeleri (Hg.): *Leone X – aspetti di un pontificato controverso. Atti del Convegno promosso dall'Associazione Aldo Pecora, Pieve del Cairo, Palazzo Isimbardi, 1 giugno 2013*. Vignate 2013.

[7] Markus Graulich: *Hadrian VI. Ein deutscher Papst am Vorabend der Reformation*. Paderborn. Wird Ende 2026 erscheinen.

[8] Hier und im Folgenden zitiert nach Hubert Jedin (Hg.): *Handbuch der Kirchengeschichte*. Freiburg 1967. Bd. IV, S. 110–112.

[9] Vgl. Ludwig Wahrmund: *Das Ausschliessungs-Recht (Ius Exclusivae) der Katholischen Staaten Österreich, Frankreich und Spanien bei den Papstwahlen. Mit Benützung unpublizierter Acten des K.K. Haus-, Hof- und Staatsarchivs zu Wien.* Wien 1888. S. 66–68.

[10] Kenneth Gowens wirbt allerdings für eine Neubewertung dieses Pontifikats; Clemens habe vor eigentlich unlösbaren Aufgaben gestanden, sein notorisches Hinauszögern von Entscheidungen sei mit der Unzulänglichkeit der ihm zur Verfügung stehenden Möglichkeiten zu erklären. Siehe ebd. und Sheryl E. Reiss: *The Pontificate of Clement VII – History, Politics, Culture*. New York 2005. Einleitung.

[11] Vgl. Arnold Esch: *Il Sacco di Roma nella memoria divisa*. In ders.: *La Roma dei papi, la Roma dei Romani – Studi sul tardo Medioevo e sul Rinascimento*. Rom 2022. S. 231–252. Außerdem Volker Reinhardt: *Blutiger Karneval. Der Sacco di Roma 1527, eine politische Katastrophe*. Darmstadt 2009.

[12] Vgl. Jürgen Krüger und Martin Wallraff: *Luthers Rom. Die Ewige Stadt in der Renaissance*. Darmstadt 2010. S. 76.

12 Der Geist und die Exklusive

[1] Zitiert bei Georg Gänswein mit Saverio Gaeta: *Nichts als die Wahrheit – mein Leben mit Benedikt XVI.*, Freiburg 2023. S. 57.

[2] Vgl. Hubert Wolf: *Konklave*. A. a. O. S. 87–90.

[3] Vgl. Günter Frank u. a. (Hg.): *Von der Reformation zur Reform. Neue Zugänge zum Konzil von Trient*. Freiburg 2015.

[4] Vgl. James Willoughby: *Reformation cardinal – Reginald Pole in sixteenth-century Italy & England*. Oxford 2023.

[5] Vgl. Günther Wassilowsky: *Die Konklavereform*. A. a. O. S. 73, 79, 89–93, 150.

[6] Pius IV.: *In eligendis*. Bulle. Vatikan 1562. Lateinischer Text im Internet: http://www.conclave.it/documenti.php?id=ineligendis. Zum Konklave 1559, aus dem Pius IV. hervorging, Claudio Ferlan und Alessandro Paris: *Notizie sotto chiave – il conclave del 1559*. In: Maurizio Cau und Christoph Cornelißen: *I media nei processi elettorali – modelli ed esperienze tra età moderna e contemporanea*. Bologna 2020. S. 109–136.

[7] Vgl. Günther Wassilowsky: *Die Konklavereform*. A. a. O. S. 15.

[8] Vgl. Klaus Herbers: *Das Papsttum und die Öffnung in die Welt*. In: Bernd Schneidmüller u. a. (Hg.): *Die Päpste*. A. a. O. Bd. 2. S. 27–45.

⁹ Zum Aufkommen der Exklusive Johannes Baptist Sägmüller: *Die Papst-wahlen und die Staaten von 1447 bis 1555 (Nikolaus V. bis Paul IV.). Eine kirchenrechtlich-historische Untersuchung über den Anfang des staatlichen Rech-tes der Exklusive in der Papstwahl.* Tübingen 1890. Nachdruck Aalen 1967. Außerdem Ludwig Wahrmund: *Das Ausschliessungs-Recht (Ius Exclusivae) der Katholischen Staaten Österreich, Frankreich und Spanien bei den Papstwahlen. Mit Benützung unpublizierter Acten des K.K. Haus-, Hof- und Staatsarchivs zu Wien.* Wien 1888.

¹⁰ Vgl. Miles Pattenden: *Electing the Pope in early modern Italy – 1450–1700.* Oxford 2017.

¹¹ Hubert Wolf: *Konklave.* A. a. O. S. 98–100.

¹² Günther Wassilowsky: *Die Konklavereform.* A. a. O. S. 164 f.

¹³ Gregor XV.: *Aeterni Patris Filius.* Bulle. Vatikan 1621. Lateinischer Text im Internet: http://www.conclave.it/documenti.php?id=aeternipatrisfilius. Aus-führliche Analyse bei Günther Wassilowsky: *Die Konklavereform.* A. a. O. S. 241–254.

¹⁴ Ebd. S. 254.

¹⁵ Gregor XV.: *Caeremoniale Continens Ritus Electionis Romani Pontificis.* Vati-kan 1621. Lateinischer Text im Internet: http://www.conclave.it/documenti.php?id=decetromanumpontificem.

¹⁶ Günther Wassilowsky: *Die Konklavereform.* A. a. O. S. 255.

¹⁷ Ebd. S. 270.

¹⁸ Vgl. Horst Bredekamp: *Sankt Peter in Rom und das Prinzip der produktiven Zerstörung. Bau und Abbau von Bramante bis Bernini.* Überarbeitete Ausgabe. Berlin 2008.

13 Ein Tourist im Konklave

¹ Meine Schilderung folgt Hermann Bücker: *Der Nuntius Fabio Chigi in Müns-ter.* In: Westfälische Zeitschrift 108, 1958.

² Vgl. Heinz Schilling: *Das Christentum und die Entstehung des modernen Euro-pa – Aufbruch in die Welt von heute.* Freiburg 2022.

³ Vgl. beispielsweise Ulrich Köchli: *Urban VIII. und die Barberini. Nepotis-mus als Strukturmerkmal päpstlicher Herrschaftsorganisation in der Vormoderne* (= Päpste und Papsttum, Bd. 46). Stuttgart 2017. Der Begriff des Nepotismus scheint in Urbans Pontifikat erstmals aufgekommen zu sein – „und zwar als Problem": ebd. S. 6.

⁴ Wolfgang Reinhard: *Paul V. Borghese (1605–1621). Mikropolitische Papstge-schichte* (= Päpste und Papsttum, Bd. 47). Stuttgart 2009. S. 13. – Marzio Bernasconi liest aus den päpstlichen Texten des 17. Jahrhunderts „eine be-

ständige Verlegenheit, ... ein starkes Gefühl von Unruhe" heraus; als Herrscher ihrer Zeit, in der die Familie eine wichtige Rolle für die Identität und das Fortkommen des Einzelnen spielte, förderten sie ihre Verwandten, wie das an Höfen generell üblich war und wie es von ihnen aus Gründen der Dankbarkeit für frühere Förderung auch erwartet wurde; doch mochten sie gleichzeitig spüren, dass sich diese Bevorzugung der eigenen Familie mit ihrem Amt als spirituelles Oberhaupt der universalen Kirche nur schlecht vertrug. Siehe Marzio Bernasconi: *Zwischen Anfechtung und Verherrlichung. Der Nepotismus und das Ringen um ideologische Hegemonie*. In: Daniel Büchel und Volker Reinhardt: *Modell Rom? Der Kirchenstaat und Italien in der Frühen Neuzeit*. Köln u. a. 2003. S. 245.

[5] Günther Wassilowsky: *Die Konklavereform*. A. a. O. S. 302 f.

[6] Die *Mémoires des intrigues de la cour de Rome depuis l'année 1669 jusqu'en 1676* (Autor ungenannt, Paris 1676) kommen für das Konklave von 1676 auf sieben Faktionen: Barberini (sechs Kardinäle), Fliegende Schwadron (sechs Kardinäle, alle von Innozenz X. ernannt), Chigi (19 Kardinäle, bis auf eine Ausnahme alle von Alexander VII. Chigi ernannt), Rospigliosi (sechs Kardinäle, bis auf eine Ausnahme kreiert von Clemens IX. Rospigliosi), Altieri (15 Kardinäle, fast alle von Clemens X. Altieri ernannt); Franzosen (sieben Kardinäle) und Spanier (ebenfalls sieben Kardinäle). Man könne noch eine achte Faktion hinzufügen, wenn man wolle, nämlich die der Florentiner, doch anders als die genannten Faktionen verfüge sie derzeit über keinen „Chef de Party" (sic). Zu jeder Faktion nennt der anonyme Autor jeweils an erster Stelle deren Leitfigur. „Die sieben Faktionen, die im Heiligen Kollegium präsent sind, haben alle unterschiedliche Interessen, es sei denn, dass sie sich aus politischen Gründen untereinander verbünden, wie dies im Konklave ziemlich häufig geschieht." (S. 241–248). – Zu den Eigenschaften eines „papabile" gehört nach Darstellung des Autors „zumindest der Anschein eines frommen und gläubigen Lebens"; nicht „papabile" sei jemand, der als Prinz geboren sei oder einem regierenden Haus angehöre, „weil man fürchten müsste, dass ein solcher Papst das *Patrimonium Petri* zugunsten eines Angehörigen seines Hauses zerstückeln könnte" oder dass er die Kardinäle und Prälaten „von oben herab behandeln" würde. Auch wer auf Initiative „einer Krone, besonders der französischen", ins Kardinalat gelangt sei, könne nicht Papst werden – überhaupt kein gebürtiger Spanier oder Franzose. Begründung: Ein solcher Papst wäre „aus Dankbarkeit verpflichtet, auf die Gefühle desjenigen Rücksicht zu nehmen, dem er seinen Besitz verdankt". Und auch ein lockeres Mundwerk, wie es „den Italienern und besonders den Lombarden gemeinhin zu eigen" sei, mache die Chancen eines Kandidaten auf den Stuhl des Petrus zunichte (S. 248–253).

[7] Renata Ago wirft die Frage auf, ob es nicht gerade der von den beiden Innozenz-Päpsten auf den Weg gebrachte Verzicht auf „kulturell-weltliche Hegemonie des Papstes und seiner Neffen" gewesen sei, der zur „allmählichen

Marginalisierung der weltlichen Herrschaft des Papsttums" geführt habe. Durch „Moralisierung" und „Klerikalisierung des staatlichen Apparats" im Geist einer spirituellen Reform habe das Papsttum längerfristig das „Funktionieren des höfischen Systems beeinträchtigt und damit die Grundlagen seiner absoluten Monarchie". Siehe Renata Ago: *Sovrano Pontefice e società di Corte – competizioni ceremoniali e politica nella seconda metà del XVII secolo*. In: Maria Antonietta Visceglia und Caterine Brice: *Cérémonial et rituel à Rome (XVIe–XIXe siècle)*. Rom 1997. S. 237 f.

8 Vgl. Peter Rietbergen: *Power and Religion in Baroque Rome – Barberini Cultural Policies*. Leiden/Boston 2006. S. 29–34.

9 Renata Ago: *Sovrano Pontefice e società di Corte*. A. a. O. S. 228.

10 Zur vatikanischen Diplomatie vgl. Luca Riccardi: *An outline of Vatican diplomacy in the Early Modern Age*. In: Robyn Adams und Rosanna Cox: *Diplomacy and early modern culture*. New York 2011. S. 95–108. Außerdem Pierre Blet: *Histoire de la représentation diplomatique du Saint Siège des origines à l'aube du XIX siècle*. Vatikan 1982.

11 Clemens XII.: *Avendo noi*. Chirograph. Vatikan 1732. Italienischer Text im Internet: http://www.conclave.it/documenti.php?id=avendonoi.

12 Vgl. Mario Rosa: *Between the Council of Trent and Enlightment – Pope Benedict XIV*. In: Ulrich L. Lehrner und Michael O'Neill Printy (Hg.): *A Companion to the Catholic Enlightenment in Europe*. Leiden/Boston, 2010. S. 224–232.

13 Christine Vogel: *The Suppression of the Society of Jesus, 1758–1773*. In: Leibniz-Institut für Europäische Geschichte (Publ.): *EGO – Europäische Geschichte Online*. 2010. https://www.ieg-ego.eu/en/threads/european-media/european-media-events/christine-vogel-suppression-of-the-society-of-jesus-1758-1773.

14 Johann Wolfgang v. Goethe: *Italienische Reise*. In: *Werke* – Hamburger Ausgabe. München 1988. S. 127.

14 Am Nullpunkt

1 Meine Schilderung zu Pius VI. folgt in weiten Teilen Pietro Baldassari: *Relazione delle avversità e patimenti del glorioso papa Pio VI negli ultimi tre anni del suo pontificato*. Rom 1889.

2 Vgl. Gérard Pelletier: *Rome et la Révolution française – La théologie et la politique du Saint-Siège devant la Révolution française (1789–1799)*. Rom 2004. Pelletier arbeitet heraus, dass der Braschi-Papst die Revolution zuerst durch eine theologische und dann erst durch eine mehr diplomatische als politische Brille gedeutet habe (ebd. S. 2).

³ Pius VI.: *Cum nos superiori.* Bulle. Florenz 1798. Italienischer Text im Internet: https://www.vatican.va/content/pius-vi/it/documents/bolla-cum-nos-superiori-13-novembre-1798.html.

⁴ Vgl. Alberto Melloni: *Das Konklave.* A. a. O. S. 62–64.

⁵ Vgl. Ambrogio A. Caiani: *To kidnap a pope. Napoleon and Pius VII.* New Haven 2021. S. 47.

⁶ Ebd. S. 54.

⁷ Vgl. Jean-Marc Ticchi: *Pie VII – Le pape vainqueur de Napoléon?* Paris 2022. Ticchi rechnet detailliert vor, dass Pius VII. von den 8559 Tagen seines Pontifikats 2166 Tage zwangsweise außerhalb von Rom verbracht habe – mehr als ein Viertel seiner 23-jährigen Amtszeit.

15 Gefangener im Vatikan

¹ Vgl. Hubert Wolf: *Der Unfehlbare. Pius IX. und die Erfindung des Katholizismus im 19. Jahrhundert.* München 2020. Außerdem Andrea Tornielli: *Pio IX – L'ultimo Papa Re.* Mailand 2011.

² Eine deutsche Fassung des Syllabus im Internet: https://kathpedia.de/index.php/Syllabus_errorum_(Wortlaut). Vgl. Hubert Wolf: *Der „Syllabus errorum" (1864) oder: Sind katholische Kirche und Moderne vereinbar?* In: Manfred Weitlauff (Hg.): *Kirche im 19. Jahrhundert.* Regensburg 1998. S. 115–139.

³ Eine deutsche Fassung im Internet: https://kathpedia.de/index.php/Pastor_aeternus_(Wortlaut).

⁴ Dikasterium für die Förderung der Einheit der Christen: *The Bishop of Rome – Primacy and Synodality in the ecumenical dialogues and in the responses to the encyclical Ut unum sint.* Vatikan 2024. Im Internet: www.christianunity.va/content/dam/unitacristiani/Collezione_Ut_unum_sint/The_Bishop_of_Rome/The%20Bishop%20of%20Rome.pdf.

⁵ Vgl. Alberto Melloni: *Das Konklave.* A. a. O. S. 65–72.

⁶ Vgl. https://www.spiegel.de/geschichte/papst-wahl-vor-130-jahren-a-949111.html.

⁷ Vgl. Jörg Ernesti: *Leo XIII. – Papst und Staatsmann.* 3. Auflage. Freiburg u. a. 2019. Außerdem Philippe Levillain (Hg.): *Le pontificat de Léon XIII – Renaissances du Saint-Siège?* (= Collection de l'Ecole française de Rome 368). Rom 2006.

⁸ Der deutsche Kardinal Müller erklärt die Transformation des Heiligen Stuhls in eine religiös-moralische Autorität im Lauf des 20. Jahrhunderts damit, dass eine „Theokratie" immer schon „den christlichen Grundsätzen diametral widerspricht". Das sei nach dem Verlust des Kirchenstaats erst so recht deutlich geworden, weil der Papst damit „von machtpolitischen Eigeninteressen"

entlastet worden sei. Keinesfalls sei es darum gegangen, „aus der Not eine Tugend zu machen. Es verrät tiefe Unkenntnis, wenn man die vatikanische Erklärung von der Unfehlbarkeit des Papstes als Kompensation für den Verlust des Kirchenstaates versteht und dies als Geheimtipp für ihr Verständnis weiterflüstert". Kardinal Gerhard Ludwig Müller: *Der Papst.* A. a. O. S. 154 f.

9   Vgl. Luciano Trincia: *Conclave e potere politio – Il veto a Rampolla nel sistema delle potenze europee (1887–1904).* Rom 2004. Sowie Gianpaolo Romanato: *L'ultimo veto sul conclave.* In: *L'Osservatore Romano,* 25./26.2.2013, S. 4 – im Internet https://www.vatican.va/news_services/or/or_quo/047q01.pdf.

10 Vgl. Jürgen Jamin: *Civile veto sive exclusivam omnino reprobamus – La Costituzione Commissum nobis di Pio X alla vigilia della prima codificazione.* In: *Ius Ecclesiae – Rivista internazionale di Diritto Canonico.* (XXIX), 2017. S. 591–609.

11 Pius X.: *Vacante Sede Apostolica.* Apostolische Konstitution. Vatikan 1904. In *Pii X Pontificis Maximi Acta, Vol. III.* Vatikan 1908. S. 239–288. Auf Latein im Internet: https://archive.org/details/ActaV3/page/n299/mode/1up.

12 Vgl. Ulrich Horst: *Simonie und Papstwahl.* A. a. O. S. 444.

13 Vgl. Alberto Melloni: *Das Konklave.* A. a. O. S. 77–82.

16 Das große Schweigen

1   Vgl. Max Liebmann (Hg.): *Les conclaves de Benoît XV et de Pie XI – Notes du cardinal Piffl.* In „La Revue Nouvelle", 38 (1963). S. 34–52.

2   Vgl. Alberto Melloni: *Das Konklave.* A. a. O. S. 85.

3   Vgl. Jörg Ernesti: *Benedikt XV. – Papst zwischen den Fronten.* Freiburg u. a. 2016.

4   Pius XII.: *Vacantis Apostolicae Sedis.* Apostolische Konstitution. Vatikan 1945. In: Acta Apostolicae Sedis 38 (1946), S. 65–99. Der lateinische Text im Internet: https://www.vatican.va/content/pius-xii/la/apost_constitutions/documents/hf_p-xii_apc_19451208_vacantis-apostolicae-sedis.html.

5   Vgl. Raffaella Perin: *Pio XI nella crisi europea / Pius XI. im Kontext der europäischen Krise.* Tagung Villa Vigoni, 4.–6.5.2015 / Studi di Storia, 2. Venedig 2016.

6   Pius XI.: *Mit brennender Sorge.* Enzyklika. Vatikan 1937. Der deutsche Text im Internet: https://www.vatican.va/content/pius-xi/de/encyclicals/documents/hf_p-xi_enc_14031937_mit-brennender-sorge.html.

7   Vgl. Anton Rauscher (Hg.): *Wider den Rassismus. Entwurf einer nicht erschienenen Enzyklika (1938). Texte aus dem Nachlass von Gustav Gundlach SJ.* Paderborn u. a. 2001.

8 Vgl. https://www.erzbistum-muenchen.de/ueber-uns/dioezesangeschichte/fruehere-erzbischoefe/kardinal-von-faulhaber/cont/74196.

9 Die jahrzehntelange Kontroverse, die hier nicht im Detail nachverfolgt werden kann, wurde in neuerer Zeit wieder angestoßen durch John Cornwell: *Papst Pius XII. Der Papst, der geschwiegen hat.* München 1999. Der Vatikan hat ausgewählte Archivquellen veröffentlicht in Pierre Blet u. a. (Hg.): *Actes et documents du Saint-Siège relatifs à la seconde guerre mondiale.* 11 Bde. Vatikan 1965–1981. Siehe auch Saul Friedländer: *Pius XII. und das Dritte Reich. Eine Dokumentation.* München 2011.

10 Vgl. Andrea Riccardi: *La guerra del silenzio – Pio XII, il nazismo, gli ebrei.* Bari 2022.

11 Von „Inkarnation widersprüchlicher Tendenzen" und „gespaltener Persönlichkeit" spricht Simon Unger-Alvi: *Suche nach einer anderen Moderne.* In Frankfurter Allgemeine Zeitung, 21.12.2024. S. Z 5.

12 Zum Ganzen des Pontifikats vgl. Frank J. Coppa: *The Life and Pontificate of Pope Pius XII. – Between History and Controversy.* Washington, D. C. 2013.

13 Siehe Enrico Galavotti (Hg.): *Angelo Giuseppe Roncalli / Giovanni XXIII – Pace e Vangelo, Agende del patriarca.* Bd. 2, 1956–1958. Bologna 2008. Meine Schilderung des Konklave von 1958 folgt weitgehend ders.: *Eccomi nominato papa – Il diario del conclave del 1958 del cardinale Angelo Giuseppe Roncalli.* (= *Mélanges de l'École française de Rome – Italie et Méditerranée modernes et contemporaines,* en ligne, 128-1/2016.) Im Internet: https://journals.openedition.org/mefrim/2385#tocto1n1.

17 Hamlet in der Sixtina

1 Vgl. Giuseppe Alberigo: *Johannes XXIII. Leben und Wirken des Konzilspapstes.* Mainz 2000. S. 156 f. Außerdem Enrico Galavotti: *Rivisitare Giovanni XXIII – Atti del colloquio internazionale di Bologna, 1–3 giugno 2003.* Bologna 2003.

2 Wir folgen in unserer Schilderung des 63er-Konklave weitgehend Giancarlo Zizola: *Il Conclave.* A. a. O. S. 234–242.

3 Vgl. Benny Lai: *Il Papa non eletto – Giuseppe Siri, cardinale di Santa Romana Chiesa.* Rom 1993.

4 Vgl. Jörg Ernesti: *Paul VI. Die Biographie.* Freiburg u. a. 2015.

5 Notiz in „L'Osservatore Romano", italienische Ausgabe, 6.8.2017, S. 5; eigene Übs.

6 Die aufgeführten Zitate aus Ansprachen Pauls VI.: 4.4.1971; 13.5.1978; und 17.5.1978.

7 Jean Guitton: *Dialog mit Paul VI.,* Wien 1967, S. 184 und 237 f.

[8] Generalaudienz, 22.6.1977.

[9] Johannes XXIII.: *Summi Pontificis electio*. Motu proprio. Vatikan 1962. In: Acta Apostolicae Sedis 54 (1962). S. 632–640. Im Internet auf Latein: https://www.vatican.va/content/john-xxiii/la/motu_proprio/documents/hf_j-xxiii_motu-proprio_19620905_summi-pontificis-electio.html.

[10] Ansprache, 5.3.1973.

[11] Vgl. Paul VI.: *Ingravescentem aetatem*. Motu proprio. Vatikan 1970. Im Internet auf Italienisch: https://www.vatican.va/content/paul-vi/it/motu_proprio/documents/hf_p-vi_motu-proprio_19701120_ingravescentem.html.

[12] Paul VI.: *Romano Pontifici Eligendo*. Apostolische Konstitution. Vatikan 1975. In: Acta Apostolicae Sedis 68 (1975). S. 609–645. Im Internet in mehreren Sprachen, darunter auf Italienisch: https://www.vatican.va/content/paul-vi/it/apost_constitutions/documents/hf_p-vi_apc_19751001_romano-pontifici-eligendo.html.

[13] Vgl. Alberto Melloni: *Das Konklave*. A. a. O. S. 120–122.

18 Jahr der drei Päpste

[1] Zum ersten 1978er-Konklave siehe Regina Kummer: *Albino Luciani – Papst Johannes Paul I. Ein Leben für die Kirche*, Graz u. a. 1991; diesem Buch entstammen die Zitate von Greeley und aus Lucianis Briefen.

[2] Giancarlo Zizola: *Il Conclave*. A. a. O. S. 268 f.

[3] Vgl. George Weigel: *Zeuge der Hoffnung – Johannes Paul II. Eine Biographie*. Paderborn u. a. 2002. S. 264.

[4] Vgl. Stefania Fallasca u. a.: *Giovanni Paolo I – Biografia ex documentis*. Rom 2020.

[5] David A. Yallop: *Im Namen Gottes? Der mysteriöse Tod des 33-Tage-Papstes Johannes Paul I. Tatsachen und Hintergründe*. Reinbek 2001. Eine Widerlegung bei John Cornwell: *Wie ein Dieb in der Nacht. Der Tod von Papst Johannes Paul I*. 2. Auflage. Wien 1989.

[6] Zum zweiten Konklave des Drei-Päpste-Jahres und zum polnischen Pontifikat im Ganzen vgl. Matthias Drobinski und Thomas Urban: *Johannes Paul II. – der Papst, der aus dem Osten kam. Eine Biographie*, München 2020. Außerdem George Weigel: *Zeuge der Hoffnung*. A. a. O. Und ders.: *Der Papst der Freiheit – Johannes Paul II. Seine letzten Jahre und sein Vermächtnis*. Paderborn u. a. 2011.

[7] Vgl. George Weigel: *Zeuge der Hoffnung*. A. a. O. S. 263.

[8] Zitiert bei Georg Gänswein: *Nichts als die Wahrheit*. A. a. O. S. 23 f.

⁹ Vgl. Mariano Barbato: *Die öffentliche Macht der modernen Päpste*. In: ders./ Stefan Heid (Hg.): *Macht und Mobilisierung. Der politische Aufstieg des Papsttums seit dem Ausgang des 19. Jahrhunderts*. Freiburg u. a. 2020. S. 11–35.

19 Der Deutsche und der Argentinier

¹ Kardinal Joseph Ratzinger: *Predigt*. Im Internet: https://www.vatican.va/gpII/ documents/homily-card-ratzinger_20050408_ge.html.

² Meine Schilderung des Konklave von 2005 folgt in weiten Teilen Georg Gänswein: *Nichts als die Wahrheit*. A. a. O. S. 54–85.

³ Längere Auszüge aus diesem Tagebuch in Hubert Wolf: *Konklave*. A. a. O. S. 155–157.

⁴ KNA-Meldung vom 31.3.2024 „Franziskus: Wollten mich benutzen, um Ratzinger zu verhindern".

⁵ Zum bayerischen Pontifikat vgl. Peter Seewald: *Benedikt XVI. Ein Leben*. München 2020. Außerdem Elio Guerriero: *Benedikt XVI. Die Biografie*. Freiburg u. a. 2018.

⁶ Vgl. Amadeo Feniello und Mario Prignano (Hg.): *Papa, non più papa – La rinuncia pontificia nella storia e nel diritto canonico*. Rom 2024.

⁷ Georg Gänswein: *Nichts als die Wahrheit*. A. a. O. S. 222.

⁸ Vgl. https://www.domradio.de/artikel/kardinal-scola-veroeffentlicht.

⁹ Vgl. https://www.katholisch.de/artikel/44321-gaenswein-zu-konklave-2013-scola-als-papst-haette-wohl-vielen-gefallen.

¹⁰ Papst Franziskus: *Hoffe – Die Autobiografie*. München 2025. S. 239 und 241. Meine Darstellung der Papstwahl von 2013 stützt sich im Folgenden weitgehend auf das 17. Kapitel, S. 238–255. Franziskus' Text ist übrigens die erste Autobiografie in der Geschichte, die ein Papst zu seinen Lebzeiten publiziert hat.

¹¹ Ebd.; außerdem https://www.domradio.de/artikel/papst-berichtet-ueber-umstaende-seiner-wahl-im-jahr-2013. Und https://www.domradio.de/artikel/ der-papst-plaudert-aus-dem-konklave-und-den-jahren-danach.

¹² https://www.welt.de/geschichte/article190811035/Papst-Franziskus-So-entschied-Jorge-Marion-Bergoglio-die-Papstwahl-fuer-sich.html.

¹³ Der Text der Rede wird zitiert nach: https://paterberndhagenkord.blog/die-kirche-die-sich-um-sich-selber-dreht-theologischer-narzissmus/.

¹⁴ Siehe Johannes Schidelko: *Kurienreform – Hintergründe, Zuständigkeiten, Veränderungen. Alles, was man wissen muss*. Paderborn 2022.

¹⁵ https://www.katholisch.de/artikel/52313-papst-franziskus-will-konklavenormen-nicht-aendern.

20 Die Regeln: So läuft ein Konklave ab

[1] Benedikt XVI.: *Normas nonnullas über einige Änderungen der Normen bezüglich der Wahl des römischen Papstes.* Vatikan 2023. Im Internet: https://www.vatican.va/content/benedict-xvi/de/motu_proprio/documents/hf_ben-xvi_motu-proprio_20130222_normas-nonnullas.html. Siehe auch ebd.: *Einige Änderungen in den Normen bezüglich der Wahl des Papstes.* Motu Proprio. Vatikan 2007. Im Internet: https://www.vatican.va/content/benedict-xvi/de/motu_proprio/documents/hf_ben-xvi_motu-proprio_20070611_de-electione.html.

[2] Vgl. Hubert Wolf: *Konklave.* A. a. O. S. 59. Für Agostino Paravicini Bagliani gab es eine Beteiligung von Laien an der Papstwahl nicht nur in der Antike, sondern „unerwarteterweise" von der Rückkehr der Päpste aus Avignon bis ins 18. Jahrhundert hinein – und zwar in dem immer wieder verbotenen und dennoch praktizierten Brauch, dass die römische Bevölkerung die Residenz des Kardinals, der zum Papst gewählt wurde, ausplünderte. Eine originelle Deutung. Siehe Paravicini Bagliani: *Wie wird man Papst im Mittelalter?* A. a. O. Bd. 1. S. 196.

21 Blick in die Zukunft

[1] Dikasterium für die Förderung der Einheit der Christen: *The Bishop of Rome – Primacy and Synodality in the ecumenical dialogues and in the responses to the encyclical Ut unum sint.* Vatikan 2024. Im Internet: https://www.christianunity.va/content/dam/unitacristiani/Collezione_Ut_unum_sint/The_Bishop_of_Rome/The%20Bishop%20of%20Rome.pdf.

[2] Vgl. Franziskus' Rede vom 17.10.2015 zum 50-jährigen Jubiläum der Einführung von Bischofssynoden. Im Internet: https://www.vatican.va/content/francesco/de/speeches/2015/october/documents/papa-francesco_20151017_50-anniversario-sinodo.html.

[3] Alberto Melloni: *Das Konklave.* A. a. O. S. 178.

[4] Franziskus ernannte die Ordensfrau Simona Brambilla im Januar 2025 zur Präfektin des Dikasteriums für das gottgeweihte Leben; schon zuvor war Paolo Ruffini 2018 als erster Laie Präfekt eines vatikanischen „Ministeriums" geworden, nämlich des Dikasteriums für Kommunikation.

[5] KNA-Meldung vom 9.7.2024: „Vor 125 Jahren starb der letzte Kardinal, der kein Priester war".

[6] Vgl. Horst Bredekamp: *Michelangelo.* A. a. O. S. 521. Dagegen Thomas Noll: *Das Bildprogramm der Sixtinischen Kapelle in Rom* (= Päpste und Papsttum, Bd. 47). Stuttgart 2019. S. 117–131.